涉老领域法律风险问题研究：
法理与案例

文川 著

云南大学出版社
YUNNAN UNIVERSITY PRESS

图书在版编目（CIP）数据

涉老领域法律风险问题研究：法理与案例/文川著. -- 昆明：云南大学出版社，2022
　　ISBN 978-7-5482-4385-4

Ⅰ. ①涉… Ⅱ. ①文… Ⅲ. ①法律—研究—中国 Ⅳ. ① D920.4

中国版本图书馆 CIP 数据核字（2021）第 179265 号

策划编辑：朱　军　孙吟峰
责任编辑：邵　娟
封面设计：张亚林

涉老领域法律风险问题研究：法理与案例
SHELAO LINGYU FALU FENGXIAN WENTI YANJIU：FALI YU ANLI

文川　著

出版发行：	云南大学出版社
印　　装：	昆明埕煌印务有限公司
开　　本：	787mm×1092mm　1/16
印　　张：	21.75
字　　数：	416 千
版　　次：	2022 年 3 月第 1 版
印　　次：	2022 年 3 月第 1 次印刷
书　　号：	ISBN 978-7-5482-4385-4
定　　价：	88.00 元

社　　址：云南省昆明市一二一大街 182 号（云南大学东陆校区英华园内）
邮　　编：650091
电　　话：（0871）65031070　65033244
网　　址：http://www.ynup.com
E-mail：market@ynup.com

若发现本书有印装质量问题，请与印厂联系调换，联系电话：0871-64167045。

目 录

第一章 老年人被骗法律风险 // 1

 第一节 老年人被骗事件所引发的法律问题 // 1
 第二节 老年人被骗案件实证分析 // 11
 第三节 防范老年人被骗法律风险对策 // 20

第二章 "银发同居"法律风险 // 33

 第一节 "银发同居"概述 // 33
 第二节 "银发同居"相关法律风险问题的归纳与分析 // 41
 第三节 对已有"银发同居"相关法律规制及建议的分析 // 48
 第四节 "银发同居"法律风险防范对策的思考和建议 // 53

第三章 养老机构的法律风险 // 62

 第一节 养老机构概述 // 62
 第二节 养老机构法律风险 // 64
 第三节 养老机构法律风险产生的原因 // 76
 第四节 养老机构法律风险防范措施 // 79

第四章 退休聘任中的法律风险 // 89

 第一节 退休再就业的法理基础 // 89

第二节　我国退休再就业的法律现状及存在的法律风险问题 // 93

第三节　退休再就业法律风险防范的建议 // 98

第五章　老年人刑事法律风险 // 103

第一节　当前老年人犯罪的一般概述 // 103

第二节　我国老年人犯罪原因分析 // 110

第三节　老年人刑事法律风险防范的对策建议 // 119

第六章　老年人赡养制度性法律风险及解决 // 135

第一节　老年人赡养制度的法理基础 // 135

第二节　典型案例分析 // 143

第三节　我国赡养老年人的现实状况以及现行法律制度的缺陷 // 145

第四节　我国赡养老年人的法律制度完善之构想 // 151

第七章　成人（老人）监护制度性法律风险及解决 // 158

第一节　成人监护制度的法理基础 // 158

第二节　典型案例 // 165

第三节　我国现行成人监护制度的现状及不足 // 167

第四节　我国成人监护制度的构建 // 173

第八章　养老保险制度性法律风险及解决 // 182

第一节　我国养老保险法律制度的历史变迁 // 182

第二节　我国养老保险法律制度的现状与问题 // 187

第三节　我国养老保险法律制度的完善 // 197

第九章　涉老年人诉讼法律风险 // 208

第一节　涉老年人典型案例分析 // 208

第二节　涉老年人诉讼的法理解析 // 210

第三节　涉老年人诉讼法律风险解决之策 // 214

第十章　"以房养老"法律风险 // 220

第一节　"以房养老"制度概述 // 220

第二节　"以房养老"的法律风险 // 225

第三节　防范"以房养老"法律风险的建议 // 230

第十一章　搀扶老人遭遇的法律风险 // 238

第一节　典型案例 // 238

第二节　"扶老人被讹"现象及成因的多视角分析 // 240

第三节　应对"搀扶老人"法律风险的对策 // 246

第十二章　老年人遗产继承中的法律风险 // 253

第一节　老年人共同遗嘱法律风险 // 253

第二节　老年人遗嘱继承公证的风险与防范 // 258

第三节　小产权房作为遗产继承的法律风险 // 263

第四节　股权继承的法律风险 // 264

第十三章　社区、居家养老服务和医养结合养老服务中的法律风险 // 269

第一节　社区、居家养老服务法律风险：肇庆实证 // 269

第二节　医养结合法律风险：案例实证 // 277

第十四章　特殊老人养老面临的特殊法律风险 // 286

第一节　农村留守老人养老障碍及解决 // 286

第二节　失独家庭养老障碍及解决 // 290

第三节　残障老年人养老困境及解决 // 297

第十五章　其他涉老领域法律风险 // 303

第一节　老人"安乐死"的法律风险 // 303

第二节　老人旅游法律风险 // 309

第三节　养老地产法律风险 // 316

第四节　以地养老法律风险 // 322

参考文献 // 332

后　记 // 339

第一章　老年人被骗法律风险

第一节　老年人被骗事件所引发的法律问题

在当前人口老龄化的背景下，侵犯老年人权益的事件时有发生，为了保护老年人的合法权益，减少以老年人为目标的诈骗行为的发生，我们应在了解老年人权益保护相关法律的基础上，分析以老年人为目标的诈骗行为的主要类型及老年人被骗的主客观原因。

一、老年人权益保护的法律基础

我国最早的关于老年人保护的专门立法——《中华人民共和国老年人权益保障法》（简称《老年人权益保障法》或《老年法》）是1996年实施的，该法的制定依据是《宪法》于2012年第二次修订，2018年第三次修正。这部法律的制定、实施，不仅为老年人权益的特殊保护提供了法律依据，也体现了国家将老年人权益受损问题放在重要位置。

（一）老年人保护的相关法律

人口老龄化是在20世纪开始为人瞩目的。进入21世纪后，由于世界人口老龄化问题加剧，"银发浪潮"已成为一个新的全球问题。在人口老龄化全球化的进程中，为了保护老年人的合法权益，我国宪法及其他一些法律中都有规定。

1.《宪法》对老年人权益保护的规定

宪法作为我国的根本大法，是立法机关制定其他法律的依据和基础，其内容主要是对国家发展、社会生活中最根本、最重要的问题的规定。在宪法中通常规定了国家的基本立法原则，以便立法机关在制定相关法律、行使其立法职能时能够遵循。同时，它只是对最基本问题的原则性规定，并不能代表或替代具体的法律，在制定具体法律时需以宪法的原则性规定为依据。因此，宪法又是其他法律的母法。老年人作为国家的公民，其具体权利包含多方面的内容。凡是《宪法》中对公民基本权利和义务的原则性规定，老年人都应该享有权利并履行义务。同时，因为老年人的特殊性，《宪法》又通过具体法条，规定了对老年人的特殊保护：如第四十五条第一款是对老年人物质帮助权的基本规定；第四十九条第三款、第四款则体现了老年人的赡养、婚姻等权利的保护。

2. 老年人权益保障法的主要内容

我国关于保护老年人立法的一个重大突破，是1996制定的《老年人权益保障法》，现行的是2018年修订版。它的制定和颁布实施，体现了国家对特定人群的权益的特殊保护，标志着我国老年人权益保护工作走向法制化，也体现了针对特定人群的权益保障法律体系的初步形成。该法是一部有中国特色的老年人权益保护法，其相关规定不仅密切结合了我国的国情，也坚持了尊老的传统美德，反映了老年人的心愿。《老年法》的主要内容：一是立法宗旨，重点对其立法目的、年龄界定和保障内容作了具体的阐述和法律规定；二是家庭养老，重点阐述了坚持以家庭养老为主的养老模式、老年人需特别保护的权益、赡养人的义务及禁止赡养人侵权等有关问题的法律规定；三是社会保障，阐述老年社会保险制度、三无老人的助养办法、老年社会福利设施和敬老优老政策等方面的具体规定；四是积极养老，重点对养老服务、居住环境等法律制度进行阐述；五是法律援助，包含了对优先受理、诉讼费用、法律援助和先于执行等四项援助内容的具体实施的法律规定。

3. 相关法律的具体规定

《宪法》中关于老年人特殊群体的特殊保护是原则性的，《老年法》虽有具体规定但仍不能涵盖老年人权益保护的方方面面，而老年人在家庭、工作、社会生活中都可能遭受具体权利的不同情形的侵害，此时就需依据相关部门法保护老年人的具体权利。因此，关于老年人权益保护的法律规定在众多部门法中也有体现。尊老爱幼是传统美德，让老年人老有所养是和谐社会的要求。而当前一些子女不愿赡养老人，致老年人生活困窘。《民法典》等都规定了子女有赡养扶助父母的义务，不仅要给被赡养人提供经济上的帮助、生活上的照料，还要经常回家看望、问候老年人，给予其精神上的慰藉。此外，老年人有正常的感情需求，需要家庭的温暖，因此，有些老年人在丧偶或离婚后，会选择再婚。当前一些老年的婚姻自由权可能因为家庭、社会等方面的压力，无法实现；或者再婚后，因遇人不淑，人身、财产等权利遭受侵害。《民法典》及其司法解释对老年人的婚姻自由做出了详细的规定，老年人在选择再婚时，也享有法律规定的婚姻自由权，在一夫一妻制的原则下，可以自主自愿地决定是否结婚，跟谁结婚，任何人不得干涉、强制；离婚时，享有分割共同财产的权利。老年人对自己的财产有自由处置的权利，可以依据《民法典》的规定，根据其真实意思设立遗嘱，处分自己的合法财产，不受胁迫、欺骗。老年人在家庭生活中当赡养、婚姻自由、共同财产分割、继承等权利遭受侵害时，可以依据《民法典》及相关法律的规定保护自己的合法权益。医疗、养老是大多数老年人在年老时都会面临的问题。根据《劳动法》的规定，老年人年轻时参加劳动，贡献社会、国家，缴纳社会保险，退休之后就享有领取社会保险的权利。我国《社会保险法》对居民缴纳养老、医疗基本保险都作出了详细的规定，并且随着经济、社会的发展，这些制度也在逐步完善。保险制度的实施和完善，减少了老年人在养老、医疗方面的压力。犯罪行为的存在，让老年人成为潜在的被害人。当那些具有一定社会危害性的行为严重侵害到老年人的合法权益时，老年人可以通过向法院提起自诉或者向公检法等机关报案，依据《刑法》保护自己被侵害的权益；当然，老年人也可能成为犯罪行为的实施者，作出违反法律的犯罪行为时，会受到《刑法》处罚。基于老年群体的特殊性，在处罚老年犯罪分子时，《刑法》给予其特殊的从宽规定。

（二）老年人被骗事件的常见类型

以老年人为目标的诈骗行为，多通过利用老年人的认知偏差、易骗、有财产积累等特征实施的，具体表现则以保健品欺诈、电信诈骗、投资理财诈骗为主。这些诈骗行为已使众多老年人遭受了财产损失，有的危及老年人身心健康甚至生命。

1. 保健品欺诈

随着居民生活水平的提高，人们的保健意识逐步增强。调查显示，在被调查的全国 1928 个家庭中，大约 60% 的老年人都有关于保健品的消费，而老年人在保健上的投资占其总消费支出的 55%[①]。服用保健品已经成为老年人甚至年轻人提高免疫力、增强体质、预防疾病的重要手段。而不法分子正是抓住了老年人对疾病的恐惧及追求健康长寿的心理状态，利用我国保健品市场不健全、相关法律法规不完善等缺陷、漏洞，以骗取老年人钱财为目的，销售假的、无效的、无批号的保健品，同时夸大其所售保健品的功效，让众多老年人上当受骗，榨干老年人的"养老钱"。2019 年的"3·15"晚会曝光了众多无批准文号的专门欺诈老年人的各种来路不明的保健品，报纸、网络等媒体也经常报道此类事件，但以销售保健品为手段的诈骗事件仍频繁发生，严重扰乱了保健品销售的市场秩序，侵害了老年人的财产权及健康权。现在市场上销售的保健品主要有保健食品、保健用品两类。《保健食品管理办法》第二条将保健食品定义为不以治疗疾病为目的，对特定人群有特定功能的食品。在第四条规定了保健食品应符合的相关要

---

① 谈煜鸿.老龄化背景下我国老年人保健品消费研究述评[J].经济论坛，2016，（6）.

求,对保健用品则无相关法律界定。该办法是1996年卫生部颁布实施的,随着市场经济的发展,相关部门未制定新的规范保健品市场的相关法律,立法与市场脱离让诈骗分子有机可乘。

2. 电信诈骗

电信诈骗并非《刑法》分则规定的具体罪名,仅为诈骗类犯罪的一种诈骗形式、诈骗手段,主要是指以非法占有为目的,通过虚构事实、隐瞒真相,利用电话、网络等高新技术手段,骗取公私财物的一种行为。我国正在进行经济社会的转型,存在着诸多可诱发犯罪的消极因素,而犯罪的发生一般与刑事犯罪的规律及社会的经济发展程度相关。在全球通信、金融飞速发展的时期,电信诈骗是伴随科技信息发展而产生的一种独特的犯罪现象。此类犯罪最早产生于我国台湾地区,因此又被称为"台湾式诈骗",目前已蔓延至我国大陆地区及泰国、印尼、缅甸、菲律宾等国。2016年,深圳78岁老人因被讹走私致使1 156万元被骗、湖南71岁阿姨因虚假的电话欠费信息被骗15.8万元等电信诈骗案件的报道,让此类诈骗成为民众关注的热点。此类诈骗的发案率较高、危害较大,为了减少电信诈骗的危害,缓解其高发态势,相关部门积极采取措施,并颁布施行了抑制此类案件发生的法律法规。但社会发展过程中,总有兼顾不及的一些管理漏洞、社会问题。按照人类的生长规律,人的生理、智力、对事物的接受能力等在年老时会有所退化,因此很多老年人不能及时接受科技发展的成果,对电信技术不能有深入的了解。诈骗者为了骗取老年人的钱财,就利用大多数老年人对高新技术缺乏深入了解的缺点,通过各种软件,精心设计骗局实现犯罪目的。

3. 理财投资诈骗

民间投资制度的不完善及金融投资渠道的的不畅通,促使P2P平台、众筹、私募基金等各类投资公司在我国迅速发展。由于立法的滞后,致使国家对这些平台、投资公司监管的法律法规、相关制度不完善,存在真空状态,而缺乏法律制约的经济发展成果极易成为滋生犯罪的"土壤"。同时随着相关政策的不断完善,让老年人通过年轻时的努力工作,有一定的积蓄、自己的住房,既无抚养的经济负担,又无住房压力。他们有宽裕的经济条件,但辨识能力及对相关理财知识的了解不足的特点,使其成为金融诈骗的目标。不法分子利用大多数老年人独居、识别能力弱、对新事物了解不深入、爱占便宜等特点,积极了解新的政策,利用国家监管的缺陷,不断翻新诈骗手段,骗取老年人辛苦积攒的资金。我国将此类犯罪称为"非法集资",主要是指非经国家或有关部门批准,以发行股票、证券或其他债权的方式向社会不特定公众筹集资金,并承诺到期以实物货币等还本付息、给予回报的行为。最早对该行为的规定是最高人民法院的司法解释。随着经济的发展及相关立法完善，关于该行为的规定虽不断完善，但仍不能根治由此类行为引起的犯罪的发生。

（三）老年人被骗事件涉及的主要权益

老年人作为社会公民，首先，应该享有《宪法》规定的公民享有的所有权利并履行相关义务，如财产权、人身权等；其次，作为特殊群体，还应当享有法律规定的特殊的权利，如赡养权等。虽然随着社会的发展，国家的国情、社会文化等都会变化，这些权利也会有存在一定的差异，但保护老年人权益、给老年人以优待的基本宗旨是不变的。同时，老年人作为消费群体，当然享有法律规定的消费者的相关权益。

1. 财产权

财产权是公民的生存基础，若无基本财产维持生计，生命将会受到威胁，其他权利更是无从谈起。各国法律历来都将对公民财产权的保护作为重要内容，早在17、18世纪时，自然法学派就将生命、自由、财产作为人权的三大基石。在我国，财产权是基本的经济权利，在《宪法》及其他法律中都有规定，主要包括物权、债权、继承权、知识产权中的财产权利。它是公民在社会生活中其他权利和自由得以实现的物质保障和基础，也是经济发展的重要保障。保护财产权的正确行使，不仅有助于增加社会财富，也有利于实现公共利益。在行使财产权时应注意两方面的内容：一方面法律保护公民的财产自由，另一方面公民在行使自己的权利时不能损害他人及公共利益。当财产权遭受侵害时，可以根据侵害程度的不同，依据不同的法律寻求救济，如可在刑事制裁侵犯财产权的犯罪行为时，提起刑事附带民事诉讼；在受到民事侵害时，提起请求确权、排除妨害、返还原物等民事诉讼；因国家机关及工作人员的工作行为造成侵权的，可通过行政诉讼请求赔偿。老年人的生活积蓄主要为其个人劳动所得，领取的退休金也是对前半生的贡献的返还。当他们因劳动能力减弱，离开工作岗位时，稳定的住房及各项生活必需品是晚年生活的保障，若无这些财产保障，可能会直接影响其生存权。而诈骗分子却通过各种途径，利用各种手段，将这些养老钱骗为己有的行为，严重侵害了老年人的财产权，具有很大的社会危害性。

2. 健康权

在现代汉语中，健康主要指人体各器官发育良好、生理机能正常，无缺陷或疾病。法律上，关于健康的概念界定有三种观点：生理健康说，肉体、精神健康说，生理、心理健康说。生理主要指人的机体及体内各器官的机能，包含神经系统，即人的精神；心理则指人的大脑对客观现实的反映。关于健康权的界定主要有健康利益说[①]——认为健康权的客体为健康利益，这种利益不为他人妨害；身体机能完全性说——将健康权视为保持身体内部机能完全的权利；生理机能和良好心理状态说——此种观点将生理健康和心理健康均作为健康权的客体，但极少有学者认同这种观点。近年，国家开始重视心理学科的发展及研究，将心理学相关知识运用到法学领域。因此，应当逐步将心理健康纳入健康权的范畴中。老年人作为弱势群体，当其权利受到诈骗犯罪的侵害时，生理、心理健康都极易受到伤害。老年保健食品消费者在消费过程中，安全保障权极易被侵害。不法分子为了骗取钱财，肆意夸大产品功效，销售用无效、非法原料制成的保健品，导致一些老年人在购买保健品后停止服用药物、接受相关治疗，代之以保健食品、用品，造成延误治疗、加深病情或引发其他疾病的情形，这都严重危害到老年人的健康权。即使是符合相关法律规定的有治疗效果的保健品，在长期服用时也有服用量的限制或其他禁忌。另外，一些老年人可能会因多年积蓄、养老钱等被骗，无法承受被骗的痛苦而出现突发疾病、原有疾病的病情加重等情形。这些都严重威胁老年群体的身心健康，甚至生命。

3. 知情权

1962 年，美国总统肯尼迪最先提出消费者知情权，之后各国法律相继确立了此项权利。知情应是消费者仅次于财产权的权利。消费者在消费过程中，享有知悉其所购商品、接受服务的真实情况的权利，可要求商品销售者提供商品的名称、生产日期、生产者等其他相关信息，有权要求经营者附具已购商品的使用说明书、检验合格证及相关售后信息。当前，众多消费者在消费时遭遇被骗、被坑问题，多数是利用消费者处于信息弱势，以知情权被侵犯为前提的。诈骗分子就是利用老年人对保健食品相关信息不了解，通过使用易混淆的、被篡改的产品名称、说明书及包装，并使用引导性语言误导消费者。由于保健食品及药品的配料、成分、批准证号、检验证书等相关信息的专业性及难以了解的特殊性，使得保健品欺诈事件发生的概率较高。因此，老年消费者在选购这些商品时，知情权极易受到侵害，从而导致其财产及其他权利的损害。老年人在消费过程中知情权是否得到保护，直接影响其自主选择权、公平交易权等权利的行使。

4. 获得赔偿权

消费者在消费时，其财产、身体受损时，有向销售者、生产者获取违约、侵权赔偿的权利，可获得人身（含精神）、财产赔偿。获得赔偿权是消费者权利受损后的救济方式，但消费者在经济交往中，常处于信息缺乏的一方，且多是分

[①] 杨立新.人格权法 [M].北京：法律出版社，2011.

散、弱小的，作为不特定的大多数，不可能与经营者在诉讼中有平等的地位。为减少消费者权利受损后的救济成本、便捷救济途径，我国相关法律不断完善，确立了小额诉讼程序、公益诉讼制度、惩罚性赔偿等便利消费者维权的渠道。消费者在权利受损时，权利要获得救济，应对商品销售者、生产者的相关信息有一定的了解，但不法分子实施的以老年人为目标的诈骗行为，在销售侵害老年人权利的保健品时，通常以侵犯老年人知情权为前提，且一般无固定经营场所，致使老年人被骗后索赔无门，严重侵害了老年消费者在权利受损后的获得赔偿的救济权。

二、老年人被骗的主客观原因

经济与法律相适应对保持社会稳定、减少犯罪发生有重要作用。我国经济发展较快，法律发展则相对滞后，法律的不完善，使政府在监管时，有诸多环节存在漏洞和问题，令社会中存在着诸多可诱发刑事犯罪的消极因素。犯罪分子则无视法律的威慑作用，利用法律及政府监管的漏洞实施犯罪行为。老年人作为特殊群体，其自身的一些特点，让诈骗分子有机可乘，将其视为诈骗的目标人群。诈骗分子则走在经济发展的前列，利用高新技术，不断翻新诈骗手段，让很多在诈骗迷途中还未清醒的老年人一次又一次掉进诈骗的陷阱中。

（一）从老年受害者特殊身份角度分析

饱经风霜的老年人长期积累的经验让他们不易相信人；年轻人则因阅历浅薄，易受骗。但近年，老年人自身的一些生理、心理等原因导致专门针对老年人的诈骗事件的频繁发生，值得深思。

1. 防范意识不够，"碍于"维权

心理学相关研究显示，随着年龄的增长，老年人的生理等各方面的反应逐渐迟缓，性格日益固执，心理、思维逐步僵化。老年人多年生活、工作的经验，让其在遇事时较多倾向于自我决定，且常高估自己的能力。科技的发展及经济的全球化，不仅推动了生活品质的提高，也促使政策、法规在稳定中变化。老年人在新事物学习接受能力方面的弱势地位，让他们对一些高新技术、相关政策法规缺乏了解，对诈骗分子的犯罪行为缺乏防范意识。另外，早期的生活习惯及人性的一些劣根性，让老年人有易轻信他人、爱贪便宜、从众、好面子等特点。老年人的这些特点极易被诈骗分子利用，他们组成团伙，分工实施不同的说服、诱骗行为，逻辑严密，层层推进，令众多老年人放下了本就薄弱的防范意识，走入诈骗的陷阱中。很多老年人被骗后，并未意识到自己被骗，一些在年轻人的提醒下会幡然悔悟，另一些则固执己见地认为自己未被骗。一些电视节目揭露的老年人被骗现象在生活中并非个例。即使意识到被骗，也可能因维权渠道不畅，不知如何维权或自尊心受损、好面子等原因而"碍于"维权。

2. 孤独感增加，渴望关爱

随着老龄化进程的加快，我国老年人独自居住、无人照料等现象日益严重，这些老年人因行动不便、体弱多病等原因与社会接触较少，在这种环境下长期生活的老年人有较强的孤独、寂寞感。与亲人生活的老年人，在退休后，因远离工作环境，晚辈忙于工作、家庭，鲜少与老人交流、谈心，子女、社会的认同感下降等原因，也会产生情感孤寂。而诈骗分子利用老年人因缺乏关心而孤独寂寞的心理，通过销售保健品、拉投资等方式，与老年人聊天，耐心为老年人讲解各种知识，倾听老人的需求，请老年人参加讲座、聚会，带老年人出去旅行，填补了老年人孤寂的心理，在感情上得到老年人的认同、信任，降低了对诈骗的防范能力，反而积极参加诈骗分子组织的各种宣传活动，心甘情愿地将钱投资给"比亲人贴心"的诈骗分子。

3. 物质需求增大，过分关注健康

老年人因长期劳动、身体较弱、免疫力差等原因，各种疾病的发生率增高，病痛的耐受力下降，对身体健康的关注度提高，易产生对疾病和死亡的恐惧。不法分子利用老年人对健康的过分关注，通过免费讲座、专家会诊等手段，诱导老年人对自己的健康产生怀疑，用较高的价格购买其销售的"疗效好"的产品。退休后，有些老年人因经济状况不稳定，生活支出较高，想帮子女分忧等原因，期望意外致富的机会，掉进以投资理财为借口的非法集资者的陷阱，将自己的资金投入诈骗分子的"无底洞"。

（二）从诈骗行为实施者角度分析

随着科学技术的快速发展，出现了很多便利生活，但不易操作、学习的新技术，诈骗分子在利益的驱使下，积极利用新技术实施诈骗行为，并紧跟技术的发展及时更新诈骗形式，使犯罪行为不易被识别，也给对诈骗行为的侦查带来了难度。另外，由于老年人的思维、心理等与年轻人有一定差异，不能充分了解新技术，无法识别诈骗分子的诈骗方式，导致多次掉入诈骗陷阱中，且部分老年受害者遭受诈骗后并未通过法律途径维护合法权益，让犯罪分子逃脱了法律的制裁。犯罪利益与犯罪成本的差异，也在一定程度上增加了诈骗犯罪发生的概率。

1. 利益驱动，诈骗成本低

通过对162份相关案件裁判文书的分析看，以老年人为目标的诈骗案件的犯罪分子就是以获取老年人的钱款为目的。以老年人为目标的电信、投资类诈骗案件，犯罪成本较低。多数电信诈骗犯罪分子仅通过其在淘宝上购买的总价值为几万元的作案工具,通常为几部手机、多张银行卡、手机卡、几台电脑,借助运行方便的各种软件技术,向各城市的手机号码,随机发送诈骗短信,获取受骗者的钱财;投资类诈骗犯罪实施者则通过租赁办公室、虚假注册公司等方式,虚构事实骗取老年人的投资款;而以保健品销售为手段的不法分子,通过高价销售成本较低的伪劣保健品等方式非法获得老年人的资金。诈骗成功后,一次就可能有几万元到几十万元赃款进账,巨额"利润"及较低的犯罪成本,让犯罪分子获得巨大利益。而相关部门对手机卡、银行卡等作案工具缺乏严厉的监管,增加了诈骗成功的概率;网银、电子商务的推广使用,则为赃款的取得和犯罪分子洗钱提供了便利。互联网技术的发展成果都可降低犯罪分子的诈骗难度,为诈骗分子开"绿灯"。

2. 犯罪隐蔽性强,易使人上当

犯罪分子实施诈骗行为时,多是跨区域作案,并通过多种方式掩盖其真实身份及诈骗目的。如在电信诈骗中,诈骗分子通过各种方式准确掌握老年受害者的信息后,通过伪基站,发送短信后冒充国家机关人员拨打电话,增加了犯罪行为的隐蔽性。销售保健品的不法分子,则通过团队合作,冒充专家掩饰其犯罪目的。诈骗分子利用通过高新技术手段窃取受害者的信息,准确设计骗局,并利用老年人对医学专家的信任让老年人掉进诈骗者设计好的"套"中。同时,犯罪分子紧跟经济发展及政府政策的步伐,不断更新诈骗形式,利用当前因医疗、物价上涨导致老年人安全感降低,对理财投资知识较缺乏等现象,设计高回报的投资骗局,让老年人易被高额利润诱惑,跳入投资陷阱。

3. 虚假证件的使用,带来侦破难度

犯罪嫌疑人多事先通过淘宝或其他途径获取多张虚假身份证,然后利用虚假身份证开通手机卡和银行卡账户。在实施诈骗行为时,将联系方式和银行账号用电话告诉受害者。这些犯罪嫌疑人极其狡诈,他们会间断性地使用不同的手机号码及银行账户。另外,在诈骗组织中,多使用"代号""化名",且多为定向联系,仅少数人能与犯罪组织策划者接触。即使受骗老年人报案,或抓获一些犯罪嫌疑人,公安机关也不易找到其他同案犯,案件在较短时间也难以查获。这在一定程度上,刺激了诈骗分子实施犯罪行为的欲望,使犯罪分子能够在较长时间内对多位老年人实施诈骗,加大了社会危害性。

4. 受害者不报案,纵容犯罪发生

老年人被骗后,可能因未意识到自己遭遇骗局,自认倒霉,认为报案也不能挽回损失等原因较少去相关机关报案,甚至因为好面子,不告知自己的亲友。根据对裁判文书的分析来看,在几百名受害者中,只有几个到几十个老年受害者会主动向公安机关报案，多数诈骗案件都是经过群众举报被发现后，由公安机关在侦查时根据犯罪嫌疑人的银行汇款账单等凭证或者发布案件受害者登记表才与被害老年人取得联系。公安机关无法准确获取被害者的数量及被骗金额，导致很多案件的赃款无法及时退还给受害老年人。受害者的不报案、不告知，一定程度上纵容了犯罪分子，也是此类案件频发的一个重要原因。

（三）从现行法律制度缺失角度分析

在社会发展过程中，犯罪行为发生的多少，一定程度上反映了社会运行中的法律及相关制度的完善程度。在研究老年人被骗事件发生原因的过程中，不仅要从老年人及犯罪行为实施者的角度进行主观分析，还要对现行法律制度进行分析，从客观上寻找老年人被骗事件发生的原因。

1. 保护老年人权益的制度不够完善

老年群体是社会的弱势群体，其相关权益需要一系列相关法律法规及政策来保护。当前，我国专门性的保护老年人的法律仅一部——《老年人权益保障法》，其内容涵盖了社会保障、社会保险、宜居环境等各方面。很多西方国家保护老年人的法律体系较为完善，对保健、医疗、保险、赡养等都有专门的立法。与其他国家相比，我国关于保护老年人权益的法律体系建设明显不足。另一方面，现行《老年法》存在着许多不足，因规定的内容较多，涉及老年人具体权益、责任的内容就相对模糊、笼统，缺乏可操作性。如在法律规定中出现的"逐步""有条件""提倡""扶持"等词语，都较为模糊，实践中可操作性不强。此外，我国关于老年人权利保护的法律散布于多部法律中，立法文件的零散，让法律的具体实施缺乏统筹性，一定程度上降低了法律效果。

2. 手续简单、监管失控

为发展市场经济，应对激烈的市场竞争，各级政府部门实行简政放权，为办事群众简化手续、促进经济发展的同时也给安全管理带来了问题，为诈骗分子提供了便利。手机、网络已渗透到生活的各个领域，随之而来的网络支付、结算等功能提高了资金流动率，便利了居民生活。对新技术监管则需要一段时间的成熟，监管的缺失必然让犯罪分子有机可乘。2010年，我国开始实行手机用户实名登记制度，2013年制定相关规定，但电信运营商为追求利益，并未严格按照依据居民身份证件为居民开户的规定执行，且存在众多代理商事先激发开卡等问题。2016年，各种诈骗事件频发后，工信部采取强制实名、关停未实名用户等措施，对1.2亿用户进行补登记，但网络营销渠道的实名登记仍存在问题，且虚假登记的现象仍存在。金融行业为了增加业绩，对居民开户数量不限制，存在众多一行多户的现象，或者不仔细核查开户人员与开户身份证是否一致，致使银行卡账户管理存在诸多漏洞。这些漏洞导致相关部门对手机卡、银行卡的监管失控,被犯罪分子利用。

3. 管辖不明、惩处不力

以老年人为目标的诈骗犯罪,多是非接触性的、跨区域实施的,被害者也可能来自不同地域,导致案发时出现管辖不明问题,出现大案要案都想管、复杂案件互相推诿等现象。此外,诈骗手段的新颖、有预谋及隐蔽性都增加了案件取证的困难。而犯罪分子多用代号、分工明确、单线联系的特点则让侦查机关难以找出案件的组织策划者等首要分子。另外,侦破此类案件时空间、行业跨度较大,案件侦查过程中需要派员异地取证,并需依据法律手续去电信、银行调取账号记录等相关证据,这都增加了案件侦查的人力、经费的消耗,加大了办案成本,影响侦查机关的办案积极性。案件的侦破还需要专业技术人员参与,各侦查机关的警种也较为单一,对保健品行业、经济投资、会计、计算机软件等极其熟悉的人员相对较少。

第二节 老年人被骗案件实证分析

近年来,老年人被骗的案件时有发生,为了解老年人被骗案件的具体情形,有必要对具体案例进行实证分析。首先,需要通过对案例的整体分析,了解案件中老年受害者及案件的具体特点;其次,要通过典型案例,弄清犯罪分子在诈骗老年人的过程中常用的方式、方法。

一、老年人被骗案件的特点

根据老年人被骗事件的三种主要类型,笔者在中国裁判文书网中获取了与诈骗老年人相关的裁判文书共 208 份,其中民事 46 份、刑事 162 份。通过阅读,分析出此类诈骗案件的特点。

(一)老年被害者的特点

在诈骗犯罪中,老年人由于识别能力弱,防范意识差,易遭受此类犯罪的侵害,且由于老年人多关注自身健康状况,资金来源有限,被骗后经济状况不易恢复,因此易受到保健品类、金融投资类特定诈骗的伤害,被骗后产生的后果也比较严重,有的甚至无法接受而失去生命。总之,这类案件反映出被害后果较为严重、易受特定诈骗类型侵害等显著特点。

1. 被骗的后果严重

根据裁判文书整理统计①，在选取的 50 个集资诈骗案件中，受骗人数在 100 人以下的为 21 件，在 100～500 人的为 22 件，500 人以上的为 7 件，其中受骗人数最少的为 16 人，最多的是 23 万人。被骗后金额损失，平均为 10 万元，最少为 9 000 元，最多为 400 万元。老年人心理承受能力较弱，在遭受诈骗犯罪后，后果较严重。以老年人为目标的诈骗犯罪多为既遂，受害人数较多，且受害老年人都遭受到了不同程度的财产损失。在投资诈骗中，多以 1 万元为最低投资标准，诈骗分子利用高额回报、返本付息、小礼品、旅游等手段诱骗老年人投资，有的老年人甚至鼓动全家投资了多次，在投资后仅收到几百到几千的利息或红利返还，多数受害者的财产都付诸东流，即使案件侦破，也无法追回。在步入老年后，劳动能力减弱，退离工作岗位，收入相对减少，对以退休金、赡养费、微薄的劳动收入为主要来源的老年人，其在遭受诈骗后，造成的绝对财产损失或许不如其他人严重，但若将老年人经济状况的恢复能力及被骗后的承受能力作为考量因素，其犯罪被害后果就非常严重。

2. 易受特定诈骗类型侵害

在被骗类型上，老年人遭受某些特定类型的诈骗侵害的风险较高。以老年人为目标的被骗类型有迷信诈骗、保健品诈骗、假物诈骗、投资理财诈骗、电信诈骗、婚姻情感诈骗等多种类型。其中，迷信诈骗利用封建迷信骗财；假物诈骗通过零钱换整钞、假金银首饰、假古董等方式骗财；婚姻情感诈骗则通过与孤寡老人谈朋友、结婚为手段骗财。随着地位、社会角色、心理、生理的变化，老年人较多关注健康、经济、子女等状况，较少关注科技更新、经济政策等。老年人的这些关注特点易被诈骗分子利用。他们根据老年人的关注目标，设计各类专门的骗局，令老年人极易陷入保健品、投资、电信类骗局。

3. 被害地点较固定

对老年人被骗案件的分析发现，犯罪分子多将老年人经常出没的公共场所作为实施诈骗的起点。老年人空闲时间较多，活动范围多集中在广场、公园、菜市场等公共场所。在老年人被骗案件的类型中，迷信、假物等诈骗案件较易实施，多直接发生在这些公共场所。而实施过程较为复杂的保健品、投资理财类诈骗，犯罪分子多在这些地点，以发放宣传单、礼品券等为手段，虚假宣传其保健品的疗效、投资项目收益的可观，然后将老年人带到其事先租好的酒店、办公室等，利用聚餐、旅游、发放小礼品等让老年人购买其销售的保健品，或进行投资，达

---

① 案件来源：中国裁判文书网，案件获取日期：2019-12-28。

到骗取钱财的目的。

（二）诈骗案件的特点

随着科技的进步，经济的发展，以老年人为目标的诈骗案件逐步增多，给众多老年人带来较大损失，让老年人在社会发展中产生出极大的不安全感。为了减少此类案件的发生，维护老年受害者的合法权益，需要对此类案件有深入的了解和分析。

1. 案件多发生在沿海发达地区

通过对所收集案件进行分析，在与诈骗老年人相关的162件刑事案件中，案件的发生量排名前六位的省份为：福建省、广东省、江苏省、浙江省、四川省、湖南省。通过对中国裁判文书网记录的2018年该类案件的总数据分析，案件发生量较高的前六位是福建省、广东省、江苏省、浙江省、四川省、湖北省。数据虽有差异，但总体相似（详见图1-1）。此类案件多发生在南方城市，其中沿海发达地区较为显著。图1-2展示了该类案件发生的主要区域，为相关部门对此类案件的主要预防、整治区域提供了方向。若这些地区的司法部门及政府机关，积极采取措施，严厉打击针对老年人的诈骗团伙，则案件发生量会有较大幅度的下降。

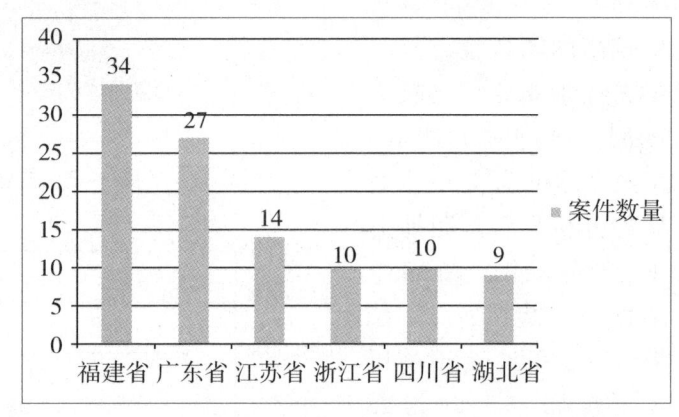

图1-1　2018年老年人被骗案件多发情况

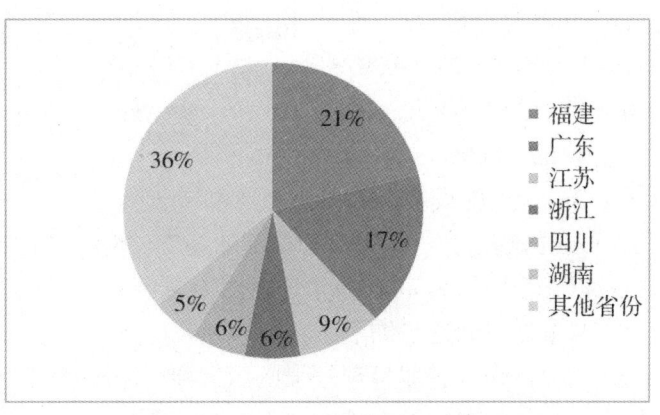

图1-2　老年人被骗案件地域分布

2. 被告人趋于年轻化

尊老爱幼是我国的传统美德，但在老年人被骗案件中，犯罪分子则呈现较强的年轻化特点。经济社会快速发展的同时,也产生了众多引发犯罪的消极因素。部分年轻人过多追求物质满足的不正之风成为诱发年轻人犯罪的不良因素,而众多老年人面对热情交流的"孙子辈"诈骗分子不免会少一些防备之心。在诈骗老年人的案件中,多为团队作案,独立作案较少,平均1个案件涉及4.7名犯罪者,体现出较高的团伙性,且其中男性犯罪分子占较大比例。通过对上述162个案件随机选取53个案件的分析发现,犯罪分子呈现年轻化。在53个案件中,共涉及231位被告人,年龄在40岁以上(含40岁)的为73人,占比例为31.6%;31~39岁的为64人,所占比例为27.71%;20~30岁的为94人,占总人数的40.69%(详见图1-3)。被告人中,低

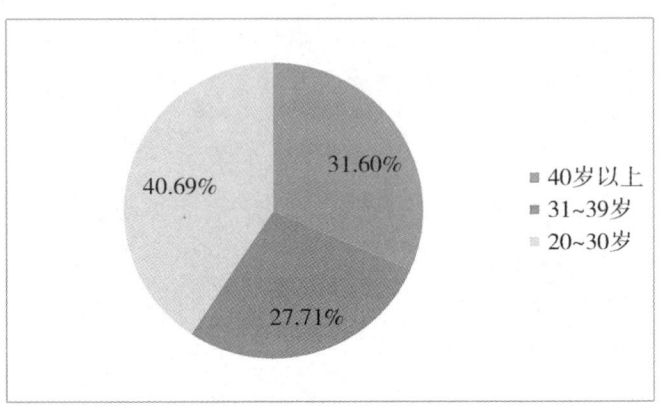

图1-3 被告人年龄分布

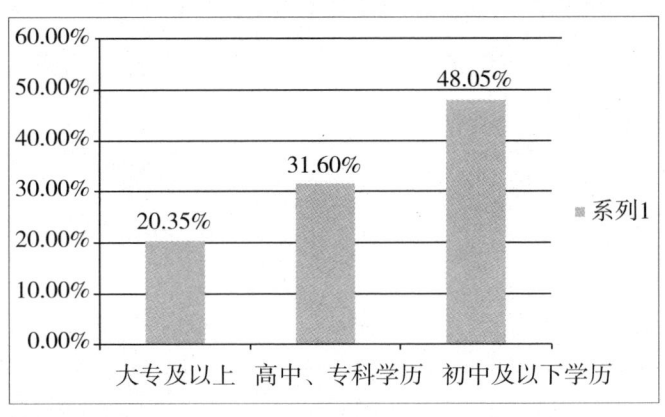

图1-4 被告人学历

学历人群较多,大专及以上学历的为20.35%,高中、专科学历的为31.6%,初中及以下学历的为48.05%(详见图1-4)。

3.案发时间逐步缩短

当前,诈骗犯罪呈现较强的团伙性、隐蔽性强、手段多样化、侦破难度大等特点。为了抑制此类案件的高发、频发态势,公安机关及电信、金融等监管部门制定相关规定,并成立了反诈骗中心,有效地遏制了此类案件的高发态势。在电视、网络等媒体的广泛宣传下,社会公众也提高了警惕,有了较强的防范意识。随着相关部门打击措施的实施,诈骗案件能够被及时发现,缩短了犯罪分子实施诈骗的周期。以前诈骗案件的实施周期通常为一年以上,现在开始实施后的几个

月就能被查获，减少了诈骗成功的概率，让更多民众的财产免遭侵害。

二、老年人被骗案件中的典型个案透视

诈骗案件作为我国典型的侵财类案件，已受到国家机关的高度重视。电信诈骗案尤其引起全社会的普遍关注。为了更好地了解此类案件的具体构成要件及作案方式，需要对典型案例进行研究。只有理论与实践的结合，才能更好地提出降低此类案件发生率的具体措施。

（一）典型案例

电信诈骗、保健品诈骗、投资理财诈骗是老年人财产易遭受侵害的三种诈骗类型。为了减少老年人的财产损失，需要对相关诈骗类型的构成要件及常见的诈骗模式有一定的认识。犯罪构成要件是指组成犯罪构成的内容的要件，我国刑法理论通说的犯罪构成体系主要包含四个方面的要件：犯罪主体、犯罪客体、犯罪主观方面、犯罪客观方面。以老年人为对象的诈骗犯罪，犯罪主体为达到刑事责任年龄、具有刑事责任能力的单位或个人；犯罪客体为侵害老年人的财产权益或其他社会秩序，如保健品市场秩序、电信及金融管理秩序；犯罪主观方面为具有直接或者间接故意，并有非法占有被害老年人财产的目的；犯罪的客观方面以销售假冒保健品或电信、投资理财等为手段，用诈骗方法实施诈骗行为。

1. 保健品销售相关案例

（1）推销假冒保健产品诈骗案[①]。2011年7月，被告人王某在天水市经他人介绍，与罗某、杨某等相识后，共同预谋以虚构的"爱心助老协会"名义组建天水分会，通过举办报告会，骗取老年人的钱财。几人商量，由罗某担任协会主任，负责财务、保健品销售、会员办理；杨某担任讲师，负责讲课；王某主要负责办理手续，租赁场所，印刷宣传资料。之后三人开始实施诈骗行为，王某租赁文化宫场地，并散发传单，打出"爱护老年人，替子女尽孝"的标语，吸引老年人参加罗某的报告会。之后，杨某冒充医学教授、健康讲师，称其已组建多个老年会所，将在天水成立会所帮助老年人，并通过给参加活动的老年人发放小礼品、早餐券等，让参会老年人购买保健品；第二天再以爱心人士赞助的名义，退还购买款等方式骗老年人参加活动。之后，骗老年人多购买保健品并办理会员，诱使赵某等114名老年人加入协会，成为会员，购买假冒保健品。骗得31万元后，三人假借向上级汇报的名义，逃离天水。案发后，三被告均退还部分赃款。法院在判决时，认为王某等被告，以非法占有的目的，采用给参会老年人赠送礼

---

① 来自 https://www.fabao365.com/xingshi/167999，登录时间：2020-03-02.

品、早餐券、先销售保健品后退款、虚假捐款、承诺加入会员的虚假好处等形式，诱使他人为成为会员而购买假冒保健品，并为实施诈骗出资印刷宣传资料、租赁场地，采取虚构事实、隐瞒真相的方式，骗取财物数额巨大，构成诈骗罪。

（2）具体分析。此案是以推销假冒保健品为手段的诈骗犯罪，此类诈骗案件分布范围较广，涉及人数较多，不仅侵害了老年人的财产权、健康权，也扰乱了保健品行业的生产秩序。居民生活水平的提高，让众多老年人开始注重养生、保健，同时也滋生了很多以此为手段的诈骗案件。此类案件多是团伙作案，他们提前策划，协调分工。常见的模式为：①以老年协会、老龄委、公益健康普查等名义，免费为老年人量血压，赢得老年人信任。②为取得信任的老年人发放"健康普查卡"，获取老年人信息，并告诉老年人有"专家"义诊活动，邀请他们去参加"讲座"。③用专车接送老年人参加"讲座"，听完讲座后，让老年人去"体检"，并出具报告单。④体检后带老年人到"专家""教授"处诊断，肆意夸大老年人病情，同时虚假宣传销售的假冒伪劣保健品，虚构治疗效果。⑤在专人陪同下，送老年人回家，让老年人取钱、拿"药"，诈骗巨额钱财。

（3）此类案件涉及罪名。当前我国《刑法》并未对此类犯罪专门规定罪名，在具体的司法实践中，针对此类案件的判决主要涉及的罪名有：若有相关证据证明被告人在销售时，明知其所售保健品中掺有有毒、有害物质，仍予以销售时，就定为生产、销售有毒有害食品罪；若犯罪分子在销售保健品时，以保健品冒充药品进行销售，则其行为构成销售假药罪或销售伪劣产品罪，违反了国家的药品管理秩序；若诈骗分子以非法占有为目的，通过上述行为模式向老年人销售保健品，获取钱财，通常被认定为构成诈骗罪。为了使执法部门的执法依据更加具体明确，有必要针对危害保健食品安全犯罪设立一个专门罪名，以加大对此类犯罪的惩罚力度，更好地保障人民的生命安全。

2. 电信诈骗相关案例①

（1）虚构被害人涉嫌犯罪的诈骗案。2015年3月，郑某、林某等35位80后、90后老乡、朋友，一起到印度参加由他人组织的，以大陆居民为目标的诈骗团伙。在该团伙中，共分三条线路的工作人员，且各人员皆使用代号。郑某等人加入该团伙后，被分到各线路实施诈骗。其中，一线人员冒充快递、银行等工作人员，向不特定公众拨打电话，称其包裹涉嫌走私、藏毒，银行卡有洗钱嫌疑等，然后将电话转给下一线人员；二线人员通过冒充被害人当地公安人员，详细了解被害人亲人、银行账户等详细信息后，将电话转给三线人员；三线人员冒充

---

① 来自 https://zhuanlan.zhihu.com/p/106394243，登录时间：2020-03-02.

司法机关人员，虚构被害人涉嫌犯罪的事实，称根据司法程序，需要被害人配合抓获嫌疑人，在核对被害人信息后，让被害人通过ATM机或网银将其财产汇入指定的"安全账户"。截至同年5月，郑某等人共骗取易某等被害人人民币120万元，其中多人为超过60周岁的老年人。本案由一审程序判决生效。在判决书中，对于诈骗既遂金额的责任承担的认定，一审法院认为，各被告均明知该组织为实施诈骗的团伙，仍加入，且按照分工，配合协作，共同实施诈骗行为，构成共犯，应对其各自参与期间，共同犯罪的总额承担责任；对于被告人参与犯罪的时间起算，法院认为，各被告在加入该诈骗团伙后，参加培训的目的是为了实施诈骗，主观上有实施诈骗的故意，并积极学习，因此应从参加培训的时间作为实施诈骗的起算点。各被告均构成诈骗罪，被判处有期徒刑，并处罚金。

（2）具体分析。此案是以虚构被害人涉嫌犯罪为手段的电信类诈骗犯罪案件，此类案件中，诈骗分子与受害者不直接接触，具有极强的隐蔽性，且他们分工合作，环环相扣，获取赃款，不但让受害者财产遭到损失，而且也损害了社会信任环境。随着科技、经济的快速发展，手机、网络等成为生活的必需品。不法分子借助这些现代生活的必需品，利用居民对政府机关的信任，实施诈骗。此类案件的常见模式为：①诈骗分子利用伪基站等软件，虚构中奖、股票内幕、国家补贴、退税、涉嫌犯罪、账户不安全等事实，向不特定人群发送信息。②利用改号软件，冒充中奖单位、财政、税务、公检法机关工作人员给收到信息的老年人打电话，称为了让老年人顺利拿到补贴、退税、奖金，需先交纳一定的税费或手续费；告知老年人的相关信息已被盗取，为了保护老年人的资金安全，让老年人按照指示将财产通过ATM机转移到"安全账户"中。③随着电信诈骗的关注度的提高，众多老年人对电信诈骗有防范意识后，诈骗分子又利用公安机关返还被骗资金为手段，对已遭受财产损失的受害者实施诈骗，打电话通知他们案件已破获，为了返还赃款，需要受害者缴纳一定的保证金。④受害者按照操作完成转账后，还未意识到被骗时，诈骗分子就让事先安排好的分散在不同地区人员将赃款取出。

（3）涉及的罪名。为遏制电信诈骗大幅上升的势头，公安部将打击此类犯罪作为2016年的重点工作，明确了此类案件的受理规范，制订了侦办新机制，并取得了显著成效。2016年1~11月，全国破获此类案件9.3万起，为群众挽回经济损失48.7亿元。[①]此类案件被认定为诈骗罪。诈骗罪通常是指犯罪分子实施

---

① 乌梦达，郑良，刘奕湛.2016电信诈骗案治理：破获案件9.3万起，收缴赃款赃物23.8亿［J］.广西质量监督导报，2017，（1）.

了欺诈行为，被害人基于该欺诈行为产生错误认识，并因为错误认识而自愿处分财产。电信诈骗符合诈骗的构成，因此被认定为诈骗罪。最高法院也做出了关于诈骗罪的司法解释，将电信诈骗作为可酌情从严惩处的犯罪情节，并规定了利用电信技术诈骗的定罪标准。随着通信技术及互联网技术的革新，不法分子也积极更新电信诈骗的手法，增加了此类案件的侦破难度。为了更好地打击此类犯罪，保护公民的财产及个人信息安全，相关立法机关应该考虑设定此罪的独立罪名。

3. 投资诈骗相关案例①

（1）非法集资案。2011年9月，梁某、曾某等人，租赁办公室，成立农业高科技生物技术公司。在无授权、无等级、无资质的情况下，虚构生物科技投资项目，在各酒店、公园等地发放宣传单，并通过请客、参观等形式召集中老年人，向其宣传该项目的前景，讲解投资方案。以赠送原始股，按周、按月等为期限的静态分红及动态奖金，到期还本等手段，谎称该项目风险低、回报高，让周某等被害人投资。骗得投资款后，梁某还以分红名义归还周某等投资者少量投资款。事后，梁某资金链断裂，关掉手机后，逃跑。至2012年11月，梁某等人共骗取周某等8名被害人人民币14万元，以分红名义归还2万元，剩12万元无法归还。法院在判决时，认定梁某构成集资诈骗罪，判决依据的证据有：各被害人的陈述及其银行交易记录，投资项目的简介及奖励计划书等。

（2）具体分析。经济的发展，促使社会财富的增大，居民有了闲散资金，而金融的服务局限，使民间融资的需求量增加。非法集资活动，也成为致使老年人财产遭受巨大损失的违法犯罪活动。非法集资案件的显著特征是承诺无风险、高收益、高回报②。此类案件犯罪分子的常见手段为：①租赁办公场所，通过虚假身份或代理机构注册生物科技、投资、高新技术、农业等公司，并制作宣传资料；②去老年人活动较密集的广场、公园、市场等发放宣传单、礼品券等，并将老年人带到公司参观、听讲座等，夸大公司生产规模及投资回报，承诺高收益，到期返本付息；③通过各种方式游说老年人投资，老年人投资后，给小礼品及当期收益，并定期组织老年人旅游、参观、聚餐，让其进行多次投资。开始投资时，老年人都会获得定期收益。诈骗分子以这种方式麻痹老年人的防范意识，让其进行多次投资。因此案发时间较长，多数老年人都是在当期利息无法支付时才意识到自己被骗。此类案件给老年人带来较大的财产损失，相关职能部门应

---

① 来自 https://www.sohu.com/a/287684760_100017687，登录时间2020-04-01。

② 李硕，李浣. 关于非法集资等涉众型金融犯罪适用法律问题研究[J]. 河北法学，2011，29（6）.

该加大对非法集资活动的监管力度，减少非法集资，规范金融借贷，防止群众财产损失。

（3）此类案件的罪名。我国《刑法》及相关司法解释，对非法集资的行为及相关罪名都做出了较为详尽的规定。在司法实践中，此类案件通常涉及的罪名为：集资诈骗罪和非法吸收公众存款罪。若行为人有非法占有的故意，以获取高额收益为诱饵，通过虚构事实，以诈骗方法向不特定公众实施非法集资，通常被认定为集资诈骗罪；若不能认定行为人是以非法占有目的实施的集资行为，就会被定为非法吸收公众存款罪。关于非法集资中"非法占有"的认定，依据为《最高人民法院关于审理非法集资刑事案件具体应用法律若干问题的解释》第四条，对于犯罪行为人注册公司实施该行为，是否认定为单位犯罪，若非法集资活动是由单位决策、以单位名义实施、且利益归单位的单位行为，应该认定是单位犯罪；为实施犯罪而设立公司，或公司设立后，主要活动是实施犯罪，则不认定为单位犯罪。在具体案件判决中，对非法集资活动的组织者、策划者及成立公司的管理人员，通常被认定为非法集资活动的主犯，并有非法占有的目的，定为集资诈骗罪；招聘的拿固定工资或仅对自己吸收的存款有提成的普通业务人员，在判决时被认定为从犯，不认定其非法占有的目的，定为非法吸收公众存款罪。

（二）司法实践中存在的问题

随着年龄的增长，老年人的防范意识逐渐降低；加上对新技术缺乏了解及信息获取渠道的局限，让老年人成为诈骗分子的主要目标，各种诈骗手段层出不穷。司法机关及相关部门虽然积极采取措施，加大了对以老年人为目标的诈骗犯罪的惩处力度，但在具体实践中，仍有需要不断完善的地方。

1. 缺少对上下游犯罪的打击

诈骗案件的上下游犯罪，是指引发诈骗的犯罪和诈骗后的后续犯罪。要从根本上铲除诈骗犯罪，必须切断其滋生、实施、蔓延的温床，从源头上治理相关产业链，对关联犯罪进行全面惩处。在保健品销售诈骗中，缺少对生产伪劣保健品环节的打击，诈骗分子为诈骗老年人而销售保健品，这些伪劣保健品的来源，并未进行彻底清查，相关机关仅对其诈骗行为进行了追究，并未进行深层次的犯罪追究。在电信诈骗中，诈骗分子为实施诈骗行为而购买的公民个人信息，让犯罪分子能够根据公民的住宅、银行、消费等信息，准确设计骗局，让被害人短时间内难辨真伪，而犯罪分子则借机升级骗局，让被害者陷入骗局中。在非法集资诈骗中，公司注册认缴制的确立，为犯罪分子通过注册公司实施诈骗行为提供了契机，相关机关应该加强对新注册公司的监管，防止诈骗分子利用注册公司实施非法集资活动。诈骗犯罪的下游犯罪一般是洗钱罪，诈骗犯罪是以非法占有为目的，获取被害人的钱财，所获得的都是赃款。通过洗钱可以帮助犯罪分子将犯罪所得合法化，将赃款迅速转移。当前，我国对此类犯罪处罚较少，而洗钱犯罪与贪污腐败、黑社会组织、走私、毒品等犯罪都密切相关，加大对此类犯罪的惩处，可以有效截断犯罪活动的资金流向，发现诈骗及其他犯罪。

2. 定罪标准不统一

在具体司法审判中，对同一类案件，会被认定为不同的罪名。如保健品销售类诈骗案件，诈骗分子通过相同的模式实施诈骗行为，在判决时，则会被认定为销售伪劣产品罪、销售假药罪、诈骗罪等不同的罪名，罪名不同，量刑幅度也会有差异。在电信诈骗中，罪名过于单一。诈骗组织在实施诈骗行为时，一般都有明确的分工，有专门的提供信息、取款、发布信息、冒充国家机关工作人员等，法律规定在诈骗犯罪中，构成关联犯罪，同时构成诈骗罪的，应该数罪并罚或按照处罚较重的处罚，而在具体审判罪，并未提及这些关联犯罪，均以诈骗罪定罪。非法集资诈骗类犯罪中，在判决中，不同地区对诈骗数额特别巨大的有较大的量刑幅度。

第三节　防范老年人被骗法律风险对策

在当前老年人遭受诈骗被害较为严重的情形下，为了加强老年人权利的保护，需要在完善老年人权利保护制度的基础上，从政府和犯罪惩处机关两方面努力，建立完善的老年人被骗防范体制机制。

一、完善老年人权利保护制度

近年来，侵害老年人权益的案件不断发生。在老龄化背景下，做好老年人维权工作，有利于社会的和谐稳定。为了保护老年人合法权益，应该做好建立维权渠道、加强法律援助、健全保障体系、完善赔偿补偿机制等方面的工作，全方位多角度地加强老年人权利保护。

（一）建立维权"绿色"通道

当前的老年人多是生长于新中国成立初期，当时国家各方面工作都不完善，法制工作更是无法深入。因此，很多老年人在受到伤害后不能通过法治手段维护自己的合法权益。这就要求当前不仅要做好维权渠道的建立，更要做好法制宣传工作。

1. 加强老年法制宣传

老年人若想依靠法律手段维护自己被侵害的权益，必须对相关法律有一定的认识，需加强对老年人的法制宣传。我国众多法律都对老年人权益保护有特殊规定，如果老年人都不了解相关规定，则这些法律条文将会被束之高阁。因此，应该加强对老年人保护法律的宣传。政府、司法机关都应承担起宣传法律的责任。政府应在各小区、老年活动室、广场、公园等老年人活动较密集的地方设置宣传栏、投放宣传册，宣传老年人保护的相关法律，诈骗老年人的常见手段，最新的国家相关政治、经济政策，并对宣传栏的内容及时更新；同时可制作一些与防范诈骗有关的宣传片、公益广告，并通过电视、网络、广播定时播放。司法机关应该派相关工作人员定期去街道办或者社区开展法制宣传的讲座、培训课程，为老年人讲解相关法律知识，发放法制宣传单；还应该通过实际案例让老年人对诈骗手段及应对方法有切实的认识和了解，并利用情景模拟，与老年人进行互动，通过真实情景让老年人更好地学习防骗知识。法制宣传及普法工作不仅在法制宣传月或者宪法宣传日重点开展，还要实现常态化，经常举办法制宣传活动。如果老年人对相关法律、国家政策、高新技术及诈骗分子的诈骗手段有了解，在遭受诈骗行为的侵害时，就会有防范意识，不会轻易掉进诈骗陷阱中；在遇到权益侵害时，也懂得如何让更好地维护权益。加大法制宣传力度，不仅能减少侵害老年人权益的案件发生，对保持社会稳定、控制犯罪的发生率都会有成效。

2. 便利维权通道

老年人作为社会的弱势群体，在维权时有较多阻碍，如出行不便无法维权、不知向何机关维权等。相关机关应为其建立维权"绿色"通道，给予其特殊的保护，为老年人维权提供便利，减少老年人维权成本。各级消协应在社区、市场等定期设立老年消费者投诉站，组织志愿者及工作人员为权利遭受侵害的老年消费者提供帮助，收集侵权问题，并联系相关行政部门及时有效地处理；还可在消费者电话投诉平台设置老年维权专线，并配备经过专业培训的老年维权服务人员；同时建立快速处理机制，及时处理老年人消费过程中的侵权问题。政府及司法机关应设立老年维权便捷渠道。老年人遭遇诈骗侵害，到政府、司法、公安等机关进行报案时，都应该及时受理，并帮助报案老年人将案件送到有管辖权的机关。有管辖权的机关应该将与诈骗老年人有关的案件一律立为刑事案件，收集报案老年人的相关证据，及时追踪是否有其他相关案件的受害人。在案件有进展时，及时向老年人说明。①

---

① 肖辉. 老年人权益保障的路径对策及模式 [J]. 河北学刊，2012，32（2）.

(二)加强老年法制建设

如何有效应对人口老龄化带来的社会、经济、政治问题已成为国际性课题。2000年,我国进入老龄社会后,老年人数量的不断增长,给养老、医疗等领域带来严峻挑战。为应对社会的老龄化趋势,我国政府积极修订《老年法》,并进行医疗、养老等改革,为完善老年权益保护制度、构建老年法律体系奠定了基础。

1. 建立老年法制体系的原则

当前,国际上的老年法律体系有两种模式:美国、日本等国家对老年人权益保护采取专门立法,是单独立法模式;英国、加拿大等国家对老年人权益保护的法律条款散见于各相关法律中,是分散式立法模式。[1]我国既有单独立法,如《老年人权益保护法》,也有在各相关法律中体现保护老年人的法律条款的混合立法。为执法、司法的便利,我国应顺应国际趋势,借鉴对老年人保护进行专门立法,即单独立法模式的国家的经验,建立我国的老年法律体系。[2]老年法律体系建设应以《宪法》为指引,以现行《老年法》的内容为主体,结合民法、《继承法》等与老年人权益保护相关的法律法规的相关内容,组成包含现行规定的完整的老年法律体系。构建该法律体系的基本要求是:符合《宪法》及相关法律的规定;体现尊老的传统和美德;包含的法律内容都与老年人密切相关;适应和谐社会的发展需求,体现社会主义的优越性。这样不仅维护了我国社会主义法律体系的统一及相关法律的协调一致,还突出了对老年人权益的保护。将维护老年人权益的法律规范整合集中,既便利了执法部门的执行、宣传工作,更方便老年人能了解法律的相关规定。

2. 制定相关法律法规

《老年人权益保障法》对社会养老、老年福利等方面都做了简单规定。为了丰富我国的老年法律体系,应该对这些内容进行单独立法。在现行法律规定的基础上,制定专门性法律,对老年福利、社会优待、社会救助等内容作出细节性、延伸性的专门规定,作为老年保护法的配套立法。如制定老年福利方面的老年福利法、老年教育法等,社会保障方面的医疗及养老保险法、保健法、赡养法等;制定退休、再就业培训等法律。同时,制定相关行政法规对养老机构、老年学校等机构的成立、建设进行指导和管理。在全国性法律制定前,先寻找一些具备条

---

[1] 李春斌.人口老龄化的法律应对——以老年法学的立法模式和体系构建为中心[J].甘肃社会科学,2011,(2).

[2] 肖金明.构建完善的中国特色老年法制体系[J].法学论坛,2013,28(3).

件的试点地方，鼓励试点地方先行制定相关地方性法规，寻找法规需要完善的地方，为全国性立法提供经验。法律有了地方基础，在原则、具体制度等方面都有了一定的群众基础，全面推行时也更容易为各机构接受。在相关法律出台后，各级地方应及时制定或修改体现地方特色的、符合基本法律要求的地方性法规。这不仅能让法律的相关内容惠及所有群众，也有利于老年法律体系的完善。

3. 探索老年监护制度的建立

监护主要指民法上规定的对缺乏行为能力的人的监督和照顾，监护制度的设立"主要是为了保护无民事行为能力人和限制行为能力人的合法权益，从而维护社会秩序的稳定"。我国监护制度主要包含对未成年人和成年精神病人的监护，对老年人的监护应该包含在成年人监护制度中。人口老龄化的现实背景下，越来越多的老龄人口出现无人照料、权利被侵害等问题，凸显出当前民事监护制度适用范围的狭窄，无法对老年痴呆症患者进行监护。自我保护能力缺乏的老年人，不能得到监护人的保护，要承担权益受损的潜在危险。现实中，空巢老人、无人照料的老人更容易遭受诈骗侵害。现行《老年法》中明确规定了"意定监护"[①]，即老年人在具有完全判断能力的前提下，依自己的意思能力为将来判断能力丧失或衰退时预先选任监护人，由监护人行使代理权。老年人监护制度的设立是以其自主选择为前提的，这样不仅减轻了法院的负担，也给了老年人很大的自主权。为了维护老年人的合法权益，应当建立有效的老年监护制度，完善当前法律关于监护制度的规定，对监护人的选任、职责与权利、监护登记及监护监督等相关制度作出详细的规定，增加老年监护制度的可操作性，保护老年人的合法权益。

（三）完善老年人法律援助体系

老年人遭受权利侵害时，自身知识体系及身体条件的限制，可能令其无法有效维护权益。因此，应该加强老年人法律援助体系的建设，帮助老年受害者维护其合法权益。

1. 制定法律援助的专门法律

法治国家的建设，让人们在权利受到侵害时，希望通过法律途径解决问题。而众多受害者由于经济条件的限制及法律知识的缺乏，在寻求法律途径时遇到阻

---

① 《老年人权益保障法》第二十六条：具备完全民事行为能力的老年人，可以在近亲属或者其他与自己关系密切、愿意承担监护责任的个人、组织中协商确定自己的监护人。监护人在老年人丧失或者部分丧失民事行为能力时，依法承担监护责任。老年人未事先确定监护人的，其丧失或者部分丧失民事行为能力时，依照有关法律的规定确定监护人。

碍。法律援助制度的建立及完善，可以有效帮助这些受害者通过法律维护权利。当前，我国关于法援制度的规定主要体现在各相关法律及行政法规中，并无统一的专门性法律，现行的法援条例，效力位阶较低，难以统领该制度体系。[①]一些发达国家已建立完备的法律援助体系，而且有专门性的法律，如英国的《法律援助法案》、美国的《法律服务公司法》等。因此，应该结合当前我国的具体国情，在已有法律的基础上，借鉴发达国家的相关经验，建立我国法律援助的法律及民事、刑事法律援助的配套法规；同时在当前老年法律援助的成功经验的基础上，出台针对老年弱势群体的法律援助政策。在法律援助法律的保障下，完善我国的该项制度的具体实践，促进法律援助制度的推行。法律及相关政策的制定，让老年人在遭受诈骗侵害时，及时通过法律途径维护权利，不仅为老年人权利维护提供了便利，也有利于犯罪案件的侦破。

2. 建立老年法律援助机构网

为了更好地维护老年弱势群体的诉讼权利，应在现有法律援助机构的基础上建立老年法律援助机构。当前，我国建立了四级法律援助机构，老年法律援助机构应该在基层法律援助机构内设置。老年人是弱势群体，老年法援机构的建立，具有一定的特殊性，应在现有经验的基础上，建立老年法援机构网。山东省通过在老龄办设立法律顾问，对重大涉老问题进行研究并提供法律援助；广东省在各级法援机构设立专门为老年人服务的权益部。此部门在提供援助时受法援机构的指导和监督，在行政工作上则由老龄委提供工作人员及办公条件，并接受其领导。这不仅加强了法援机构与老龄委的联系，也为老年人维权提供了便利。江苏省以省级老年法援中心为基础，鼓励引导下级市县设立相应的老年法援机构。这些地方老年法援机构的设立，为老年法援机构的全面设立提供了借鉴和指引。此外，应该为老年法援机构配备经过专门培训的、热爱老年工作、有耐心的工作人员，并为老年人提供办理手续上的便利。政府在建立老年法援机构时，应借助社会组织，如公证协会、律师协会及法律院校的力量，建立政府力量及社会力量相结合的老年法援机构。老年援助机构应接受老龄委和法援机构的共同管理，同时还应在社区、乡镇等基层设立法援工作站，让老年人在权利受到侵害后，能够及时通过法律援助维权。

3. 强化资金保障机制

老年法援机构的建立，是为经济困难的老年人减少维权的经济成本。必要

---

① 傅思明，李文鹏.弱势群体法律援助制度刍议[J].中共宁波市委党校学报，2009，(3)：81-86.

的法援经费的不足是制约老年法援机构有效开展工作的瓶颈。财政拨款是当前我国的法援经费主要来源,因此易受国家财政的限制。经费充足,有利于法援事业的发展,对特殊群体提供法援时也有优待;经费不足,则法援机构的办案补贴降低,影响法援人员的积极性及办案质量。单纯依靠财政经费来促进法援发展并非长久之策。在对法援机构进行改革的过程中,应在保持财政经费的基础上,整合社会资源增加法援机构的经费支持及其他资源。当前,我国已经推行了专门针对老年人等弱势群体法援的中央彩票公益基金项目,可在此项目的基础上,整合更多的社会资源,如社会捐助、社会慈善行捐款等,扩大法援的经费来源,促进我国法援机构在管理、运行机制、人员等方面的改革。同时,鼓励公证人员、基层法律服务者、律师等免费为老年人提供法律援助。如果老年法援机构的经费和专业人员充足,那老年法援机构就有了充足的物质基础,就能真正地把老年维权工作做好。

二、构建国家行政执法防控体系

政府是执法机关,同时有制定行政规章的权利和维护社会稳定的义务。在诈骗犯罪发生后,各相关政府机关应积极采取措施,通过制定相关规定,加强行业监管,同时做好对公民个人信息的保护,建立有效的救助平台。

(一)加强相关行业执法监管

诈骗分子利用保健品市场及电信、金融等行业的监管漏洞,提前策划,设计骗局,分工合作,实施针对老年人的诈骗行为。为减少此类诈骗的发生,政府应该从源头上加强对相关行业的监管和规范,并通过加强与企业、行业组织的合作,联合整治行业内的不规范行为。

1. 构建保健食品行业监管体系

有效的政府监管体系,既可以保证产品安全,又可以在平衡相关利益者的利益的同时促进行业发展,让行业发展的效率和公平兼备。当前,我国保健食品的相关规范的不完善,让监管缺乏依据,相关部门在监管过程中存在的漏洞,被犯罪分子利用。为了保护保健品购买者的相关权益,应该在制定保健品监管法律的基础上,推进相关制度的制定。第一,修订保健品管理法规。《食品安全法》修订后,国家食药监总局根据该法制定行政规章,对保健食品的生产、注册、备案等进行了规定。保健食品是具有一定功效的食品,与药品、普通食品都有区别。随着保健品市场的发展,需要在基本法律下,修订保健品行业的行政法规,对保健品行业进行规范。在制定相关法规时,应该结合我国关于食品安全的实践经验,特别是保健品市场的治理经验,同时借鉴国际成功经验,制定出与现行相关规定配套的保健品监管管理条例。第二，规范保健品的委托加工。当前，保健品行业普遍存在委托加工保健品的情形，保健食品注册或备案证书的持有人与生产许可证的持有人不同，生产者、销售者代表的利益不同，会给保健食品带来安全隐患。应在相关法律中，要求保健品生产的受托方建立生产经营记录，并核查委托方的保健食品相关证书及申请注册或备案的相关技术文件。政府也应制定委托生产的标准，加强对受托生产的产品质量的规范。第三，完善监管的信息体系。信息技术的发展，促进食品、药品的安全信息体系的建立。利用这个体系，消费者可以了解所购商品从源头到销售的所有环节，也为政府监管提供了便利。在这个信息体系中，应该包含保健食品的注册备案、生产许可、安全标准等信息。在现行的《食品生产许可管理办法》中规定，县级以上食药监部门应当建立许可信息平台及食安信用档案，并在许可证书中载明二维码等，都对整个行业内的信息平台的建立有推动作用。第四，开展清理换证工作。当前，保健品注册备案号存在三种情形：卫食健字、食健备、国食健注。卫食健字是根据1996年管理办法注册的保健食品批准文号，无有效期的相关规定；食健备和国食健注是2016年关于保健食品注册备案号，有效期为5年。为了规范保健品市场，应该开展清理换证工作，统一依据现行规定对保健品实行注册备案，并实行期满再注册制度。通过加强对保健品行业的管理，可以有效减少保健品市场存在的监管漏洞，减少不合格保健品的产生，让犯罪分子不能实施以销售不合格保健品为手段的诈骗老年人的案件。

2. 加强对电信行业的监管

通信及网络技术的发展，给人民生活带来便利的同时，也给利用电信技术实施诈骗的不法分子不断更新其犯罪手法提供了机会，让众多老年人深受其害。对电信行业加强监管是有效防范电信诈骗的措施。2016年，工信部通过采取手机卡实名登记、整治改号软件、技术拦截诈骗电话等手段，严厉打击电信诈骗犯罪。同时国务院打击电信诈骗的联席会议平台及各地建立反诈骗中心等一系列打击电信诈骗的措施的实施，有效遏制了电信诈骗大幅上升的势头。但治理电信诈骗是一个持久的过程，在治理过程中出现的诸多问题，需要政府采取相关措施，完善电信行业的治理。第一，加强信息产业的管理。《刑法》及相关司法解释，为打击电信诈骗提供了法律依据。在具体治理的过程中，仍存在处理难、定性难等问题，电信用户标注的相关问题法律并未作出清晰的规定，如是否构成侵权及运营商的技术规范。因此，应以现有相关法律为基础，出台相关细则，明确电信标注电信用户标注①的相关问题，为打击电信诈骗提供依据。同时，政府应该加强对电信行业的监管，明确电信运营商的责任，督促其积极维护行业秩序，保障公众的权益。第二，利用行业组织维护行业秩序。行业组织是联合政府、企业、运营商、学者、专家等各方力量的桥梁，行业组织可促进手机、网络等实名制度的推行及相关法律法规的执行，有利于良好行业风气的形成。政府可通过行业组织，制定行业标准，建立沟通协作机制，促进政府、行业组织、企业的协作，共同推进电信行业的发展及诈骗信息、号码拦截技术的更新，提高电信用户对诈骗信息的分辨、防范能力。

3. 推动金融行业的监管

近年来，各类诈骗案件的发生量及涉案金额都在持续上升。诈骗分子多通过银行转账、网银支付等方式获取受害者的钱财。作为诈骗行为的关键环节，如果能截断诈骗分子的资金链，就可以有效减少被害人的损失，也有利于通过银行转账记录，获取诈骗分子的相关信息，快速破案。诈骗分子主要通过购买银行账户或利用他人身份证开户等手段，获取诈骗资金。为了截断不法分子的资金流，2016 年央行发布通知，对 ATM 机转账、银行开户、暂停服务、非柜面交易等都做出了明确的规定，并对有多个账户的存款人进行摸排清理。通过对银行卡实施管理，可以有效减少电信诈骗的成功率。在多部门的联合整治下，电信诈骗减少了，而非法集资却在不断增多。退休制度的改革，增加了老年人的资金储备及对资金的支配能力，也促进了老年人对金融投资的需求。民间投资渠道发展的不健全，为非法集资提供了滋生的"土壤"。为了减少非法集资对老年投资者的伤害，金融机构应该根据老年投资者的特点，开展适合老年人投资的金融产品，推进老年金融产品的创新。如根据老年人对低风险、灵活性投资的倾向，开展安全性及流动性兼具的老年金融产品，吸引众多老年人进行投资。老年人有了正规的投资渠道，就不易被诈骗分子的高回报诱惑，减少因为非法集资而遭受的损失。

（二）促进老年被害补偿机制的建立

多数老年人在遭受保健品、电信、投资理财等诈骗侵害后，还可能因为无法承受不可挽回的财产损失带来的困难而引发身体或心理疾病。由于收入来源有限，老年人遭受财产损失后，经济状况较难恢复。为了给受骗老年人一定的慰藉，政府及相关机构应该探索建立老年被害补偿机制。

---

① 主要是指电信消费者在识别诈骗或者骚扰电话后，对该电话号码进行公开标记，对其他用户进行提示，或对诈骗、骚扰电话进行拦截的一种方式。这种方式可以帮助人们避免落入电信诈骗陷阱。

1. 探索老年受害者赔偿机制的建立

老年人由于劳动能力的逐步丧失，收入相对减少，在遭受诈骗侵害后，经济不易恢复，且由于心理及生理的特殊，受到的伤害较为严重。《刑事诉讼法》中虽然规定可刑事附带民事请求被告人赔偿，但侵财类案件受害人无权提起，只能通过司法部门追缴或责令退赔获得赔偿。由于老年人自身能力及案件破案率、诉讼效率、赔偿能力等因素的限制，老年诈骗受害者不易获得诈骗分子的赔偿。因此，应该探索建立老年受害者补偿机制，给予遭受诈骗侵害的老年人一定的经济补偿，恢复其遭受诈骗后经济及心理的双重伤害。该机制的建立不仅可以给受害老年人一定的精神慰藉，还可以增强公民对法律的信任感，调动与犯罪分子做斗争的积极性。

2. 老年受害者补偿制度的设想

新制度的建立，需要相关配套的设施为该制度的实施提供条件。老年受害补偿机制建立后首先应完善实施机构、资金来源、补偿程序等。关于老年被害补偿机制实施机构的设置，根据当前学者关于被害补偿机制问题的研究，主要有：法院、检察院、民政部门、专门机构等不同的观点。[①]为了保持独立性，应设置专门机构。这样，赔偿机构与司法机关分离，在裁决时能够保证赔偿资金的独立性。受案件破案率及诉讼效率的影响，在未破案时，检察院、法院无法得知犯罪分子的信息，不能作出赔偿决定，会延续老年受害者遭受诈骗后的伤害。通过专门机构实施补偿，可以在资金允许的条件下，给予经济困难的受害老年人先行补偿，减少老年受害者的伤害。补偿资金及补偿程序是补偿制度能否有效实施的重要保障。当前，已经建立补偿机制的国家，资金来源主要由税收和罚金等组成。根据国情，我国老年受害者补偿资金的来源，可以考虑的途径有：国家财政拨款、一定比例的法院诉讼费用、对犯罪人收取的罚金及没收的财产的一部分、社会捐助等。对于补偿程序，各国都有申请、审批、决定三个阶段，我国也应有这三个阶段，但是为方便老年人申请，程序应尽可能简化。

（三）加强对个人信息的保护

社会信息化的发展，出现了很多侵犯公民信息的犯罪，而很多诈骗的发生也是以获取受害者信息为前提的。2017年，公安机关及相关部门加大对侵犯公民信息犯罪的打击力度，共侦破此类案件1886起，抓获了涉及40多个行业内人员

---

① 刘行. 试论建立我国刑事被害人国家补偿制度 [J]. 行政法学研究，2007，59（3）.

391人，黑客98人；并在2018年开展专项整治行动。①保护公民信息安全，可以减少诈骗犯罪的发生率，保护公民隐私，维护国家安全。

1. 制定法律保护公民信息

当前，我国关于信息保护的一系列相关法律法规的出台，为公民信息的保护提供了依据，但分散立法的实际保护作用有限，有一定的弊端。为了加强对个人信息的保护，应该尽早出台《个人信息保护法》。2009年《〈刑法〉修正案（七）》首次规定了侵犯公民信息犯罪的相关罪名，之后我国相继出台关于网络安全及信息保护的法律法规。其中不仅有新法律的出台，如《网络安全法》，还在对传统法律修订时加入了保护公民信息的法条，如《消费者权益保护法》《食品安全法》《〈刑法〉修正案（九）》等。这种分散式立法，虽对公民信息的保护发挥着作用，但关于信息保护的法条多是原则性的，缺乏具体的保护措施，不易帮助公民建立信息保护的意识，在信息受侵害后，也较难得到救济，用户维权时，仍存在着众多难题。这些问题的解决，都需要一部专门的信息保护的法律，通过该法的制定，明确个人信息的具体范畴，及权利保护提供依据。

2. 建立保护公民信息的监管体系

公民信息的泄露，主要是以行业信息的泄露为源头的。在相关分散式立法中，虽要求行业人员保护获取的公民信息，但对信息保护的监管仍由行业监管组织进行，且并未明确具体的责任追究问题，致使信息保护的行政监管缺乏执行力度。最新出台的《网络安全法》中关于信息保护的监管的相关规定，极为笼统，相关部门在发现信息泄漏时，采取的措施为：停止、消除、保存，并未说明责任追究及具体的措施和办法。因此，应该建立健全的信息保护监管体系，强化信息保护的外部监管和源头治理。在外部监管上，政府应发挥主导作用，统筹规划，建立协作系统，促进各行业主管部门形成监管合力，减少对信息保护监管的漏洞、盲区；同时应构建信息共享平台，共享各行业主管部门在信息保护中的安全技术及犯罪线索。在源头治理上，获得公民信息的相关企业，应该实行安全技术创新，建立严格的信息管控体系；同时还应建立与监管部门的沟通机制，并制定信息泄露的应急预案。健全的内部防控机制与完善的外部监管体系相结合，是防止信息泄露的制度保障。

三、畅通司法救济路径

司法是权利救济的最后保障。老龄化背景下，出现众多以老年人为目标的

---

① 石杨.公安部：严打侵犯公民个人信息犯罪［N］.人民公安报，2016-12-18（1）.

诈骗犯罪。为了加强对老年弱势群体的特殊保护，减少此类诈骗案件的社会危害性，维护被害老年人的合法权益，司法机关在具体办案过程中应该给被害老年人以优待，减少老年人在受骗后寻求司法保护的成本。

（一）便捷老年人的报案渠道

老年人由于辨识能力减弱，遭受诈骗侵害的概率较大。加之缺乏法律知识，对相关证据的记忆及处理能力较弱，致使案件进入司法程序有一定的难度。因此，应在立案时，给予报案老年人特殊的照顾。

1. 优先立案

刑事立案应具备的条件是有犯罪事实和需要追究刑事责任。根据相关法律规定，被害人对致使其权利受侵害的犯罪事实或犯罪嫌疑人有权向公、检、法机关报案或控告，三机关对报案、控告都应当接受，报案可以是口头或书面。接受立案材料后，应该对材料进行审查。受案机关在接到受害老年人报案时，应该优先立案，优先受理，并对受害严重的老年人给予心理宽慰。同时，及时安排工作人员同老年人一起调取相关证据。老年人在遭受诈骗侵害后，无法准确识别，有的甚至在亲人提醒后，也觉得自己未受骗，因此缺乏及时的证据保存意识。到相关机关报案时，无法证明自己被害的经过，只能通过口述陈述相关诈骗事实，这就给案件侦破带来一定的难度。立案机关应结合此类诈骗案件受害人较多的特点，在接到被害老年人报案时，积极采取措施，鼓励其他受害人及对案件知情的人员报案。

2. 便捷报案渠道

老年人在遇到诈骗侵害后，心理打击较大。为了让老年受害者在意识到被骗后能及时、快速地报案，应该设置便捷渠道。如借鉴台湾打击诈骗的"165"反诈骗咨询专线，设置老年诈骗报案专线[①]；同时通过媒体、网络、电视、宣传栏等对设置的专线广泛宣传，让老年人在被骗后能及时拨打报案专线。也可通过或与社区管理人员建立沟通机制，让社区服务人员对出行不便的老年人做定期询问，看是否遭受了诈骗侵害，符合立案的，应该上门立案。立案机关在案件有进展时，应及时向被害老年人通报，让其知道案件的进展；在需要向老年人了解相关证据时，一般安排有经验、有耐心的工作人员上门调取。

（二）加重对诈骗分子的惩处力度

老龄化背景下，众多诈骗分子利用高科技手段，以销售假冒保健品、电信诈

---

① 李蕤. 比较视野下的电信诈骗犯罪防范与侦查合作［J］. 湖北警官学院学报，2012，（5）.

骗、投资理财等方式专门针对老年人实施诈骗，侵害老年人的财产权、健康权，破坏社会公众宝贵的信任环境。因此，应对此类案件的诈骗分子加重处罚力度。

1. 加重惩处的依据

最高人民法院在2011年发布的关于诈骗案件的司法解释中明确规定，对有诈骗老年人情节的诈骗分子酌情从严惩处；2016年，最高人民法院、最高人民检察院、公安部联合发布的办理电信诈骗的意见中再次重申了对诈骗老年人的酌情从重处罚的规定。诈骗老年人的犯罪行为对老年人造成的被害后果较严重，依据我国尊老爱幼的传统美德，此类案件的发生，对社会公众产生不好的示范作用，社会危害性较严重，根据罪行相适应的原则，应该对诈骗老年人的犯罪分子加重处罚。此外，《〈刑法〉修正案（八）》中"完善了对老年人犯罪从宽处罚的规定"①，体现了国家对老年人的特殊保护，根据国家修改《刑法》及相关司法解释的保护老年人的立法意图，也应该对此类诈骗分子从重处罚。

2. 加重处罚的实践

老年人遭受诈骗侵害后，经济恢复能力较弱，被害后果较严重，在社会上的影响也比较恶劣，有较严重的社会危害性，但在具体的司法实践中，只有极少法院在审判时，考虑了诈骗对象为老年人这一酌定从重情节。从获取的以老年人为诈骗对象的162份刑事裁判文书看，只有5起案件的判决将这一情节作为从重处罚情节。很多法院在判决时并不考虑司法解释对从重情节的规定，出现对诈骗分子打击不力，这不利于对老年受害者的特殊保护。因此，法院在对此类案件进行判决时，应该根据司法解释的相关规定，将诈骗老年人作为从重处罚的情节。不仅保护了被骗老年人的权益，也有利于预防犯罪行为的发生。

【本章小结】当前，众多诈骗行为的高发，已经破坏民众的信任环境，急需打击此类犯罪。而在老龄化背景下，一些诈骗分子通过设计专门的骗局，对老年人实施诈骗行为。为了惩罚犯罪，维护社会公众的信任环境，减少老年人受害者的损失，应通过加强老年人权利保护制度、构建行政执法防控体系、畅通司法救济等途径来有效地控制诈骗犯罪的发生，从根本上减少老年人被骗的风险。对于老年人的权利保护，应在进一步完善老年人法律援助和老年法制体系的基础上探索建立老年人维权的绿色通道，让老年人受害后可以快速维权。行政执法部门应在加强行业监管的同时，注重加强对公民个人信息的保护，建立老年被害补偿机制。作为解决纠纷的最后保障，公检法机关应在立案时给予老年诈骗受害者特殊

---

① 黄太云. 刑法修正案解读全编：根据《刑法修正案（九）》全新阐释［M］. 北京：人民法院出版社，2015.

照顾，便捷立案渠道的同时让老年人优先立案。另外，为了维护老年弱势群体的权利，提高老年人被诈骗后的报案率及诈骗犯罪的破案率，应加大对诈骗老年人案件中诈骗分子的惩处力度，有效发挥刑罚的威慑作用，减少此类诈骗犯罪的发生率。在加强权利保护、行政执法、司法三方面作出努力，有效控制诈骗老年人案件的发生，使老年人能够安享晚年，放心地进行投资、消费、与人交流。

第二章 "银发同居"法律风险

第一节 "银发同居"概述

一、"银发同居"现象的产生

（一）"非婚同居"的定义及产生

1. "非婚同居"的定义

最新版《现代汉语词典》对"同居"有两种释义：一为"同在一处居住"；一为"夫妻共同生活，也指男女双方没有结婚而共同生活"。本章所指之"同居"为第二种，具体指"男女双方没有结婚而共同生活"，简称"非婚同居"。"非婚同居"的外延很广泛，广义的"非婚同居"包括有婚意和无婚意的、合法和违法的，甚至冲破传统概念，有了同性间的"非婚同居"，根据双方的身份，又包含大学生型、白领型、老年型、网络型、涉外型等等。非婚同居的人数为2人，双方不是普通的亲人、朋友或陌生人的关系，而是性的关系，并且两人不是短暂性同住，而是相对稳定地共同生活。在法定登记婚姻制度下，"有婚意"的非婚同居指同居当事人虽未办理结婚登记，但以配偶身份共同生活，其生活与婚姻生活并无二致。事实婚姻属于该类非婚同居。事实婚姻和法定登记婚姻的关系和争议属于婚姻的生效要件问题，并非本章研究之内容，且我国老年人非婚同居大都不以配偶的身份，故本章所论述的"非婚同居""银发同居"均指"无婚意"的非婚同居。另外，"违法的"非婚同居在我国指重婚或有配偶者与他人同居这类我国法律法规明确禁止的行为，本章所论述的"非婚同居""银发同居"并未违反法律法规，但由于不受法律承认和保护，故此二种同居关系在我国婚姻家庭法律理论和实践中多被称作"非法同居"。除此之外，目前我国的"银发同居"主体基本上互为异性，所以本章论述的"非婚同居""银发同居"也仅指异性间的同居行为。

2. "非婚同居"现象产生的原因

"非婚同居"现象产生的根本原因大概可以分为如下几类：第一，社会包容性加强。"非婚同居"在我国并非现代才有,但在古代和近代以及二三十年前,人们的思想较为保守,未经法定程序的两性结合一直被视为败坏人伦的不道德行为而受到舆论和法律的禁止,甚至会被治罪,所以选择"非婚同居"的人并不多,仅限个案。直到近二十年,随着社会开放程度加深,"非婚同居"得到越来越多的接受和包容,于是逐渐普遍起来,形成了一种社会现象。第二,人们思想逐渐开放。选择"非婚同居"的人群中,发达城市的人和年轻人占了很大的比重。这些人群深受现代文化的影响,追求个性解放,向往自由的生活方式、前卫的性观念和爱情观。人们选择的多元性导致了家庭组成模式的多元化,婚姻家庭已不再是唯一合法合理的家庭组成方式,非婚同居家庭得到了越来越多不想被婚姻束缚的人的青睐。第三,女性经济的独立。抛开感情因素,两性结合的重大意义在于降低个人生活成本,提高生活、生产资源利用效率,通过两人相互依赖创造更高的效用。据此,理论上讲,经济能力相对较弱的一方在婚姻中的获利要相对较多,他们对另一半的依赖性更强,对于婚姻的需求就更高。以前,经济能力较弱的往往是女方,但随着女权运动的兴起和发展,妇女拥有了更多更好的教育资源和工作资源,也获得了更公平的竞争环境,经济独立的女性不断增多,婚姻的经济效益对她们来说越来越小;相反,婚姻的约束力有时恰恰会降低一些女性的工作效率或剥夺她们深造的机会,抬高她们的机会成本。这样一来,女性对于婚姻的需求便不再强烈,反而趋于谨慎,而"非婚同居"因其松散性和自由性,能够满足很多现代新兴女性的需求,从而成为她们的新选择。第四,对婚姻和配偶信任的减少。现代都市文明的发展,将"个体化""独立""隐私"等理念带入人们的生活,并形成了约定俗成的规则和信条。这些理念改善了以前乡土社会中对个人自由保护不力的方面,但也改变了人与人之间的信任。由于个性的解放,婚姻从一种社会、礼教赋予的义务变成了一种类似合伙的特殊契约关系。以前,人们因为信任社会、礼教而信任婚姻和配偶;现在,人们有了强烈的自我意识,也有了类似于商业生活中的缔约自由权,许多人开始不再信任婚姻和配偶。在对多种结合方式进行比较后,除去情感因素,一些人发现,自己能从婚姻中得到的预期收益果然比可能面对的风险小,相比而言,"非婚同居"会更保险一些,所以他们放弃了法定婚姻,转而同居。这一点,在有一定数量的资产的男女之间和年龄大的男女之间以及以试婚为目的同居的男女之间更为明显。

(二)"银发同居"现象产生的特定原因

"非婚同居"现象产生自然也导致了作为其主流之一的"银发同居"现象的产生,但是"银发同居"现象由于主体的特殊性,在产生原因上也有其特殊之处。笔者于 2018 年 5 月 20 日到 6 月 15 日采用滚雪球的抽样方法和访谈的形式走访了广东省肇庆市的5对"银发同居"老人,拟从这些真实案例中总结分析出"银发同居"的特定原因。为保护隐私,访谈对象均用代号表示。访谈对象介绍和受访者回答概括如下:

1. 访谈对象介绍(见下表)

"银发同居"老人抽样调查表

	姓名	性别	年龄(周岁)	职业
对象1	A1	男	63	退休企业职工
	A2	女	60	家庭主妇
对象2	B1	男	64	农民
	B2	女	63	个体户
对象3	C1	男	68	退休教师
	C2	女	67	退休教师
对象4	D1	男	70	退休干部
	D2	女	71	退休会计
对象5	E1	男	64	退休工程师
	E2	女	63	退休教师

2. 受访者回答概括

关于"为什么选择和现在的伴侣在一起",所有人的回答基本上都是"现在的老伴可以给予他们所需求的生活照料和陪伴"。

关于"不领结婚证的理由",A1、A2、B1、C1回答"子女反对",其中A1、A2、B1的子女认为"再婚对不起他们死去的父亲或母亲",A2子女还认为"再婚会使自己的母亲受委屈",A1、B1、C1的子女还认为"父或母再婚会对他们家原本的财产构成威胁"。C2回答"再婚对不起以前的老伴"。E1、E2回答"为了试婚"。所有人的回答中均有"害怕婚后矛盾、纠纷多"。

关于"先提出不领结婚证的一方",所有受访者均表示"不领结婚证是同时提出的,双方都有此意"。

关于"在做出不领结婚证决定之前是否想过领结婚证",A1、A2、B1、C1回答"想过,但怕子女反对";B2、C2、D1、D2回答"没想过",E1、E2回答"想过,但害怕不合适又离婚"。

关于"以后是否有结婚的想法",A1、A2、B1、B2、C1回答"不确定,如果得到儿女同意或者以后法律、政策有变可能会结婚,但目前两人以同居的方式相互照应已是最佳选择"；C2、D1、D2 回答"不想，同居挺好"；E1、E2 回答"如果感情好，各方面也比较合适，会考虑结婚"。

关于"儿女对同居的态度"，A1、A2、B1 回答"子女支持"，其余受访者均回答"子女表示中立"；但所有受访者的子女均表示过对父母因同居受骗的担忧。受访者子女支持父或母非婚同居或者表示中立的原因基本上都有"父或母有人照顾"这一点。

关于"'非婚同居'双方的主要生活来源"，A1、C1、C2、D1、D2、E1、E2 回答"养老金"；A2、B1 回答"子女给钱"；B2 回答"自己开便利店挣钱"。

关于"家中的支出分配"，A1、A2 家中基本上为 A1 承担；B1、B2 家中大支出的承担通过协商确定，小支出双方都可承担；C1、C2 家中以及 E1、E2 家中均为 AA 制；D1、D2 家中有时一方承担，有时另一方，没有刻意要求。

关于"家务活的承担"，A1、A2 家中为 A2 承担；B1、B2 家中为双方承担，B1 略多一些；C1、C2 家中和 D1、D2 家中均为双方承担，但 C2 和 D2 承担得多一些；E1、E2 家中为双方承担且有明确、平均的分工。

关于"是否就权利义务、继承问题以及财产等事项订立了协议，以及协议形式"，所有受访者和伴侣之间都订立了协议，但均为口头形式。

关于"现在居住的房子是谁买的，房产证上写的是谁，住在对方房子中的老年人是否有自己的房子"，A1、A2 家中、C1、C2 家中、D1、D2 家中、E1、E2 家中均为女方住男方房子中；B1、B2 家中为男方住女方房子中。但所有受访者除了 A2 外，都有自己的房子。

根据受访者的回答，结合相关数据、资料，可分析得出以下"银发同居"现象产生的特定原因：

（1）老年人受传统观念影响颇深，认为再婚是对已去世老伴的不敬。我国老年人大部分受传统爱情观、婚姻观影响较深，尤其是女性老年人，对丧偶后再婚都持鄙视态度，认为这是"老不正经"的表现。还有一些老年人，因其与原配偶感情非常好，在原配去世后，念及旧情，迟迟不愿再婚。在这些人的观念中，婚姻是一件非常重要的事情，结婚与不结婚有着截然不同的伦理和情感意义，而"非婚同居"在他们眼中是一种非正式结合方式，当他们不得不需要一个能够替代以前配偶的人来照顾、陪伴自己时，这种结合方式能够减小这些老年人的内疚和不安。

（2）子女反对老年人再婚。很多子女出于对已故父亲或母亲的爱与思念，非常不能接受外人取代其父亲或母亲的地位，有很多家境良好的子女还会下意识地认为，继父或继母会攫取自己家的钱财，例如 A1 的儿子和 C1 的儿子、女儿。

另外，由于现在"婚托"很多，老年人上当的现象屡见不鲜，所以有些子女也会出于对父亲或母亲的担心而质疑再婚。父母不愿和子女闹翻，尤其不愿看见子女在自己再婚后闹事，有些没有收入的老人甚至会由于怕子女不再赡养自己而不敢和子女闹翻。然而，这些子女大部分都有自己的家庭和事业，往往没有充足的时间甚至完全没有时间照顾、陪伴老年人。于是，"非婚同居"逐渐为很多老年人及其子女所选择，因为：一方面，法律不承认新来伴侣的配偶身份，理论上也不会发生财产关系的变化，可以安抚、平息子女的不满和担忧；另一方面，让另一个人代替已去世的父亲或母亲来照顾尚在世的父亲或母亲，可以缓解子女在照料老人方面的压力；再者，老年人的生活也能得到料理。

（3）避免矛盾、纠纷，获得宁静的养老生活。这是老年人选择"银发同居"的决定性因素。老年人往往没有订立财产归属契约的意识，就算是有，碍于面子，也不会订立得很具体，而我国夫妻财产制本身也有一定的漏洞，这就使得再婚家庭会产生很多财产问题；另一方面，由于暮年才走在一起，且双方的主要目的是交换养老资源、相互照应，感情的成分一般并不高，彼此也往往缺乏了解，所以很容易因性格不合和财产问题而引起冲突，最终分道扬镳。除此之外，双方儿女之间以及双方和对方儿女间的冲突也会引起离婚，如果离婚，就又会牵扯到财产分割等棘手问题。这样一来，老年人的再婚生活从一开始就充满了各种不安定因素，一旦被触发，它们会使老年人的再婚生活不得安宁，甚至直接引向离婚。事实也证明，我国老年人再婚离婚率并不低。根据北京市第二中级人民法院 2014 年发布的调研报告，2014 年北京市第二中级人民法院审理的老年人离婚案件中，一方或双方为再婚的占 60% 以上。①另据青岛市市北区法院延安路法庭 2016 年的统计，再婚老年人离婚案件已占到该法庭审理的老年人离婚案件总数的 80%~90%。②

婚姻本身就是一种高成本行为，在有漏洞的婚姻制度下，对于老年人这一特殊群体，成本会更高，实现预期收益（主要是晚年生活的安宁、舒适）的可能性会更小。相比而言，非婚同居虽然也有缺陷，但在大部分老年人眼中，它至少能够将再婚可能带来的风险大大降低，由此带来的安全感未必长久，但必然直观，就像 B1 所说："这种关系将老人、子女各方所想基本都能照顾到，我和老伴的

---

① 裴晓兰.老年人再婚离婚率居高不下，涉财产争议高达 90%.[N/OL].网址 http://news.sohu.com.，最后引用日期：2019-12-30.

② 李保光.子女怕财产被分，再婚老人离婚率居高不下.[N/OL].网址 http://news.bandao.cn.，最后引用日期：2019-12-30.

生活至少不会受结婚带来的钱财问题的困扰，目前来讲是比较安逸的"。当然，一些对婚姻尚抱有希望的老年人会选择试婚，如 E1 和 E2；但相当多的老年人已像 D1 和 D2 一样，根本不想结婚。

二、"银发同居"的特征

（一）与其他"非婚同居"形式的共有特征

1. 不以夫妻名义同居

如前文所述，"银发同居"属于"无婚意""非婚同居"，此类"非婚同居"的明显特征之一即为同居双方不以夫妻名义共同生活。在这一点上，它区别于所谓的"事实婚姻"。"事实婚姻"是"有婚意""非婚同居"的一种，指一些采取形式婚立法主义的国家基于对公共政策、民间习惯等的考虑而赋予符合婚姻缔结的实质要件但尚未满足或全部满足婚姻缔结的形式要件的"有婚意""非婚同居"以法定婚姻效力。在我国，根据《最高人民法院关于适用〈中华人民共和国婚姻法〉若干问题的解释（一）》［以下简称《〈婚姻法〉司法解释（一）》］第五条的规定，在 1994 年 2 月 1 日民政部《婚姻登记条例》公布实施以前以夫妻名义共同生活、且符合结婚的实质要件但未办理结婚登记的男女之间的同居关系可被认定为"事实婚姻"。根据通说和司法实践经验，这里的"以夫妻名义共同生活"应作扩大解释，不仅指男女双方相互之间以夫妻相称，更重要的是双方以夫妻名义面对第三人，在日常交际中，在一般人看来和法定夫妻没有实质上的区别。这一标准属于客观标准，它所表现的实际上是"同居双方有婚意"。"无婚意"的"非婚同居"则恰恰相反，同居双方虽未必以夫妻相称，但在与第三人的交际中，他们所公示出来的关系往往和法定夫妻关系不同，外在的表现基本体现不出双方有婚意。虽然"有婚意"与"无婚意"的区分标准在实践中时常遭遇争议，但是与其他"无婚意"的"非婚同居"不同，"银发同居"双方当事人目的性往往很强，绝大部分老年人选择同居就是为了避免法定婚姻关系带来的麻烦。所以，他们无论在彼此之间还是面对第三人时都会表现出更明显的"无婚意"性。一方面，他们彼此基本上都有关于人身、财产等关系的协议，例如笔者访谈中的 5 对老人；另一方面，对第三人，尤其是面对亲人、朋友、较为熟悉的邻居和有经济关系的人，这些老人中的很多人并不避讳、掩饰自己的"非婚同居"关系，相反，他们中的很多人会恐惧、回避再婚。

2. 成立与解除无法定程序，不受《民法典》保护

前已述及，根据《〈婚姻法〉司法解释（一）》第五条的规定，在我国只有"有婚意""非婚同居"可在特定条件下得到等同于法定婚姻的法律效力。

对于"无婚意""非婚同居",我国法律采取的是"不制裁、不保护、不干预"的态度,相关法律规定很少,除了《〈婚姻法〉司法解释(一)》第五条,只在1989年最高人民法院《关于人民法院审理未办结婚登记而以夫妻名义同居生活案件的若干意见》(以下简称《审理夫妻名义同居若干意见》)中对一些人身关系认定问题和财产问题等进行了规定。虽然该意见并未直接规定"无婚意""非婚同居",但根据其以1986年《婚姻登记办法》的施行为分界线的划分方法,"无婚意""非婚同居"应属于该意见所谓的"非法同居",适用该意见的规定。所以,作为"无婚意""非婚同居"一部分的"银发同居"自然也处于无禁止但也无保护的尴尬境地,根据现有法律法规的规定,"银发同居"的成立与解除没有类似于结婚和离婚的法定程序,除了有关非婚生子(这在"银发同居"中很少见)和同居关系解除时在财产分割上对同居期间患有严重疾病未治愈者的适当照顾,其余问题的处理和一般民事行为的处理没有本质区别。

3. 稳定性差

由于双方没有结婚的意愿,责任感也相对较小,所以"无婚意""非婚同居"关系较之法定婚姻更容易分崩离析。另外,法律保护环节的薄弱使"无婚意""非婚同居"关系也缺少了法律约束,导致该关系,尤其在关系形成和解除之时在一定程度上比法定婚姻成本低。关系形成和解除的低成本保证了再次选择的自由并最终导致"无婚意""非婚同居"关系虽未必短,但并不稳定的特征。"银发同居"也是一样,大部分老年人都有"搭伴过日子而已,能过就过,不过就散"的心理,只着眼于现在的生活,对未来这种关系将何去何从并无明确预期或计划。

(二)"银发同居"的自有特征

1. 同居主体为老年人

这是"银发同居"最直观的一个特征。一般来说,我国老年人的最低年龄标准为60岁。首先,《老年人权益保障法》第二条规定:"老年人是指六十周岁以上的公民"。其次,国家统计局的第六次人口普查数据第八卷"老年人口"中的老年人最低年龄也是60岁,这代表了我国政府对于老年人最低年龄的认定。再次,我国大多数学者也将60周岁认定为老年人的最低年龄。此外,"银发同居"制度与"养老"相关,故该制度中老年人的最低年龄设定还需参考我国公民的退休年龄。根据我国延迟退休政策,虽然所有公民的退休年龄预计将会在2045年达到65周岁,但由于此为渐进式延迟,故在2045年之前仍会有很多人在65周岁前退休,所以将60周岁设定为"银发同居"主体的最低年龄并不违背该退休政策。综合以上因素,为了和我国老年人相关法律、政策及理论协调、衔接,保证本章理论和立法建议的实用性,本章中"银发同居"双方主体的年龄应当在 60 周岁以上。另外，因为"银发同居"的主体为老年人，所以该"非婚同居"涉及的生育和性的问题较少，问题主要集中在财产、继承及同居双方之间的抚养关系等方面。

2. 理性色彩浓厚

"非婚同居"的理由很多，不少年轻人"非婚同居"是出于对性解放和前卫、自由的生活方式的追求，虽然这可能成为老年人"非婚同居"的理由，但老年人更多是出于理性的利益衡量而选择非婚同居。大部分"非婚同居"的老年人都存在以下情况：有过婚史，其中不少为丧偶且已故配偶的遗产尚未进行分割；有一定的财富积累；有自己的子女，子女基本上都已成年且有自己的配偶和子女；"非婚同居"的目的是寻求一种相对较优的养老资源共享与交换方式。以上情况下，老年人在选择自己与新伴侣的结合模式时，不可避免地会面对各种财产问题，而且这些财产问题一般都涉及多方利益，若这些利益关系处理不当，其后果不仅会表现为财产损失，还可能会产生超出结合模式本身的人际关系危机，例如亲子关系恶化。可见，以财产为基础形成的利害关系网让老年人的每一步选择都伴随着对机会成本和预期收益的计算，他们需要考虑清楚每一个选择可能带来的得失，寻求在各方利益相对平衡之基础上的成本最小输出和目的最大实现，保证在没有人的经济状况以及家庭关系因该选择受损的前提下至少使一人（大都希望是自己）的养老状况因该选择的产生而变得更好，实现类似于"帕累托最优"的结果。虽然"帕累托最优"那样的理想状态是否存在仍有争议，但人们能够通过博弈来选择相对较优的资源分配状态，至少是目前这一阶段的"最优"。同理，"银发同居"也是许多老年人经过协商和博弈的择优结果，至少在目前是老年人能想到的最佳结合方式，对于经济基础较好、经济来源独立的老年人来说更是如此。虽然一些情感方面的因素也会促成老年人选择"非婚同居"，年轻人的"非婚同居"也会有理性成分，但总体上二者的比重在这两类人群中各不相同。一般来说，老年人的物质基础更雄厚，利益关系网也更复杂，而且在老年人的感情世界里，晚年的安稳通常比所谓"自由奔放的爱情"更重要，外在环境和内心需求的不同导致了选择时侧重点的不同，所以老年人更注重理性考量。

3. 存在被迫成分

虽然"银发同居"是老年人经过理性选择之后的结果，但是该"理性"选择背后又有着一些被动因素，这些因素影响了选择的自由程度和结果的质量。对不少老年人来说，不稳定且没有法律保护的"非婚同居"并非上策，但在家庭养老占主流，儿女没有时间和精力照顾和陪伴，法定婚姻制度又可能带来更大风险的时候，为了养老，以"非婚同居"的方式交换、共享养老资源，实属无奈之举。

然而，这种权宜之计的合理性往往只是暂时的，最终老年人养老需求的实现还是会受到负面影响，这对只想安心养老的老年人来说代价太大，有失公平。造成这种被动性情形的原因之一是现行法定婚姻制度和老年社会保障制度的不完善，故通过改善制度弊端，一些风险可得到降低，一些代价也可避免，老年人选择的自由程度亦可得到提高。所以，思考"银发同居"问题的法律对策，不仅应关注同居问题本身，还应关注法定婚姻制度和老年社会保障制度的缺陷问题。

第二节 "银发同居"相关法律风险问题的归纳与分析

一、"银发同居"所反映之法律风险问题

(一) 现行夫妻财产法律制度的漏洞

在某种意义上，同居是人们对法律上明确规定的一种理性反应。现行夫妻财产法律制度的漏洞会导致再婚老年人在财产上遭遇纠纷，严重的还会为一些人借婚姻圈钱提供机会，所以经常成为老年人选择"非婚同居"而非再婚的直接原因。这类漏洞主要有以下两点：

1. 约定财产制不健全

案例：张大妈和王大爷是一对再婚老年人，结婚已有6年。王大爷是政府机关退休干部，经济状况相对较好，张大妈是退休工人，在和王大爷结婚之前，靠微薄的养老金生活。张大妈和王大爷结婚后，由于没有任何关于财产制的约定，故虽然二人婚后财产绝大部分来自王大爷的养老金，但按法律规定仍属于夫妻共同财产。婚后，张大妈常私自将家里的钱给自己的儿子，被发现后还说此为夫妻共同财产，她有自由处分的权利。王大爷想离婚，但离婚后，对方会分走一半财产，而且王大爷也不想因离婚而耗时耗力。有人建议婚内分割共同财产，但当下的情况未必符合适用标准。王大爷的子女均主张父亲离婚，而王大爷还未做最终打算。此类案例在生活中较为常见，让许多老年人及其子女对老年人再婚产生了一种恐惧。其实，问题的根源在于夫妻法定财产制，若张大妈和王大爷采取的是约定财产制，案例中纠纷发生的可能性将有所降低。然而，当被建议采用约定财产制时，王大爷和许多老年人一样，并不了解这种财产制，将其等同于市场交易中的契约，认为这会加大双方的不信任感，从而对其产生抵触心理。另外，王大爷的一位亲戚曾在婚内采取约定财产制，但从约定开始时起就产生纠纷。该例子更加深了王大爷对夫妻约定财产制的质疑。目前，国内外很多人尤其是老年人都

对夫妻约定财产制有所排斥。之所以如此，除了婚姻观，还有一因，即法律对夫妻约定财产制的规制有问题。首先，在《民法典》颁布前我国法律对夫妻约定财产制的规定非常简单，仅在《婚姻法》第十九条、第四十条、《〈婚姻法〉司法解释（一）》第十八条、《最高人民法院关于人民法院审理离婚案件处理财产分割问题的若干具体意见》第一条中规定了夫妻约定财产制的范围、形式、效力、补偿、举证责任等，每项内容基本上都只有一句概括性规定，但现实生活中的情况千变万化，即使订立了财产约定，也仍会遭遇各种纠纷，尤其在财产约定的形式和生效要件上，由于只规定了书面形式，也没有特别的生效要件，以至于财产约定极易被一方篡改，甚至出现"两个约定文本"的纠纷。其次，虽然在没有特别法规定时可适用一般法，但夫妻财产约定有自身的特殊性，尤其在主体和效力上，若完全适用《民法典》的一般规定，会导致结果的不合理，故相关规定有必要明确。最后，现有规定中也存在不足之处，如将"第三人知道"作为判断财产约定对外效力的标准，缺乏科学性，而该项举证责任由夫妻一方承担，更加大了对夫妻一方产生不公正后果的可能性。夫妻约定财产制规制不完善，使财产约定易生纠纷。相对而言，夫妻法定财产制至少能够让老年人得到暂时的安宁，甚至加大了获得长久安宁的可能性。所以，很多老年人会抱着侥幸心理选择法定财产制。然而，法定财产制引发的纠纷也绝非罕见。相比而言，"非婚同居"既能在一开始就将双方财产划清界限，也能达到搭伴养老的目的，似乎结合了约定夫妻财产制和法定夫妻财产制的优点，也规避了许多它们可能带来的风险。在夫妻财产制尤其约定财产制有缺陷的情况下，"非婚同居"在理论上最能让老年人实现安享晚年的目的。同时，因为其自由程度高，原则上财产为各自所有，老年人的财产和时间代价可能会大幅降低。因此，很多老年人将"非婚同居"作为再婚的替代品。

2. 婚前财产公证制度不完善

案例[①]：赵大爷的原配偶于2001年去世，留下一套夫妻共同所有的房子，但房产证上只有赵大爷的名字。因赵大爷尚在世，儿女考虑到传统和老年人的需要，故未进行遗产分割。一年后，赵大爷和金大妈再婚，婚后一直居住于赵大爷的房子中，且没有对婚前财产进行任何说明或公证。2015年，金大妈劝赵大爷把现在居住的房子卖了，然后买一套新房子，房产证上写两人的名字，赵大爷同意。但赵大爷的儿女认为金大妈是想将赵大爷的婚前财产转变为婚后财产，提议

---

① 来自https://www.lawtime.cn/info/hunyin/ccfglaw/gongzheng/20120827165197.html，访问时间：2020-04-01.

做婚前财产公证，但赵大爷极力反对，以致无人再敢提此事。目前，各方处于僵持状态。该案例反映出的问题也是再婚老年人家庭中的常见问题。实际上，如果赵大爷子女强行采取法律手段对生母遗产进行分割，也可解决问题。但一旦采取强制措施，赵大爷子女和父亲的关系很有可能恶化甚至崩溃。若放任老人卖房，证明他们生母遗产及其价值的最有力证据将会消失，且时间越长越难证明。理论上说，如果赵大爷同意婚前财产公证，则可得到两全其美的结果；但和许多人一样，赵大爷怕婚姻受到破坏，彼此之间信任消失而非常反感婚前财产公证。由此可见，与反对夫妻约定财产制相似，老年人对婚前财产公证制度的看法显然有误解成分，而究其原因，除去传统观念，还有一个因素，即婚前财产公证制度自身不够完善。首先，婚前财产公证在我国几乎没有专门法律规定，官方宣传的数量和质量在各地也参差不齐，很多人都是从别人口中或者非官方网站上得知其存在，对于它的条件、程序、利弊、救济等内容的认知并不全面，甚至有误。其次，由于婚前财产公证在我国是纯自愿行为，所以有关部门并未对其作太多硬性规定，尤其在婚前财产协议的内容和格式上；公证机关对婚前财产协议以及相关财产凭证的审查也较为形式化，与当事人之间交流甚少，也很少主动向当事人讲解相关事项。另外，在订立协议时当事人出于种种原因也不一定会咨询专业人士，这些缘由导致协议中的问题无法被及时发现，反而给作为"预防针"的婚前财产公证埋下了副作用的隐患，本该避免的纠纷不但会出现，甚至会扩大。再次，相关救济机制，如违约救济、解除、变更、认定无效等，均不完善，而具有特殊性的夫妻财产关系却也不适合直接适用《民法典》规定。最后，办理完结婚登记又要办理公证，会使老年人尤其是家处偏僻位置的老年人觉得费时费力，公证费和路费对于一些老年人也是一笔不小的开销。所以，对于老年人来说，现在的婚前财产公证制度不仅无法说服他们打破传统的桎梏，还会让他们付出时间、精力、金钱、情感，而他们从中得到的却是有副作用的保护。这种近乎冒险的行为会使一些人最终收益为负，而若在婚姻登记一段时间之后才公证，如案例所述，则相关工作会更棘手，风险也会更大。在这种情况下，一些老年人如赵大爷，坚决不公证，但家庭生活从此也失去平静；还有一些老年人，为了既不和子女闹僵或让自己的财产流失，也不和新老伴之间产生误会，选择了相对而言更折中的"非婚同居"，暂时安抚各方，避免矛盾。同时，他们认为同居双方的财产原则上一开始就是分开的，这也满足了他们不想因挑明财产问题而造成尴尬的心理。

（二）老年社会保障制度不完善

老年社会保障制度不完善虽然是导致"银发同居"现象产生的间接原因，

也是前文所述的两项婚姻制度因素产生作用的催化剂。我国传统养老方式是家庭养老。子女负责照顾老年人，这种养老方式和我国过去的小农经济体制相匹配。然而，在现代市场经济体制下，每个人都需要以个体的身份投入社会、赚取生存资本，故子女纷纷离开父母独自生活。许多人顾及不到年迈父母的生活起居和情感陪伴。老年社会保障制度的不完善阻碍了养老方式的社会化，造成生产方式和生活方式不匹配，此时，如果父母中有一人离开（多半是去世），剩下的就会倍感不便、寂寞。针对缺少亲人的照顾、陪伴的情形，老年人最能接受的补救的方法就是再找一位伴侣作为新的家人，但面对再婚可能导致的麻烦，出于自愿或胁迫，不少老年人开始了"非婚同居"。当下，我国老年社会保障制度整体上欠缺系统性和有效性，相关的法律法规、规范性文件等，尤其是高位阶法律法规，尚需进一步完善。近年来，虽然我国对养老保险制度进行了改革，推出新型农村社会养老保险和城镇居民社会养老保险相结合的城乡居民基本养老保险制度，但效果尚需时间检验，加之彻底的城乡并轨和均等化尚未完成，差距依然存在。另外，离婚或丧偶的农村老妪和城市老年家庭妇女等人群能领到的社会养老保险金目前仍然处于较低水平，对她们来说，和经济条件较好的老年男士"非婚同居"，是进行经济支出和日常生活料理的养老资源交换，从而保障她们养老的最优选择。除此之外，针对老年人的社区服务体系、社交场所质量、再次学习和重回社会的机制在我国各地良莠不齐，整体尚处于初步发展阶段。一方面缺乏健全的规范体系；另一方面还因未与社会力量有效联合而导致政府或个人负担过重，政策、制度实施效率低下，且未必能够实现理想效果。

二、"银发同居"导致的连带法律风险问题

由于缺乏法律的规制，很多选择了"银发同居"的老年人又会面临新的问题，具体主要分为以下三种：

（一）财产权属争议

案例①：刘大爷和余大妈于 2000 年开始"非婚同居"，同居期间，双方生活总体上与法定夫妻无异，各项开支均依靠刘大爷的做生意所得和余大妈的退休工资，且二人并未就各自所得财产进行明确区分。2017 年，二人因感情不和欲分手，在分割同居期间购买的物品时，二人就一件古董的归属发生了争议，双方皆认为该物用自己个人所得购买，但因购买时间久远，双方均未能提出有力证据，

---

① 来自 https://www.lawtime.cn/info/hunyin/ccfglaw/gongzheng/ 20120827165197.html，访问时间：2020-04-01。

目前仍争执不下。财产权属争议是"非婚同居"所导致的较为普遍的问题之一，在"银发同居"中也不例外。虽然原则上同居双方各自只消费自己的财产，但过于计较财产的分离会给同居生活造成不便，所以，双方各自的收入、支出总会有交集之处，在以"非婚同居"代替婚姻的老年"非婚同居"者中更是如此。和上述案例中的老年人及笔者访谈的5对"非婚同居"老年人一样，很多"非婚同居"老年人未就财产问题订立书面协议，口头约定的也仅仅简单表示"各花各的钱"，但两人同居期间的生活费（包括衣食住行、医疗费等）负担往往不会细分，一些人甚至会一起买一些价值较大的物品，比如房屋、古玩。收入、支出的混合极易模糊财产权属。当二人分手时，财产权属的认定和财产分割就成了主要纠纷之一，尤其针对存款和价值较大的物品争议会更大。另外，生活中常出现双方共同出资买房，但因为户口或单位政策优惠而在房产证上只写一方的名字，分手时双方就房子所有权的归属展开争夺的例子；有时，因在买东西时双方各自按一定比例支付费用，分手时会引发财产权属争议。《民法典》颁布以前，我国对于"非婚同居"财产权属没有专门法律规定，最高人民法院《关于适用〈中华人民共和国婚姻法〉若干问题的解释（二）》（以下简称《〈婚姻法〉司法解释（二）》）第一条仅仅强调了"非婚同居"期间财产分割纠纷当事人的起诉权利。法院在审理相关案件时一般适用最高人民法院1989年《审理夫妻名义同居若干意见》第十条、最高人民法院《关于贯彻执行〈中华人民共和国民法通则〉若干问题的意见》（以下简称《贯彻执行〈民法通则〉意见》）第八十八条、第九十条以及《中华人民共和国物权法》（以下简称《物权法》）第八章有关"共有"的规定。根据《审理夫妻名义同居若干意见》第十条，解除"非婚同居"（法条中所称的"非法同居"）关系时，双方在同居期间共同所得的收入和购置的财产，按一般共有财产处理。这看似给"非婚同居"财产归属问题规定了解决方法，但对于该法条的解释又是一处难点。目前，对"一般共有"的解释争议最大。我国法律中的"共有"只有"共同共有"和"按份共有"，"一般共有"属于哪一种，既无法律法规规定，也无相关部门的解释说明。在实践中，法院一般用解释"共有"的方法解释"一般共有"。在双方当事人没有约定或约定不明的情况下，对于产生于2007年10月1日《物权法》颁布之后的争议财产，根据《物权法》第一○三条的规定，推定为按份共有，但共有人属于家庭关系或者能够证明财产为一方所有的除外；对于产生于《物权法》颁布之前的争议财产则适用《贯彻执行〈民法通则〉意见》第八十八条的规定，推定为共同共有，但有充分证据证明财产为当事人一方所有或按份共有的除外。然而，将"非婚同居"期间共同所得收入和购置的财产根据《物权法》推定为按份共有的做法缺乏合理性和可操作性，对于"银发同居"更是如此。既然"非婚同居"被大多数老年人选择为婚姻的替代，则相较于其他"非婚同居"生活，"银发同居"生活和法定婚姻生活已达到了相当高的相似度。"非婚同居"老年人在一起生活产生的财物，多与法定婚姻所产生财物一样，由于追求生活效率和质量导致支付类型和分工多元化，所以很多时候不易分清份额，即使有法律上的除外规定，但由于同居生活的私密性，举证工作也比普通的共有纠纷难，对于时间较长的同居更是如此。这无疑会加大疑难案件数量以及对某一方"非婚同居"老年人造成不公的概率，极易让老年人尤其是近几年开始"非婚同居"的老年人陷入不停举证、争吵，但最后未必得到公正对待的境地。

（二）继承争议

案例[①]：陈大爷和卢大妈于2007年开始"非婚同居"，二人一直住在陈大爷家中。2016年，陈大爷因病去世，陈大爷的子女认为卢大妈未和他们的父亲登记结婚，没有遗产继承权。为了分割陈大爷的房子，他们将卢大妈赶了出去。卢大妈一直是家庭妇女，没有养老金，其他积蓄也不多，原来自己的小房子已经过户给已婚的儿子，居无定所的她只能暂时和儿子一家四口挤在一起。卢大妈认为自己多年来对陈大爷照顾有加，还帮陈家子女带孩子，没有功劳也有苦劳，陈家子女的做法太过绝情。但她也很无奈，因为陈家子女的做法原则上并未违背法律。"非婚同居"老年人中，与卢大妈情况相似者不在少数，且女性占了大部分，争议遗产主要为了房子。原则上，"非婚同居"者相互之间没有继承权，除非根据《中华人民共和国继承法》（以下简称《继承法》）第十四条酌情分得一定遗产或根据第十六条、第三十一条进行遗赠。但是，一般的遗赠是由被继承人决定的，而"银发同居"的利害关系人太多，老年人的顾虑也多，对于是否遗赠往往不会轻易做决定。另外，受传统文化影响，我国很多老年人都没有立遗嘱的观念，且很多老年人的去世较突然，根本来不及立遗嘱进行遗赠。遗赠抚养协议虽可用，但在感情上，"非婚同居"老年人更愿意把同居伴侣当作新的配偶，而遗赠抚养协议的订立更容易让人联想到交易，大部分老年人是不愿接受的，且在现实生活中，"非婚同居"老年人之间订立遗赠抚养协议的也很少。若被继承人生前对其抚养较多，"银发同居"中在世一方可酌情分得部分遗产，但所分数额并不确定。如果继承人较为强硬，则酌情分得遗产人一般不会分得很多，而对于那些被赶出门且无家可归的老年人来说，就算能够酌情分得部分遗产，最终得

[①] 来自 https://www.lawtime.cn/info/hunyin/tongjicaichan/20111014158411.html，访问时间：2020-04-01.

到的钱也往往不够安置一个新住处。酌情分得遗产人通过诉讼维护自以己权利的做法虽从法治精神上值得提倡，但在诉讼时消耗的人力物力对于一位经济和身体状况都有限的老年人来说将会是一笔不小的代价。另外，一旦产生诉讼，提起诉讼的老年人还可能会被误认为或有意识被抹黑为利欲熏心之辈，这也会对这些老年的精神形成不小的打击。

（三）同居双方之间的权利义务争议

案例[①]：2015年，陈大妈因肾病卧床不起，与她同居多年的林大爷却与其解除同居关系并拒绝支付医药费。陈大妈认为自己与林大爷一起生活多年，故有权利要求林大爷照顾自己并支付一定的医疗费用。随后陈大妈即被律师告知，由于陈林二人关系属于"非婚同居"，故林大爷原则上并无义务对患病的陈大妈进行照顾或者支付医药费，但鉴于陈大妈病情应属严重，故根据《最高人民法院关于适用〈中华人民共和国婚姻法〉若干问题的解释（一）》第五条可获得分割财产时的适当照顾或林大爷给付的一次性经济帮助。[②]该现象属于"银发同居"一方利用法律保护真空抛弃弱势另一方的典型，而林大爷的行为多发生于负责经济支出的老年人身上，无论对方对自己照顾得多么周到，这些老年人都只愿提供最基本生活费用，一旦对方生病住院或出事故，需要支付医疗费时，他们就销声匿迹。前述案例中陈大妈因病情严重而得以获得一定的法律保护，但对于病情未必被认定为严重但仍需要大量治疗费用或因事故而受重伤的人而言，若此时另一半拒绝给予经济支持，则该行为极有可能将无法被追责。另外，前文述及，再婚老年人中会产生借婚姻圈钱的现象，这种现象在"银发同居"中也会产生。不少"银发同居"双方都默认一方负责经济开支，另一方负责日常家务，但一些老年人花了对方的钱之后却并不认真料理家务，甚至以各种借口骗对方为其花钱，拿到钱之后却就此消失。由于没有书面协议，二人的关系也不产生法定扶养义务，即使被骗钱的老年人找到对方，也难以证明对方欺诈或违背赠与合同，更难以要求对方承担扶养义务。松散的关系中个人自由的实现需以降低违约成本为代价，在这一点上，老年人在"银发同居"中的预期收益和风险是对等的，除非老年人处处留心或采取一些手段让对方履行义务，但这需要花费时间和精力，到最后还可能得不偿失。当然，订立书面契约可以解决问题，但一方提供钱财，一方提供

[①] 来自 https://www.lawtime.cn/info/hunyin/tongjicaichan/20111014158411.html，访问时间：2020-04-01.

[②] 赵航. 老年人非婚同居，律师建议要先协商好［N/OL］. 网址 http://news.163.com. 最后引用日期：2019-12-20.

照顾的契约如果出现一点偏差，如措辞不当，就极易被看作一种纯粹的交易契约，而双方关系特殊，如此就可能使契约产生人身权交易的性质，其法律效力就会随之受到影响。

第三节　对已有"银发同居"相关法律规制及建议的分析

一、我国的"非婚同居"法律规定

我国对于"银发同居"没有专门的法律规定，一般适用关于"非婚同居"的法律规定。然而，对"非婚同居"的专门法律规定也很少，在《民法典》颁布以前集中在《〈婚姻法〉司法解释（一）》第五条、第六条，《〈婚姻法〉司法解释（二）》第一条，《审理夫妻名义同居若干意见》（部分有效）。由这些规定可知，我国对"非婚同居"的法律规制呈"二元化"形式，即以1994年2月1日《婚姻登记条例》的颁布为分水岭，将广义"非婚同居"分为"事实婚姻"和"同居关系"，"事实婚姻"基本上适用法定登记婚姻规则，而"同居关系"基本上适用一般民事规则，仅在财产分割、父母子女关系、对同居期间患重病未治愈一方的经济照顾方面强调了对弱势一方或妇女儿童的照顾。总体来讲，我国对未婚男女同居行为基本持"不制裁、不保护、不干预"的消极态度，只是基于历史文化原因为解决《婚姻登记条例》的溯及力问题才在法律上部分承认了"有婚意"的"非婚同居"。

（一）可取之处

目前，我国政府对"非婚同居"的看法较之以前有所进步。在2001年《〈婚姻法〉司法解释（一）》公布之前，"事实婚姻"之外的所有"同居关系"在规范性文件中皆被称为"非法同居"。虽然现在学界和实务界仍多将"非婚同居"定性为"非法同居"，但在立法中将谴责性颇浓的"非法同居"改称为"同居关系"，代表着立法者对"非婚同居"认识趋于严谨化、理性化。另外，我国法律没有禁止"非婚同居"，并且最高人民法院在《审理夫妻名义同居若干意见》中强调了对"非婚同居"中弱势方或妇女儿童的保护，证明我国政府意识到了"非婚同居"作为一项男女结合方式存在的合理合法性，虽然仍倡导登记结婚，但并没有刻意限制人们选择的自由。

（二）待商榷之处

1994年2月1日《婚姻登记条例》的颁布作为区分"事实婚姻"与"同居

关系"的分界线，有扭曲概念之嫌，对"非婚同居"在法律制度上的无视也缺乏合理性。"事实婚姻"与其他"同居关系"的主要区别应当在于，"事实婚姻"一般同时包括"有婚意""符合实质结婚要件"这两个构成要件，而事实婚姻之外的"同居关系"当事人不会同时符合这两个要件。《〈婚姻法〉司法解释（一）》第五条用客观的时间而不是以上构成要件作为界限区分"事实婚姻"和"同居关系"，将形成于1994年2月1日之后的"非婚同居"全部认定为"同居关系"，即使双方当事人既有婚姻也符合实质结婚要件也不例外，这扭曲了"事实婚姻"和"同居关系"的概念，缺乏理论依据。虽然现在我国为了解决以前在民间尤其农村地区由于历史文化原因造成的大批未登记而"结婚"的问题赋予部分"非婚同居"以法律效力，但由于该时间界限的存在，若干年后我国对"非婚同居"的规制会从"二元规制"逐渐变为彻底的"不制裁、不保护、不干预"。然而，对"非婚同居"实行"三不"政策的合理性也有待讨论。一方面，"非婚同居"的普遍化代表着两性关系、家庭组成形式的多样化，是现代化的必然表现之一。"非婚同居"制度和法定登记婚姻制度各有优势和缺陷，且二者同时存在并不冲突。另一方面，除了某些明文规定的违法行为，如"有配偶者与他人同居"，其余的"非婚同居"并未违背法律。仅因文化传统和制度传统固有的偏见就用消极的方式压制这样的现象，也是对急需保护之人和急需解决之矛盾的无视，并且缺乏法理和情理的支撑。

二、我国学界提出的相关规制建议

（一）有条件地赋予"银发同居"法律效力

以孟令志教授为代表的学者提出该观点。该观点主张，如果"银发同居"双方不存在法定的禁止结婚条件，以夫妻身份共同生活达五年以上或达三年以上但一方死亡，该"银发同居"即被赋予法定婚姻的效力，转化为法定婚姻。[①]该观点认为，如果"非婚同居"双方以夫妻名义生活达到一定时间或满足一定条件即可被推定为"有一起永久生活的目的"（即"有婚意"）及"发生了相互扶养的事实"，进而被推定为"事实婚姻"。事实婚姻是登记婚姻的补充，在婚姻形式立法中不可或缺，仅以登记与否判断对婚姻的法律效力有违权利义务相一致原则、保护弱势方权益精神等。老年人"非婚同居"大多符合事实婚姻的条件，加之老年人的权益也需要得到重视和保护，所以，应当将一些老年人的"非婚同居"作为事实婚姻而赋予其法定婚姻的效力。

---

① 孟令志.老年人同居的法律问题研究[J].法商研究.2008，（4）.

1. 可取之处

该观点对事实婚姻的必要性和独立性的强调值得肯定。虽然登记婚姻对实现两性关系规范化、维护社会秩序有重要意义，且选择登记结婚的人越来越多，但事实婚姻依然存在，这是个人正当的选择，并非对法定登记婚姻制度的威胁。尽可能使每个人的合法需求都得到满足，最大限度地保证个人意志自由，才能真正使行为规范实现良好的社会效果，真正维护社会秩序。另外，事实婚姻有独特的含义和作用，它是一种没有登记的实质意义上的婚姻，不能与其他的"非婚同居"混为一谈，否则容易在制度设计、实施上造成法理和实践上的说服力缺失。

2. 待商榷之处

首先，该观点认为大部分的"银发同居"是"事实婚姻"，并不准确。该论断的核心在于"有婚意"，认为大部分老年人因为以夫妻身份共同生活达到了一定年限，故可认定为"以永久共同生活为目的"，即"有婚意"。[①]然而现实并非完全如此。一方面，大部分老年人恰恰没有以"夫妻身份"共同生活。同居老年人原则上都是财产分离、互不继承，扶养上也和夫妻间的法定义务有所区别。面对第三人，尤其是涉及子女、亲友和一些有财产上利害关系的人时，为了顾及各方利益，避免来自外界的麻烦，往往会刻意表现出这些特质。另外，一些"非婚同居"老年人双方甚至会通过明确的书面或口头协议直接在彼此间及向外界表达出此愿望，不用外界根据行为进行推定。另一方面，该论断用一起生活的时间长度来证明共同生活目的的永久性，也不准确，因为即使一起生活多年，大部分"非婚同居"老年人对自己的同居关系的未来仍明显抱有不确定的态度。所以，"银发同居"在多数老年人眼中是法定婚姻的一种替代，而不是另一种形式。除此之外，该观点提出要将符合条件的老年人"非婚同居"转化为法定婚姻，但并未说明"转化"是自愿还是强制的，亦未提出有关"银发同居"转化为法定婚姻的申请程序、确认程序以及赋予银发同居以合法婚姻效力的主体等内容，只是一再强调"转化"本身，这就会使论述产生歧义。如果该"转化"是法定的强制转化，则会限制老年人的自由选择权，甚至会产生有悖于他们愿望的结果，不利于保护老年人的合法权利。如果该"转化"是自愿的申请转化，但该观点并未附带必不可少的申请程序、条件的立法建议及可行性分析等内容，其说服力值得商榷。

（二）针对"银发同居"制定专门制度

建立专门法律制度的观点最早是针对"非婚同居"提出的，后来一些学者将其中一些内容进行了变通，运用于针对"银发同居"的法律对策，建立起了专门

---

① 孟令志.老年人同居的法律问题研究［J］.法商研究.2008，（4）.

的"银发同居"法律制度。不同学者构建的"银发同居"法律制度内容并不完全相同，但基本上都有条件、公示、财产、继承、扶养义务等基本结构，且基本上都建议将这些内容通过立法的形式规定出来。关于主体条件，基本上是"男女双方均为60周岁以上，均无配偶"。关于公示程序，有学者认为需要进行专门的登记，①但其他学者并未做此建议。关于财产权属，"约定优先，无约定时，同居期间个人所得财产归个人所有"得到普遍认同。有学者还建议，同居期间共同所得和为共同生活购置的财产原则上应归共同共有，除非一方可证明该财产为按份共有或个人所有，但"为共同生活购置的财产"不包括房屋等价值特别贵重的财产；在分割财产时要适当考虑同居时间长短、双方为共同生活的财产性和非财产性付出（如料理家事）、一方的过错（如果有）等，进行一些补偿或平衡。②对于"非婚同居"期间产生的债权、债务，基本上只有为共同的生产、生活所产生之债权、债务才是共同债权、债务。关于继承，"银发同居"双方被普遍认为原则上互相无继承权，但可以通过遗赠的方式继承遗产。对于能否适当分得遗产，有学者认为应适用《继承法》第十四条的规定。若一方在另一方生前对其扶养较多，或一方缺乏劳动能力又无生活来源，在另一方生前依靠其较多，可以适当分得遗产。③还有学者认为，只要"银发同居"双方共同生活达到五年或十年以上，就可以取得适当分得遗产的权利；另外，"银发同居"一方对伴侣去世前共同居住的房屋还享有优先购买权和直至去世的一定的使用权。④关于扶养义务，赋予"非婚同居"老年人扶养请求权普遍得到提倡。有学者主张，登记之后直接赋予和法定婚姻相同的扶养请求权。⑤还有学者认为，"非婚同居"关系解除后主张的扶养请求权应有诉讼时效（2～3年），从"非婚同居"关系解除时开始，⑥时效一过，扶养请求权沦为自然之债。

1. 可取之处

首先，建立专门的"银发同居"法律制度有助于对现已成为社会热点的"银

---

① 李敏."银发同居"的法律思考[D].烟台：烟台大学硕士论文，2013.
② 白云晶.老年人"非婚同居"的法律问题及对策[D].大连：大连海事大学硕士论文，2013.
③ 李敏."银发同居"的法律思考[D].烟台：烟台大学硕士论文，2013.
④ 白云晶.老年人"非婚同居"的法律问题及对策[D].大连：大连海事大学硕士论文，2013.
⑤ 李敏."银发同居"的法律思考[D].烟台：烟台大学硕士论文，2013.
⑥ 白云晶.老年人"非婚同居"的法律问题及对策[D].大连：大连海事大学硕士论文，2013.

发同居"诸问题进行有针对性和权威性的解决，加强预防违法现象和纠纷，更好地保护"银发同居"老年人的利益。其次，主体条件设置合理。"银发同居"法律制度是有针对性的特别制度，年龄上自然要有一定限制，而60岁基本上是我国学术研究和各类国家数据统计公认的老年人基础年龄，该年龄及以上的老年人大部分面对的都是与居家、养老等有关的具有老龄特色的问题，所以，将60岁设置为适用"银发同居"法律制度的基本年龄条件是合适的。"双方互为异性"和"均无配偶"为我国合法的两性结合所必需，无需赘述。再次，笔者支持适用"银发同居"法律制度者须登记的观点。由于"银发同居"涉及一些个人隐私问题，在纠纷处理或对外交往过程中，对"银发同居"的存在等事实的证明有时会相对困难且难以保证准确性，而作为一种公示方式，登记可成为这些事实的最有力证据，减少诸多证明上的麻烦。另外，在财产权属问题上，约定优先，无约定或约定不明确的同居期间个人所得归个人所有是"银发同居"财产制中不可缺少的内容。"银发同居"与法定婚姻不同，应当给个人更加充足的约定财产权属的自由，也应当更加注重保护个人财产。但是，既然是法律规制，就必须注重利益的相对平衡以及公平的最大限度实现，所以，同居期间共同所得以及为共同生活而购买的物品原则上都应为同居双方共同共有，为共同生活所形成的债权、债务更应如此；贵重物品由于价值较大，确定权属、分割财产时确实应当重点考虑双方当事人的出资比例等实际情况；分割财产时的补偿、平衡原则是实质正义的体现，也应得到重视。除此之外，继承方面，除《民法典》已规定的内容外，"银发同居"一方在对方去世后对于对方所有但是共同居住的房屋享有优先购买权和一定的使用权是人道主义精神和敬老理念在法律中的体现，这一点可以很好地应对现在普遍存在的"银发同居"老年人在对方去世后被扫地出门、无家可归的现象。最后，由于"无法定夫妻抚养义务"成了一些"非婚同居"老年人借"银发同居"随意抛弃需要帮助的伴侣的借口，"银发同居"法律制度也有必要赋予"非婚同居"老年人一定的抚养请求权。由于"非婚同居"关系解除后，扶养请求权主要为抚养费请求权，类似于一种不当得利之债，所以，有诉讼时效的约束也属必然。

2. 待商榷之处

首先，笔者认为"共同生活了五年或十年以上，'银发同居'的一方在另一方去世后即可根据《继承法》取得适当分得遗产的权利"的观点欠缺说服力。《继承法》第十四条的规定意在给予对被继承人扶养较多的非继承人一种赞扬对价或者给予依靠被继承人较多又缺乏生存能力的人一种保护，非继承人获得继承权所依据的是与被继承人之间照顾和被照顾的亲密关系，而在一起的时间长短显然并非证明这种亲密关系的唯一标准，双方关系的外在表现、依赖的程度等也不容忽视。其次,针对"'银发同居'一方老年人去世,另一方对共同居住的房屋享有直至去世的一定的使用权"的观点,笔者赞同赋予同居老年人对共居房屋一定的使用权,但是对于"直至去世"这样的期限设置,笔者不赞同。在现实中,不少"非婚同居"老年人都共同居住在一方在同居之前已所有的房屋中,假设没有遗赠等特殊情况,对房屋享有所有权的一方去世之时起,其子女(在这种情况下,法定继承人一般为子女)通过法定继承取得该房屋所有权。所有权有四大权能(占有、使用、收益、处分),要拥有完整的所有权,这四大权能缺一不可。如果赋予在世的"银发同居"一方在该房屋中继续居住的权利,则等于将所有权中的占有和使用权能赋予该方,为保证该老年人的占有、使用,所有权人也不能行使其他两项权能,而如果将期限设定为直到该同居一方去世,则意味着真正所有权人的所有权将在长度未知的一段时间内完全无法行使。法律的额外救济应当建立在已有合法权利不受太大影响的基础之上,即使是出于人道主义和敬老传统而提供的救济,用房屋真正所有权人的所有权来承担也未免过于夸张,故该观点实属本末倒置。另一方面,居有定所是一个人的基本生活保障之一,让在世同居一方终身居住于去世一方的房屋中实际上等于去世一方的子女承担了对在世一方的赡养义务中很重要的一部分,但即使对与自己父或母有法定婚姻关系的继父或继母都不用承担的义务(在老年人再婚中,继父母和继子女之间一般不存在抚养和赡养关系),却对与自己父或母没有法定婚姻关系的老年人承担,这不仅对去世老年人的子女不公平,也颠覆了法定婚姻制度,也给一些本就不想为自己父或母提供住处的在世同居一方的子女提供了逃避该赡养义务的机会。另外,如果所有在世的同居一方都有该权利,则还会为一些本身买得起房子的老年人提供"白占便宜"的机会。最后,赋予登记之后的"银发同居"伴侣与法定婚姻完全相同的权利义务也不妥,因为这样会将"银发同居"和"法定婚姻"的界限模糊化,有损法定婚姻权威的同时也限制了"银发同居"双方的自由。

第四节 "银发同居"法律风险防范对策的思考和建议

一、现行夫妻财产法律制度的完善

(一)约定财产制的完善

1.完善法律体系

宏观而言,需要进一步完善我国夫妻约定财产制。《民法典》颁布以前,虽然夫妻财产约定在很多方面可以适用《民法通则》《合同法》《物权法》等法律的一般规定，但与普通合同不同，夫妻财产约定由于涉及婚姻关系，所以必然需要有一些特殊规则。在立法模式方面，由于夫妻约定财产制为婚姻家庭法的重要组成部分，为保证我国婚姻家庭法律体系的完整性，这些特殊规定已写入《民法典》中，但应当完善的具体内容包括法律效力、登记、备案程序及违约救济，笔者将在下文逐一论述。

2. 夫妻财产约定的效力问题

在有效要件和生效要件方面，建议将"双方婚姻合法有效"作为财产约定的有效要件，并将"登记结婚"作为生效要件之一，婚前订立的针对婚后财产的约定应从登记结婚时起生效，婚后订立的财产约定应从约定成立时生效。若未登记或者婚姻无效，则该约定也无效，财产约定未能生效或者无效导致无过错一方合法权益受损的，有过错一方应当负赔偿责任，若双方皆有过错，则过错相抵。当合法婚姻关系解除时，夫妻财产约定也应自动解除。在财产约定变更、撤销、确认无效以及解除方面，如果是夫妻间为了生活需要而进行的对约定内容的变更，在不构成《民法典》规定的无效情形和可变更可撤销情形的情况下，应当尊重双方意志自由，双方协商一致的内容应被认定为有效。夫妻双方可在无法协商一致时选择解除约定，但解除前约定仍然有效。作为一种契约，夫妻财产约定生效后自然产生债法上的效力，如果财产协议符合了《民法典》及相关法规、司法解释中规定的可变更、可撤销或者无效的情形，则需按规定处理，但作为一种对财产权属的分配，其生效后也会产生《民法典》上的效力，且由于夫妻财产约定和夫妻关系、家庭关系、家庭经济状况等的密切关联决定了它高于一般合同的复杂性，故在认定夫妻财产约定是否属于无效、可变更、可撤销时，应当考虑对财产的分配是否产生物权效力以及夫妻情感状况、维护婚姻家庭稳定等方面的因素，不能像对待一般的合同，仅从纯粹的陌生人角度判断。

3. 夫妻财产约定的登记、备案程序问题

在程序方面，建议立法明确夫妻财产约定的登记、备案制度。在此基础上，明确相应的变更、撤销和解除程序。一般来说，目前法律对夫妻财产约定的形式要件规定仅为"书面形式"，夫妻财产约定对第三人效力的判定标准也仅为"第三人知道"，且举证责任需由夫妻一方承担，如此极易导致夫妻一方在订立合同后篡改、伪造约定文本或夫妻一方和第三人共谋损害另一方合法权益，将该隐患降到最低的最有效的预防手段即为登记。登记具有公示性，不但可让第三人知晓夫妻财产约定的内容，作为证据也比单纯证明"第三人知道"更为简单但更具证明力。另外，经登记的夫妻财产约定比一般的"书面形式"约定具有更强的法律效力，由此，一方篡改或伪造该约定的行为将无机可乘。登记应在婚姻登记机关进行，未婚男女订立的婚后夫妻财产约定应当在结婚登记之时一并登记。登记之后，应当在婚姻登记机关备案。由于是一种公示方式，夫妻财产约定登记会对缔约双方的隐私产生不利影响，对于一些男女来说，非但不是上策，反而会为他们的生活埋下更多隐患。所以，考虑到当事人意志自由和法律制度实效，有关夫妻财产约定登记的规定应为任意性规定。当事人不选择登记的可选择仅在婚姻登记机关备案，或进行公证，抑或见证，这三项程序至少可保证夫妻财产约定在缔约当事人之间的法律效力。当然，缔约当事人也可不对夫妻财产约定采取任何程序上的保护措施。一旦缔约当事人选择了登记、备案中的一种，则在变更和解除该约定时也应经过相应的程序。例如，缔约当事人选择了登记，则在变更约定时须去婚姻登记机关变更登记内容。选择了程序上的保护措施后，除婚姻关系无效或可撤销，夫妻财产约定本身无效、可变更、可撤销或登记本身违法外，当事人仅因生活需要协议变更夫妻财产约定的，双方原则上应共同来婚姻登记机关进行变更，若一方因不可抗力未能到场，为排除到场一方篡改约定的可能性，到场一方需提供有二人签字的书面变更协议及一方受不可抗力影响的相应证据。此外，频繁变更、解除采取了程序上的保护措施的夫妻财产约定不仅有损相关法律制度权威性，还会大量消耗相关机关和当事人的时间、精力及金钱，还会使缔约当事人和相关机关养成缔约或审查约定不严谨的习惯，但若将变更、解除限制为 1 次，则会使双方在仅有的缔约或更改过程中难以达成一致，甚至引发冲突。故建议将该种约定的变更、解除次数限制为最多 2 次，其中，经历 2 次解除之后重新立约且再采取程序上的保护措施的，不得再进行变更或解除。

4.违约救济问题

在违约救济方面，若夫妻双方有个人财产且个人财产能够支付违约损害赔偿或强制履行，则违约一方应以个人财产承担责任。但在违约一方没有个人财产或个人财产部分或全部无法支付违约损害赔偿或者强制履行的情况下，若双方不想变更或解除约定抑或离婚，则最佳办法即为婚内分割夫妻共同财产，否则，违约损害将无法得到救济，夫妻财产约定将沦为一纸空文。

（二）完善婚前财产公证制度

由于国人对婚前财产公证制度知之甚少，故该制度常被民众误读。所以，为帮助民众了解该制度，消除对该制度的误会，一方面需加强宣传，另一方面需保证制度本身的健全。

1.加强宣传

宣传途径方面，建议除建立相关的网站、宣传点进行宣传外，各公证处还应在相同辖区内的婚姻登记处设立办事点,人们可根据自己的需求在公证处公证或在办理结婚登记时直接在结婚登记处的公证处办事点公证。由于公证没有公示作用,所以当事人若想将公证结果公示,可以将公证书以及经公证的婚前财产协议在结婚登记处进行登记、备案,程序与夫妻财产协议的登记、备案相同。公证处办事点的设立一方面便于宣传和提供咨询,让普通民众在真正了解婚前财产公证制度的基础上做出合理的选择,另一方面也便于将结婚登记和婚前财产公证一起办理,降低办事的时间、精力和金钱成本,这将符合许多人尤其老年人的要求。同时,联合办公也能在便民利民的同时提高办事机关的效率,符合我国行政法的"高效便民"基本原则。

2. 强化审查

在审查方面,公证处对婚前财产协议及相关材料应当进行更加严格的审查,不能局限于被动听取双方当事人的陈述及形式化的审查,还要就书面内容进行更细致的调查核实,包括协议中所涉及财产是否确属一方婚前财产以及协议中涉及的权利义务是否违反法律等。建议针对婚前财产公证制定标准化、规范化的审查规则并将《中华人民共和国公证法》(以下简称《公证法》)第二十八条的规定细化,工作人员应就明显的和一些潜在的疑点须及时主动地对当事人进行问询与交流,对于当事人存在误解或疑问的地方,须进行详细的讲解。

3. 与夫妻财产约定在效力问题上的统一

在对婚前财产协议及公证的变更、撤销、解除、认定无效、违约救济方面,由于婚前财产协议在广义上讲也属于夫妻财产约定,所以,为了保证立法上的统一以及预防法律适用上的混乱,建议针对婚前财产协议及其公证,除了婚前财产公证适用《公证法》第五章的相关规定外,其变更、撤销、解除、认定无效及违约救济还应适用夫妻财产约定及公证的相关规定。

二、完善老年社会保障制度

(一)现有规范的完善

目前,我国政府针对养老问题出台了一系列新政,全国人大常务委员会修改了《老年人权益保障法》。同时,国务院、民政部以及一些地方政府也发布了一系列条例、意见、办法来配合新政的施行。实际上,我国老年社会保障制度的完善之路尚处于起步阶段。首先,现有规范尤其是高位阶法律法规缺乏全面性和实用性,实践中很多急需解决的问题仍然得不到涵盖,故应当进一步加强法律法规与现实状况的衔接。例如,针对我国的老年人就医问题,除资金保障之外,另一项亟待解决的问题是简化老年人就医程序,方便就医,但由于无法得到统一有效的上位法保障，各地政策及落实情况参差不齐，故虽然相关部门要求全国 80%以上的医疗机构要在 2018 年开通老年人就医挂号等服务的绿色通道，[①]老年人看病排队现象在某些城市仍然严重。为加快全国老年人就医便利化进程以及整体有效地解决老年人就医问题，建议将老年人就医程序简化的要求及"绿色通道"等基本方式写入《老年人权益保障法》等高位阶法律法规中，与"医疗保险"的规定相并列。其次，目前我国农村地区养老保险制度的实施仍多依靠国家政策与民政部门文件，缺乏系统的法律规范，故诸多措施实行不力，重要问题无法解决且易受人为因素干扰。另外，我国农村养老保险金额整体水平仍然过低。这些问题反映了我国农村社会保障制度缺陷，故需加快填补农村老年社会保障的制度空白，在健全农村养老保险法制体系方面需借鉴城市的有关法律法规，保证各项配套制度完善。同时，应当在《老年人权益保障法》等法律法规中更多地加入与农村养老保险有关的内容，加强基本规范的统一性。此外，还需进一步合理上调农村养老保险金额，缩小城乡差距。再次，在养老保险金分配上，离婚、丧偶的农村老妪和城市老年家庭妇女这类弱势群体应在确保整体公平的基础上得到相对多的重视，应提高这类人群的社会补助金额，减少老年人纯粹为了获得足够的养老资金而寻找新伴侣的现象。另外，对老年人来说，居有定所是他们能够安度晚年的基础，所以有关老年人住房保障方面的法律法规及低位阶的配套规范应得到细化，减少口号式、形式化的规则。

（二）充分利用社会资源促进居家养老

目前，我国大部分老年人仍习惯于居家养老，所以除了加强对养老机构的建设和管理外，有关部门还应重视对社区养老等养老服务项目的建设。在该方面，最为高效的做法是充分利用社会、公民自身的力量。这一点在我国一些地区已有实践。例如，广东省广州市 H 街的"老年人支持网络"结合以民政部门、街道办事处、社区服务中心、医院等为代表的"正式支持网络"和以慈善会等为代表的"非正式支持网络"，各尽其能，相互支持。一方面，由社会团体开展社会活动来筹集资金以及招募、管理志愿者，同时弥补体制内供给对象覆盖不全面的缺陷；另一方面，政府相关部门负责政策协调、规范监督以及硬件供给。[②]此外，我国南京市和哈尔滨市等多地开展的"时间银行"活动由社区牵头并提供平台，

[①] 中国新闻网. 到 2018 年中国 80% 医疗机构要设老年人挂号绿色通道［N/OL］. 网址 http://news.xinhuanet.com.，最后引用日期：2020-04-20.

[②] 李昺伟，等. 中国城市老年人社区照顾综合服务模式的探索［M］. 北京：社会科学文献出版社，2010.

将帮助老年人和自己未来的养老相联系,以人性化方式鼓励社区居民互助互惠,有效促进居家养老的实现。①另外,我国一些地区的民政部门、社区与当地电信公司合作,为孤寡、空巢老人安装"平安钟",使其在遇到紧急情况时可以得到及时救助。②这些实践的成功之处在于政府和社会、公民个人的有效合作,既能有效照顾、帮扶老年人,又缓解了由单方力量全权负责可能导致的负荷过重、措施不周全等问题。这些做法仅为地域性的成功探索且多存在于东部较为发达城市,而我国不同地区的居家养老措施仍存在较大差异,故这些做法应在被不断完善的同时尽快在其他地区得到因地制宜的改良和推广。

(三)保持老年人与社会的联系

有关老年人的社会交往、再次学习以及重回社会的平台的规范化建设也不可或缺,因为继续与社会联系可以防止老年人一退休就被完全困在家庭中,这有助于减轻他们的落寞感和孤独感,同时转移他们的注意力,不会急于寻找新的伴侣。因此,有关部门须加强对各地综合性养老机构的建设和评估监管,且依然应当加强和社会力量的合作。另外,有关部门还须对老年人服务网站进行监管,确保信息准确和安全,防止老年人被误导、欺骗。

三、对"银发同居"自身所导致法律问题的解决建议

根据前文论述可看出,"银发同居"易引发财产、继承、权利义务纠纷的共同原因在于相关法律规制的缺位。所以,解决此类问题关键在于完善"银发同居"的法律制度,在健全基本规则的基础上增加或改进与财产、继承及权利义务有关的现有规则。

(一)基本规则

1. 规范模式

鉴于我国尚未构建起"非婚同居"法律制度,所以,直接立法专门规制"银发同居"较为突兀,会破坏原有法律体系的完整性,故建议先通过制定《非婚同居法》的形式构建"非婚同居"法律制度,然后将"银发同居"的相关法律规则通过设置专门章节或条款的形式写入"非婚同居"的法律中。

---

① 黄润龙,陈绍军.长寿的代价——老龄化对社会经济的影响研究[M].北京:社会科学文献出版社,2011.

② 李昺伟,等.中国城市老年人社区照顾综合服务模式的探索[M].北京:社会科学文献出版社,2010.

2. 建立登记制度建议

"非婚同居"包括"银发同居"制度实行登记制，登记和解除都应有一套完整的程序，当事人应提交申请表，登记机关应对当事人双方的身份、财产状况等进行核查，确认是否符合登记或者注销登记的条件。若确认符合条件，则准予登记、备案或注销登记。其中，适用"银发同居"法律的主体年龄应当为 60 周岁及以上；登记时，工作人员应当建议伴侣双方就同居中的财产权属、继承问题等订立书面协议并就相关疑问进行详细解答，就订立好的协议进行审查、备案。若当事人双方在登记后需要修改该协议，则应到登记机关进行修改，且和夫妻财产协议一样，不得超过 2 次；若当事人双方未在登记时而在登记后订立了该协议，则可到登记机关进行登记和备案；若当事人双方最终登记结婚，则该协议视为自动解除，当事人应到婚姻登记机关注销登记。登记、解除工作可由结婚登记处兼任，以便提高办事效率，同时为当事人提供便利。法律在对"法定登记婚姻"和"非婚同居"的保护和限制力度上应采取分层模式，经登记的"非婚同居"受到的法律保护和限制应当弱于法定婚姻，强于未登记的"非婚同居"。法律规制以登记后的"非婚同居"为对象，但对于未登记的"非婚同居"也不能完全置之不理，也应给予适当法律保护。例如，可以在符合"非婚同居"基本特征的情况下对在该同居中权益严重受损的一方给予一定的法律保护。

（二）财产权属

"银发同居"在财产权属方面适用和"非婚同居"一样的规则。如前所述，无论在理论方面还是实践方面，将"非婚同居"尤其是"银发同居"期间共同所得财产和共同购置物品认定为共同共有比认定为按份共有更合适，所以对于"非婚同居"期间共同所得财产和共同购置财产的权属认定，应以约定优先为原则，在没有约定或约定不明时原则上应认定为共同共有，除非当事人能够证明该财产不是为共同生活而购买或未用于共同生活，或者该财产价值特别贵重。关于这些标准的认定，应当在一定的统一标准（例如，日常家用物品一般应属于"为共同生活"购置的财物，古玩字画因其无法直接在日常生活中发挥物质性作用而一般不应属于"为共同生活"购置的财物，房屋、汽车等不动产或特殊动产一般应属于价值特别贵重的财物）基础上，结合个案所处地域、当事人经济状况等实际情况综合判断。"非婚同居"期间产生的债权债务，只有为共同生产、生活而产生的才能够被当事人双方共同享有或承担。在权属确定、财产分割上，还应遵循公平原则，综合考虑同居时间的长短、双方为共同生活所做的财产性和非财产性的贡献以及过错因素。

（三）继承

在继承方面，"银发同居"原则上应和"非婚同居"一样，同居双方互不存在继承与被继承关系，但可以通过遗赠或者遗赠扶养协议或者酌情分得遗产的方式获得对方的遗产。但是，前已述及，在"银发同居"中，由于仅一方有房而另一方居住其中的现象并不少见，若严格按照《继承法》的规定处理会造成无房一方无家可归，故出于尊老的精神，在世一方可以继续承租或者优先购买去世一方的房屋。如果在世一方没有足够的资金承租或购买该房屋，而自己本身也没有任何房产，则去世一方的继承人应当允许在世一方居住于该房屋中，与此同时，相关部门、社区以及在世一方的子女或其他有赡养义务的人应当在一定的期限内为该老年人安排、寻找新的住处。这样既可以保证无房老年人不至于被无情驱赶，也可以保护去世一方的继承人的合法权利，也不会颠覆法定婚姻制度，还能够敦促在世一方的子女履行赡养义务，同时促进我国老年社会保障制度在保证老年人居有定所这一最基本内容上的改革和健全。

（四）同居双方之间的权利义务

建议规定"银发同居"双方对同居期间基本生活费的给付义务、对方在同居期间生病的医疗费的给付义务以及照顾对方生活的义务。同居双方可以就这些义务的具体履行方式进行公平协商。若一方不履行义务，则另一方有权要求对方给予相当的扶养费，该请求权可以诉讼的方式行使，诉讼时效3年。在解除同居关系之前提起的诉讼，时效起算点为一方知道或应当知道对方不履行义务时；在解除同居关系之后提起的诉讼，时效起算点为解除同居关系之时。同居双方若进行同居登记，则登记之日起该权利义务生效，受到法律保护。双方若未进行登记，发生相关纠纷时，若双方有关于该权利义务的书面协议，经审查该协议未违反强行法和公序良俗，当事人双方的关系符合同居的实质条件且一方由于另一方未履行义务而严重受损，例如，由于一方未及时照顾患重病的另一方而导致病情严重恶化，则可结合实际情况对受害一方的权利进行保护。

【本章小结】"银发同居"是一个复杂的社会现象，是生产力进步、社会变迁、家庭模式多样化、人口老龄化等因素综合作用的结果。同时，它也是我国保护老年人权益、应对老龄化工作中的重要部分。作为一种特殊的"非婚同居"，"银发同居"更多地体现了老年人在当下这个新旧观念与环境交替、碰撞的时代所做出的一种自我保护。他们有自己的需求，同时又要周旋于各种关系之间，做最缜密的考量。理论上，这本该是自由意志下的最优选择，但是，这种最优选择目前在我国却有着一种权宜之计的色彩，并未发挥出其应有的作用。我国很多老年人选择"银发同居"都是出于被动躲避再婚风险、养老困境，而同居之后由于几乎没有法律保护以及"非婚同居"本身的松散性等特点，老年人又不得不面对新的风险和困境。选择者变成了最终的受损者，安度晚年的初衷最终可能演化成闹剧。解决问题的最佳方式是：一方面，寻找并改进法定婚姻制度和老年社会保障制度中导致老年人不得已而选择"银发同居"的相关缺陷；另一方面，寻找并改进我国"银发同居"法律规制中的不周之处，真正找到风险最小、收益最大且最能满足老人自身需求的结合方式，实现他们真正的最优选择。

第三章 养老机构的法律风险

第一节 养老机构概述

一、养老机构的概念及基本构成要件

养老机构是社会养老专有名词,是指为老年人提供饮食起居、清洁卫生、生活护理、健康管理和文体娱乐活动等综合性服务的机构。笔者认为,养老机构就是为老年人提供住养、生活照料、保健康复、精神慰藉等综合服务的活动场所。养老机构的基本构成要件包括:(1)适老化建筑及配套设施是养老机构的基本载体。养老住宅建筑设计必须符合老年人体能心态对建筑物的安全、卫生、适用等要求,应具备方便老年人使用的无障碍设施。越来越多的养老机构注重提供智能化的养老服务,将物养老机构联网引入养老服务,并打造高端物联网养老住宅。(2)养老机构的功能。现代意义上的养老机构基本是集颐养、护理、康复、医疗、文化、娱乐为一体的综合服务机构,但是根据收养人群不同,其主要功能会有差异。①公寓型:收养自理老人为主,其主要功能就是颐养、康复、文化娱乐服务,侧重精神文化需求。②养护型:收养半自理或不能自理老人为主,主要功能是生活照料、护理、康复和基本医疗服务。③临终关怀型:主要是为病危、病重的老人提供临终关怀服务。④精神康复型:以收养老年痴呆、老年精神病为主,主要功能是精神康复、生活照料。(3)服务是养老机构的核心内容。养老服务是一种 24 小时的全程式服务,旨在满足老人的养老需求。机构在满足老年人膳食生活与护理工作的基础上,还要努力为自理老人提供娱乐休闲服务,为半自理老人提供医疗康复服务,为无自理能力的老人提供全天候的看护服务。

二、养老机构的资金来源、机构分类及其特征

养老产业作为我国的一个朝阳产业,起先都是在政府的主导下形成与发展的,其资金投入也基本来源于政府财政拨款。伴随养老服务业的逐渐发展,政府有限的财政资金难满足日益增长的养老服务需求,鼓励民间资本进军养老服务

业，便成为政府解决养老财政缺口问题的重要手段。

根据出资主体的不同，养老机构资金来源可分类如下：①个人投资、自负盈亏。其土地、设施、设备及其运营资金完全由个人投资，实行自负盈亏，建设资金和经营资金能够得到政府补贴。②集体投资、个人承包。其土地、设施、设备由合资合作机构、单位、企养老机构业、社团、村委会、居委会投资。运营机制为个人承包、自负盈亏，在发展或运营困难时，其投资方可伸出援手。③政府投资、公办民营。其土地、设施、设备均由政府出资，运营机制实行公办民营，自负盈亏，目前不享受政府运营补贴。④政府投资、差额补贴。其土地、设施、设备由政府投资，运营资金实施养老机构部分补贴，其余部分自负盈亏。⑤政府投资、全额拨款。其土地、设施、设备由政府投资，运营资金按人员编制数和公共服务设施运营经费现行标准全额拨款。其经费不足部分和人员编制不足部分由事业性收入补充。

根据建设方式的不同，可将养老机构分类如下：①公民共建模式，也称公民合资模式。政府提供公土地和部分资金，招标民间机构投资共建养老院，并委托民间专业养老机构进行经营管理。②公建民营模式。政府在公用土地上建成老人服务机构并完善基础设施建设，通过招标委托的形式，委托民间服务机构从事运营管理。③公办民营模式。政府将已建成的养老院委托个人或者民间养老服务机构承包管理，这种模式就是指狭义上的公办民营。④民办公助模式。指民间组织或机构自行购买土地，自行建设或者自行租用房产，实现自我经营的老人服务机构，在自我经营管理的基础上享受一定的政府补贴。⑤特许经营或项目购买模式。指政府将老人服务项目以特许经营或者购买服务的方式委托第三方运营管理，这种模式多以政府购买服务的形式出现。⑥公办民助模式。指政府出资建设，在民建民营的功能区给予优惠，其人事、行政、收款收费等主要制度上按照民建民营方式操作运营。以上六种模式基本涵盖了养老服务机构的所有建设与运营模式，既有政府或者民间资本单独出资的情况，也有政府和民间机构共同出资的方式；既有民间机构独立经营管理的情况，也有在政府兜底的基础上外包整个机构或者经营养老机构部分区域、部分项目的情况。

目前，根据我国国情，养老机构主要分为救助型、福利型、市场型。民办养老机构属于典型的市场型，传统的农村敬老院属于救助型，城市福利院属于福利型。

第二节 养老机构法律风险

一、典型案例

案例一：H市Z养老院是2016年H市L区招商引资的项目，被浙江老板胡某中标并投资，养老院在H市L区民政局注册登记，属于民营资本建设项目。养老院场地属于L区电厂，胡某开办养老院需向电厂缴纳每年20余万元的租金，且当时签下了5年的承租合同。胡某开始对大楼进行适老化改造、装修，并摸索养老机构的经营与管理，可是由于胡某毫无开办养老机构的经验，装修后的养老院硬件设施的改造、消防设施的安装不合格，达不到开业的条件。因几次三番都没有通过验收，加之投资建设资金消耗殆尽，胡某对于自己看好的养老事业也逐渐失去信心，并宣布将其对外转让。胡某在交谈中坦言自己当初将开办养老院看得太过简单，根本没有想到资金运转、适老建筑、人员配备、运营管理等层面的问题。

从这个案例可寻知，财务资金风险就是养老机构面临的一个很大的经营风险。个人投资开发的养老机构，其法人代表具有独立的决策权，如果法人代表或者机构管理者没有很好的财务风险意识与运营管理才能，很有可能导致机构发展陷入僵局甚至如上述案例所表现的资金链断裂，机构发展夭折。众所周知，养老服务业属于高风险低收益的微利行业，在没有政府兜底的情况下，如果养老机构没有一定的周转运营资金作为抵抗风险的资本，那么一旦政府补贴不到位抑或机构内部出现老人意外事故的高额赔偿事件，养老机构可能面临资金短缺的风检。鉴于民办养老机构出现上述状况，养老机构的投资者、经营管理者必须学习资金运作与经营管理方面的专业知识。目前，对于养老机构的资本运作尚无标准的规范，政府应当加强监督，建立一定的监管约束制度，另外加强立法与执法，树立政府的监管责任意识，让养老机构的负责人怀着一个真正做福利事业的心态来经营管理自己的机构，规避资金链断裂的风险。对于机构管理人才的专业背景必须有所考量，未达到持证上岗人数的机构必须予以管治。

案例二：88岁的余女士在H市Y区X养老院托养期间意外摔伤死亡，老人的三个儿女将X养老院告上法庭并索要赔偿。X养老院是H市Y区一家公建民营模式的民办养老院，按照养老院规定，服务分为自理、半自理、不能自理三种，收费标准按护理类型而定，由X养老院与入住老人或家属双方协商确定。2017

年12月，余女士在儿女安排下入住了X养老院，双方协议约定老人为"自理"服务类型。入住半年后，老人在X养老院楼道内突然摔倒，造成急性脑出血，并于当日死亡。余女士的三个子女将X养老院告上法院，要求X养老院赔偿损失共计8万元。X养老院辩诉称，余女士在护理等级上为"自理"型老人，养老院遵照协议规定已经履行了各方面相应的义务，对余女士摔伤致死没有责任，且余女士入住之时亦签订有安全承诺书："在受托方积极宣传老人自身安全防患工作的义务前提下，老年人因身体衰退，造成健康问题和行动不便，且家属未进行护理等级变更的，老人在房屋内或院内活动，而发生跌倒导致骨折等意外事故，受托方不负法律责任。"最终经法院认定余女士与X养老院分别负主次责任，养老院赔偿余女士家属人民币3万元。

  上述案例反映的就是老年人在养老机构的伤害及死亡问题。从伤害层面分析，老年人因身体原因容易受到伤害，受伤害原因除自身摔倒外还有自残、养老院外人的伤害、内部员工的伤害、老人之间的伤害、养老院设置及环境不利造成伤害、洗澡或者用餐中烫伤等，主要涉及自身伤害、养老院机构管理不善、养老机构设施设备落后。针对老人在养老院的伤害应该做好风险预防：①入院体检是关键，建立老人健康档案，了解老人体质状况，尤其是有无遗传性疾病，有无过敏史，当前病情状况、医疗情况、出院小结记录等，以便第一时间提供医疗救助。②管理要及时到位，值班、巡查等要严格，做到及时发现、及时诊断、及时送医、及时联系家属。③设施设置要符合老年人特点。④要有建立定点医院的绿色通道，保证随时报医、随时就医。从老人死亡层面分析，死亡不可避免，但老人在养老院期间死亡后，其亲属对死亡的认同可能更加消极，道德和法律牵涉其中，养老机构必须重视该风险的存在，并提早预防，设置紧急预案，及时化解问题及其影响。值得注意的是，即使在养老院内死亡，也应该进行"院前抢救"并留下证据；同时也要及时拨打120、999（北京）救护或者送医并通知家属或委托人，以确诊死亡和尽责义务。如果送医以后死亡，养老机构尽到了"院前抢救"义务，就不会承担抢救不及时的法律责任。只有尽到应尽的审慎义务才能在出现特殊情况下使机构免责。老年人由于生理机能的衰退，抵御疾病的能力降低，且有些老年病（如心血管病）来得快、来得急、来的猛。因此，养老院有必要配备好专业医护人士、专业医疗抢救设备，以便对发病老人及时发现、及时抢救、及时送诊。针对老人在养老机构中死亡的法务风险，养老机构应该具备预防措施：①配备好专业医务护理人员。养老院配备老年病方面的有合法医师资格的医护人员可及时为老人检查身体，老人突发疾病可以得到第一时间的有效治疗、合理救护。另外，平时应对一线的护理员进行救护知识培训，使得服务在贴合老人需要的同时可以有效地在突发状况下救护老人。②配备好常见多发疾病所需药品，以备不时之需。养老机构应该合法配备老年病通常所需药品，在专业医护人员的指导下服用。③配备好专业设备等。目前，养老机构最常见的救护设备就是床头、卫生间呼救器，中高端养老机构还配备机构附属医院，以专业的医师和设备来规避救护不足所带来的法律风险。

二、养老机构的主要法律风险

养老机构的法律风险大体分为业务方面的法律风险、经营方面的法律风险和其他法律风险。业务方面的法律风险主要包括：①日常事故纠纷风险。②老人增龄变化的风险。③高龄老人医疗需求增大的风险。④员工离职率高及发生劳动灾害的风险。经营方面的法律风险主要包括：①入住老人招募的风险。②员工招募的风险。③收支恶化的风险。其他法律风险主要指国家政策风险、法务风险及自然灾害风险等。

（一）业务方面的法律风险

在市场日益开放且竞争日益激烈的市场经济大潮中，社会化养老机构须自负盈亏，如果在业务方面不能用科学的经营管理手段来规避风险，那么民办养老机构自身的运营与发展将受到各种风险的制约。

1.日常事故纠纷风险

面对激烈的市场竞争，一些养老机构经常对老人及家属宣称自己是"养老福地"，打出"颐养天年""安享晚年""老人安心"的宣传。但从实际经营管理中可以发现，养老机构日常风险无处不在，困难和事故常有发生，对老人及家属保证百分之百的安全也是不切实际的。由于老年人的身体机能每况愈下，一不小心就有可能摔倒导致骨折。另外，吞咽功能下降也是老年人常见的症状，吞咽、哽咽所引发的风险也很高。在养老机构与老人及家属签订协议之时，如果不做出足够的说明和解释而发生上述状况，家属必定会产生抵触与不信任，甚至引发法律诉讼。日常生活中这样的实例不胜枚举：半护理老人在养老机构未经批准私自外出时摔伤，造成右腿胫骨上平台骨折，右腿根骨粉碎性骨折。家属告养老院管理不善胜诉，获得人身损害赔偿金、精神抚慰金合计2万余元。由于护理员疏忽导致偏瘫老人在养老院疗养期间从椅子上摔倒，导致面部缝合三针，三天后老人全身瘫痪，主治医生告知家属情况已不可逆转。家属状告养老院护理失职。某家属突然接到养老院告知老人去世的消息，养老机构出具的死亡通知书称老人"因病正常死亡"，而同住养老院的院友却指出老人是在院内卫生间摔倒而导致死亡的。家属将养老机构告上法庭，状告养老机构管理失职且隐瞒事实。另外，养老院内也经常会因为人际关系而产生一些纠纷。众所周知，并不是所有的老人都会随着年龄与阅历的增长而变得性情温和，况且有不少养老机构承担所属辖区"城市低保"或"农村五保户"的供养，这一部分人群因为原有生活习性的问题，加之群体生活的不适应且身体条件较好，已经成为养老机构内部管理的一个难点。老年人脱离了原来的生活环境，其自尊也或许会变得更强，会变得更有个性，也会有情感需求。同住一个屋檐下，怎么样处理老人之间、老人与护理员之间的人际关系，对于养老机构来说是日常管理不可回避且需要妥善处理的关键，这关系到养老机构能否正常运行。还有就是，养老院内的传染病及感染的风险。由于现行养老机构针对老人护理级别不同，将管理老人方式分为两种类型：不可私自外出型和可外出但须签署外出安全协议型。由于老人身体机能降低，且外出老人容易将传染病带入院内，这就增加了院内老人集体传染的风险。另外，在同一名护理员照顾多名老人的情况下，很容易通过护理员这一媒介而携带病毒进行院内大范围的感染，如新型流感、金黄色葡萄球菌感染、肠道感染、皮肤病等。近年来，我国不少省（市、区）都推出了养老院责任伤害保险，这对于规避养老机构的经营风险是非常有必要的。但是，责任伤害险并不是万能的，并不意味着养老机构从保险公司购买责任伤害险就可以高枕无忧了，责任伤害险的理赔也是条件和限制的。笔者了解到，日本的养老院档案管理标准中有一项存档规范就值得我国广大养老机构学习和借鉴：他们的养老院有专门的责任总结与汇报人员，在护理老人时会有周全的计划和详细的记录，特别是出现摔倒、噎食、感染等事故时，都会有专门的责任人将事故的事实用文字或者画图的形式做一份详细的总结报告。这种做法一方面便于向保险公司说明情况，以便顺利获得理赔；另一方面可以将事故的前因后果作为培训教育的素材，避免再次出现同样的事故。日常事故纠纷风险的规避就来源于经营管理者对于细枝末节的洞察力以及面对小问题和事故时的应对能力，重大事故的发生往往来源于对轻微伤害的不在意。在日常的养老护理方面，如果养老机构全体工作人员没有做到事无巨细，对平常有惊无险的事故不加以重视，日常事故演变成大风险将不堪设想。另外，养老机构被投诉后产生的负面影响也是极大的，也会影响员工的工作积极性。护理员在繁忙的护理工作中本身就容易产生厌倦，日常事故频发只会催生员工离职，给养老机构造成劳工灾难。所以，养老机构的管理人员应该记录每一次事故的起源、经过、结果以及处理情况，并定期进行日常风险防范知识培训，真正做到防微杜渐。

2. 老人增龄变化的风险

老年人住进养老院就是希望生活不能自理的时候可以得到优质服务。生理老化与病理老化是每个老年人必须面对现实。由于体质不同，每个老人的增龄变化周期与程度也会不同。有些老人由于身体素质较好，可在很长一段时间内维持一种健康状态，而有些老人由于突发疾病或者慢性病情的加重而导致健康水平在短时间内急速下降，从而导致养老机构的护理需求增大，老人增龄变化带来的风险也增加了。老年人的老化可以分为生理性老化与病理性老化，目前常见的老年期个体生理老化的表现主要包括：感觉器官的老化、呼吸系统的老化、心脏血管系统的老化、泌尿系统的老化、内分泌系统的老化、运动系统的老化、神经组织系统的老化以及免疫系统的老化。老年人生理及病理老化呈现一定的特点，可总结如下：

（1）积累性：老年人的生理及病理老化是在长年的岁月变迁中、机体结构和功能上的一些轻度或者细小变化长期积累的结果。这些变化一旦表现出来，便会形成不可逆转的现象。

（2）普遍性：老龄化现象是中国人口方面存在的一大问题，老化是多细胞生物普遍存在的现象，且对于同一种生物来说，其老化进程是大致相同的。

（3）渐进性：正所谓"万物皆生长"，老化作为生物本身固有的特性，在其生长发育过程中循序渐进，并逐步加重，在不知不觉中老化。任何因素都只能影响老化的进程，或延缓老化，或加速老化，却不能阻止老化的进程。

（4）危害性：人到老年就容易得病，身体的各项机能都会下降。老化过程是机体的结构和功能衰退的过程，往往对生存不利，容易导致人体疾病的发生直至死亡。养老院必须根据每一个长者的身体特征提供全面长期的跟踪性服务，根据老人不同阶段的身体健康水平进行护理等级评估，及时变更老人护理等级与护理服务。日本介护体系就是根据老人的自理能力将其分为7个等级，具体划分如表3-1。

表 3-1　日本高龄者自理能力 7 等级

分级	各级别的平均状态
要介助 1	日常生活的基本行动可以自己独立完成，做饭、洗漱、卫生清洁等需要在一定的帮助下才可以完成
要介助 2	需要帮助日常生活的操作能力，预防操作能力进一步下降
要介护 1	自我生活能力需要帮助，例如排泄、入浴、更衣等日常行为动作需要在帮助的情况下完成，需要利用支撑物做运动或移动步行
要介护 2	日常生活需要在他人全方面地帮助下完成，饮食和排泄等都需要帮助
要介护 3	日常生活需要全面护理，大小便、洗浴、穿衣都需要全面护理

续表

分级	各级别的平均状态
要介护 4	其行为异常,理解能力低下,日常行为活动一旦离开护理自己将无法独立完成,生活变得困难
要介护 5	自我生存能力低下,日常生活中所有的行为、行动都无法脱离旁人的护理

根据表 3-1 所反映的老人行为能力的表现,评估出不同自理能力等级的老人需要提供多长时间的护理帮助,估算时间如表 3-2 所示。

表 3-2　不同能力等级老人每日需提供帮助所花费的标准时间

分级	花费标准时间（分钟）
要介助 1	25～32
要介助 2	32～50
要介护 1	32～50
要介护 2	50～70
要介护 3	70～90
要介护 4	90～110
要介护 5	110 以上

通过分析表 3-1 和表 3-2 发现,随着年龄的增长,老年人的自理能力会逐步减退,需要提供的帮助会增多,养老机构所花费的工作时间也会增加。也就是说,原本一名护理员可以看护 3～5 名老人,随着老龄化的加重以及老年病的频发,一名护理员现在只能照顾 1～2 名老人,人力资源配置必须得加强,养老机构的开支也会随之增大。如果不补充人力资源,一方面一线护理人员工作压力大,容易产生工作懈怠感,养老机构的整体服务水平也会随之下降；另一方面,由于老人身体状况跟踪评估不到位,且看护不足很容易诱发高龄老人发生事故的风险,从而给养老机构带来麻烦。所以,人力资源成本和老人增龄变化的风险控制上常常成为一些养老机构考虑的重点。

3. 高龄老人医疗需求增大的风险

（1）高龄老人医疗需求增大的风险

图 3-1 是某养老机构入住老人年龄结构统计。报表反映,该养老机构入住老人年龄普遍为 60 岁左右,且高龄老人增多的趋势日益加重。由于身体机能下降,

高龄老人在面对老年病时所需治愈时间比普通人长很多。一些身患慢性疾病或者后遗症的老人如果长期住院治疗，老人及其家属都要承受很大的经济负担，而且也容易造成医疗资源的浪费，这样就要求养老机构必须走医养结合的道路。养老机构必须配备专业的医务服务人员与医疗器械，能够满足高龄老人日常的医疗需求，例如提供糖尿病、高血压等慢性病的日常注射、投药服务，以及具备鼻饲、胃瘘、导尿、痰吸引等特殊项目服务的能力。随着国家对养老事业的日益重视，随着医保制度的日益完善，越来越多的养老机构加入到医养结合的发展道路上来。为了更好地提供医养结合的养老服务，也为了更好地规避高龄老人医疗需求增大所带来的各种风险，越来越多的养老机构不仅配备专门照顾老人的护理员，还配备具有医师资格的专业护工、护士甚至是全科医生。

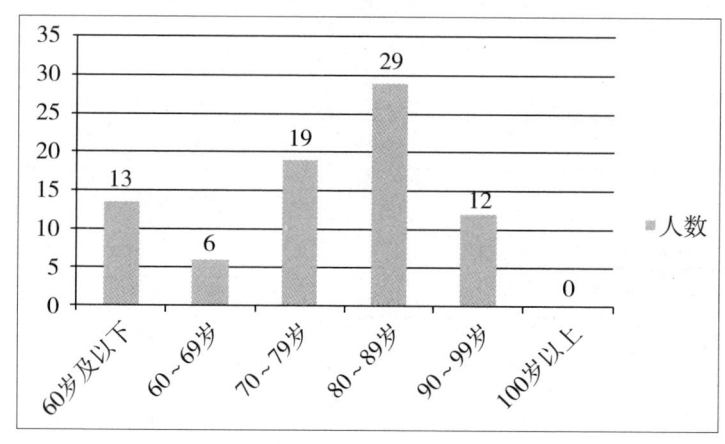

图 3-1　某养老机构入住老人年龄结构

4. 员工离职率高及发生劳动灾害的风险

在"未富先老"的大背景下，我国大部分养老机构普遍存在"招工难""留不住"的问题，产生这些问题的根本原因在于待遇低。进入老龄化的第一代老年人普遍存在学历低、负担重、积蓄少的状况，再加上政府社会保障水平较低，这就造成了老年人养老的支付能力有限，最终导致养老护理人员的工资待遇低下。近年来，政府以及社会组织都十分注重对养老护理员的专业培训，各类养老机构也意识到专业养老护理员对于整个机构的健康运行相当重要，于是在机构内部根据不同的角度组织不同的培训，包括岗前培训与岗中定期培训，但是令养老机构为难的是：培训出来的养老护理人员的离职率较高、流动性非常大，护理员队伍很不稳定。据统计，在养老护理员队伍中，存在相当大比重的临时用工，临时工工资待遇低、工作环境差，而且该工种也没有得到劳动部门的技术专业认证，一旦出现护工本身或者工作上的事故，将给养老机构带来极大的风险。另一方面，员工发生劳动灾害的风险也越来越普遍。在日本，有70%的护理员存在腰痛症，由于发达国家的劳动灾害认定体制比较完善，护理员的腰痛症被认定为"工伤"的案例越来越多，养老机构面临的赔付风险也逐渐增加。随着我国劳动法规以及行业标准的日趋完善，劳动者的自我保护意识也变得越来越强，养老机构也面临着养老护理人员因身体问题而辞职甚至工伤索赔的风险。况且我国养老护理人员的整体年龄偏大，基本上是50～60岁护理人员照顾60岁以上的入住老人，这样的护理人员队伍就存在相当大的工伤事故风险。

（二）经营方面的法律风险

养老机构的经营管理涉及面广，养老机构的负责人不仅要精通养老行业的专业知识、法律常识、社工专业知识，更重要的是要具备企业经营管理知识。在经营管理方面，无论是养老机构入住老人的招募，还是员工的招募以及财务的管理都是养老机构负责人的必备资质，关系到养老机构的生存发展。

1. 入住老人招募的风险

尽管我国老龄化程度日益加深，存在养老床位供应不足以及公立养老院一床难求的现象，但是也存在定位不准确的养老机构或因走高端路线费用高而门可罗雀，或因功能设施落后无人敢住，或因机构选址偏僻老人不愿前往入住的现象。文化因素的影响也是导致某些养老机构入住老人招募困难的原因。西方的养老价值观严重影响了西方的家庭观念，使得西方的家庭结构相对松散，家庭成员向往自由独立的生活。中国素有尊老敬老的传统文化，张载的"尊高年，所以长其长；慈孤弱，所以幼其幼"都说明中国传统文化十分注重对老人的尊敬与爱戴。中国文化还十分强调孝道，孔子曰："父母在，不远行。"这种文化传统无疑制约和阻碍了机构养老事业的发展。在中国，无论城市还是农村，子女不到万不得已，绝不会把老人送进养老院，总担心会背上骂名。而老人也以儿孙满堂为荣，许多老人把进入养老院看成是人生的不幸，认为那是子女无能、膝下无人的被迫之举。正是由于中国文化过于强调家庭养老的功能，许多年来，老年社会服务网路体系的发展严重受阻，并给许多家庭造成沉重的负担，特别是对于"4-2-1"家庭，家庭照料负担沉重。经营者对市场把握不准，单纯地依靠数据对养老产业一哄而上也是入住老人招募困难的影响因素。统计数据显示，目前我国老年人的数量增长惊人，一些养老机构在开业前也会了解其地域需求量并做一些调查与分析，但是一些养老机构无人入住，而床位大量闲置的现象也确实存在。导致这种现状的原因就是养老机构只看到了总体的需求量，而未正确分析数据的精度。总体需求并不代表区域市场需求，市场也不仅仅依靠单纯的"需求量"调查就可以真实地反映商品的卖点，一些养老机构正是片面地看到需求人口总量，盲目地将土地拿下来开办养老院，造成了不合理的投资和巨大的市场风险。

2. 员工招募的风险

根据走访养老机构得知，养老机构护理员的离职一直都是养老院院长头痛的事，而且护理员年底离职率最高，护理员年底离职潮就像要过年一样，很有周期性。据一位资深养老院院长介绍：2018年培训护理人员40多人，到年底走了近一半，年轻一点的护理人员根本留不住。很多辞职的养老护理员选择去家政公司，获得护理资格证书的护理员投奔家政服务可以拿到4 000元甚至更高的工资报酬。据一位民办养老院的院长介绍：他接手的一个养老院，去的时候有6名护士，还没有过几个月，这些护士就全部跑掉了，院里只剩下几个50多岁的护理员照顾那些老人。这位院长也成了一名光杆司令，后来因为忙不过来，院里也只能暂停接收老人入院。据一位离职的护理员介绍：曾经的护理经历就是一场噩梦，养老院里的老人大多都是生活不能自理的，老人经常会把大便拉在床上，东西到处乱扔，经常会莫名其妙地爆粗口，晚上值夜班更是非常辛苦，要经常给那些老人翻身或者喂水。这些仅仅是肉体上的辛苦，最痛苦的是精神上的，经常会有老人或家属不理解，导致打骂、抓伤护理员的事情经常发生。更有甚者，一些老人因为思念子女，经常会责骂护理员，长此以往一些护理员都有精神抑郁的现象了。由于养老院的工作环境差、劳动强度大、精神压力大等原因导致养老护理员难以长期留在养老院。员工是企业的生命。员工的优劣是一个企业生存发展的关键，能不能招募到有能力、有责任心的专业管理人才事关企业发展的全局。因为养老行业本身的慈善性质对于员工的人文情怀要求更加严格，特别是处于一线工作的护理人员，每天直接与老人亲密接触，这就要求护理人员必须有极大的责任心和爱心。养老机构员工的整体素质水平就是养老院的品质，一个养老机构无论配备多么高端的设备或者拥有多么优美的居住环境，如果缺少有素质的职员，养老机构的发展只能是空谈。目前，因为政策落实缓慢、员工待遇低下、工作环境较差，民营养老机构普遍存在专业人员匮乏的现象。护理人员的聘用是十分重要的，因为养老院的院长和管理人员每天会有很多经营管理方面的事务，不可能顾及护理员在工作现场所面对的一切，所以被聘用人员就必须具有责任心和敬业精神。如果护理人员本身专业服务意识差且没有人文情怀，那么将有可能导致工作中事故多发。另外，管理人员及专业人才的招募对于养老机构来说也是一项难题。一方面是由于管理者缺乏管理经验导致的。部分养老院院长在从事院长职务之前，没有经过任何的岗前培训，对养老机构的一些管理模式、规章制度、服务流程、风险控制、老人需求等方面缺乏专业经验及系统了解，导致养老机构在硬件设施、管理水平、服务质量等方面差距较大。另一方面是由于管理专业养老院的专业人才难觅。受工作条件、工作性质、工作待遇、发展前景等方面的影响，养老机构对人才的需求无法满足，一些社会工作者，有经验的院长、医生、护士等专业人员都不愿长期从事养老院相关的工作。

3. 收支恶化的风险

养老产业的发展最初是以公益性质出现的，尽管民办养老院是营利性质的机构，但是其盈利还是相对薄弱的，这一点和生产制造业、酒店服务业有着本质的区别。养老机构的运营是长期连续性的服务型产业，在面向社会经营时不可能产生暴利，但机构在运营中如果不能保持持续稳定的适度收益，又没有雄厚的资金储备的时候，机构将陷入收支恶化的风险。所以，养老机构开办之初做好充分调查和充足的收支模拟预算分析是非常重要的。收支模拟预算是商品与业务计划用数字体现出来，以预测收益性的一种模拟计算方法。首先要计算建设费、开设费用等原始成本以及人工费、设施维护费等运行成本，再预测入住率、退居率来最后算出入住时的入会费用以及每月费用。收支模拟预算一般在开业前进行，将养老机构开业后未来3年、10年甚至20年的损益表（P/L）和现金流（CF）做出很详细的分析。损益表通过分析各个年度的收入和支出以及折旧的差值来反映每年度的盈亏情况。现金流的分析是把握机构整体资金流向的必要手段，如果累计年度现金流出现赤字，可能说明收支运转出现了问题。如果是因为年度实施了大规模的装修改造或医疗器械的更新，此时出现的现金流赤字并不是运营资金收支恶化的表现。根据自理老人、半自理老人、完全不能自理老人在养老院的所占比例不同，其收支状况也不同，不同经济环境下的收支状况，不同时期入住率的收支情况都可以通过制作收支模拟运算来查看，可有效分析不同时期、不同情况下的资金流，预测事业风险，使得我国的养老院事业可以更加平稳安定。只有具有良好的商业模式才会具有良好的资金链。目前，民办养老地产运行模式存在几种收支风险，值得注意。

（1）使用权购买模式下的收支风险。这种模式是养老地产和运行机构将房屋使用权以一定的年限出让给购买老人，入住老人在购买使用权限的基础上缴纳一定的管理费、护理费及伙食费。在服务期间如果老人放弃使用可将剩余费用退还，如果老人入住时间超过10年，超过年限的使用权将可免费使用直至终老。这种模式存在长期入住和提前退居的双重风险。如果10年上使用人数较多，将会对机构运转的现金流产生极大影响；如果在机构运营及提供服务的过程中出现影响声誉的事故时，造成大量入住老人提前退居的情况也会对机构运转的现金流产生极大的冲击。

（2）会员制模式下的收支风险。这种模式要求老人必须先缴纳入会费成为会员才可享有入住权利，入住期间再缴纳一定的管理费、护理费及伙食费。这种会员年限一般3年或者5年为一个档期，在会员到期后，如果老人不满意服务希望退居时，机构会全额退还老人之前缴纳的会费。这种运营模式和房地产开发模式相似，投资人和运营机构将入会会员的会费用来填补养老项目开发的建设投资费用，再将每月收取的管理费、护理费及伙食费作为维持机构运转的资金。这种运营模式的关键点就在于会费的设定以及会员的人数，如果入会会员所缴纳会费远远低于初期建设投资成本，也就是说损益分歧造成现金流（CF）有较大赤字，就会给机构运营带来极大的收支恶化风险。

（三）其他法律风险

养老机构除了面临上述业务和经营方面的风险外，还面临着其他风险，诸如国家政策风险、自然灾害风险等。

1. 国家政策风险

随着养老需求的增长，国家相继出台了一系列促进养老机构发展的优惠扶持政策（包括资金支持、土地供给支持、基础设施建设支持、水电气热优惠、税收优惠、运营补贴等），但是由于政策实施监管力度不足、政策建设维度方面不明朗，从而导致养老机构享受优惠扶持政策缺乏公平性与有效性。尽管国家和地方政府出台了许多支持民办养老的政策，但是其系统性还有待完善。

尽管国家及地方政府对养老产业大力扶持，但是却依然有相当一部分养老机构处于亏损状态。受当前国家及地方政策的鼓励，大量民间资本进军养老产业，民办养老市场发展迅猛之时也导致了行业发展局面的混乱。一方面，许多养老机构对养老政策一知半解，过分依赖政府的扶持，而并非通过自身服务质量的提高来提升竞争力；另一方面，国家优惠和扶持政策落实难，养老机构申请政府运营补贴和享受相关优惠申请手续烦琐、审批时间长，而且经常出现申请条件界定不准确、政策落实迟缓等现象。因为国家政策对于养老机构的支持力度和系统性还不够完善、政策落实还不够到位，且许多养老机构对于政府的优惠扶持政策依赖心理强烈，这样无疑增强其应对政策的风险。

2. 经营场地中土地、房产的法律风险

养老机构的设立需要"有基本的生活用房、设施设备和活动场所"。这里的场地和用房就是指土地和房屋。养老机构的土地和房屋，可以购买，也可租赁，但是其经营场所必须具有合法的使用权，才能预防潜在的土地、房产纠纷的风险。

3.《养老服务合同》中的法律风险

《养老服务合同》是养老服务的核心依据。我国现有的相关法律还不够健全，这就导致了《养老服务合同》在履行之时存在法律风险。目前最为普遍的问题是养老机构缺乏合同签订前的科学、系统的评估环节，这就为老人入住后的经营管理埋下了重大的隐患。一些养老机构过分强调入住率，而缺乏对入住老人身体状况、精神状况的严格、细致的评估，仅凭工作人员与老人及家属的交谈就确定护理等级和服务内容。在老人及家属刻意隐瞒既往病史，而机构又没有针对入住老人系统、客观、全面的评估信息之时，养老机构的法律风险就更不言而喻了。

4.老人在养老机构中的伤害及死亡的法律风险

老人因为身体原因更容易受到伤害，有自伤和他伤。受伤害原因更是多种多样，例如：摔倒、自残、院外人员的伤害、内部员工对老人的伤害、老人之间的伤害、养老院设置及环境不利造成的伤害、洗澡或用餐中的烫伤等。老人在养老院期间死亡后，牵涉道德和法律方面的问题，养老机构必须重视该风险的存在，提前预防并设置预案，及时化解带来的不良影响。《广东养老服务规范》就将"对机构内老人突发病的抢救、常见病以及慢性病的护理"作为养老机构的"法定"义务。

5.养老机构管理不善导致火灾的风险

在政策刺激下，我国养老产业发展态势迅猛，但是许多养老机构存在养老建筑先天不足、消防设备简陋、机构管理者消防安全意识欠缺等问题。一些民办养老机构在自费出资、政府补贴不到位的情况下，建设和管理上受到严重制约，绝大部分养老机构配备简单的几个灭火器，甚至有的养老院连灭火器都没有或者灭火器已过期。一些养老机构从业人员安全意识较差，存在单纯追逐利益的现象。他们只注重多招收老人，忽视安全管理，认为每月收取老人护理费，只要让老人吃好、睡好即可，在自身消防安全意识及对老人安全教育方面都十分淡薄，根本不重视消防安全。近年来，养老院火灾事故直线攀升，在造成生命财产损失的同时，也造成了恶劣的社会影响。养老院消防安全状况备受社会关注，养老机构如何防控火灾风险，已经成为养老事业亟待解决的一项重要问题。

表3-3 近年来10余起养老院火灾事故汇总表

时间	事故
2011年6月11日	江西省新余市仙女湖养老院，因使用蜡烛照明不慎引燃可燃物发生火灾，造成3名老人死亡，3名老人受伤

续表

时间	事故
2013年4月24日	黑龙江省肇东市太平乡养老院，发生火灾，造成2名老人遇难，1名老人重伤
2013年5月21日	安徽省铜陵市东湖养老院，火灾事故，造成2名男性老人不幸遇难
2013年7月26日	黑龙江海伦市联合敬老院，人为纵火，导致10人死亡，2人受伤
2014年11月18日	安徽舒城县干汊河镇一敬老院，火灾事故，2名行动不便的老人遇难
2014年12月20日	河北省邯郸市复兴区一敬老院，发生火灾事件，致1名老人死亡。敬老院被责令关闭，其他老人被安置到附近养老院
2015年1月1日	河南省南阳市南召县白土岗镇，火灾事故，致2名老人死亡
2015年3月24日	陕西子洲县养老院，火灾事故，致2名老人不幸身亡。
2015年5月25日	河南省平顶山市鲁山县康乐园老年公寓发生特别重大火灾事故，造成39人死亡、6人受伤
2017年1月4日	吉林省通化市辉南县朝阳镇一养老院发生火灾，造成7人死亡

第三节 养老机构法律风险产生的原因

近年来，随着社会化养老热潮的发生，在国家政策推动和政府资金补助的双重支持下，养老机构如雨后春笋般生长。一方面，养老机构积极剖析我国人口老龄化发展的趋势，审时度势地蓬勃发展，日益成为推动社会化养老的主力军；另一方面，由于管理水平低和风险观念相对落后，养老机构的经营发展还凸显一些困难和风险，需要政府和社会人士给予关注和支持。养老机构作为社会福利服务行业的新生力量涌入市场，在社会主义市场经济还处于初级阶段、养老问题还相当复杂、行业标准尚不规范、政府公共服务监管体制尚不完善之时，其在经营管理之中面临诸多风险，产生风险的原因也不尽相同。按照对我国养老机构的评估与分析，笔者将养老机构产生风险的原因进行了简单的归纳。

一、优惠配套政策落实不到位

通过对养老院的走访调查了解到，有相当一部分养老机构使用的水、电、天然气仍然按照原房屋用途的商业标准或工业标准收费；有部分养老机构仍需缴纳税款。政府为吸引社会力量来繁荣养老事业而制定一些有据可循的优惠政策，一旦这些优惠政策落实困难，无疑打击了养老机构投资者的信心，且为机构的发展带来一定的资金预算风险、财务运转风险。以广州市2016年出台的《关于加快本市养老机构建设实施办法的通知》为例，其中提出给予社会资金投资建设的民办非企业养老机构一次性建设资金支持，并要求区（县）政府按照1∶1的配套比例进行财政支持。然而，政策出台后有些地方政府延迟很长一段时间才着手实施，有些地方政府至今也没有落实该项政策，究其主要原因还是在于优惠政策与政府财政资金没有匹配。除了因为资金配套问题导致的政策难落实之外，在养老机构申请运营补贴之时，还会出现申请标准不明确、审批程序复杂冗长等现象。据调查的一位养老机构法人代表介绍，在其养老院投资建设前，所辖民政局曾保证运营建设补贴一定到位，但是当养老院建成并按照民政局指示进行护养设备的升级之后，其运营建设补贴却在民政部门审计环节迟迟不予批复，造成机构资金运转困难，一度发不出员工工资。在我国综合国力迅猛提升的新时代，与飞速发展的经济、文化、科技建设相比较，承担社会保障的养老行业无论在硬件还是软件方面都显得落后，一个很大原因便是养老行业配套政策尚不完善。政府在对养老机构的资金支持、融资保障、行政执法、法律监管、行业文化建设方面都明显滞后。所以，为了避免这种尴尬局面的出现，政府必须加强政策的实施力度，积极鼓励与支持养老机构的发展，兑现优惠政策中的各项条款。

二、行业标准缺乏严格

据统计，1999~2019年，民政部及广东省民政厅就分别从养老服务机构的建筑设计、服务质量、院内感染控制、健康评估、安全管理、技术管理和工作标准、医务室服务质量检测、养老机构标准体系评价与改进方面出台了多个国家标准和地方标准。通过调查发现，地方养老机构的行业标准落实仍不到位，大部分机构无检查考核明细，养老机构中获得市级标准体系确认证书、星级评定等级证书的比例尚少；养老机构的年度检查一般由社会福利管理中心和各区县民政局负责，对于检查结果缺少行业标准奖惩办法；另外，养老机构对国家标准和地方标准的执行情况没有考核细则。在养老机构行业标准尚未落实、缺乏行业考核细则的情况下，许多养老机构"摸着石头过河"，甚至许多机构对于行业标准的执行心存侥幸，在运营管理过程中事故频发，给机构的生存与发展带来极大风险隐患。

三、养老机构护理纠纷增多

在受传统文化影响的大背景下,目前选择进入养老机构的老年群体中身体状况不佳且患有各种各样疾病的老年人的占比较大,带来了一定护理难度。这在客观上增加了养老机构的经营管理风险。

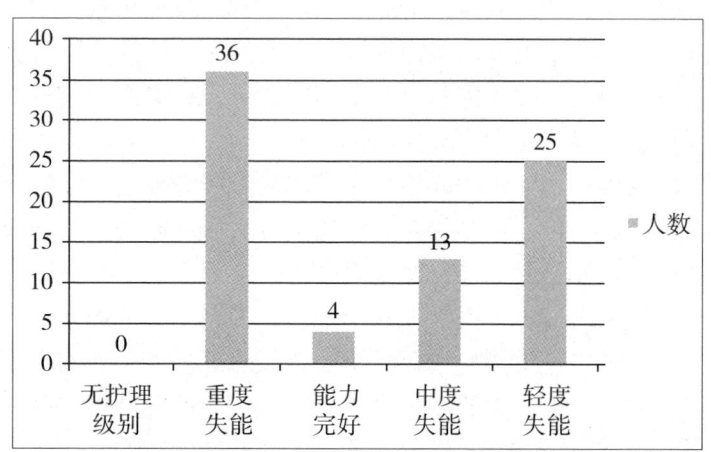

图 3-2　某养老机构长者护理级别统计报表

图 3-2 是某养老机构长者护理级别统计报表。从图中可以看出,重度失能老人所占比例相当大。面对该部分群体,养老机构如果没有完善的规章制度和管理流程,没有一批有专业素养和有责任心的医护与管理人员,就很有可能经常陷入医疗护理纠纷之中。

随着新时代老人对生活提出更高的要求,越来越多的老人注重自我尊严的保护,且随着老年人自我维权意识的不断提升,面对老年人及其家属的事故纠纷也随之攀升。在高龄老人居多的养老机构,护理纠纷成为不得不面对的问题。为了更好地应对这一风险,养老机构必须从细节做起,遵守国家政策法规,严格执行养老服务国家标准、行业标准以及地方标准。

四、专业人才匮乏

部分养老机构建立在"作坊"产业的层面上,基础设施落后、管理水平低下。有的养老机构甚至都没有专业的管理与护理人员,而是围绕家庭"作坊"而开展收养老人的服务。养老机构是社会化养老模式下催生出来的,也就是说养老机构也是市场化的产物,在这样的背景下,投资人有时往往只注重经济效益而忽视了养老机构的慈善性质,在各种腐败和贪婪中将养老机构的命运断送。在对肇庆市十几家养老院的院长访谈时了解到,养老机构对于人才的需求,正可谓是"招贤若渴",由于工作性质、工作环境、工资水平、发展空间等诸多方面的限制,养老机构的管理人才严重缺乏,有经验的院长、行政管理人才是"可遇而不可求",另外对于护士、康复师、营养师以及社工的需求缺口也相当大。

五、定位不准确造成经营困难

根据对肇庆市养老机构的调查发现,部分养老机构在创建之初只是单纯的受优惠政策推动,缺乏科学的市场调研和科学论证,无论在机构选址,还是在服务功能定位上,都存在先天不足的现象。部分养老机构起点较低、落后于时代,从而造成经营困难,一方面由于资金不足,更重要的是创办者在机构创建初始对养老机构的功能定位不准确。

(1) 机构选址偏远,交通不便利。调查显示,养老机构多选择于郊区或城乡结合部,并且呈现远郊机构多、近郊机构少的特点。养老机构地理位置偏远,老人远离生活熟识的社区和亲友,再加上交通不便,直接影响机构的入住率。

(2) 设施设备落后,居住环境差。受资金束缚,多数养老机构选择租赁老旧房屋,设施设备落后。有的机构虽然经过重修翻新改造,但是居住环境依旧较差,难以满足老人的养老需求。

(3) 服务功能单一,康复医疗无保障。调查显示,肇庆市有80%的养老机构没有医疗或康复条件,而老人的患病率在70%以上,其中不能自理的占40%。如果养老机构没有必要的医疗、康复设备,而是提供简单的护理服务,则老人的生命安全也就无法得到保障,从而直接影响机构的入住率。

第四节 养老机构法律风险防范措施

相比工业和其他服务业而言,养老机构的管理水平和风险观念严重落后,如果不在养老行业及时树立风险意识,养老行业将难以长期健康生存。养老机构作为市场化的产物,必须加强风险防范,建立风险防控体系,增强预防和应对风险的能力。

一、养老机构自身不断完善

经营策划是养老事业成功的第一步,在养老机构的生存发展中往往起到事半功倍的关键作用。经营，就是策划和管理。养老机构要想获得自身的稳步发展，必须根据市场需求，有计划、有目的地确定经营方针和经营目标，从而实现长足的发展。管理，就是节能低耗、优质高效地实现发展目标，取得最大效益的经营手段。养老机构的经营产品就是养老服务。所谓经营管理就是营销服务，一方面为老年人提供规范优质的服务，另一方面实现机构的最大化效益。目前，我国养老服务保障体系尚未形成，在"未富先老"的老年支付能力有限的市场环境下，如何做好经营管理工作，是民办养老机构和公办养老机构都必须不断学习和探讨的课题。

（一）找准市场定位

养老机构的市场定位就是根据自身投资条件而选择的服务目标人群。自身投资条件又指机构性质定位与市场定位、机构内环境与市场定位（包括硬件档次和服务功能）、投资人实力与市场定位三个方面。

1. 养老机构性质与市场定位

养老机构性质分为两大类：

一是政府办，以社会福利事业为宗旨，收养"三无""五保""低保""伤残荣誉军人""军烈属"及为国家做出贡献的离退休孤老。

二是社会办，以企业经营为宗旨的公益事业，收养对象为社会老人，也就是本文所研究的重点——养老机构。由于养老需求越来越旺盛，政府办养老机构内部的资金投入和组织管理形式正在发生裂变，资金投入由原来的全额拨款向差额拨款和自支自收方向转化，工作人员的身份也由政府在编人员逐渐向聘用合同制转化。因此，政府办养老机构的经营模式正悄然向企业经营模式逐渐转化，虽不以营利为目的，但要生存与发展，必须参与市场竞争并实行企业化经营管理。

据肇庆市 2018 年调查统计，全市不同所有制形式的养老机构共有 242 所，其资金来源及运营机构分类如下：①个人投资、自负盈亏的有 82 所。②集体投资、个人承包的有 22 所。③政府投资、公办民营的有 18 所，政府只出建设资金，服务设备及运营经费完全为承包方承担。④政府投资、差额补贴的有 110 所。⑤政府投资"全额拨款"的有 2 所，每年的拨款仅为运营费的 50% 左右。新增每张床位一次性补助 5 000 元、一级及以上护理每人每月补贴 100 元。综上所述，尽管养老机构的性质有所差异，但随着政府办养老机构的大口洞开，资金投入及运营模式的转变，以及政府近年来加大了对社会办养老机构的扶持力度，养老机构的性质对市场定位已不再重要。重要的是经营者对机构的发展有前瞻性意识，经营者要有危机意识和发展思路，万不可固守僵化的高风险经营模式，必须做好经营策划和风险防范，为参与市场竞争奠定坚实基础。

2. 机构内环境与市场定位

机构内环境一般指：硬件档次与服务功能。硬件档次的高与低，服务功能的多与少，决定服务目标人群的大与小。硬件档次是指房屋、设备标准高低以及收养规模大小。目前，我国各种规模档次的养老机构可谓百花齐放，规模最大的有5 000张床位，规模最小的仅有10几张床位（托老所）；档次高的相当于五星级酒店，档次低的有租赁的不符合养老建筑设计规范要求的简易房屋。服务功能就是指机构为老人服务的项目及能力，从微观上分类主要指生活照护、医疗护理、康复娱乐、文化交流等。目前，政府对养老机构的内部环境尚未实行严格的规范要求和等级划分，但是机构内部环境是市场定位的前提，经营者一般根据内部环境去选择服务的目标群体。如公寓型机构的市场定位是生活基本自理、有经济承受能力的老年人；护养型机构的市场定位是生活不能自理、需要生活照料和医疗护理的老年群体；综合型机构的市场定位是集养、医、护、康一条龙服务的老年群体。

3. 投资人实力与市场定位

无论是政府办还是社会办养老机构，投资人的经济能力以及对养老机构的发展思路，对机构的市场定位都承载着决定性的作用。从养老机构的建设规模、档次到服务设施和服务功能的决策，经济能力是不可或缺的重要方面。投资人根据前期的市场调研、评估以及做出"经营策划书"，并结合自身的投资实力，这样才会在把控市场行情的基础上对投资养老行业充满信心。

（二）完善经营管理方针

经营方针是经营的宗旨和总的期望，是方向性的宏观概念，如机构的总体建设发展方略和管理服务方针等。为了实现经营方针，有管理经验的团队就会将经营方针转化为可以量化的经营目标和具体指标，如长远发展规划、年工作计划、月工作进度等。经营者做经营策划时，必须明确提出经营方针与目标，这样才能在发展中把握方向并使之始终保持可持续发展的状态。在制定经营目标时应把握五个方面的要素：①明确：明确必须完成的工作任务。②量化：量化的目的是为了对目标是否完成的考核。③认同：需要员工的共同参与实施。④可实现：通过努力可以实现既定目标。⑤规定时间：按规定的时间去策划、执行和考核。养老机构的经营策划十分重要，如果没有做好前期策划和论证，会直接影响机构的经济效益和社会效益。在调查时发现，有相当一部分机构在创建之初就缺少"经营策划"这一主要环节，所以无论是在机构选址、功能定位还是硬件条件都存在不同程度的缺陷，从而直接影响机构的效益。

（三）确立正确的经营管理目标

养老机构的目标和所有企业一样必须同时兼顾社会效益与经济效益。一方面追求社会效益。养老服务业是老年人社会福利事业的重要组成部分，也是社会主义精神文明的窗口，它是党和政府对广大老年人关怀的体现。因此，不断改善住养条件、提高服务质量、追求社会效益，使老人舒心、使亲属满意、使子女放心、为政府和社会分担压力才是养老机构管理的最高目标。另一方面要强调重视经济效益。虽然大多数养老机构不以营利为目的，但是其参与社会活动与市场竞争，就存在经济效益的问题，特别是在政府投入不足、优惠政策难以落到实处、老年人支付能力低、市场竞争激烈的大背景下，养老机构要生存和发展，就必须重视经济效益，没有一定的经济效益作为保障，追求社会效益也是一句空话。收获社会效益、重视经济效益是所有养老机构管理的共同目标。在这个共同目标的指导下，各养老机构再结合自身实际制定出具体的管理目标，例如：近期和远期发展目标、质量管理和品牌战略目标、经济效益目标、人才战略目标等。一个养老机构的管理目标设计、制定得越具体、越缜密，就越容易付诸行动并通过努力实现。

（四）理顺运营管理内容

养老机构的运营管理主要指养老机构内部管理，一般包括行政人事管理、业务管理、后勤管理三个方面。

1. 行政人事管理

一是要搭建一个条件清楚、分工明确、上下贯通的组织管理框架，这样就可以使机构发挥最大化效益。鉴于大多数养老机构的经营运行都走向市场，特别是公办养老机构与民办养老机构形成相互竞争的格局。因此，养老机构应采取企业化管理的原则，实行"直线—职能综合制"的组织管理模式，按照管理职能的特点设置其管理机构，实行垂直分级领导，即"三层五级管理"模式（三层：决策层、管理层、执行层；五级：院长级、副院长级、部长级、组长级、员工级）。二是工作岗位的设置。要充分考虑机构的需求，合理设置工作岗位。面对日益激烈的竞争，养老机构科学合理设置工作岗位是防止机构臃肿或人手缺乏的重要环节。养老机构的岗位设置应该以"精简、高效、低耗"为原则，可因事设岗、一岗多职、以岗定人、以职定责，合理配置养老机构人员。养老机构人员配置应该与养老机构功能定位、服务模式、实际工作需求相适应。2018年广东颁发的《养老机构服务质量星级划分与评定》标准中对管理人员的配置提供了具体的指导性意见（见表3-4）。三是人力资源配置有相应要求，主要领导应具备大专以上学历，且接受社会工作专业知识培训；对于城镇地区以及有条件的农村地区，养老机构应该配备 1 名大专学历上的社会工作类专业毕业的专职人员，为照护老人服务的机构还要配备 1 名专职医生和相应的护士数名。四是要建立机构内部规章制度，实现标准化管理。养老机构的规章制度是组织机构经营服务与管理的工具，是机构行政事务管理的重要依据，也是规范员工工作的准则。一个好的养老机构其规章制度必定完善且条理清晰，并努力根据国家标准、行业标准来规范日常的运营与管理，努力实现企业标准化。养老机构内部规章制度的建立，一般应把握以下几个原则：①符合法律法规：一般指《劳动法》。②符合国家标准与行业标准的要求：一般指民政部门制定的相关规范。③通俗易懂、切实可行：具体指简单明确、条理清晰、责任明确、任务具体、易于操作。④用考核奖罚措施来保证制度得以执行：利用经济标杆的作用。

表 3-4　广东省不同星级机构管理人员配置表

级别	床位数（张）	工作人员（人）	管理人员（人）
一星级	>50	10～13	7～9
二星级	>100	25～28	15～18
三星级	>150	38～53	25～35
四星级	>200	78～94	50～55
五星级	>250	78～105	50～68

2. 业务管理

养老机构的业务管理是指针对养老机构内部所展开的业务活动而进行的有效管理。可以说，业务管理是养老机构经营管理风险内控的重点领域，主要分三大类为：出入院管理、照护管理、医疗管理。出入院管理主要包括接待咨询、健康评估、家庭状况调访、入出院审批、协议签订、试住安排等工作。其中，健康评估与协议签订又是重中之重，是避免法律纠纷的重点管理内容。照护管理主要包括健康评估、护理等级评估或变更、身心照护、老人安全、文娱活动组织以及老人健康档案和个人档案的管理。医疗服务管理越来越受到养老机构的重视，较大型的养老机构一般都有其附属的医院，较小规模的养老机构也配备一至数名医护人员。医疗服务工作一般具体包括入院评估、健康档案的跟踪记录、常规查房、突发事件的紧急处理等。

3. 后勤管理

养老机构的后勤管理涉及养老机构的方方面面，包括养老机构房屋、水、电、煤气、降湿、采暖等设施的管理与维修；环境与卫生；食品采购、膳食营养制作与服务、消防安全与保卫工作的管理等。目前，市场上的养老机构基本秉持"节约也是一种创收"的后勤管理理念，尽量物尽其用，保证低耗节能、安全平衡地有序运行。

二、建立风险管理的内控系统

内控系统又称全面风险管理，是指养老机构围绕总体经营目标，由管理层和护工层同参与，以风险识别模型为基础，辨别可能对养老机构造成潜在影响的事项，进而设计出养老机构风险管理系统，即内部控制系统。以养老机构在运营管理过程中会出现不同的风险，建立内控系统就是为了可以实现识别风险，然后提出具体有效的防控措施。面对风险，养老机构通常有4种选择，简称4T选择：Take——接受风险；Treat——控制风险；Transfer——转移分担风险；Terminate——规避风险。通常对于危害程度不高，极少发生风险，一般采取接受风险的选择；对于具有一定危害而又可以在日常管理过程中采取措施予以控制的风险，基本采取积极控制风险的选择；而对于那些无法避免又无法预防的风险，一般采取转移分担风险的方式；对于那些来自外部无法转移也无法预防的风险，一般尽量回避。养老机构内控体系的建立就是旨在控制机构的风险，所有控制活动都要具体贯彻落实到各个业务流程之中。养老机构内控体系的建立必须遵循五大内控要素，即控制环境、风险评估、控制活动、信息交流、监督检查。

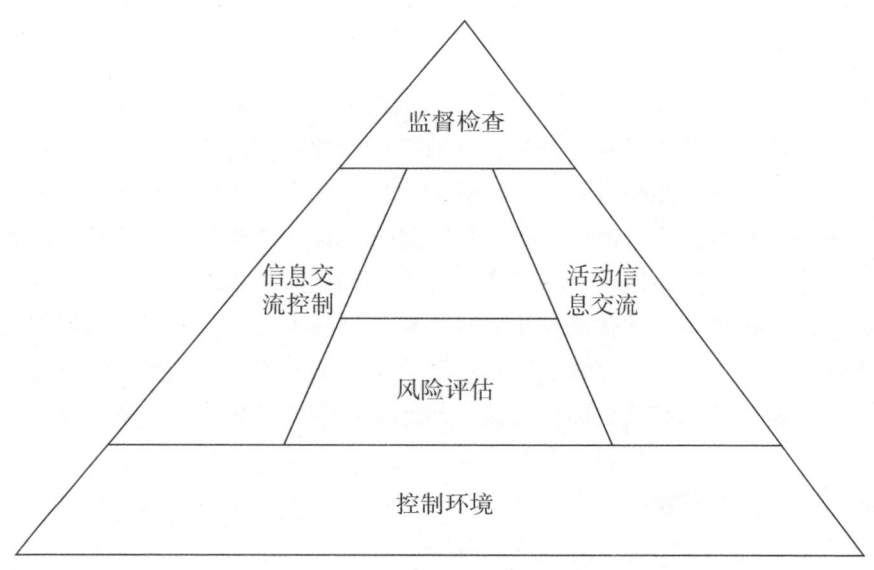

图 3-3 内控五要素框架图

对于养老机构而言，内控体系的建立是保证养老机构稳定运行，减少股东、法人代表风险的必要之举。另外，内控体系的建立可以扩大养老机构的市场竞争力，防止突发事件、减少院长管理层的责任风险，为员工创造安全良好的工作环境，降低员工工作中的责任风险。根据内控的六种方法，可将养老机构的内控系统总结如表3-5所示。

表 3-5　养老机构内控系统表

目标控制法	①全面预算管理；②奖惩绩效考核
组织控制法	①以岗招人，恰当划分工作层级；②区分不相容职责，建立组织牵制；③建立老人兴趣管理委员会、自治委员会
授权控制法	①落实授权环节；②岗位授权与工作级别相适应；③被授权者的素质和界定明确
程序控制法	①制定管理控制标准；②制定标准业务流程（SOP）
措施控制法	①方针政策控制；②财务和业务工作报告制度；③员工胜任能力评估；④实现智能化管理；⑤定期风险评估并发布内控评估报告
监督检查控制法	①贯彻查房制度；②实时监控；③利益冲突调查；④定期进行监督检查控制内控问题汇报与调查评估；⑤内部和外部检查（外部包括政府、行业协会、慈善组织）；⑥专业检查和群众举报机制的建立

三、建设养老服务机构标准化

伴随全球化进程的不断深入，标准竞争已经愈演愈烈。在经济全球化背景下，标准竞争甚至成为国际话语权的一部分，一个国家的国家标准是否完备直接影响其全球市场的占有率。养老机构作为社会福利机构的一种，整个行业标准的严重缺乏及相对滞后已成为制约整个行业发展的重要因素。自2000年开始，民政部相继出台了近20项国家政策法律及行业标准、规范，如：《社会福利机构管理暂行办法》《老年人建筑设计规范》《养老服务机构基本规范》《养老服务机构服务技术标准、管理标准和工作标准》《养老服务机构服务质量等级划分评定》等。养老机构的标准化建设应与国家标准、地方标准以及行业标准保持一致，根据机构自身服务功能及特点，参照国标、行业标准的要求，将标准化进行量化和细化，建立具有机构特点的标准化管理及服务体系。养老服务机构标准化建设在"硬件"方面遵循《老年人建筑设计规范》《老年人居住建筑设计标准》等。"硬件"是养老服务标准实施的物质载体，对养老服务起着支撑作用。目前，养老服务机构自身及入住老人对硬件方面都比较重视，所以养老机构作为社会福利事业的一部分，也应该从硬件方面的高标准来迎合市场需求以及降低行业事故风险。养老服务机构"软件"标准化建设是养老服务标准的重要体现，是养老服务的重要内容，对于养老机构来说，更为重要的是提供规范的服务。通过服务标准的制定和实施，规范全体员工的行为举止，使得养老机构无论在制度建设还是员工素养方面都有所提升，从而提高养老机构的整体服务水平，提供使老人满意、家属放心的服务。

四、采取法律手段控制

养老机构可依法管控运作中的风险，起到预测、减少和避免风险的作用。养老机构通过对风险的预测、预防、维权来见证法律在养老机构运营中的重要地位。

事前预测，防患于未然。养老机构应该提前预测可能的风险，依法管理并树立法律至上的理念。在依法治国的趋势下，提前筑起风险的"防火墙"，用依法管理的理念来掌控机构的未来。

事中预防。在管理中依法行事，将机构运作中的风险进行管控。

事后维权。在风险来临时进行维权，以减少或免除责任，从而减少或避免风险出现后的损失。

五、政府尽快完善和落实养老政策

政府应该尽快给养老机构进行合理的社会定位，用制度化的管理使得养老机构从申请准入到日常运营再到监督检查都规范起来。另外，应该大力扩宽养老机构的融资渠道，为民间资本进入养老服务市场提供公平、高效的市场环境和明朗的政策实施细则。民政部门作为养老事业的主管部门，近年来相继出台了一系列促进养老事业发展的好政策，攻克了许多养老难题。但是有些地方政府落实的养老政策力度不够，依然未重视养老行业的发展，一味发展工业、房地产业以及金融业，这为养老政策的落实形成了一定的阻碍。新时代，我们应该充分发挥政策的宏观调控作用，依据养老政策的系统性、针对性，整合所能利用的一切社会资源，化解中国养老难题，加快中国养老事业发展。只有养老政策真正落实了，民间资本才会更加活跃地融入养老行业，养老机构才会在养老政策的庇护下迈开步子发展，积极地应对市场风险。

六、注重养老服务人才的培养

随着养老机构功能的拓展，管理规范和高标准服务要求，从业人员素质将直接影响养老机构的服务质量和生存发展。"人才也是生产力",搭建一支管理规范、服务专业的高水平工作团队是机构生存和发展的主要因素。伴随着经济与时代的不断发展,对老年人的服务已经不再是简单地对其衣食住行进行照顾,而是已经将关注的重点延伸至老人们的精神与情感领域。服务人员需要拥有包括心理学、社会学、教育学等多个方面的专业知识,通过有关职业资格证的考试,获得相关资格证书。老年社会工作还实行督导制度,资深社会工作者有责任督导初级社会工作者,给他们情绪上的支持,满足他们在学习知识技能方面的需求,帮助他们完成机构在行政及管理上的各项要求。针对养老服务行业存在的人才培养政策滞后、人才培养政策落实难以及从业人员待遇低等问题提出对策如下:

1. 国家及地方政府应制定养老服务业人才中长期规划

养老服务业人才中长期规划要在立足国情、省情的基础上,准确把握老年人的规模、结构以及经济社会发展状况,充分考虑当前养老服务业的人才需求,并科学预测未来养老服务人才的发展需求。规划应对我国养老服务业人才培养做出科学、全面、统一的指导和战略部署,从而加快构建我国养老服务业人才培养体系,全面提升我国养老服务业人才队伍的整体水平。

2. 加大对养老服务业专业人才的培养力度

我国养老服务业人才队伍建设与发展虽然在近些年取得了一定的成绩,但是长期以来一直面临服务人才资源短缺、从业人员职业素养偏低、专业机能相对较弱的问题。因此,我国必须加大对养老服务业专业人才的培养力度。首先,积极引导和鼓励高等院校、职业院校、卫校开设老年服务与管理、护理、社会工作等养老服务相关专业,为养老服务业输出高素质专业人才;其次,从发挥政府财政、福利彩票等公益金的杠杆作用,加大对养老服务专业人才培养培训的投入力度;第三,要强化政府补贴和社会资助的作用,给予相关专业在校生及毕业生以相应的补贴,鼓励养老服务专业人才投身养老事业。

3. 提高养老服务从业人员待遇

目前,民办养老机构在经营性质上为自收自支企业范畴,其收费标准一般高于同等条件的公办养老机构,尽管民办养老机构体制机制相对灵活,但是与公办养老机构打价格牌或者人员竞聘牌都缺乏竞争力。改善和提高养老服务机构从业人员的工资待遇,是确保养老服务人才队伍建设的重要保障。对于提高养老机构从业人员的工资待遇,政府应适当地提高养老机构从业人员的生活补贴,对取得职业资格并长期从事养老服务的专业人才给予岗位津贴;对于养老机构本身应该优化组织结构,采取"政府补贴+机构支付+个人支付"的方式,并采取为机构内正式员工按时缴纳"五险一金"等形式来提高养老服务从业人员的福利待遇。

【本章小结】养老行业是一个需要长期持续经营发展的行业，养老机构的成熟与完善不可能一蹴而就，养老机构的法律风险防范并非一朝一夕之功，这就需要我们用全面的观点辩证地看待它们，理性审视。既要认识到，这些问题和风险的产生有宏观和微观上的原因，随着我国社会经济实力的提升、法律制度的完善、行业规范的日益成熟，这些问题与风险一定会逐步得到解决；又要认识到这些问题和风险已经存在，必须得很好的地解决，否则将会制约养老机构的发展，也会影响我国养老事业的整体健康水平。我国养老机构起步较晚，且发展缓慢，尽管在改革开放的大潮中取得了一定的进步，但是与西方发达国家的养老事业相比，无论是硬件设施还是人才队伍方面，还存在很大的差距。就养老机构自身发展而言还存在诸多问题，受经济条件和社会关注度的制约及政策实施力度的制约，中国养老机构法律风险的研究还有待加强，养老事业的发展依然任重道远，需要我们一代又一代人坚持不懈地努力，需要我们在借鉴西方养老机构发展模式的基础上，结合自身的实际情况，实现养老事业发展的本土化飞跃。

第四章 退休聘任中的法律风险

第一节 退休再就业的法理基础

一、退休再就业的界定

退休再就业，在目前的学界中还没有一个完全统一的概念。因此，在现有的理论和实践基础上对其做出一个合理的界定，是研究退休再就业法律问题必不可少的前提。

1. 退休再就业的含义

（1）退休。退休，最直白的理解便是满足一定条件后离开工作岗位赋闲在家。根据我国相关法律规定，退休是指劳动者因年老或因工、因病致残，完全或部分丧失劳动能力而退出工作岗位。退休的适用主体具有一定的局限性，根据有关法律规定，在我国退休具体适用于公务人员、公共事业单位人员和城镇企业员工。退休要满足到法定退休年龄或者完全或部分丧失劳动能力的条件。我国对于一般的退休年龄规定是：男年满60周岁，女工人年满50周岁，女干部年满55周岁，连续工龄满10年。但本章要研究的"退休再就业"人员，并不局限于此。在《最高人民法院关于审理劳动争议案件适用法律若干问题的解释（三）》（后文称《解释三》）第七条中，将退休再就业人员大体划分两类人：享受养老保险待遇和领取退休金的人。"领取退休金的人"指的便是按照我国退休制度依法退休的人，即公务人员、公共事业单位人员和城镇企业员工；"享受养老保险待遇的人"则包括在我国所有符合法定年龄要求和养老金缴费年限的人，几乎涵盖了所有社会成员。

（2）再就业。"再就业"中的"再"字的意思是退休后又一次就业或者退休后开始就业。"就业"是指具有劳动能力和劳动意愿的劳动者从事能够获得劳动报酬的社会劳动。其中有三层含义：①动者必须要同时具备劳动能力和劳动意愿。②劳动者参加的必须是社会劳动，非家庭劳动。③该社会劳动必须能够获得相应的报酬或收入，不能是公益或义务的劳动。因此，我们在此把"退休再就业"界定为：达到法定退休年龄的公民，在具有劳动能力和劳动意愿的情况下，从事能够获取报酬或收入的社会劳动的行为。

2. 退休再就业的类型

根据再就业岗位不同，退休再就业可以分为两类，即退休后返聘回原用人单位工作和退休后到新的用人单位工作。其中被返聘回原用人单位工作的大部分是医生、科研人员、人民教师等需要具备专业知识或技术的人员。根据是否享有社会保险待遇的不同，退休再就业可以分为两类：一是达到法定退休年龄同时依法享有养老保险待遇的；二是达到法定退休年龄但未享受养老保险待遇的，其中包括缴纳养老保险年限未满十五年的或者用人单位未为其缴纳的情况。对于第二类，《解释三》已明确了用工关系属于劳动关系，本章主要研究的是第一类，研究该类型目前存在的法律问题。

二、退休再就业法律性质争议

对于退休再就业的法律性质，尽管最高人民法院出台了《解释三》，但学界对于该问题仍然存在着争议。

1. 绝对性学说

绝对性学说对退休再就业的法律性质做出的是绝对性的判断，它忽略个体间的差异，进行单一化的判断。绝对性学说细分为劳务关系说和劳动关系说。

（1）劳务关系说。劳务关系说是按照《劳动法》中标准劳动关系的规定来认定退休再就业法律关系性质的，认为退休再就业形成的法律关系只能是劳务关系，因而不能适用劳动立法的规定。该学说认为，退休人员年龄超过法律规定的退休年龄，不是《劳动法》上适格的劳动者，如果认定其为劳动关系，那么在主体资格的认定方面就存在瑕疵；退休人员自退休之日起，与用人单位的劳动关系终止，之后其便不再享受《劳动法》的保护；[①]《劳动法》不应当再对已经享受养老保险待遇的退休人员进行保护，如果再对其进行保护，那便是重复保护。劳务关系说存在着一定的不足。首先，我国《劳动法》上并没有规定劳动者年龄的上限而仅仅规定禁止雇用童工，这就说明退休年龄并不能阻碍退休再就业人员成为《劳动法》上的"劳动者"。其次，劳动权是指有劳动能力的公民有获得参加社会劳动和领取报酬的权利，它是公民基本权利之一，与退休没有直接联系，它不会因为就业状态的改变而改变。第三，《劳动法》所要保护的并不仅仅是生存

---

① 《劳动合同法实施条例》第二十一条规定："劳动者达到法定退休年龄的，劳动合同终止"。

权的实现,不能因为退休人员已经享有了养老保险待遇就认定其再就业不需要《劳动法》的保护。

(2)劳动关系说。劳动关系是指劳动者与用人单位在实现劳动过程中建立的一种社会经济关系,是受《劳动法》调整和保护的法律关系。劳动关系学说又可以分为三类:①一是"标准劳动关系说"。该学说认为退休人员并没有丧失劳动权,退休再就业人员与用人单位建立的是劳动关系,这样更能够保护在用工关系中处于弱势地位的退休再就业人员的权益。二是"特殊劳动关系说",又称"非标准劳动关系说"。该学说认为退休再就业用工关系是一种特殊劳动关系,是一种在劳动法律调整的标准劳动关系和民事法律调整的劳务关系以外的用工关系。三是"非法用工说"。该学说认为退休再就业人员实际属于超龄劳动者(超过法定退休年龄),他们应该和童工一样,属于限制劳动行为能力人,与用人单位形成的用工关系属于非法用工关系。这三类学说实际都认为退休人员再就业建立的用工关系属于劳动关系。

2. 相对性学说

相对性学说是根据退休再就业人员的不同类型来界定退休再就业法律性质的。根据是否享有退休金或养老保险待遇作为分类标准,相对性学说可以分为以下两个学说:

(1)社会保险标准说。社会保险标准说是以退休再就业人员在其达到法定退休年龄后是否享有社会保险待遇作为依据,据此来判断退休再就业的法律性质。用人单位与已经达到法定退休年龄且未享受退休金或养老保险待遇的人员形成的用工关系,受《劳动法》的调整,属于劳动关系;用人单位与已经达到法定退休年龄并享受退休金或养老保险待遇的人员形成的用工关系,按劳务关系处理,受民法调整。该学说被《解释三》第七条所采纳。

(2)标准劳动关系与非标准劳动关系说。该学说认为,在未依法享受养老保险待遇或领取退休金的情况下,已经达到法定退休年龄的退休再就业人员与用人单位形成的用工关系仍为劳动关系,在这一点上与前文提及的标准劳动关系并无差别;退休再就业人员在已经享受社会保险待遇同时又与用人单位建立用工关系的,虽然在某些方面有所限制,但仍然属于劳动关系。实际上,该学说是对劳动关系说的进一步分类,他们都认为退休再就业人员应当受到《劳动法》的保护。

---

① 冯彦君,李娜.退休再就业:劳动关系抑或劳务关系——兼评"社会保险标准说"[J].社会科学战线,2012(7).

综合上面各个学说，我们可以发现，无论是绝对性学说还是相对性学说，本质上都可以归结于对劳动关系或劳务关系的选择。如果定性为劳动关系则相应地受《劳动法》的调整；如若定性为劳务关系则归为民法的管辖范围。不同的选择影响的不仅仅是法律的适用，更重要的是它影响着对退休再就业人员这一弱势群体的保护程度。

三、退休再就业的功效

1. 有利于缓解人口老龄化的压力

人口老龄化是全世界都在面对的一个十分严峻的问题。作为一个人口大国，中国当然也不例外。现如今，我国人口老龄化问题已经随着人口的不断增加变得愈来愈严峻。人口老龄化不仅减少了适龄的劳动人口，同时也改变了适龄劳动人口的年龄结构，使得其更加趋向于老龄化。如果我们能够很好地保障退休再就业人员的合法权益，鼓励退休人员在退休后积极再就业，就可以在一定程度上缓解劳动力缺少的压力，为社会减轻负担。

2. 满足用人单位的经营需要

用人单位大部分都不是福利机构，那么他们的首要目标便是盈利，而获取更多盈利的方式之一便是降低成本，雇用退休人员则可以在一定程度上降低用人单位的用工成本。退休再就业人员因为几十年的工作，积累了大量工作经验，用人单位在雇佣经验丰富的退休再就业人员时，可以节省下数量可观的培训费用，这对用人单位来说无疑是极为有利的。对于一些专业性较强的岗位，年轻的劳动者并不能完全胜任工作，还是需要有经验、有专业知识的退休人员来填补这项不足。

3. 促进退休再就业人员自我价值的实现

马克思主义认为，人的价值是人对自己、他人乃至社会需要的满足。大部分退休人员在退休之前工作了几十年，很多人都受不了忽然清闲下来、无事可做的生活。退休后再去找份工作，在力所能及的情况下开始一份新的工作，既能为其带来一定的收入，更重要的是他们能在工作中重新找到生活的乐趣，找到自己的价值，使他们不再觉得退休后就不再被社会所需要，在社会的认可中实现他们的自我价值，做到真正的"老有所为"。

第二节 我国退休再就业的法律现状及存在的法律风险问题

一、我国退休再就业的法律现状

到目前为止，我国还没有为退休再就业人员建立一个完善的权利保障体系。我们只能通过梳理历年来涉及退休再就业的一些法律文件（包括法律法规、司法解释、通知等），来分析我国退休再就业的法律现状。

1981年，国务院颁布了《国务院关于严格执行工人退休、退职暂行办法的通知》，强调要加强对退休、退职工人的聘用管理，对有技术和业务专长的退休工人，如果其他单位确实需要其进行技术和业务指导的，必须要由原单位、退休工人和聘用单位签订合同，在报劳动部门批准后，才能聘用。该通知中还对退休、退职工人受聘后的相关待遇问题做了规定，退休、退职工人受聘后，聘用单位在发给"补差"之外，还可根据其工作业绩适当发给奖金；如果聘用单位是集体所有制单位，而且经济状况不是很好又以青年就业安置为主的话，被聘用后退休、退职待遇由原发退休、退职费用的单位发给；如果在聘用期间因工发生意外导致伤残或死亡的，由聘用单位承担其相关保险待遇。这是我国劳动立法中最早涉及退休再就业问题的法律文件。从该文件中我们可以知道，当时我国并不鼓励退休工人继续留在原单位工作，而且只有在确实必要的时候通过严格的程序才能被其他单位聘用。

1996年，劳动部发布《关于实行劳动合同制度若干问题的通知》，其中规定要求用人单位与被聘用的退休再就业人员签订书面形式的协议，需要明确聘用后的工作内容、工作报酬、保险待遇、劳动条件等内容。

1997年，劳动部办公厅对《关于实行劳动合同制度若干问题的请示》的复函中指出，退休再就业人员与用人单位都要遵守聘用时签订的协议，对于协议的提前解除，有约定的按照约定，没有约定的，则需要双方进行协商解决；需要注意的是解除协议不适用《劳动法》第二十八条的规定；如果发生属于劳动仲裁受案范围的劳动争议，劳动争议仲裁委员会应予受理。这两份法律文件属于部门规章，尽管层级效力不高，但从中也能看出我国正在慢慢重视退休再就业这个问题。这两份文件中的规定，实质上将退休再就业的用工关系定性为非劳动关系，认为退休再就业人员不是"劳动者"，排除在《劳动法》的保护之外。

2005年，中共中央办公厅、国务院办公厅转发的文件中强调要切实维护离退休专业技术人员的合法权益，规定：聘用离退休专业技术人员要遵守的原则是平等协商、合理报酬；在签订合同的时候明确被聘用人员与用人单位的权利义务；在保险待遇方面，受聘期间，因工受到职业伤害的，由聘用单位参照工伤保险待遇处理，发生争议的，可以选择通过民事诉讼途径解决；合同履行发生争议的，可以选择通过劳动仲裁处理；经济状况好的聘用单位在符合有关规定的情况下，可以为聘用的退休专业技术人员购买人身意外伤害保险；聘用时要根据被聘用人员的身体健康状况，安排从事其能够负担的工作，不能安排有损被聘用人员的身体健康的工作。该通知虽然仅仅针对的是退休再就业的具有专业技术的人员，但其中涉及了退休再就业中工伤保险的问题，虽然没有直接指出退休再就业用工关系的法律性质，但是根据我国工伤保险的相关规定，适用工伤的前提是具有劳动关系。基于此，我们可以认为这个通知把用人单位与退休再就业人员之间建立的用工关系无形间归为了劳动关系。

2007年，最高人民法院行政审判庭对退休人员劳动关系及工伤问题的答复中，认为根据《工伤保险条例》的有关规定，聘用退休人员的工作单位，如果为退休人员缴纳了工伤保险费用的，一旦在受聘期间发生因工受伤的情况，按照《工伤保险条例》的相应规定处理。该答复中认为用人单位如果为退休再就业人员缴纳了工伤保险，适用工伤保险条例的规定，可以说是同样把退休再就业人员认定成了劳动者。

2008年1月1日开始实施《劳动合同法》，该法第四十四条第（二）款规定了劳动合同终止的原因是劳动者依法开始享受养老保险待遇；在其后，由国务院出台的《劳动合同法实施条例》第二十一条规定劳动者一旦达到法定退休年龄，劳动合同即终止。这两条法律规定，看似与退休再就业没有直接关系，但是却从另一个角度把退休再就业人员划出了《劳动法》中劳动者的范畴，为支持退休后建立的用工关系为劳务关系的学者提供了依据。

2010年，《最高人民法院关于审理劳动争议案件司法解释（三）》（以下简称《解释三》）公布，其中第七条规定："用人单位与其招用的已经依法享受养老保险待遇或领取退休金的人员发生用工争议，向人民法院提出起诉的，人民法院应当按劳务关系处理。"可以说，这是我国在法律层面上首次涉及退休再就业，第一次明确地对退休再就业用工关系做出的规定。《解释三》中把是否享有养老保险待遇作为劳动关系和劳务关系的分水岭，有其合理之处但也有不足的地方。有学者认为，《解释三》是在面对当下大量退休再就业纠纷不能得到很好解决的困境中做出的权宜之举。

2015年，中央组织部、人力资源和社会保障部联合下发的《关于机关事业单位县处级女干部和具有高级职称的女性专业技术人员退休年龄问题的通知》于 2015 年 3 月 1 日起开始执行，通知中要求党政机关、人民团体中的正、副县处级及相应职务层次的女干部，事业单位中担任党务、行政管理工作的相当于正、副处级的女干部和具有高级职称的女性专业技术人员，年满 60 周岁退休；上述女干部和具有高级职称的女性专业技术人员如本人申请，可以在年满 55 周岁时自愿退休；已办理退休手续的县处级女干部和具有高级职称的女性专业技术人员，不适用该《通知》，不予追溯。这项通知虽然没有直接提及退休再就业问题，但是延迟了部分女性的退休年龄。随着老龄化程度加快，退休制度需要进行适当的改革，适应时代的发展，延迟退休是必然的大趋势；该通知在一定程度上标志着我国酝酿已久的退休制度改革终于拉开了序幕。

二、我国退休再就业存在的法律风险问题

"有一百条法律，却有一百零一个问题。"这句话很好地诠释了法律自身所具有的局限性，无论有多少条法律法规，面对不断发展变化的社会生活，总是会存在一些问题。随着退休再就业人员数量的增加，由于我国目前还没有系统的关于退休再就业权利保障的法律法规，现实生活中出现的纠纷越来越多，学界中也存在不少的争议。首先我们要认清目前我国退休再就业中存在的问题，才能更好地解决问题。

1. 用工关系认定不当

对于退休再就业的用工关系，一直存在着争议。有人认为是劳动关系，有人则认为是劳务关系，还有的认为是一种特殊的劳动关系。根据《解释三》规定，已经依法享受养老保险待遇或领取退休金的人员再就业的用工关系属于劳务关系。对于没有享受养老保险待遇或退休金的人员再就业的用工关系，则属于劳动关系。根据《解释三》规定的精神，没有享受养老保险待遇或退休金的劳动者与用人单位建立的用人关系不能认定为劳务关系，而应认定为劳动关系。从中可以看出，我国现行劳动立法已经将养老保险待遇与退休再就业用工关系法律性质挂钩，是否享有养老保险待遇成为决定退休再就业人员就业关系法律性质的关键因素。为什么已经享受养老保险待遇的退休人员再就业不能与用人单位建立劳动关系呢？有学者认为，退休人员已经不属于《劳动法》上的"劳动者"，在其达到退休年龄退休后，如果能够享受养老保险待遇，能够保障基本生活需求，就不再需要《劳动法》对其劳动权进行保护。笔者很难支持这种观点，难道劳动权与养老保险待遇真的不能兼得么？我国《宪法》第四十二条规定我国公民具有劳动权利和义务。《宪法》第四十五条规定了我国公民在年老、疾病或者丧失劳动能力的情况下，有从国家和社会获得物质帮助的权利。可见，退休是法定的获得国家和社会帮助的保障制度，国家设立退休制度的初衷在于保护而非限制。养老保险是国家和社会的义务，是退休人员的权利，二者并不产生冲突。退休再就业人员相对于用人单位而言，仍然处于一个弱势的地位，法律没有剥夺他们的劳动权，他们仍然具有劳动权利能力和劳动行为能力，仅仅因为享受了养老保险待遇而不能受到《劳动法》的保护，否定退休再就业用工关系为劳动关系，那么这便是一种歧视。他们和普通的适龄就业人员一样，除了已经享受养老保险待遇外别无差异。因此，笔者认为，我国把已经享受养老保险待遇的退休再就业人员与用人单位建立的用工关系定性为劳务关系是不恰当的，这样不能很好地保护退休再就业人员的劳动权益，同时也是有违公平的。

2. 未享受工伤保险待遇

在退休再就业纠纷中，工伤保险纠纷占了一大部分，学界对于退休再就业人员是否应当享受工伤保险待遇也存在着分歧。根据目前我国相关法律规定，退休再就业人员是不被工伤保险所覆盖的。工伤保险是我国社会保险项目中的一种，是为劳动者提供的一种保险待遇，在其因工遭遇意外伤害或职业病导致劳动能力丧失或死亡的时候，国家和社会为其提供物质帮助的社会保险制度。我国的《工伤保险条例》对工伤保险的相关问题规定得最为详细。根据该条例第十八条的规定，如果想要进行工伤的认定，需要在申请时提交劳动关系存在的材料，作为认定的证明，其中包括事实劳动关系。这条规定使得是否适用工伤保险有了一个前提，那便是是否存在劳动关系。也就是说，退休人员与用人单位建立的再就业用工关系如果不属于劳动关系，那就不能按照工伤处理；一旦在工作期间发生意外伤害或者在其工作时遭遇意外伤害或者罹患职业病时，只能通过民事诉讼来救济自己的权利。2007年最高人民法院行政审判庭《关于退休人员与现工作单位之间是否构成劳动关系以及工作时间内受伤是否适用〈工伤保险条例〉问题的答复》认为，用人单位如果为退休再就业人员缴纳了工伤保险，便能够适用工伤保险条例的规定。对此，我们是不是可以认为这是变相地对退休再就业人员劳动者身份的一种肯定呢？如果是这样的话，现在最新出台的《解释三》采取"社会保险标准说"将一部分退休再就业人员与用人单位的用工关系定性为劳务关系，也就是说那部分达到法定退休年龄，已经享受养老保险待遇的退休再就人员，根据我国现行《工伤保险条例》的规定，是不能够享受工伤保险待遇的。归根结底，我国退休再就业人员不能享受工伤保险待遇这个问题，根源在于退休再就业人员与用人单位建立的不是劳动关系，其劳动者的身份没有在立法上得到认可，因而不能依照《工伤保险条例》中有关劳动者工伤保险待遇的相关规定。

3. 适用劳动基准不公

劳动基准对工资、工作时间、休息休假、劳动安全卫生以及女职工和未成年工特殊保护做出的规定，是由国家制定的最低劳动标准，具有强制性，是用人单位必须要遵守的一条不可逾越的底线，是用来保障劳动者应当享有的最低程度的劳动权益的武器。我国有关劳动基准的规定并没有像有些国家那样单独立法，而是采用将劳动基准的法律规范包括在综合立法中的模式，主要集中规定在我国《劳动法》第四章至第七章，主要包括工作时间和休息休假、工资、劳动安全卫生和特殊保护四个方面的内容。在现实生活中，退休再就业人员并不是少数，单拿工资这一项来说，就存在这不公平的对待。对于那些高精尖的需要技术知识的工作岗位，因为可替代性较低，用人单位通常都愿意支付高于适龄劳动者的工资来聘用符合岗位需要的技术、知识型退休人员，像医生、科研人员等；而对于那些不需要很高技术含量，不需要太多知识，可替代性高的工作岗位，用人单位在聘用退休再就业人员时，往往会聘用工资低要求低的就业人员，很多时候用人单位支付的工资达不到国家规定的最低工资标准，对于加班工资就不必说了。而且，还有部分退休再就业人员，因为享受了养老保险待遇，生活没有压力，再就业抱着让自己退而不休，给自己找点事做的心态，通常也不会太在意工资的高低。同时，因为退休再就业人员一般年龄较大，他们在工作时间、劳动保护上都是有别于适龄劳动者的。毫无疑问，劳动基准本身是一个"倾斜立法"的产物，它的存在是要保护处于弱势地位的劳动者。然而它的适用也有一个和工伤保险一样的前提，便是存在劳动关系，用工关系一方主体为劳动者。根据我国目前的法律规定，退休再就业人员再就业用工关系是劳务关系，那么他们就不能受到劳动立法的保护，因而也不能适用我国关于劳动基准的规定。单凭再就业时签订的聘用合同，想要在一纸合同中对劳动基准协议都面面俱到是不可能的，而且用人单位也会为了最大化利益，不会做出那么大的让步。因此，我国目前对退休再就业人员劳动基准方面的保护，主要在同工同酬、最低工资、工作时间方面适用上的问题。

4. 权利救济不足

缺乏救济的权利是虚假的权利。根据我国法律规定，劳动者可以通过劳动保障监察、劳动仲裁、民事诉讼等途径来救济自己的被侵犯的权利。其中，劳动保障监察是由国家法定的专门机关做出的监督活动，对劳动和社会保障法律法规的执行情况进行检查，发现问题进行及时的处理和处罚；劳动保障监察的职权范围根据相关法律规定并不涵盖退休再就业人员。劳动争议的处理，在我国实行"先裁后审"，即把仲裁程序作为提起诉讼的前置必要程序，当事人不能越过劳动仲裁委员会直接向人民法院提起诉讼，而应先向劳动争议委员会提起仲裁，对某些仲裁结果不服的，可以向法院提起诉讼。目前，一旦退休再就业人员与用人单位出现争议，他们只能通过民事诉讼的途径来解决。因为根据我国目前的规定，退休再就业人员的用工关系不属于劳动关系，退休再就业人员与用人单位签订的合同属于民事合同，因而发生争议不属于劳动争议，只能向法院提起民事诉讼。民法的主体双方当事人地位平等，显然退休再就业人员和用人单位之间的地位是不平等的，强行把强势的用人单位放在与弱势的退休再就业人员同等的位置上是不合理的。根据民法的相关规定，民事救济的认定标准是采用的过错认定标准，也就是说，退休再就业人员与用人单位发生争议起诉到人民法院后不仅需要证明用人单位存在过错，而且还需要承担举证不能的不利后果，这样是不公平的。同时民事诉讼耗时一般较长，程序也较为烦琐，是非常不利于退休再就业人员进行维权的。

第三节　退休再就业法律风险防范的建议

一、确认退休再就业的劳动关系

对于退休再就业所形成的用工关系到底属于劳动关系还是劳务关系，无论在司法实务上还是在学界都存着争议。在我国社会庞大就业群体中，退休再就业人员是最为特殊的就业群体，现行法律并没有将其纳入《劳动法》予以保护，没有将退休再就业用工关系定为劳动关系，没有赋予退休再就业人员以劳动者的身份。退休再就业的用工关系是否属于劳动关系，是解决与退休再就业相关的各类劳资纠纷的关键。笔者认为，把退休再就业用工关系定性为劳动关系，把退休再就业人员纳入《劳动法》的保护范畴更为科学合理。对于退休再就业人员是不是《劳动法》上的劳动者，建立的用工关系是不是劳动关系，我们可以从退休再就业人员是否具有劳动者的从属性出发，从两方面加以考量。其一是人格从属性。退休再就业人员须接受用人单位的管理，按照用人单位的要求按时按量地完成工作。退休再就业人员作为用人单位日常经营的一部分而存在并保持这种关系的连续性和长期性，这与适龄劳动者并无本质上的差别。其二是经济从属性。退休再就业人员利用用人单位的生产资料进行劳动，生产或创造的劳动成果归用人单位所有。基于此，用人单位向其支付相应的劳动报酬，这与适龄劳动者也没有实质性差别。因此，退休再就业人员在劳动者的从属性方面与适龄劳动者没有分别。

这仅仅说明退休再就业人员和适龄劳动者一样具有劳动者的从属性，还不具有足够的说服力。要想确认退休再就业的用工关系为劳动关系，还要克服几方面的障碍。一是退休年龄和养老保险。这个与我国现行的退休制度有着密不可分的关系，认为退休再就业人员已经达到法定退休年龄，便失去了成为劳动关系适格主体的资格，不应受到《劳动法》的保护；《解释三》第七条的规定，把达到法定退休年龄且已经享受养老保险待遇的退休再就业人员按劳务关系处理，认为劳动权与养老保险待遇不能兼得。对于年龄问题，以年龄来否定劳动者资格，否定劳动关系是不可取的。我国法律仅仅规定了用人单位不得聘用未满十六岁的未成年人，而没有禁止其聘用超过法定退休年龄的人员。劳动权是我国宪法赋予公民的基本权利，年龄会影响一个人的劳动能力，但法定退休年龄并不能作为判断劳动能力的标准。达到法定退休年龄可以申请退休，是法律赋予公民退而修养的权利，并不是对其劳动权的剥夺。因此，达到法定退休年龄不能成为否定退休再就业人员劳动关系的依据。基于此，笔者建议我国可以采取弹性退休机制。对于劳动权和养老保险待遇能否兼得的问题，二者并非是不能共存的关系。对于这个问题，最好的解决办法便是将养老保险待遇的给付与劳动关系存续与否进行脱钩管理，可以在立法上规定劳动者在享受养老保险待遇后如仍想继续工作的，用人单位无须再为聘用的退休再就业人员缴纳养老保险。二是就业压力。有人认为如果将退休再就业用工关系定性为劳动关系，那么退休再就业人员便挤占适龄就业人员的工作岗位，会增加社会就业压力，不利于社会的稳定发展。我们不能否认我国退休再就业人员数量在不断增加，但数量的增加并不能成为造成我国就业压力的主要原因。从我国现在的就业结构和就业总量的矛盾看，反对退休再就业人员进入劳动关系是不能从根本上解决就业压力问题的。类似"退休人员增加一人，年轻人就增加一个就业机会"的论调也是毫无根据可言的。因为担心退休再就业人员会挤占适龄就业人员岗位，增加就业压力，而将其排除在《劳动法》保护之外。由于抛开了《劳动法》的种种限制，可能在一定程度上会刺激用人单位基于相对较低的用工成本，而聘用数量较多的退休再就业人员，反而增加了适龄劳动者的就业压力。因此，我们应当在承认退休再就业用工关系为劳动关系的基础上，对退休再就业进行合理的指导，尽量避开与适龄劳动者之间的竞争，寻求退休再就业与适龄就业的平衡发展。三是劳动立法相对滞后。社会生活是不断发展变化的，而法律因为相对稳定，不能根据社会生活的变化及时做出调整，因而会滞后于社会生活的发展变化。现阶段我国劳动立法在面对不断涌现出的非传统、非标准的劳动关系时，对劳动关系的界定没有及时的更新，没有随着社会现实情况的改变而做出相应调整，使得那些有别于传统劳动关系的用工关系被定性为劳务关系。退休再就业作为有别于传统劳动关系的用工形式，根据最新出台的《解释三》，由于其享受了养老保险待遇而被纳入劳务关系的行列中。而劳务关系就要受到民事法律的调整，根据我国现行民法，其中并没有详细的关于劳务关系的规定。退休再就业人员作为特殊的就业群体，在我国已经发展得初具规模。为了更好地保护这一特殊群体的权益，首要的一步便是要在立法上确认退休再就业用工关系为劳动关系，但是出于对退休再就业人员自身特征的考量，他们又区别于适龄劳动者。因此，应当确认退休再就业用工关系为一种特殊的劳动关系，[①]同时在工伤保险、劳动基准、权利救济等方面凸显其特殊性。

二、完善退休再就业法律规定的具体建议

1. 保障退休再就业工伤保险权益

根据我国目前的法律规定，退休再就业人员是不能享受工伤保险待遇的。阻碍我国退休再就业人员适用工伤保险的唯一障碍便是劳动关系，但是这个问题在上文中已经得到解决。在实际工作中，退休人员在再就业的岗位上提供的劳动和适龄劳动者提供的劳动没有实质的区别，他们在工作中同样需要面对各种工伤风险的发生。因此，应该得到工伤保险制度的保障，不对其适用工伤保险是不公平的。工伤保险的无过错责任原则可以确保遭受工伤事故的劳动者能够迅速获得工伤保险救济。工伤保险作为我国强制社会保险之一，工伤保险基金作为其坚实的后盾，可以保障劳动者在获得工伤认定之后得到赔付，不用担心赔付不足的问题。考虑到退休再就业人员在年龄和身体方面的特殊性，在享受工伤保险待遇的同时，因其自身的特殊性，还应有别于适龄劳动者，才能保障公平。具体而言，我国应当首先在法律上确认退休再就业用工关系为劳动关系，确保其能够享受工伤保险待遇，强制用人单位为退休再就业人员购买工伤保险；在工伤保险费率方面，采用有别于适龄劳动者的费率。现行的《中华人民共和国社会保险法》第三十四条和《工伤保险条例》第八条第二款都明确规定了国家可以有差别地制定行业工伤保险费率，依据不同行业的工伤风险、保险费用的使用情况和工伤发生的几率的不同，因地制宜地确定不同行业的工伤保险费率；由国务院社会保险行政部门确定行业工伤保险费率后，报国务院批准后施行。基于对退休再就业人员

---

① 上海市劳动和社会保障局 2003 年发布的《关于特殊劳动关系有关问题的通知》规定："特殊劳动关系是现行劳动法律调整的标准劳动关系和民事法律调整的民事劳务关系以外的一种用工关系，其劳动者一方在用人单位从事有偿劳动、接受管理，但与另一用人单位存有劳动合同关系或不符合劳动法律规定的主体条件。"

年龄和身体条件的考虑，如果采用和适龄劳动者相同的费率，不仅会增加社会的压力，还会有失公平。因此，退休再就业人员的工伤保险费率，可以略高于同地区同岗位适龄劳动者的费率。

2. 明确退休再就业劳动基准的适用

有关劳动基准的规定主要集中在《劳动法》第四章至第七章中。国家制定关于最低工资、工作时间等劳动基准的规定，都是用来保护劳动者的。如果退休再就业的用工关系不是劳动关系，那么便不能依法适用劳动基准的相关规定，反之便可以适用。劳动基准的立法方面，我国《劳动法》中关于劳动基准的规定过于原则化，缺少具体的规定，可操作性不强，已经明显不适应现实劳动关系发展的需要。劳动基准是国家公权力对劳资双方自主协商领域的干预，干预的幅度有多大，干预的力度多强取决于国情和发展阶段。①建议我国可以学习日本、美国，进行单独立法，而不是过于原则性地规定在《劳动法》中。由于退休再就业人员年龄、身体条件与适龄劳动者之间具有差异，在劳动基准准的适用方面，应当在休息休假、工作时间等方面给予特殊的规定，比如增加退休再就业人员的休息时间，工作时间每日不超过6小时等。②在工资方面，适用最低工资的标准。需要注意的是若减少了退休再就业人员的工作时间，仍然适用和适龄劳动者一样的最低工资标准，势必会引起不公。对此，我们可以借鉴日本丰田公司的做法，随着工作时间的减少，退休再就业人员的最低工资也随之降低。如果退休再就业人员工作时间与适龄劳动者相同，那么便适用相同的最低工资标准。在工资分配中，实行同工同酬。③在实现退休再就业人员与适龄劳动者之间同工同酬的同时，在退休再就业人员内部也要实行同工同酬，这样才能更好地保证公平。

---

① 王全兴，沈同仙，冯彦君，王文珍．专家谈：劳动基准问题．中国劳动，2011（5）．

② 《劳动法》第三十六条规定："国家实行劳动者每日工作时间不超过八小时、平均每周工作时间不超过四十四小时的工时制度。"

③ 1994年颁布的《劳动部关于〈中华人民共和国劳动法〉若干条文的说明》第四十六条规定："同工同酬是指用人单位对于从事相同工作，付出等量劳动且取得相同劳动业绩的劳动者，应支付同等的劳动报酬。"我国《劳动法》第四十六条规定："工资分配应当遵循按劳分配原则，实行同工同酬。"《劳动合同法》第十一条规定："用人单位未在用工的同时订立书面劳动合同，与劳动者约定的劳动报酬不明确的，新招用的劳动者的劳动报酬按照集体合同规定的标准执行；没有集体合同或者集体合同未规定的，实行同工同酬。"

3.完善退休再就业权利救济机制

在劳动关系没有得到确认之前，退休再就业人员一旦与用人单位发生用工争议，便只能通过民事诉讼来解决。在赋予了退休再就业人员劳动者的身份，确认其用工关系为劳动关系之后，退休再就业人员就可以根据相关法律规定，通过劳动保障监察、劳动仲裁来救济自己的权利。劳动保障监察是指劳动保障行政机关依法对用人单位遵守劳动保障法律法规的情况进行监督检查，发现和纠正违法行为，并对违法行为依法进行行政处理或行政处罚的行政执法活动。但是由于我国目前的劳动保障监察缺乏一定的行政强制手段，在需要对用人单位财产进行查封、扣押的时候，劳动监察机构不能采取强制措施来保护劳动者的合法权益。因此，建议在劳动监察机构对用人单位依法进行查处的时候，除了责令用人单位赔偿劳动者相关损失外，还应要求其先行支付赔偿费用；对于严重拖欠劳动者工资且有可能通过逃逸来逃避责任的用人单位，应当赋予劳动监察机构查封、扣押资产，冻结相关账户的权力；通过赋予劳动监察机构强制执行用人单位资产的权力，可以省去向法院申请强制执行的步骤，大大提高监察效益。退休再就业人员发生的劳动争议，如果调解、仲裁、劳动监察都没有解决问题，最后选择提起民事诉讼来解决争议时，考虑到退休再就业人员自身的特殊条件，建议人民法院通过简易程序来解决退休再就业人员的劳动争议，减少诉讼时间，高效地保护退休再就业人员的合法权益。

【本章小结】随着社会经济的增长和生活水平的提高、科技进步与医疗条件的改善，老年人口身体素质增强，平均寿命延长，毫无疑问，我国现已步入了一个老龄化的社会。退休再就业人员作为特殊的劳动群体，在享受着国家和社会提供给他们的退休待遇的同时，也有权利在退休后进行再就业。但是目前在我国退休再就业方面存在着一些法律问题，特别是不承认退休再就业用工关系是劳动关系，使得退休再就业人员的合法权益得不到应有的保障。本章通过对退休再就业基本理论、分析我国存在的问题，从实际出发，提出完善我国退休再就业法律规定的建议。希望可以为退休再就业人员权益保障尽一点绵薄之力。

第五章　老年人刑事法律风险

第一节　当前老年人犯罪的一般概述

老年人犯罪问题是老龄化在犯罪领域的集中表现，而我国老龄化问题还面临"未富先老"和"未备先老"的双重挑战。因此，当前我国老年人犯罪在基本概念、表现形式和主要特点等方面，与其他国家老年人犯罪存在着明显区别。

一、老年人犯罪的基本概念

老年人犯罪，即犯罪主体的年龄达到一定高龄界限的犯罪类型。老年人犯罪并非独立的罪名，也非特定的犯罪行为方式。因此，划分合理的年龄界限，也就成了界定老年人犯罪概念的主要依据。但是，老年人犯罪的特殊性并非绝对集中于年龄因素，因此，学术研究并不把年龄当作区分老年人犯罪的唯一依据。比如，德国犯罪学家汉斯·约阿希姆·施耐德在《犯罪学》一书中就明确指出，对于老年人犯罪具有生理与心理两种划分的可能性。施耐德所称的生理性老年人犯罪，是指由60岁以上的老年人实施的犯罪；而所谓的心理性老年人犯罪，则指犯罪人的身体、心理、社会生活等因素已处于老化过程并因此引起的犯罪。心理性老年犯罪并不绝对按照生理年龄加以划分，生物年龄尚未达到60岁的界限但心理意识已经明显老化的人犯罪，在施耐德看来也可归入老年犯罪。毫无疑问，这里所称的老年人，指的是生理年龄进入老年期的人；所谓的老龄化则是一个社会学意义上的概念，指的是社会成员整体年龄结构的老化，并不具备社会个体的意义。根据联合国《老龄问题国际行动计划》，老龄化即一个国家或地区的总人口中，60岁以上的人口已占10%以上，或65周岁以上的人口已占7%以上的人口结构现象。由于这项"行动计划"早在1982年就已提出，故大部分国家都沿用了这一概念。我国的相关立法，也采纳了上述联合国"行动计划"确定的标准，将生理年龄确定为唯一的区分老年人的依据。按照2013年7月1日起施行的《中华人民共和国老年人权益保障法》的规定，60周岁为区分老年人的年龄起点，凡是达到和超过60周岁的中国公民，法律上都称其为老年人。但是，在当前的社会生活中，存在着一个特殊的"59岁现象"，即高年资国家工作人员或其他技术领域的高年资专家，在临近离退休前——大多在59周岁或接近这一年龄时——基于"有权不用，过期作废"的错误观念，或者基于即将离开工作岗位的不安心理，利用职权或长期工作形成的影响力，实施贪污犯贿赂犯罪或其他的渎职犯罪。这些人员处于特殊的职业状态，思想和心理发生明显变化，与超过60周岁的老年人犯罪主体经历过相似的心理历程，已带有老年人犯罪的雏形或先兆。[①]因此，笔者认为，在分析法定年龄的60周岁老年人犯罪的基础上，还应在特殊的情况下（例如"59岁现象"），分析研究生物年龄接近60周岁的特殊人群的犯罪问题。如上所说，老年人犯罪并非一种特殊的犯罪类型，也不是一个特殊的刑法概念。因此，研究老年犯罪，还需要依据明确区分刑法学意义上的犯罪概念与犯罪学意义上的犯罪概念的不同界定。这里所称的刑法学上的犯罪，指的是按照规范性的要求，将"严重危害社会的、违反刑事法律的、应受刑罚处罚的行为"归入犯罪的范畴；而犯罪学意义上的犯罪，指的则是"严重危害社会的、应受制裁或惩处的行为"。也就是说，犯罪学意义上的犯罪概念涵盖面更宽泛一些，犯罪学所称的犯罪不仅包括触犯《刑法》的犯罪，还包括其他各类具有一定社会危害性的、应受刑罚处罚、行政处罚或其他类似处罚的违法行为。总之，本章所称的老年人犯罪，是指已满60周岁的、特殊情况下接近60周岁的人所实施的严重危害社会的、违反刑事法律规范，或侵害其他规范的、应受刑罚或其他特定的非刑罚方法处罚的犯罪或违法行为。

二、当前我国老年人犯罪分析

当前，因社会老龄化问题而产生的各类社会问题，引起了社会各界的高度重视。其中，老年人犯罪日益增加的问题，其实更应引起各方的关注。但是，我国当前的犯罪统计，以现行《刑法》为依据，所体现的仅仅是罪名体系下的犯罪整体情况。也就是说，在国家层级上，我国还缺乏一个关于老年人犯罪的总体上的统计资料。缺乏必要的基础数据，社会各界难以全面了解老年人犯罪的情况，关于老年人犯罪问题，或者缺乏必要的思考，或者有的关注与论断难以切中问题的要害。对此，本章通过对我国老年人犯罪现状进行分析，希望能从中发现和归纳老年人犯罪的表现形式和基本特点。

（一）当前我国老年人犯罪的表现形式

把握犯罪现象，是发现和归纳犯罪原因的前提条件，也是设计预防对策的事

---

① 王前. 论我国老年犯罪的原因与预防 [D]. 中国政法大学硕士论文，2005.

实基础。一般而言，分类标准的不同，所形成的老年人犯罪的类型也有所不同。笔者认为，当前我国老年人犯罪主要存在以下两种表现形式：一是"普通型"老年人犯罪，即因主客观因素的综合作用而导致的老年人实施的违法犯罪行为；二是"自救式"老年人犯罪，即老年人在合法权益受到侵害或得不到应有的保障时，不得不依靠自身力量而实施的、侵害他人人身权利或财产利益的违法犯罪行为。将老年人犯罪形式划分为"普通型"和"自救式"两类，并非意味着老年人的犯罪仅由单一的主观因素或单一的客观因素所造成。设定"自救式"类型的目的有二：第一，明确加害与被害相互作用这一犯罪学的一般规律在老年人犯罪中的特殊表现；第二，通过老年人犯罪中的"不得不"违法犯罪的特殊性研究，为保障老年人合法权益、预防和减少老年人犯罪提供事实依据和理论支撑。

1. 职务犯罪范围内的普通老年人犯罪

发生在现实生活中的老年人犯罪，大多为普通型犯罪。例如，因疾病而形成的病理性犯罪、因迷信思想的作用而导致的愚昧性犯罪、因临近离退休而发生的职务犯罪等。从生理上看，步入老年期后，人的生理结构发生了较大的变化，器官功能不断减弱，社会适应能力逐步降低；从心理上看，人的生理变化影响老年人的情绪、认知和意志，使得处于老年期的人变得容易激动、态度消极，往往以自我为中心，多疑和猜忌；从客观环境上看，退出工作岗位、家庭结构变化、邻里关系淡薄、"无用老人"观念的影响等，都是促使老年人实施违法犯罪行为的犯罪因素。拥有一定职权的老年人职务犯罪，存在着固有的特殊性。在现行《刑法》的框架内，"职务犯罪"的外延和内涵并不十分明确，有关的学术研究的观点也不统一。一部分研究者认为，职务犯罪也即国家工作人员利用职务权力所实施的犯罪，如贪污贿赂、渎职侵权等犯罪；另一部分研究者则认为，职务犯罪的主体并不局限于国家工作人员，还包括了国有企事业单位内拥有一定职务权力的工作人员。从《刑法》的立法目的上分析，限定职务犯罪的主体条件，主要目的在于保障国家公务秩序不受侵犯，故而凡是与侵害公务秩序有关的、利用职务便利或亵渎职责所形成的犯罪都应当是职务犯罪。由于我国社会制度的特殊性，国有企事业单位的业务运行往往与公务秩序保持着紧密的联系，故国有企事业单位内拥有职务权力的工作人员实施的与其职权有关的犯罪，都应当属于职务犯罪。据此，这里所谓的老年人职务犯罪，应当包括老年国家工作人员、老年国有企事业单位工作人员，以及临近老年年龄的上述人员所实施的各种类型的贪污贿赂犯罪与亵渎职责的犯罪。在我国，权力高度集中的国家机关、国有企业管理体制，造成权力的行使带有先天的随意性和模糊性。同时，干部队伍建设的"年轻化"要求和干部管理措施的不合理，使得部分老年人提前"让位"。再加上老年人特殊的生理、心理特征，易导致老年人发生职务犯罪。例如，重庆市检察机关在2005年至2010年间共查办贪污、贿赂等职务犯罪总数3 976人，老年人涉嫌职务犯罪的数量为158人，占总数的3.97%。①一部分老年工作人员在位执掌大权，在临近离退休前，基于"有权不用，过期作废"的错误观念而利用职权大捞一把，实施了贪污贿赂或其他渎职犯罪。例如，广西壮族自治区人民政府原副主席徐炳松受贿、广东省人大常委会原副主席于飞严重以权谋私、河北省人大常委会原副主任姜殿武受贿、湖北省原副省长孟庆平受贿等案件②。一部分老年人虽然已经退居二线，但因难以适应"让位"造成的变化（例如经济收入和受到的关注减少），认为已经到了暮年，即使做些出格的事，也不会受到法律追究，因此放纵自己，利用长期工作形成的影响力进行以权谋私、贪污受贿等权钱交易。

2. "自救式"老年人犯罪

老年人在合法权益受到侵害或得不到应有保障时，不得不依靠自身力量实施侵害他人人身或财产等合法权益的违法犯罪行为，即"自救式"老年人犯罪。老年人受到侵害或得不到应有保障的合法权益主要表现在物质利益和人身权利两方面。例如老年人因为生活贫困，得不到社会的合法保障，不得不通过违法犯罪解决必要的温饱问题。又如老年人因身体衰老和家庭地位的改变，常常受到子女或其他亲属的虐待、遗弃，在无法通过调解或司法途径得到救助时，往往会选择违法犯罪，从"被害者"转变为"犯罪者"。

（1）物质匮乏而实施的犯罪。忙碌了大半人生，进入老年期后，老年人本应过上安逸的生活，享受天伦之乐。但对于部分无收入来源和低收入的老年人来说，当无人赡养或子女赡养能力有限，同时又缺乏完善的社会保障时，实施侵害财产犯罪的活动，就有可能成为这些老年人用来解决温饱问题的"救生圈"。例如，85岁老人陈少华，平时以讨饭和捡废品卖为生，生活极其贫苦，为了能够进入监狱获得"免费吃饭"的权利，他为此几次实施盗窃罪。③又如，2011~2012年，因涉嫌犯罪被深圳市检察院起诉的8名75周岁以上老年人中，75岁的沈某（女）、80岁的陈某、80岁的利某，均因家庭经济条件较差而成为"水客"，通过帮人携带物品如电子设备、手机、仿真枪等物品走私入境，赚取

---

① 邹燕凌. 老年人犯罪的法理与实证——以刑法修正案（八）的出台为背景 [D]. 西南政法大学2011年硕士论文.

② 《中国反贪调查》编辑委员会编 .59岁现象"探究——检察官反贪沉思（九），中国反贪调查，第一卷，决策与改革 [M]. 北京：中国检察出版社，2004.

③ 85岁小偷：我要坐牢！[N/OL] 都市快报，2005-11-09，http://news.sina.com.cn/c/2005-11-09/01267394540s.shtml, （新浪新闻中心，访问日期：2020-02-01）.

所谓的"代工费"。①

（2）因受虐实施的"恶逆变"犯罪。被害人与犯罪人之间可以发生角色转换，不少罪犯是在自己受害之后由于没有获得公正待遇而对正义失去信心，因此走向犯罪的。②有一部分老年人犯罪，就是由于受到子女、其他赡养人或赡养机构人员的殴打、残害、言语侮辱等虐待后，从被害人向犯罪人转变过来的，即通常所称的"恶逆变"犯罪。"恶逆变"是一种受不良心理的支配和其他因素的推动所导致的逆向变化，通常发生在被害人合法权益受到侵犯以后，具有明显的从被害者向犯罪人转化的特征。一般而言，老年人因受虐实施"恶逆变"犯罪，主要是以下几方面因素相互作用的结果：第一，老年人自身存在"被害性"，主要表现在特定的性格特征、心理变化和其他相关的因素上，如因生理机能的衰退、社会地位的降低、"无用老人"观念的作用，老年人容易产生自卑的心理，性格变得懦弱、温顺、被动。第二，老年人受到了赡养人或赡养机构人员的施害，如遭殴打、残害、受言语侮辱等，这些施虐行为给老人身体、精神造成一定的伤害。第三，缺乏有效的社会救济与法律救助手段，当老年人难以再忍受身体和精神上的伤害，又感觉到绝望、无助时，就有可能选择极端的报复行为。例如，2013年沈老汉在不堪忍受逆子的百般凌辱后，将酒醉的儿子一脚踢入地窖，并用木棒乱击其头部致其死亡。③又如2014年发生在天津的一起严重的老年人暴力犯罪事件：65岁的陈老太忍受了丈夫张某近50年的虐待，离婚请求被拒后，终于忍无可忍，趁丈夫熟睡之机用斧子将其砍死。④这两起老年人犯罪案件说明，犯罪人的合法权益受到侵害后，如果无法得到社会的救济、难以获得法律的救助，原本的被害人很可能转变为犯罪人。

（二）我国老年人犯罪的特征

老年人是一个特殊的群体，与青少年、成年人和其他群体相比，有着自身的特殊性。再加上老年人身处的特殊境遇，使得我国老年人犯罪有着区别于其他主体犯罪的特征。

---

① 程伟，汪林丰.预防老年人犯罪莫让老人"二次留守"［N/OL］.羊城晚报，2012-10-23地方版.

② 郭建安主编.犯罪被害人学：前言［M］.北京：北京大学出版社，1997.

③ 古稀老人杀逆子案宣判，沈老汉被判三年缓刑五年［N/OL］.辽沈晚报，2013-08-05，http：//www.southcn.com/law/yagz/200308250085.html，（南方网法制频道，访问日期：2020-02-22）.

④ 老年人暴力犯罪应引起重视［N］.中国老年报，2014-09-01（4）.

1. 犯罪比重虽低但呈上升趋势

根据我国公安、司法部门的统计，2018年全国涉案的老年犯罪人数为2752人。① 与当年犯罪总量相比较，老年人犯罪所占比例不高。但与历年的统计数据相比较便可以发现，老年人犯罪的绝对人数与老年人口总数的上升保持正比关系。由于我国老年人口的总数呈进行性的增长，老年人犯罪将有可能随之大幅度增加。例如，2015~2019年，重庆市巴南区人民检察院共办理老年人犯罪案件91件，占总案件数的16.2%，但老年人犯罪人数从2015年的15人增加到了2019年的35人，增加一倍多。② 再如，江苏省东台市检察院2017年审查起诉老年人犯罪案件7件12人，2018年起诉16件22人，2019年起诉26件36人，呈逐年递增的趋势。③

2. "年轻老人"为犯罪的主体

《老年人权益保障法》以立法的形式，将60周岁明确为进入老年期的起点年龄。因此，现在进入老年期的人一般出生在20世纪50年代或更早。一方面，出生于50年代的老年人有着复杂的生活经历，极易形成致罪因素。这些人的幼年阶段，正是社会大变革的时期，只有少数人能够享受来自家庭的有意识的教养培育。这些人的成年阶段，又受到了"独生子女政策"的影响。而这些人的老年期，又正处于社会保障制度尚不完备的阶段。因而，"50后"已成为中国老龄社会问题的第一批承担者。另一方面，随着年龄的增加，老年人的体质和心理功能逐渐衰退，年龄越大越难以实施需要一定体力和脑力能力的犯罪。从医学的角度讲，60~69岁的人称为"年轻老人"、70~79岁的人属于"中年老人"、80岁以上的人则被归入"老年老人"。与"年轻老人"相比，"中年老人"与"老年老人"的体质和心理功能更加衰退，更难以实施违法犯罪行为。根据现有的统计数据，"年轻老人"往往成为老年犯罪的主体。如广东省梅县人民检察院统计资料显示，2016~2018年，该院共受理公安机关移送审查起诉的60岁以上老年人犯罪案件28件29人。其中，60~69岁的有19人，占受理总人数的66%。④ 根据江苏省东台市检察院统计，老年犯罪人年龄集中在60~70岁，占总数的

---

① 各地普遍出台老年人权益保障地方性法规［N］．法制日报，2019-07-11人大立法版．
② 老年人犯罪呈逐年上升趋势，六旬者占其总数近八成［N］．西南商报，2019-11-30.
③ 东台：老年人犯罪增加［N］．检察日报，2020-04-12（2）．
④ 随着农村老龄化进程的加快，老年人犯罪问题变得突出，农村缘何屡有老翁犯罪［N］．农业科技报，2019-03-01（4）．

79%。①

3. 老年犯罪者文化程度较低，且主要集中于农村

进入老年期的老年人，一般出生于新中国成立后的 20 世纪 50 年代或更早之前。幼年时期，受到动荡社会环境的影响以及经济条件限制，绝大多数的老年人没有受过正统的学校教育，而受到的家庭培育也有限。尤其是在农村，由于地域和教育资源的限制，老年人更是缺少文化教育，文化程度普遍较低。文化程度低，法律意识不强，易导致老年人的违法犯罪行为。例如 2015~2018 年重庆某县审结的 21 件老年人犯罪案件中，文盲有 11 人，占总数的 42.31%。文化程度最高的是初中文化，共有 2 人，仅占总数的 7.69%。其中农民占 70%。②

4. 大多采取单独作案的方式

与青少年重视同伴、义气、喜欢团体活动等不同，老年人一方面由于生理条件的限制，活动能力下降，活动范围有限；另一方面由于生理变化影响情绪、认知和意志，变得极易激动、消极和不满，往往以自我为中心、易多疑和猜忌。因此，往往采取单独作案的形式。有学者对 266 件老年人犯罪案件进行统计，单独作案的有 220 件，占老年人犯罪总数的 89.43%。③

5. 犯罪类型逐年增多

老年人因生理、心理的特点，在以往的研究中往往被认为实施暴力的可能性相对较小，主要涉及的多是诈骗等无需体力付出的犯罪行为。但随着经济社会的发展，老年人参与社会的形式和范围有所增加和扩大，老年人犯罪类型也逐渐多样化，从主要集中在诈骗、盗窃等财产犯罪，逐渐增加了非法行医、窝藏、破坏选举等新类型。据某基层法院统计，2013 年重庆某县老年人犯罪类型为贩毒、诈骗、容留妇女卖淫、故意伤害四种类型；2014 年犯罪类型剧增，增加了非法侵入住宅、破坏公用电信设施、窝赃、聚众扰乱社会秩序、破坏选举、奸淫幼女、盗窃等七种；2015 年又增加了拐卖妇女、收赃、强奸、投放危险物质等四类。④

6. 偶然性和情境性犯罪突出

偶然性和情境性犯罪，是指在一定刺激因素的作用下，临时产生犯意，迅速实施的犯罪行为。对于老年人而言，生理和心理的老化导致老年人变得极易激

---

① 东台老年人犯罪增加［N］.检察日报，2019-05-12（2）.
② 关于老年人犯罪的调查［N］.重庆日报，2016-04-18（3）.
③ 吴宗宪，曹健主编：老年犯罪［M］.北京：中国社会出版社，2010.
④ 关于老年人犯罪的调查［N］.重庆日报，2016-04-18（3）.

动、消极和不满，自我控制能力下降，易因偶然因素而与他人发生矛盾、争执和冲突，可能因此产生犯罪动机，临时起意实施犯罪，且多为暴力犯罪行为。例如63岁的廖某某，因其子与邻居罗某某发生纠纷，想到平素与罗某某有过矛盾，即上前持铁铲朝罗某某头、肩部等处乱打，致罗某某急性硬脑膜外血肿、蛛网膜下腔广泛出血死亡。① 又如 2017 年 10 月发生在上海浦东栖山路的一对老夫妻因琐事发生争执，64 岁的妻子用刀具、棍棒等器械将 70 岁的丈夫杀死。②

第二节　我国老年人犯罪原因分析

与其他人员的犯罪相似，老年人犯罪也是主客观因素综合作用的结果。但是，老年人生理上的特殊性、社会关系上的变化性、思想方法上的突变性等特殊因素，对于老年人犯罪具有重大的影响，形成明显区别于其他年龄阶层的人的犯罪特殊性。因此，只有深入细致地分析老年人犯罪的特殊原因，才能对症下药，有效预防和减少老年人犯罪。

老年人犯罪是多因素相互作用的结果，既有老年人自身的生理、心理原因，也有外部客观原因，如家庭结构变迁、社区组织变化导致精神关怀缺失；个人与单位组织关系的改变、传统孝道文化减弱和"无用"思想影响导致社会参与度降低，都诱发和刺激了老年人作出犯罪行为。而对"自救式"老年人犯罪，还包括了不完善的社会保障制度、错误的自我救助观念和不健全的社会及法律救助机制等原因。

一、普通老年人犯罪的影响因素

发生在现实生活中的老年人犯罪，大多为普通型犯罪。例如，因疾病而形成的病理性犯罪、因封建迷信思想而导致的愚昧性犯罪、因临近离退休而发生的职务犯罪等。而影响普通老年人犯罪的因素既有老年人的个体因素，也有老年人所处的社会客观因素。

（一）老年人个体影响因素

老年期是个人生命周期的最后一个阶段，是一个逐渐衰老的过程。而在这个阶段中，老年人的生理、心理发生了明显的变化，犯罪的可能性大幅度提高。

---

① 关于老年人犯罪的调查［N］.重庆日报，2016-04-18（3）.
② 姚克勤.六旬老太因琐事杀死老伴后投案［N］.新闻晨报，2017-10-31（6）.

1. 生理方面。进入老年期后,老年人生理逐渐衰退,从而产生了各种影响。首先,老年人会因生理衰退直接犯罪。在不断衰老过程中,老年人身体各部分结构以及功能发生相应变化,增加了老年疾病的发病频率和概率,直接导致了老年违法犯罪的产生。例如,大脑器官随着脑神经细胞的停止增长而逐渐萎缩,大脑功能受到不同程度的损伤,而这可能会直接导致犯罪。在老年人性犯罪案例中,有不少可能是早期的老年性痴呆症患者。早在 1864 年 Legranddu Saulle 就曾指出,在巴黎的公众道路及广场上精神机能低下的老人经常出现猥亵行为。① 在北京市安康医院 10 年间发生的 39 件老年人犯罪案例中,患有精神分裂症的有 10 例,占 25.64%;脑器质性精神障碍 8 例,占 20.51%;老年性精神病 6 例,占 15.38%;癔症、颅脑外伤性精神障碍、偏执狂精神病及人格障碍各 3 例,各占 7.69%;神经症 2 例,占 5.13%;情感性精神障碍 1 例,占 2.56%。② 其次,生理衰退导致心理变化,提高了犯罪的可能性。比如,当老年人大脑额叶老化严重时,往往会情绪不稳定,容易激动,会因琐碎小事而大发雷霆。当额叶受到损伤时,还会发生人格变化,原先宽宏大度的人有可能变得心胸狭隘,斤斤计较。③ 最后,生理上的衰退也影响了老年人适应外界环境的能力,间接导致了犯罪。如感觉器官的衰退,使得老年人对外界环境变化的感受变得迟钝甚至丧失,对外信息沟通能力降低,与社会的互动性减弱。而这也影响和导致了老年人社会价值的发挥和社会地位的降低,进一步加深了"无用老人"的观念,导致一些老年人为了引起社会关注或自暴自弃而实施违法犯罪行为。

2. 心理方面。任何行为都是在心理因素和活动影响下进行的。老年人犯罪有其心理特征和变化,表现在认知、情绪和意志方面。认知是行为人对客观世界信息的认识过程,一般包括了认知结构和认知水平。认知结构是个体对客观事物的现象、性质、规律的认识及其相对稳定的构成,包括了个体的世界观、人生观、道德观、法纪观等内容。④ 要提高行为人守法自觉性、抑制犯罪意识,必须树立正确的世界观和人生观、加强道德观和法纪观。否则,错误的世界观和人生观,薄弱的道德观和法纪观,会使行为人将错误观念内化为行为准则,实施违法犯罪行为。认知水平是行为人对客观事物的认识程度和能力。行为人的生理、生活环

---

① 郑瞻培. 老年和犯罪[J]. 国外医学:精神病学分册,1986(3).
② 朱明霞. 老年人犯罪与精神障碍的相关因素分析——附 39 例司法精神医学鉴定材料[J]. 法律与医学杂志,2013,10(1).
③ 肖健,沈德灿等编著. 老年心理学[M]. 北京:中国社会出版社,2009.
④ 何敏. 被害人恶逆变犯罪探析[D]. 中国政法大学硕士论文,2007.

境、教育水平等因素会影响认知水平，从而影响行为人对客观事物的判断、行为方式和行为结果。老年人一方面由于生理衰退，正确认知的能力降低；另一方面，由于经济和教育水平的限制，文化程度较低，法律意识淡薄，在社会"无用老人"思想的影响下，有可能产生自私和自毁认知，将自己的利益建立在他人利益之上或明知自己行为的法律后果，抱着"侥幸心理"而轻易走上犯罪之路。情绪是人对客观事物的关系或主观态度的体验。人有不同情绪表现，如愤怒、忧愁等。情绪会对行为产生积极和消极作用，快乐、满意等积极情绪会起促进作用，而愤怒、忧愁等消极情绪则会起到干扰作用。生理衰退有可能导致老年人情绪不稳定，容易激动和冲动，往往会因琐碎小事而不满、愤怒，易实施情绪性和偶然性犯罪。人的意志有坚定性和薄弱性的区分。坚定的意志可以使行为人在面对诱惑或困难时控制和调节自己行为，表现为愿意听从他人意见，遇到问题能理智分析并坚持解决问题。反之，薄弱的意志则使行为人拒绝听从他人意见，不善于理智分析问题，盲目行动。一旦面临诱惑或遇到挫折，容易产生消极情绪，自暴自弃而选择违法犯罪行为。在老化过程中，老年人因生理衰退、社会地位降低和社会"无用"思想影响，往往会感觉受挫，容易自暴自弃。

（二）老年人犯罪的客观因素

"从中、长期看，社会环境参与塑造犯罪人个性，从短期看环境诱发犯罪行为。"在社会转型过程中，家庭结构变迁、社会结构转变、传统孝道文化式微和"无用老人"思想传播，成为了诱发和促使老年人违法犯罪的影响因素。

1.家庭结构变迁——精神关怀缺失。家庭是以婚姻和血缘关系为纽带而形成的最基本的社会组织形式。除了提供经济支持，家庭更重要的功能是承担精神关怀的责任。但随着社会发展，计划生育政策的实施，晚婚和不婚化的普及，几代同堂的传统大家庭演变成为独生子女家庭、核心家庭。此外，社会流动性的加剧，空巢家庭尤其是独居家庭明显增加，家庭所拥有的精神赡养功能也逐渐弱化。据有关统计资料表明，截至2018年，全国有2340万名"空巢老人"需要照料，只有10.39%的子女能注意满足老人的精神需求。[①]首先，传统大家庭转变为核心家庭、独生子女家庭，代际关系发生转变。在生活方式上，子女独立性增强，往往选择与老人分开居住的生活方式。相对老年人倾向安逸、稳定的生活，年轻一代更追求现代化、快节奏的多元生活。在行为方式上，子女将经济和物质作为情感补偿的主要方式，与父母的情感互动减少，彼此之间的关系疏远。生活

---

① 把空巢老人精神赡养义务赡养化［OL］.东方老年网，2019-01-05. http：//www.cncaprc.gov.cn/news/2747.jhtml，（老龄门户网站，访问日期：2020-02-23）.

和行为方式等的代际分离,一方面引发了老年人心理不适,易产生孤独、抑郁和焦虑等心理,而家庭关系的疏远又无法满足老年人必要的精神需求;另一方面,传统家庭凝聚力降低,老年人在感情上对家人、亲属的认同感也随之减低,减少或不再将他人的正确价值观念、行为准则作为自己的行为参照,容易选择违法犯罪行为。其次,在空巢家庭尤其是在农村家庭中,老年人承担着抚养孙子女的任务,表面上因居住在一起维持了生活上的亲近,但因隔代矛盾仍无法维持亲密的情感联系。这种生活方式,反而有可能会因为承担抚养任务与子女产生矛盾,加大心理与经济上的压力。在长期婚姻生活过程中,老年夫妻往往会积压矛盾,又因生理衰老,情绪、认知等心理变化,容易激化心理矛盾。且因缺乏子女作为调节剂,无法有效、及时调解,矛盾易在独居生活中集中爆发。家庭结构的变化,使得传统家庭所具有的精神关怀功能减弱,促使老年人转向社会寻求和谋取情感需求的满足,而这种行为方式有可能同社会道德和法律法规相冲突,成为老年人犯罪的原因。

2. 社会结构变化——社会支持减弱。独门独户的现代住宅设计、加快的生活节奏以及便捷化的生活方式,使得人们足不出户就可解决很多问题,人际交往逐渐减少,传统熟悉、亲切的邻里关系日益冷漠和疏远。邻里环境有三种基本功能,即生产互助功能、守望相助功能和交流思想与社会化的功能。[①]在传统邻里关系中,邻里会相互帮助,既能为彼此提供生活便利,也为个人提供表达内心困惑、感情倾诉的机会,更能增强个人对邻里间共同信仰、正确行为准则的认同感。而现代日益冷漠的邻里关系在一定程度上阻碍了老年人与他人的信息、情感沟通,使得老年人的社会支持减弱,安全感降低。在中国,单位组织是提供多元化功能的社会组织形式。在社会转型的过程中,单位组织与个人的关系发生了一系列变化,单位组织对个人的社会支持也相应减弱。在改革开放之前,中国社会由两极结构组成,一个是政府,另一个则是单位组织,社会成员都归属于一个个具体的单位组织中,即使退休,个人也仍属于原单位组织管理。单位组织给予个人必要的资源、利益和社会地位,因而个人对单位组织有着强烈的依赖性。改革开放之后,个人获得资源、利益和社会地位的方式和途径逐渐多元化,不再局限于依靠单位组织。因而个人对单位组织的依赖性逐步降低,个人获得的社会支持也逐渐减弱。而基于刚性离退休政策,老年人与单位组织的关系人为地被割裂,更是进一步减弱了老年人的社会支持。

3. 孝道文化式微——无用思想传播。"在这样(工业化)的社会里,一个

---

① 宋浩波. 犯罪社会学[M]. 北京:中国人民公安大学出版社,2015.

理想的、有身价的人的概念是具有知识、开创精神、精力充沛、身心健康、潇洒、漂亮和年轻。"①而老年人在体力和智力上逐渐衰老，并因离退休政策退出工作岗位，与社会的联系减弱。以网络技术为代表的技术革新，更是使这些缺乏专业教育背景、欠缺新技术的老年人受到限制，甚至生活境遇变得困窘。"技术鸿沟"分裂了社会，使得老年人逐渐脱离社会，与社会的互动性减弱。施耐德提出衰老是一种被排斥于社会生活之外的过程。②在传统社会中，经验是生产发展的导向，而高龄者往往是经验的象征，"尊老文化""前喻文化"是社会主流文化。因此，老人占据家庭和社会的支配地位。而随着计划经济转向市场经济、知识经济，实用主义开始盛行，技术取代经验成为生产导向，"尊老文化""前喻文化"渐渐失去主流地位。老人也逐渐从"智者"的象征演变成"无用者"。这种形象的转变，对老年人产生了重要影响。一方面，一部分老年人害怕并且在短期内难以适应这种改变，易变得抑郁、失落和焦虑。在老年人职务犯罪中，老年人在离退休之前，通过忙碌的工作获得自我认同和满足感。临近退休之前，害怕经济收入和社会、家庭地位的转变，而自暴自弃产生违法犯罪想法。在退居二线后，更是因无法适应这种角色的转变，仍利用长期工作形成的影响力实施犯罪。另一方面，也有部分老年人受到媒体的传播和政策的影响，自我认知发生转变，逐渐认同"无用老人"的观念，为讨他人的欢心，为获得关注而实施违法犯罪行为。

二、"自救式"老年人犯罪的影响因素

对"自救式"老年人犯罪而言，除了受普通老年人犯罪因素影响外，还有其特殊的原因，如不完善的社会养老保险、医疗保险制度、错误的自我救助观念和不健全的社会及法律救助途径。

（一）社会保障不到位

进入老年期的人，因体力、智力和社会就业政策的影响，主要有三大经济来源：一是自力更生型的，主要依靠领取退休金或参加短期劳动赚取生活费；二是依赖子女抚养型，因为没有退休金，大多农村老年人属于此类；三是依靠政府获得物质帮助的，对象主要是因自然灾害、意外事故和残疾贫困而无力维持基本

---

① 汉斯·约·施耐德.犯罪学[M].吴鑫涛，等译.北京：中国人民公安大学出版社，2004.

② 汉斯·约·施耐德.犯罪学[M].吴鑫涛，等译.北京：中国人民公安大学出版社，2004.

生活的老年人，包括了一些失独老人、残障老年人、农村五保户老人等。随着物价逐年上涨，独生子女家庭、核心家庭承担扶养父母的压力增大，家庭的养老功能逐渐弱化，而城镇退休金增长缓慢，甚至在部分地区还存在拖欠退休金、不能足额领取的现象。根据统计，1979~2012 年人均离退休金按可比价格计算，递增 5.2%，低于同期职工平均工资年均递增 6.2%。至 2012 年还有约四分之一的离退休人员不能足额领取，2012 年新增拖欠 9.5 亿元，累计拖欠 75.8 亿元。据社会保障杂志社调查，退休金不能足额发放的占 18.4%。而在社会救济方面，救济水平较低，远低于一般物价水平。根据 2017 年 1 月国家出台的《关于进一步做好计划生育特殊困难家庭扶助工作的通知》，对城镇失独老人的扶助金每人每月为 270 元（伤残）、340 元（死亡），农村每人每月仅为为 150 元（伤残）、170 元（死亡）。① 截至 2018 年底，我国城市低保月人均标准为 387.6 元，农村低保月人均标准为 193.2 元，集中供养五保救济年人均标准为 3 799.7 元，分散供养五保救济年人均标准为 2 970.5 元。② 在这种背景下，老年人的生活往往比较拮据，需要得到社会帮助，以保障自身生活。在我国，国家对生存困难的社会成员实施强制性的社会保障制度。其中与老年人生活关系密切的是社会养老保险和医疗保险。虽然我国基本社会保障事业获得了较大发展，但是与老年人实际情况相比，仍存在以下问题，需要进一步完善社会保障制度。

1. 养老保险方面。伴随社会的转型，"家庭人"逐渐成为"社会人"，传统家庭养老功能变得有限，社会养老保险作为保障机制的一个重要组成部分应运而生。我国社会养老保险发展迅速。根据 2018 年公布的《中国老龄事业发展报告》，截至 2018 年底，全国参加城镇职工基本养老保险人数为 40 379 万人，全国城镇居民养老保险和新型农村社会养老保险人数达到 48 370 万人，13 075 万城乡老年居民按月领取养老金。③ 但毋庸置疑，与老年人的实际需求相比，我国的养老保险仍存在一些问题，主要表现为：首先，基本养老保障水平偏低，仍有一部分老年人未纳入保障范围，各项制度间待遇差别大，且未建立起正常的调整机制。城乡居民基本养老金最低标准才 55 元。新型农村养老保险采取自愿原则，受到经济因素影响，农村老年人参保比例不高。由于历史条件和政策影响，

---

① 60 岁失独母亲生龙凤胎，母女 3 人 1 条鱼吃 1 个月［OL］. 腾讯新闻，2017-03-21，http：//news.qq.com/a/20140321/016725.htm，（访问日期：2019-12-01）.

② 2018 年社会服务发展统计公报［OL］. http：//www.mca.gov.cn/article/zwgk/mzyw/201206/ 20120600324725.shtml，（访问日期：2019-12-23）.

③ 吴玉韶. 中国老龄事业发展报告（2018）新闻发布会. 2019-02-27，http：//www.cncaprc.gov.cn/jianghua/22341.jhtml，（中国老龄门户网站，访问日期：2019-12-10）.

我国社会养老保险一直存在"双轨制"问题，导致城市居民、农村居民、城镇企业职工与机关事业单位人员之间待遇差别加大。其次，尚未建立起多层次的养老保障体系。从1889年德国建立第一个社会养老保险制度开始，到现在全球160多个国家先后形成了不同模式的社会养老保障制度。随着老龄化的加速，许多国家建立了包括基本养老保险、补充养老保险和个人储蓄性养老保险在内的多层次的社会养老保险制度。我国基本养老保险由社会统筹和个人账户相结合，由用人单位、个人和政府三方共同筹资。一方面，我国基本养老金保值增值效率不高。人力资源和社会保障部发布的《2018年全国社会保险情况》显示，截至2018年底，基金累计结存23 941亿元，全国共有13 075万城乡居民领取了基本养老金。①虽然我国基本养老金规模不断扩大，但绝大多数都投资于国债和银行上，缺乏多元化的投资渠道，收益率低。例如2018年我国养老基金总额为2.65万亿元，国债投资298亿元，仅占总资产的1.5%；委托全国社保基金理事会进行市场化投资的资产444亿元，仅占2.2%；其余均为银行存款。基本养老保险金年均收益不到2%。②另一方面，基本养老金存在支付危机。改革开放前，我国实行的是"低工资、多就业"的政策和单位内部退休养老制度，老年人在年轻时期并未开始积累养老储备。推行社会养老保险之后，依靠年轻人缴纳费用来支付老年人的养老金。由此，也加大了基本养老金的支付危机。企业年金是在自愿情况下，企业按照有关规定为员工建立的一种社会养老保险。受到政策环境的影响，企业一方面社保缴费压力大，另一方面因有限的税收优惠（目前雇主的税收优惠比例仅为工资总额的5%，而发达国家都在20%～30%）③而缺乏动力，导致与现有的企业总数相比，我国企业年金发展缓慢。截至2018年底，建立企业年金的企业占我国全部企业总数0.3%。④个人储蓄性养老保险是个人自愿购买的商业养老保险。个人工资收入不高，对商业保险市场信心不足，导致个人储蓄性养老保险发展缓慢。

2. 医疗保险方面。根据2018年发布的《中国老龄事业发展报告》，城乡基

---

① 收益率难抵通胀，养老金如何保值增值中国时刻［OL］.2019-07-09，http：//www.s1979.com/news/china/201307/0993952509.shtml，（访问日期：2019-12-15）.

② 养老金如何保值增值中国经济网（北京）［OL］.2019-07-09，http：//money.163.com/13/0709/12/93BFVSRL00253B0H.html，（网易财经频道，访问日期：2019-12-02）.

③ 李彤.企业年金推行多年，目前仍是"奢侈品"［OL］.人民网－财经频道，2019-03-29，http：//finance.people.com.cn/GB/17525983.html，（访问日期：2019-12-01）.

④ 李彤.企业年金推行多年，目前仍是"奢侈品"［OL］.人民网－财经频道，2019-03-29，http：//finance.people.com.cn/GB/17525983.html，（访问日期：2019-12-01）.

本医疗保险实现了制度上的全覆盖，覆盖面从 2008 年的 87% 提高到 2018 年的 99% 以上，城镇职工医疗保险、城镇居民基本医疗保险、新型农村合作医疗参保人数超过 13 亿。① 一方面，进入老年期的人是疾病的高发人群，医疗需求增大。据卫生部调查，老年人发病率比青壮年要高 3~4 倍，住院率高 2 倍，因病和高龄的老人生活不能自理的有 1 000 多万人。而现在我国药品流通秩序比较混乱，环节众多，虽然国家多次出台政策平抑药价，但药价仍虚高不下。公立医院因政府投入不足，往往过多依赖药品加价和检查收入来增加医务人员的收入。同时，医疗资源的地区差异较大，优质医院较多集中于城市，进一步提高了医疗成本。另一方面，我国城乡医疗救助制度和商业医疗保险起步较晚，基本医疗保障水平较低，报销比例低，且地区差异较大，医疗关系异地转移接续困难，无法有效减轻老年人的经济负担。例如，2010~2018 年，参加新农合的农民每人每月补贴从 120 元增加到 250 元；2018 年住院报销率为 90%。② 部分重特大疾病，一些慢性疾病如高血压、糖尿病的门诊费用，部分药品都不在报销范围内，仍需自费。与昂贵的医疗费用相比，医疗保险远远不能满足老年人的医疗需求，致使部分老年人"因病致穷"，从而可能导致"因穷致罪"。

（二）合法权益救助机制不健全

老年人由于生理功能衰退和社会地位降低，容易受到外来的歧视和身心损害。在受到身体上或精神上的暴力侵害以后，由于自身的错误观念以及不完善的社会及法律救助手段，老年人往往会在难以忍受时选择伤害或杀害他人的极端报复行为。

1. 错误的自我救助观念。首先，受传统文化观念的影响，老年人在受到亲属子女暴力对待后往往选择隐忍，认为"家丑不可外扬"。随着生理功能的衰退和离开工作岗位，老年人的社会交往范围往往局限于亲缘、地缘关系中，而日益冷漠的邻里关系使得老年人受侵害的事件多发生于亲属之间。通常，老年人都会认为，侵权人是"自己人"，一旦"家丑外扬"，很有可能导致原有的社会地位、民望丧失，因而往往一味忍耐。其次，我国传统家庭的代际关系是"双向型"的，长期以来形成的观念是"养儿防老"。除了自力更生和依靠国家获取物质帮

---

① 吴玉韶. 中国老龄事业发展报告（2018）新闻发布会［OL］. 2019-02-27, http://www.cncaprc.gov.cn/jianghua/22341.jhtml,（中国老龄门户网站，访问日期：2019-12-10）.

② 我国老年人口过亿，社会保障制度面临挑战［OL］. 人民网 - 人民日报海外版，2019-05-19, http: //news.eastday.com/c/20110519/u1a5897031.html,（访问日期：2019-12-22）.

助的老年人以外，大部分老年人都需要依赖家庭子女的赡养。因此，在受到子女侵害时，往往不想举报，害怕失去经济来源。最后，我国老年人法律意识不强，缺乏正确的自我保护意识。我国老年人文化程度普遍较低，也就导致法律意识不强。老年人认为依靠自己力量伤害或杀害施暴人，是一种正当的"除害"行为。因此，容易选择不当的维权方式。

2. 不健全的他力救助制度。我国现有的他力救助制度尚未健全。当老年人受到侵害，尤其是遭受亲属侵害时，主要依靠两种他力救助，即调解和司法诉讼。

（1）调解方式。调解是劝说和协调矛盾纠纷的方法，目的在于促使当事人自愿、平等地协商，以解决矛盾与纠纷。在我国，调解有着重要作用。尤其是以血缘或宗族关系形成的农村，人与人之间关系非常亲密。因此，农村老人在受到侵害时往往会选择调解的方式。但是，现有的调解机制还不够健全，调解往往缺乏必要的准则，调解人员的专业知识和素养不高，调解的结果缺乏强制执行的途径。目前，我国农村调解机制呈现乡镇调解、村委调解、村小组调解三级格局。乡镇调解人员一般由司法所的工作人员兼任。这类调解人员往往已经通过国家公务员考试和司法考试，文化程度和法律素养较高。而村委和村小组调解人员则大多文化程度不高，主要依靠长年累月的经验开展工作。随着社会经济的迅速发展，国家法律政策和个人思想观念发生变化，新的案件和新的问题不断出现，村委和村小组调解人员没有系统地学习过相关专业知识，在面对复杂和专业性较强的案件时，往往无法有效调解矛盾纠纷。例如，老年人不仅会受到身体上的虐待，也会受到精神上的冷暴力。而一些调解人员自身对精神赡养不重视，仍以老办法解决新问题，只是劝说赡养人在经济上补偿老人，无法解决问题。老年人遇到侵害寻求邻里、村委会和居委会的帮助，但"清官难断家务事"，调解缺乏强制执行途径，施暴者仍会故态复发，并不能根本性地制止侵害。

（2）司法诉讼方式。老年人或仅靠退休金、救济金生活，或根本没有固定经济来源，主要依靠子女赡养，难以支付诉讼费、律师费等费用，因而往往不会运用法律武器维护自身权益；而现有的不完善法律援助制度又阻碍了老年人合法权益的救助。我国现有的法律援助对象和范围较窄，援助标准不明确。一方面，《法律援助条例》在第十条、第十二条对援助对象和范围作了规定，包括依法请求国家赔偿的、给予社会保险待遇的或者最低生活保障待遇的，请求发放抚恤金的、救济金的、赡养费的、抚养费的、扶养费的，请求支付劳动报酬的，而对象包括了刑事案件的盲聋哑老年人。将法律援助的范围规定在部分民事案件和刑事案件上，而对象仅限于"确有困难"的老年人和刑事案件中的盲聋哑老年人，使得一些老年人的应有权利无法得到保障，造成老年人的法律需求与现实冲突。另一方面,《老年人权益保障法》第五十五条规定,"确有困难的"老年人可以在提起诉讼、交纳诉讼费时缓交、减交或者免交,无力支付诉讼费用时还可以获得法律援助。而对"确有困难的"并未做出具体规定,在实际中各地一般以当地最低生活保障金作为经济困难的标准。但是以最低生活保障金作为经济困难标准是不甚合理的,最低生活保障标准与法律援助经济困难标准不是同一层面上的问题。经济困难的标准,是指受援人无力承担司法费用而为其提供法律救助的条件,而最低生活保障标准是城乡居民在一定时期内满足日常生活的最低限度,若以之为依据则有可能将那些稍高于标准但仍然无力聘请律师打官司的老年人被拒之门外,使得老年受援人的范围过窄。我国的最低生活保障标准相对稳定,且在一定时期内不会有明显的提高。

第三节 老年人刑事法律风险防范的对策建议

老年人犯罪不仅是一个法律问题,更是一个社会问题。预防老年人犯罪单纯依靠完善老年人的刑事立法、恰当规定老年犯罪的刑事责任是不够的,还需要加强家庭、社会对老年人的精神关怀。通过引导媒体正面宣传、调整退休政策、规范老年公益活动和老年人再教育来推动老年人的社会参与,发挥其社会价值;完善老年人社会保障制度和合法权益救助制度,保障老年人的合法权益。

一、加强精神关怀,营造友爱老人的氛围

面对生理上的衰退和生活环境的变化,老年人在心理上会产生各种精神需求,亟需家庭和社会给予其慰藉和满足。一些老年人甚至为了引起家人、社会的关注而做出违法犯罪行为。因此,预防老年人因心理问题和精神关怀缺失而犯罪,必须强化家庭精神赡养功能,加强社会支持力度,缓解老年人的情绪矛盾。

(一)强化家庭精神赡养功能

家庭是呵护老年人的港湾,除了提供经济支持,也承担了给予精神关怀的责任。但随着社会的发展、家庭结构和代际关系发生变化,使得家庭精神赡养功能逐渐弱化。这也影响了老年人行为方式和行为结果。因此,必须完善立法规定,细化家庭精神赡养的法律责任;健全相关配套鼓励制度;践行关怀责任,加强精神关怀。

1.完善立法规定,细化法律责任

2013年7月1日施行的《老年人权益保障法》首次对"精神赡养"做出了

原则性的法律规定，引起社会对老年人精神赡养的重视。部分省份也对老年人的精神赡养问题做出了相关规定。例如，辽宁省、浙江省、安徽省都在地方法律《老年人权益保障法》中规定了精神赡养义务。辽宁省还对国家工作人员做出了明确处分规定。①其后，各地也相继出现了关于精神赡养的司法判决。虽然国家和地方法规都将精神赡养纳入了法律范畴，但仍停留在原则性层面，没有出台具体的实施细则和惩罚措施，降低了精神赡养义务的可操作性。即使在法院判决后，也无法强制子女履行精神赡养义务，并不能真正落实相关法律责任。法律规定是刚性的，能克服行为人及行为方式的主观随意性。要落实家庭的精神关怀责任，必须完善立法规定，细化精神关怀的实施细则和惩罚措施，有效合理执行法律责任。首先，要细化精神赡养的实施细则。除了要倡导"精神赡养"责任，更需要将其转化为实际行为。现虽将"精神赡养""常回家问候或探望"纳入了法律范畴，但是并没有明确"精神赡养""常回家问候或探望"等的具体行为范围和程度。为了满足老年人深层次的精神需求，适应司法实践中日益复杂的赡养纠纷需要，必须细化规定。因此，笔者认为可以在立法上采取概括与列举方式明确精神赡养行为。可做出概括性规定：在平等自愿的基础上，老年人与赡养义务人可以自由协商精神赡养的方式，并签订家庭赡养协议。在列举方面，可以借鉴德国和法国等国的法律规定加以界定：（1）在居住方面，赡养人有条件的应与老人同住或近距离居住，没条件的必须利用国家法定假期三分之一的时间陪同老人居住，同城居住的须两周看望一次老人。（2）在日常生活方面，要每天抽取时间与老人沟通，让老人了解自己的行踪，倾听老人心事，遇事与老人商量。（3）在节假日方面，遇到老人生日及重要节日，赡养义务人还必须以一定方式祝贺老人，关注其心情和情绪变化。（4）赡养义务人与老人协商认可的其他精神赡养行为。还可另行规定"各地还可以根据当地社会发展状况及赡养义务人情况规定其他关乎老人心情和情绪变化的精神赡养行为"。例如，对于农村空巢家庭，应考虑到当地社会发展情况及赡养人的个人状况（受经济条件限制需到外地打工），可以适当调整"法定假期三分之一""一定方式"等的具体范围和程度。其次，明确具体的惩罚措施。德国在法律中规定子女长期不关注和不关心老人精神赡养的行为，只要老人和社区举报和揭露，警察将会对子女的行为给予警告和经济上的处罚，直至拘留等。②笔者认为，要在法律中明确具体的惩罚措施，除可以规定警告、罚款、拘留等惩罚方式外，还可以借鉴民法中的精神损害赔偿

---

① 许晓茵，李洁明，张钟汝.老年利益论[M].上海：复旦大学出版社，2010.
② 肖金明主编.老年人权益保障法律制度研究[M].济南：山东大学出版社，2013.

制度，赋予老年人在赡养义务人拒不履行精神赡养义务时提起精神损害赔偿的权利，既可以补偿老年人，也可以威慑赡养义务人。也可以利用人的羞耻心理，将不履行精神赡养的子女上榜公示，以舆论压力督促赡养人实践赡养行为。在这方面，上海市部分社区已进行了尝试。最后，要落实精神赡养责任的执行。可以规定，在未得到应有精神赡养时，老年人可以单独提起诉讼。在等到法院判决后，若赡养人拒不履行判决裁定的，应考虑到精神赡养的特殊性，即精神赡养强调的是老年人的精神和心理需求，要真正落实赡养义务，必须依靠双方融洽的关系。因此，应尽量避免使用强制执行，而可以将精神赡养与赡养人的职业前途、个人信用和社会评价相挂钩，通过单位组织督促、社区监督等方式监督赡养人执行精神赡养义务。

2. 健全配套制度，强化鼓励机制

家庭赡养功能的弱化是随着社会发展而产生的问题。在许多情况下，不是赡养人不尽心照顾老人，而是社会客观环境造成的。例如，为了自身和家庭的生存，农村子女往往选择外出打工，不仅无法留在老人身边照顾，而且有些甚至几年才能回家一次。要让子女真正践行精神关怀职责，除了要用法律条文加以规定外，更需要切实可行的配套制度和鼓励机制加以保障其可行性，使子女认可并实践对老年人的精神关怀。首先，完善休假制度。除了平时的双休日，我国每年的法定节假日为 11 天，随着社会经济的发展以及人民生活水平的提高，11 天的假期远远无法满足国人的休假需求。尤其是对在异地工作的赡养人，要经常看望、陪伴老人更是成为一种奢望。因此，要增加假期的供给，进一步完善企业休假制度。随着经济的发展，我国传统的孝道文化日益式微，为了提高全社会对老年人的关注，应该设立有关老年人的法定节日。中国人权发展基金会倡议将每年农历 9 月 9 日确定为"老人节"，将每月 9 日设定为"关爱老人日"。每年农历 9 月 9 日是我国的重阳节，由于现在一般使用阳历，重阳节也易被忽视和遗忘。因此，将原先不固定的日子法定为老人节，能够更好地让全社会关心、关注老年群体，弘扬孝道文化和尊老美德。其次，完善老年人异地养老机制。随着社会的发展，当前的社会养老、医疗等保障制度难以相互衔接，在跨省迁转和结算等方面仍缺乏可操作细则，制约了老年人随子女自由迁徙的权益。因此，必须随着经济的发展，加快统一全国范围内的基本养老保险金、医疗保险金标准制度，建立一人一账户制度，从而实现在全国范围内的自由转移。而在现阶段，随着我国城镇职工养老保险制度跨地区转接办法的出台，政府也应该逐步制定城乡养老、医疗保险制度衔接政策，确保参保老人无论身处何地、参加何种保险，都能够便捷顺畅地转移衔接养老保险、医疗保险关系。最后，探索履行精神赡养义务的鼓励机制。为了促进赡养人履行赡养义务，许多国家都制定并实施了各种福利政策。例如为了鼓励赡养人与老人同住，韩国通过颁布《住房认购制度改革方案》确定赡养人的优先购房权、免税和加分政策。[①]笔者认为，我国也应借鉴外国的做法，出台相关财税政策，在购房信贷利息、赡养老人费用减免税务等方面为赡养人提供优惠措施。此外，还可以开展孝贤评选等活动，建立个人孝道档案，将赡养责任与赡养人的职业发展、个人信用等相结合，提高赡养人履行赡养义务的积极性。

3.践行关怀责任，加强精神关怀

在思想上，要树立精神关怀意识。在实际生活中，许多赡养人往往缺乏精神关怀意识，认为只要给予老人必要的物质保障就是履行了养老义务，至于老年人的精神需求往往被视为不重要或是可以忽略的。社会上还存在一种"重老轻小"的观念，赡养人往往会将有限的时间、精力都投入到下一代身上，而忽视老年人的需要。因此，要使"精神赡养"真正内化成为赡养义务人的实际行动，必须转变片面的、错误的观念，树立精神关怀意识，重视老年人的精神关怀需求。在行动上，赡养义务人应该积极践行精神关怀责任。首先，拉近"地缘"关系。独生子女政策的实行，以及社会流动性的增大，家庭结构逐渐小型化甚至空巢化，加之赡养义务人往往会去异地工作，而繁忙的生活和工作使得回家探望老人成为一个沉重的负担（有限的节假日和一笔不小的交通费用）。因此，有条件的赡养义务人可以请老人迁居，与其同住；也可以采取"近而不合"的措施，即可以将老人和赡养义务人家庭安排在同一或是相近的小区，方便日常照顾。其次，拉动"亲缘"关系。赡养人应减少不必要的应酬，想方设法抽出时间来陪伴老人。可以在早上与老人一起共享早餐，向老人汇报一天的工作安排，表明其对老人的重视；在白天工作中，也可以抽出时间联系老人，询问老人的情况；在下班回家后，还可以与老人一起散步，主动与老人谈及他们感兴趣的话题。在节假日，应多组织全家一起参加户外活动。遇到老人生日或重要节日，还可以为老人准备爱吃的食物或礼物，从日常小事去积极关心关爱老人，给予其精神满足。

（二）加强社会关怀力度

家庭对老年人的精神关怀功能至关重要，但在现在社会环境背景中，不是每个赡养义务人都能做到百分之百的关怀。因此，必须依靠社会的支持来弥补家庭精神关怀功能的减弱。而增加老年人的社会支持，有助于预防老年人心理和

---

① 王蓓.中外老年人精神赡养制度及其借鉴[OL].http://www.cncaprc.gov.cn/guoling/index_4.jhtml，访问日期：2019-12-13.

精神问题。

  首先，要强化社区的纽带作用。随着生活环境的变化和生理机能的衰退，老年人的生活范围逐渐缩小，往往局限于亲缘、地缘关系之间。亲缘即是家庭范围，而地缘往往指老年人居住的社区邻里环境。随着社会的发展，人口流动性的加快，以及住房结构的变化，邻里关系逐渐淡化。邻里之间相互交往密切，有助于感情交流，使人与人之间充满亲密感和责任感，从而有效地阻止犯罪行为的发生。而冷淡疏远的，甚至紧张的邻里关系不仅影响邻里的安宁和稳定，甚至可能成为犯罪的重要诱因和条件。因此，要健全社区的精神关怀服务体系，强化社区的精神纽带作用。社区及其工作者必须对社区内老年人有所调研，充分了解老年人所需，由此根据不同阶段老年人的精神需求，提供不同的服务。刚退出工作岗位的老年人，从原先繁忙的工作节奏变成每天花费大部分时间在日常琐事上，往往会感觉生活寂寞和单调。而这个阶段的老年人往往精力充沛，因此可以多组织一些兴趣小组、团体旅游活动，促进老年人结交新朋友，加强老年人与社会的紧密联系和接触。对高龄老年人而言，往往会担忧生命健康状况，同时行动上又不便。这时就需要社区工作者积极上门探访，与老年人沟通，为其提供心理辅导，有效解决心理问题。对于随子女迁居外地的老年人而言，往往会因语言、生活习惯而难以适应新的生活环境。我国部分省市借鉴了美国的做法，依托社区建立了"日托所"，在白天将外迁老年人接入所内照顾，根据老年人的兴趣爱好组织老年人开展活动，排除孤独，获得慰藉。

  其次，加强单位组织的关心和慰藉。在退休之前，工作是大多数老年人的精神慰藉。在退休之后，许多老年人往往会无所适从，产生巨大的失落感。因此，单位组织在平时要加强对离退休老人的关心和慰藉，在节假日可以举办离退休老年人活动，开展老年人喜闻乐见的活动，体现单位对老年人的身心关怀，增强老年人的归属感和社会存在感。

  最后，利用现有资源，创新社会关怀新形式。要加强社会对老年人的精神关怀，必须投入大量的人力和物力。而在我国"未富先老"的国情下，必须有效利用现有的资源，推行社会关怀新形式。例如，德国为了应对"空巢老人"的精神关怀缺失问题，政府部门和大学生服务中心联手，开展老少互助活动。通过老年人与大学生同居，防止老年人孤独，加强精神关怀。[①]因此，笔者认为，可以借鉴德国的做法，让大学生租借空巢老人的房屋，与老人共同生活，互相关照，

---

① 佚名.国外如何应对"空巢老人"现象［N/OL］.光明日报，2018-01-11，http://www.cncaprc.gov.cn/guoling/21211.jhtml，访问日期：2019-12-22.

开展老少互助活动。既在大学扩招，教学资源紧缺的情况下，减轻大学、大学生经济负担，也可以加强大学生与老年人的交流与互动，排除老年人孤独，获得慰藉。上海市从 2011 年开始在部分区县推行社区"家庭医生"试点，主要是通过居民与家庭医生签订家庭医生服务，在约定时间内优先利用门诊，优先获得公共服务、健康咨询等服务。①笔者认为，可以先在有条件的省市区、城镇社区引进和培养专业人才，实施"家庭医生"制度，并逐步推广到中西部地区、农村地区的社区医疗卫生服务站，优先对老年人制定健康服务计划，针对老年人特殊的心理问题，实施个性化的心理健康干预和指导。

二、畅通社会参与渠道，树立有用老人的观念

社会参与是指人为了实现自己对社会的价值而在社会中从事的政治、经济、公益以及其他相应的组织化活动。社会参与是所有人的需要，尤其是对于老年人而言更是具有特殊意义。老年人通过经济活动获得经济收入和物质资源，从而减少对子女的依赖；通过参与公益组织等社会活动实现对外交流与沟通，摆脱与社会相隔离的孤独；通过再教育活动也可以获得精神食粮，提高法律意识。但是在实际生活中，因生理机能的衰退、强制退休政策的规定以及社会"无用老人"观念的影响，老年人的社会参与往往受阻，进一步加深了老年人无用观念，从而有可能使老年人实施违法犯罪行为。因此，必须从以下几方面着手，畅通老年人社会参与渠道，在老年人个人和社会范围内树立有用老人的观念。

（一）引导媒体传播，加强正面宣传

以互联网为代表的新媒体的发展，推进人类进入自媒体时代，扩大和提高了信息传播的范围与速度。但是，媒体传播并不能完全反映客观事实，媒体传播是具有"选择性"的，传媒"选择性地进行报道，使得媒体处于一个决定随后发生事件的位置——而不是一个单纯的报道。"②人口老龄化加速，媒体对老年人问题的报道逐渐增多。一方面，老年人经济收入和家庭、社会地位的转变，传统"尊老文化"日益式微，社会对老年人的观念发生转变，从原先的"大家长"转变为"弱者"。这些变化使得媒体在提出新闻议题、采写新闻、编辑新闻时大多会因刻板印象，片面地报道老年人形象。另一方面，媒体对老年人负面形象的报

---

① 施捷.上海"试水"社区家庭医生，10 个区各亮"绝招"[N/OL].新民晚报·新民网.2011-10-17, http: //health.sohu.com/20111017/n322445813.shtml,（访问日期：2019-12-23）.

② 埃利奥特·阿伦森.社会性动物[M].郑日昌，等，译.北京：新华出版社，2002.

道仍较多。例如,百度新闻频道在2003年至2018年间所报道的老年人新闻中,消极形象占48.24%,"年老体弱者""受难者"和"负面行为者"等形象频频出现在网络新闻中。①这类报道放大和强化了"无用"老年人的观念,加深了社会对老年人的刻板印象,也影响了老年人自身的自我认知,使得某些老年人自暴自弃,实施违法犯罪行为。因此,必须引导媒体正确传播,塑造老年人正面形象。首先,媒体工作者必须转变"无用老人"的观念,认识到老年人并非社会负担,老年人具有丰富的知识和经验,具有积极向上的人生态度,也可以是健康、充满活力的。在报道老年人事件时,可以向日本、美国学习,以"高龄者""资深公民"取代"老人"称呼。在追求媒体传播的新颖性、趣味性的同时,应避免过度宣传负面形象,真实客观地再现老年人的形象。在对相关老年人热点事件进行报道时,不可妄作评价,必须在获得客观事实的基础上进行报道。对一些来源不明、事实不清的信息应及时筛选、过滤。其次,媒体行业应加强行业管理,规范媒体从业者尤其是网络新闻工作者的行为。政府要制定和完善相关的职业规范,建立健全网络新闻的审查检测机制。要规范媒体正面的宣传,除了加强媒体工作者的自律外,也需要政府和行业强有力的管理。目前,我国虽然出台了针对整个新闻行业的职业规范,例如《中国新闻工作者职业道德准则》,但是尚未制定专门针对网络新闻媒体及工作者行为的法律规范。因此,应在现有的整个新闻行业的职业规范基础上,制定专门针对网络新闻的职业规范。例如,在坚持新闻真实性的基础上,网络新闻传播必须尽可能地交代资料来源,不刻意策划或推动事态发展,竭力找出新闻事件真相,若出现报道失实,应公开申明和更正。

(二)构建老年人社会参与的具体政策与措施体系

引导传媒进行正面宣传,树立有用老人形象,对预防老年人犯罪有着重要意义。但老年人要真正参与到社会中,发挥自身价值,是一个涉及多方面的系统工程。除了要引导媒体传播,还应当在全社会范围内构建老年人社会参与的具体政策和措施体系。

1. 调整退休政策,给予老年人适合的工作岗位

各国都规定了退休年龄并制定了相应的退休政策。一方面,随着社会的发展、生活水平的提高和医疗条件的改善,人类平均寿命延长,人类能够保持劳动能力的年龄也随之延长。另一方面,又因人口老龄化的加速,国家负担养老的压

---

① 华乐. 网络新闻中老年人形象塑造研究[J/OL]. 青年记者. 2019-02-10, http://www.qnjz.com/xinwenshijian/201401/t20140110_9497921.htm, 访问日期:2019-12-22.

力越来越沉重，尚无法全力承担国家养老责任。延迟退休年龄，可以使老年人通过经济活动获得经济收入和物质资源，减轻家庭养老负担。再一方面，我国规定男性退休年龄为60周岁，女性为55周岁，男性工人55周岁，女性工人为50周岁。而根据现有的政策，进入老年期的年龄起点为60周岁。两者相比较，退休年龄与老年起点年龄在某些年龄阶段并不重叠，导致一些被强制退休的人尚不属于老年人，仍可以发挥社会价值，这类人的退休也就造成了人力资源的浪费。因此，我国应该调整退休政策，在遵循老年人个人就业意愿和满足就业能力的基础上延迟退休年龄。即在老年人自愿选择继续就业，并且仍具有劳动能力的情况下，根据不同工作岗位特点渐进式地、有差别地延迟老年人的退休年龄。渐进式是指在一定期限内（如以5年为期间）分别延迟男女退休年龄（男性退休年龄调整为65岁，女性退休年龄调整为60岁）。有差别是指根据不同行业特点采取不同调整政策，如允许体力型行业提前退休，而知识密集型行业可以适当延长。将强制性退休政策转变为自愿性、更富有针对性的退休政策。保障老年人的就业权利，并不意味国家、企业要为老年人提供与年轻人一样的就业岗位。平等就业实际上应是一种相对的平等，是在老年人具有再就业意愿的基础上，政府和企业为老年人提供适合自己发挥特长和作用的就业机会。一方面，政府应对吸纳老年就业人员达到规定要求的企业和老年人创办的企业给予财税上的优惠，鼓励企业增加老年人就业岗位和老年人创业，扶持老年人再就业。也可以学习韩国的做法，成立由政府主导，劳方、资方共同参与的"共同委员会"和负责帮老年人找工作的专门机构，促进老年人就业。①甚至可以由政府提供由其出资的工作，例如协管员、调解员等。另一方面，企业要转变原先的消极态度，根据老年人的知识积累优势、经验优势和人脉优势，大力发展适合老年人发挥特长的工作岗位。例如，对于拥有丰富的工作经验和较高的知识水平的老年知识分子，可以为其提供一些适合的技术服务和参谋咨询类岗位；而对文化水平较低但拥有丰富人生经验的农村老年人，可以让其参加一些力所能及的工作，如向年轻人传授传统文化、清扫环境、与不能自理的老人聊天等。同时，针对老年人有限的精力和体力，企业应该缩短老年人每周、每年的工作时间。

2. 规范老年公益活动，发挥老年人价值

老年公益活动，是心系公益事业的老年人主动为社会提供无偿公益服务，包括为社区、为青少年进行爱国主义、社会主义和艰苦奋斗等优良传统教育，传授

---

① "韩国老人不愁再就业" [N/OL].生命时报.2018-07-02, http：//www.cncaprc.gov.cn/guoling/32005.jhtml，全国老龄门户网站，访问日期：2019-12-01.

文化和科技知识，进行心理辅导等。组织开展老年公益活动有着重要意义。一方面，这是老年人自我追求，积极应对老化，避免老年期的孤独和其他消极情绪的表现形式。另一方面，老年人拥有丰富的人生经验和熟练的工作技能，以参加公益活动的形式发挥自身特长和作用，能更好更广泛地参与到社会中，向社会展示积极的形象。我国《老年人权益保障法》规定了老年人参与公益活动的权利，促进了老年人的公益活动参与度不断上升。但在实际发展中，也存在一些问题。老年人参加公益活动的意愿不高，并未形成广泛的老年市民活动。老年公益活动不仅是无偿的，有些甚至还需要老年人自己承担一些额外费用。而老年人经济收入有限，无法承担长时间的公益活动。有的学者提出，在现实中很多单位和组织将老年人视为免费的劳动力，"动员"或者"强迫"老年人参与社会志愿服务，侵害和影响了老年人自愿参加公益活动的权利和热情。[①]许多老年公益活动都是依靠社区展开的，而在实际操作中更多是行政化方式，对老年人的个人意志考虑较少，公益活动社会性较低，缺乏有效的组织管理，往往是一次性的，并没有形成常态化发展。

首先，要加大宣传，增强老年人积极参与公益活动的意识。除了要利用广播电视、网络、报纸等媒体进行宣传外，社区居委和村委等单位或组织也应积极主动地上门宣传，提高老年人的奉献意识。同时也应该建立老年人参加公益活动的鼓励制度。例如，政府、社区和村委等部门和组织可以设置多样式的表彰、荣誉奖项，让老年人能在活动中获得愉悦和他人的尊重，维持参与公益活动的热情和积极性。

其次，政府应为老年人参与公益活动提供相应的制度保障。老年人参与公益活动既是满足自身身心需求，应对老年生活的积极行为，也是为社会做出贡献，发挥社会价值的过程。公益活动往往是长时间的奉献过程，除了需要公益热情，更需要一定的物质保障。考虑到老年人的经济状况，政府应当通过法律和政策为老年人提供相应的人身和财产保障，减轻和减少老年人的经济负担和安全顾虑。

最后，要尊重老年人自愿选择的权利，规范公益活动。考虑到老年人的身心特点，社会更是应该充分理解老年人的身心需求，尊重老年人自愿选择权利，让老年人能参与力所能及、适合自己、能发挥作用的活动。政府应完善相关的老年人参与公益活动立法和政策，以刚性规定禁止有关单位和组织"动员"或"强迫"老年人参加公益活动。国家应设立专门的管理机构，形成统一的管理组织机制、稳定的招募渠道和教育培训机制，最大限度地发挥老年人才资源，促进老年

---

① 龙晓杰.老年人社会参与权研究［D］.山东大学 2012 年硕士论文.

公益活动的长远发展。

3. 引导受教育意愿，推动老年人再教育

再教育是老年人提高社会参与能力，获得社会参与机会的有效方式。推进老年人再教育，可以提高老年人的文化水平和法律意识，防止老年人因愚昧、迷信实施违法犯罪行为。有利于老年人通过再学习提高就业技能，保障老年人的再就业权利，也可以延缓老年人身体衰老。老年人记忆力衰退是一个正常的生理现象，一些老年人甚至会产生老年痴呆的症状。但是，老人如果在离退休后仍然不断学习，多动脑子，就会延缓记忆力的衰退，甚至预防老年痴呆。[1]老年人学习网络技术等新科技，还能促进自身跟上时代的发展，加强代际沟通，更好地融入社会，成为为社会作出贡献的一份子。再教育对老年人有着重要意义。因此，《老年人权益保障法》《中国老龄事业发展"十二五"规划》中都明确规定要积极发展老年教育。但是一方面，受到身体条件和经济条件的限制，老年人接受再教育的意愿不强。2015年下半年到2016年初，复旦大学老年经济学研究所和上海零点市场调查有限公司对上海19个区县进行调查显示，老年人群对学习的意愿不是很强烈，有70.7%的受访者不希望参加学习活动，仅有22.3%的受访者愿意参加学习活动。[2]另一方面，再教育的范围虽然广泛，包括了种花养鸟、老年养生、英语学习等内容的学习，但是有针对性的老年教育项目依然匮乏。[3]对此，本文认为可以从以下两方面着手：首先，国家、社会应在物质上为老年人再教育提供条件。社会上的图书馆、博物馆等有益于老年人增长知识的公共资源，应当免费向老年人开放。对于离退休老年人，原工作单位和组织也应保障老年人与在职员工同等的使用权。例如，可免费向老年人开放单位的图书馆、电脑房、数据库等，让老年人能够通过电脑等现代化工具获得信息，为其与社会各界的沟通和互动创造条件。又如，可定期或不定期地邀请专家组织老年人交流会，就生活中关心的大事和国事交流沟通，为老年人提供符合时代发展的正确的观念。其次，应该开发针对老年人特点和情况的教育项目。培养老年教育的专业师资队伍，在了解老年人的学习需求和生心状况的基础上，设计符合老年人的课程项目。例如，针对农村老年人，老年教育要注重在保健知识、农业技能知识、法律知识等方面。对城市老年人，可以注重家庭关系、代际教育、社会服务技能训练等学习内容，提高老年人使用网络技术、简单英语对话能力，促使老年人的知识

---

[1] 曾庆敏. 老年人权益保障与社会保障[M]. 北京：社会科学文献出版社，2008.
[2] 许晓茵，李洁明，张钟汝. 老年利益论[M]. 上海：复旦大学出版社，2016.
[3] 许晓茵，李洁明，张钟汝. 老年利益论[M]. 上海：复旦大学出版社，2016.

结构和信息获取能力跟上时代发展，提高老年人的社会参与能力。

三、完善老年人社会保障制度，打造安全舒适的环境

老年人在因生活贫困，无法通过社会保险制度满足基本物质保障，或因无法通过调解、司法诉讼途径防止身体、精神上受到暴力侵害时，不得不通过违法或犯罪的行为来自救。因此，笔者认为如果能健全老年人保障制度、完善合法权益救助机制、保障老年人的物质权益和人身权利，相信一部分老年人不会选择杀害、伤害行为方式来终结自己的受难史。因为人们的本性是趋利避害的，杀害、伤害他人会导致违法犯罪，而违法犯罪将会使老年人自己面临刑事处罚。

（一）健全老年人社会保障制度

由于身体机能衰退和强制性退休政策的影响，老年人经济收入减少，同时由于历史原因和城乡二元体制问题，老年人收入差距较大。一些老年人往往会"因穷致罪"。因此，必须对生活在低水平的老年人给予特殊照顾，至少在社会养老保障、医疗保险等方面对老年人做出政策倾斜，使他们在养老、医疗方面有条件过上正常老人应有的生活水平。

1. 养老保险方面

我国是在经济发展比较落后的基础上建设社会主义的，改革开放以来，我国经济得到了大力发展，经济总量跃居于世界第二，但仍处于社会主义初级阶段，经济发展水平不均衡，地区贫富差距仍存在。因而要在这种社会背景下缩小社会养老保险水平，形成一个全国统一的高保障水平，必须建立起养老保险金调整机制，加大对保障水平低的省市区尤其是广大农村地区的资金投入。

首先，应进一步扩大基本养老保险范畴。我国农村地区养老保障水平普遍较低，而老年人犯罪在农村地区又较为集中。为了缩小城乡保障差距，许多国家都会对农民养老保险给予更多的财政补贴，或者直接由财政给予养老保险。例如，德国对农民养老保险费补贴70%左右，占农业部全部预算的2/3。日本和法国对农民养老保险补贴的比例分别为43%和30%，且有逐年递增的趋势。在英联邦国家，农民养老保障属非缴费型，资金完全来自政府财政资金或其他渠道。①因此，笔者认为，应该适当调整养老保障金支出在财政支出中的比例，尤其应加大对农村地区的财政投入，由国家给予农村地区财政补贴，以吸引更多的参保者。随着经济的发展，国家逐步推广从自愿参保转变为强制参保的政策，并由国家完

---

① 国外农民养老政策一瞥［N/OL］.人民日报.2018-10-14，http：//www.cncaprc.gov.cn/guoling/37463.jhtml，（全国老龄门户网站，访问日期：2019-12-02）.

全承担农村缴费责任。

其次,建立养老保险的正常调整机制,逐步提高基本养老保障水平。在实现基本养老保险全覆盖任务的同时,应重点解决保障水平。相对城镇养老和机关事业养老保险水平,逐步提高农村基本养老金和企业退休人员基本养老金。同时,也要根据经济的发展、财政收入、物价变动等因素,建立养老保险的正常调整机制,逐步提高养老金的最低标准,实现养老金的合理稳定增长。

最后,要解决我国基本养老金的支付压力和风险问题,必须建立多层次的养老保险体系,并加强基本养老金的管理和投资运行。

一方面,应加强立法,建立严格的基金管理制度,健全完善的法律责任追究制。目前,国际上对个人账户基金管理模式主要有两类:一是以新加坡为代表的由政府部门直接管理基金运行;另一类是引入市场机制,由民营的基金管理公司负责管理,主要代表国家有瑞典、英国等。由于我国内地采取的是两级管理,在中央政府统领的基础下,各级政府部门承担了政策制定、基金管理、投资运营等多项职能,也由此导致了管理和监督上的低效率,社会统筹账户和个人账户管理混乱,个人账户严重透支、空账运行。[①]而引入市场机制,能够提高投资运行的专业性和灵活性。因此,笔者认为,要分开管理社保资金中个人账户与社会统筹基金,引入市场机制,推行政企分开、政事分开,由民营的基金管理公司负责养老金的增值保值。同时改革管理模式,将原先的中央和地方共同管理模式转为由地方部门直接管理的模式,简化办事程序,提高办事效率和灵活性。建立多层次的监管机制,既要加强基金投资管理机构的内部监管,也要拓宽社会监督渠道,强化社会监督,促进投资运行的有效监管,提高资本安全性。

另一方面,要加快发展企业年金和鼓励建立个人储蓄性养老保险,建立起多层次的养老保险体系。政府要加快发展企业年金,在筹资、投资和给付三个环节上制定更大范围的税收优惠政策,鼓励用人单位为劳动者建立补充养老保险。同时建立健全企业年金的法律规范,保证用人单位补充养老金基金的规范管理。现行企业年金的税收优惠只是针对企业缴费给予免税政策,对个人缴费部分则没有任何税收方面的优惠,降低了员工的缴费积极性,不利于加快个人账户的基金积累。[②]因此,可以依照2000年颁布的《关于完善城镇社会保障体系的试点方案》中对企业免税优惠规定,对员工个人缴费部分也给予免税待遇。为了鼓励个人购

[①] 张丽云主编.国外及港澳台老年社会保障制度研究[M].北京:中国社会出版社,2011.

[②] 肖金明主编.老年人权益保障法律制度研究[M].济南:山东大学出版社,2013.

买商业养老保险，许多国家实行"延税政策"，即在缴费环节上免除个人的纳税义务，在退休之后开始领取养老金时才进行征税。①延税政策是利用通胀等因素稀释个税的一种举措，能有效提高个人购买保险的积极性。我国部分地区也借鉴了国外的做法，开始实施延税政策。如早在2009年4月的《关于推进上海加快发展现代服务业和先进制造业建设国际金融中心和国际航运中心的意见》、2013年的《上海个人税收递延型养老保险试点方案》都明确要"适时开展个人税收递延型养老保险产品试点，促进个人购买商业养老保险。"

2. 医疗保险方面

首先，要正视老年人的医疗需求，加快完善老年人的医疗卫生服务。进入老年期后老年人往往会成为疾病的高发人群，医疗需求大。因此，应建立多层次的医疗服务体系，在老年人居住相对集中的社区居委和村委设立老年人医疗服务点，为居住地的老年人建立个人健康档案。医疗服工作者可以为老年人提供初级的医疗服务，若遇到难以诊治的，由服务点负责转送至省市级综合医院和老年专科医院。在省市级综合医院也应设立侧重老年人卫生服务的门诊，同时成立专门提供老年人医疗服务的医疗机构，为老年人提供各种疾病的治疗和服务。老年人在转移到这两类医院医治时，只需要交挂号费和少量医药费，其他绝大部分的费用可以回到居住地的医疗服务点支付和报销。

其次，完善基本医疗保险制度，提高老年人医疗保险待遇。健康对老年人晚年生活影响重大，因此必须对老年人给予适当的照顾。如何完善制度、提高老年人的医疗待遇，荷兰的做法值得借鉴。荷兰医疗保险政策包括了基本医疗保险和补充医疗保险两部分。其中，基本医疗保险是覆盖全部国民的强制性医疗保险，报销家庭医生、医院检查治疗和大部分药物的费用；补充医疗保险是一种自愿性医保，包括了基本医疗保险不涵盖的项目（如在荷兰，看牙不属于基本医保报销范围，被纳入补充医疗保险范畴内）。除此之外，荷兰政府还提供特殊疾病医疗报销，报销医疗保险不涵盖的、但费用昂贵的慢性病、残障和老年人的护理和医疗费用。地方政府还会根据各地发展情况提供医疗补助，报销看病的交通费用。最后，荷兰政府做出了一个兜底性规定，对无法报销的医疗费用实行税务减免，这项措施大大减轻了老年人看病治病的经济负担。②因此，随着经济的发展，我国可以逐步扩大社会基本医疗保险覆盖范围和人群，提高报销比例，将医院检

---

① 韩建平. 老龄化背景下养老保障制度分析 [D]. 西北农林科技大学硕士论文, 2013.
② 图解值得中国借鉴的荷兰养老福利制度 [OL]. 环球网. 2013-09-13, http://www.cncaprc.gov.cn/guoling/36286.jhtml, （全国老龄门户网站，访问日期：2019-12-25）.

查、治疗和大部分药物费用纳入报销范围。积极发展商业保险,将基本医疗保险无法涵盖的项目纳入报销范围。现阶段,在无法实现全民医疗保险,且医疗保障水平相比国外还较低的情况下,给予老年人优惠政策。例如,可借鉴日本"老年人保健"制度,老年人医疗费用个人负担10%,有一定收入者负担20%。[①]医疗保险无法报销的部分,针对不同年龄阶段的老年人实施不同措施。例如,年满70周岁不满80周岁的老年人,医疗费用个人负担10%,有一定收入者负担20%。对年满80周岁的老年人实行免费治疗。而对农村老年人,更应进一步降低减免比例,并建立农村老人大病救助基金,为生大病的老人提供医疗保障。

最后,要建立老年护理保险制度。进入老年期后,老年人成为疾病的高发人群,尤其是高龄老人和失能老人逐渐增加,自理能力下降,需要长期护理的老人大量增加。而老年人往往难以承担庞大的医疗费用和专业护理费用。因此,许多国家先后建立了老年护理保险制度。例如,新加坡实施专门针对老年人的乐龄健保计划,对需要长期看护的严重失能老人提供基本的财物保障。[②]日本从2004年开始施行老年护理保险(又被称之为介护保险)。[③]因此,我国也应该借鉴这些国家的做法,将护理保险纳入社会医疗保险体系中,并在现阶段实施商业性和社会性相结合的老年护理保险制度。

(二)完善老年人权益救助制度

老年人在心理上易敏感和猜忌,法律意识不强,而调解和司法诉讼救助制度尚未完善,导致老年人不能及时化解矛盾、维护自身合法权益,从而"不得不"实施违法犯罪行为。要预防老年人的这类犯罪,除了要加大宣传力度,提高老年人的法律意识,也要完善现有的司法救助途径,健全社区和农村的矛盾调解机制。

1. 健全矛盾调解机制

随着社会经济的发展,涉及老年人自身权益的新问题不断出现,原先依靠群众性、自治性的调解机制已不能满足社会的需要。因此,建设专业化的、联合性的老年人问题调解机制亦是一种必然趋势。

首先,建立专业化的老年权益保护人民调解委员会或中心。专业化体现在

---

① 张丽云主编.国外及港澳台老年社会保障制度研究[M].北京:中国社会出版社,2011.
② 赵斌,严婵.新加坡的医疗保障体系[J].东南亚南亚研究.2009(4).
③ 岳颂东.日本老年护理保险制度及对我国的启示[J].中国社会保险研究.2008(1).

两个方面：一是要提高调解工作者的专业知识和业务素养，除了要加强调解人员的培训，提高调解技巧，也要加强法律专业知识的学习。同时也可以聘用一些原先从事法律工作的离休老人，既有丰富的工作经验，又因是同龄人调解更有说服力。二是超越原先的三级调解格局所形成的行政地域限制，在符合一定老年人数量的社区设立专门机构和部门，提高调解的效率和效果。

其次，要建立起调解委员会或中心与政府、法院、派出所、律所等部门和机构的联合服务平台。调解委员会或中心可以对当地各种家庭矛盾、邻里纠纷进行前期说服和协调，避免矛盾纠纷转化升级。在解决纠纷过程中可以引入专业人员、行政权的协助，提高调解的效果和履行率。同时推行一案一卷，全程跟踪的制度。在发现问题或无法实质解决时，及时由法院、律所跟进，遇到疑难案件还可以建立评议制度和评价小组，对案件进行监督。

2. 完善司法救助途径

涉老诉讼存在特殊性。诉讼一方当事人是老年人，另一方大多为老年人的子女或其他亲属。而"在老化过程中，往往纠结于'利益的权衡能力''老年人的尊严感受'等复杂的因素。一个旁观者认为对老年人有利益的行为，老年人可能感受到了严重的情感伤害。"[①]律师和法律工作者的某些行为有可能使老年人受到再次伤害。因此，对于老年诉讼案件的处理不能等同于其他一般案件，要对老年人予以特殊的保护。

首先，借鉴我国现有的青少年法庭，专门设立老年法庭。1991年，上海市静安区人民法院在全国首先设立了老年法庭，其后部分省区也相继设立了适应审理老年人案件的专门法庭。老年人被通俗地称为"老小孩"，其与青少年一样，具有特殊的心理特点，需要具有特殊专业和专门经验的审判人员进行案件处理。例如，对老年人，审判人员需要更多的耐心，像对待小孩一样对待老人。只有这样才能达到法律所要起到的作用和目的。

其次，在具体诉讼过程中，要在具体司法程序上体现特殊性。对老年人案件要优先对待，实行优先立案、审理和执行。对80周岁以上的老人，行动不便的老年人还应采取上门服务，优先处理。对于农村老年人，更应考虑到居住地与法院路程，到法院要花费较多的精力和财力。因此，办案人员应结合老年人的实际情况，深入村委会、村小组甚至老年人家里，就地办案。为了顺利办案和易于沟通，面对老年人时，法律工作者还要减少法律专业术语的运用，尽量使用老年人习惯的语言。在审判过程中，还要实行针对老年人的司法制度。例如，举证责任

---

① 孙颖. 老吾老——老年法律问题研究起点批判[M]. 北京：法律出版社，2012.

倒置、不公开和不出庭审理。老年人在身心上有所衰老，相比成年人，证据意识不强。而侵犯老年人的案件多为一些家庭人员的歧视、侮辱、虐待和养老机构的精神虐待，不容易举证。公开和出庭审理，有可能使老年人形成严重的情绪障碍和深度的心理创伤，也有可能导致他们的社会地位与民望的丧失，而那种无法忍受这种创伤致使其宁愿去死的而不甘忍受这种耻辱的老年罪犯并不罕见。[①]因此，实行举证责任倒置，不公开和不出庭审理，可以减轻老年人的负担，促进老年人利用司法途径维护自身利益。

最后，要完善我国的法律援助制度。各地应依据发展实情，对老年人法律援助做特殊规定。在法律法规中明确老年人在权益受到侵害时提出诉讼和寻求帮助的权利，明确政府各部门及其工作人员的责任，进一步做到具体化、细节化，使得我国老年人法律援助法制化进程更进一步。立法时，应尽可能将涉及老年人最关心的婚姻、赡养、继承、医疗等援助事项囊括其中。同时也可以像部分省区的做法，简化经济困难状况审查程序，直接为老年人提供免费法律援助。例如，青岛市要求65周岁以上的老年人全部纳入法律援助对象范围，不再审查其经济困难状况。[②]同时也要制定一个科学而理性的经济困难标准，将那些生活水平高于最低生活保障金标准的但又无力聘请律师打官司的老年人纳入受援人的范围，从而更好地维护老年人合法权益。

【本章小结】生理的逐渐衰退，情绪、认知和意志等心理变化，家庭精神赡养功能的弱化，邻里关系的冷漠和疏远，无用老年人思想的传播都可能导致老年人违法犯罪。而不完善的物质保障制度，不健全的权益救助机制甚至可能导致老年人做出"自救式"犯罪。老年人犯罪不仅是一个法律问题，更是一个社会问题。要预防老年人犯罪单纯依靠完善老年人的刑事立法、恰当规定老年犯罪的刑事责任是不够的，还需要加强家庭、社会对老年人的精神关怀；通过引导媒体正面宣传、调整退休政策、规范老年公益活动和老年人再教育来推动老年人的社会参与，发挥其社会价值；完善老年人社会保障制度和合法权益救助制度，保障老年人的合法权益。预防老年人犯罪的对策都不是独立的，需要社会各个方面协力，唯有此才可以预防老年人犯罪，真正实现歌曲中描绘的"最美不过夕阳红"。

---

① 曾庆敏.老年人权益保障与社会保障［M］.北京：社会科学文献出版社，2008.
② 山东构筑老年人维权网络体系，法律援助让老年人放心舒心［N/OL］.法制日报-法制网.2018-11-14, http：//www.cncaprc.gov.cn/quanyi/39084.jhtml,（访问日期：2019-12-16）.

第六章 老年人赡养制度性法律风险及解决

第一节 老年人赡养制度的法理基础

老年人赡养制度是个看似简单，操作起来却十分之不易，究其原因，赡养问题本质上道德性质更浓厚，将道德问题法律化本来就容易引起衔接上的漏洞。探讨这个问题，就需要追根溯源，将赡养的相关概念进行严格阐述方利于该制度的展开研究。

一、赡养的涵义及特征

（一）赡养的涵义

赡养，从我国古代的词源来看，其主要是指供给所需，满足人的物质生活和精神追求。《说文解字》曰："赡，给也。从贝詹声。"贝是古代财富货币的象征，以贝来充当物质交换的一般等价物。可见，"赡"字体现的主要是物质的给予，主要是指子女在经济上为父母提供必需的生活用品和费用的行为，即承担一定的经济责任，提供必要的经济帮助，给予物质上的保证。"养"这个概念在古代又分为"养口体"和"养志"两个方面。养口体就是从物质上供养父母，使其不受饥寒之苦；养志则主要指对父母要敬爱，更多从思想上体现关怀。[1]《辞海》对赡养的解释为"供给、供养。现在特指成年子女对父母或者晚辈对长辈在物质上的帮助与生活上的照顾，属于广义的扶养。"因此，发展到现代社会，赡养延续古代的思想，同时结合了新的发展趋势。在我国法律规定当中，赡养与扶助并举，赡养要求子女对父母或者晚辈对长辈进行生活上的必备衣食住行的物质保障，满足其日常所需；扶助又强化了对父母或者长辈精神慰藉的重要性，具体到生活实践中，要求子女或者晚辈以积极作为方式的履行义务，倡导"常回家看看"，解决老年人的思念之苦。

---

[1] 王星云，张春煦.略论精神赡养[J].胜利油田党校学报.2001（2）.

（二）赡养的特征

1. 义务主体

我国《宪法》第四十九条规定："成年子女有赡养扶助父母的义务。"《民法典》第十七条、十八条规定："十八周岁以上的自然人为成年人""成年人为完全民事行为能力人，可以独立实施民事法律行为。"可见，年满18周岁既是享有《宪法》规定的公权力的年龄界限，同时也是判断自然人是否成年的重要标志。我国《民法典》第十八条规定："十六岁以上不满十八周岁的公民，以自己的劳动收入为主要生活来源的，视为完全民事行为能力人。"该条款的规定是对严格生理年龄的突破和补充，可以说十六周岁以上，生活靠自己的劳动收入来支撑的公民，已经具备了一定的社会生活经验，能够达到社会对于其已"成年"实际标准的认定，也应当肩负担起赡养父母的责任。因此，笔者认为，"成年子女"是应当按照《民法典》的规定，在考虑生理年龄的同时也要考虑到独立生活的能力，这样能够不致使本应承担赡养义务的自然人以"未满十八周岁"为由逃避法定的义务。

《民法典》第二十一条规定：子女对父母有赡养扶助的义务，子女不履行赡养义务时，无劳动能力或生活困难的父母，有要求子女付给赡养费的权利。我国《老年人权益保障法》第十四条规定：赡养人的配偶应该协助赡养人履行赡养义务。我国《民法典》第十二条规定：丧偶儿媳对公婆，丧偶女婿对岳父、岳母，尽了主要赡养义务的，作为第一顺序继承人。但笔者认为，儿媳、女婿不协助或者不履行赡养的行为时，法律并没有相应的否定规制。赡养人的配偶并不是赡养的义务人，性质上来看充其量也只是"义务协助人"。同时，《婚姻法》第二十八条规定：有负担能力的孙子女，外孙子女，对于子女已经死亡或者子女无力赡养的祖父母、外祖父母，有赡养的义务。孙子女、外孙子女在法律规定的这种情形下，是负有赡养义务的。

2. 对象、条件和期间

赡养扶助的对象，并非指一切父母，法律并不是单纯的规定为"父母"，而是在其前面加上一系列的限定条件，如《民法典》第二十一条第一款规定：子女对父母有赡养扶助的义务。因此，笔者认为：第一，经济上看，赡养扶助的对象应当是年迈体衰、丧失劳动能力或生活困难的，或者经济上虽然能依靠退休工资、养老金维持，但是生活不能够自理的。首先存在需要，才有满足其需求的赡养出现。客观条件困难是一个基本的辨别前提，如果父母有经济能力维持自身生活，能够照料日常所需，也有独立生活的能力，是不属于赡养扶助的范围的。对于赡养的限制条件，法律规定宜粗不宜细，只需提出个基本标准即可，这样利于老年人权益的保护。第二，主观上来说，父母如果满足客观独立生活的条件和能力，只是不愿自己动手，成天好吃懒做、沉迷于赌博、溺于个人寻欢作乐的，也是不符合赡养的条件的。法律不会为这些违背社会公序良俗的人，包括老年人寻找免费的"午餐"，尽管他们可能已经履行了抚养教育子女的义务，但法律不是简单的"一报还一报"的交易行为，道德与法律的公平正义理念大多情况下还是殊途同归的。第三，如果父母经济上没有困难，而且主观上没有任何的社会厌恶的不良行为，他们需要的只是精神上的慰藉，渴望的只是被关怀，法律在这个方面规定得比较抽象，笔者认为他们也应该是赡养的对象。

赡养老年人是法律及社会公德的要求，也是家庭应当承担的职责，是无条件的，义务人不得以老年人支付利益为对价或者觊觎老年人的某些财产，如房屋、金钱等。对于子女来说，赡养是一项义务，而不是权利，不能以放弃继承权换取赡养义务的不履行，逃避自身的责任。

第一，社会现实中，子女认为父母分家不公，父母偏心，老人有错误等而跟父母断绝关系，拒绝往来的情况比比皆是。应当明确的是，赡养是一项法定义务，分家是否公平，老人是否存在有所偏废，是否存在过错都不是免除赡养义务的理由。上面所说情况是常态的，但是如果父母确有错误，未尽抚养教育义务的以及具有严重的针对子女的违法犯罪行为的，子女是否可以基于此理由提出赡养义务的免除，维护其心中的不平呢？笔者认为，简单地定下一个标准是不合理的，应当慎重地分析情况才能做决定。有的父母未尽抚养教育义务，可能是客观上的原因，心有余而力不足，如果条件许可，他们是完全可能尽到自己的责任，这种情况下还是应当履行赡养扶助义务的。如果父母主观上存在恶性，对子女犯有严重的罪行，如虐待、遗弃、故意伤害、强奸等的，此时的父母子女关系甚至不如陌生人友好，严重的违背了伦理及法律的底线，在国外常常被作为丧失亲权的原因，我国《民法典》虽然没有详细的规定，从法理的角度及社会的司法实践操作来看，是允许子女不尽赡养扶助义务的。如果父母对子女抚养教育的同时存在着一些诸如上述的犯罪行为的，又当如何呢？可惜法律不是经济利益分析的工具，不能各打五十大板，判定赡养一部分作为"报恩"。笔者认为，赡养是一项严格的法定义务，除了特别严重的情形下可以免除之外，其余情况还是慎重为宜。

第二，如果父母允许子女或者部分子女不履行赡养义务的，是否可以认定为子女不再承担赡养义务呢？笔者认为，赡养是一项法定义务，不能以父母一方的允诺或者与子女达成共识，甚至签订协议来规定双方"两不相欠"。亲子关系不同于一般的社会当事人之间的关系，是身份色彩及伦理色彩更重的关系，如果允许通过以这种方式摆脱法律的底线束缚，很容易诱发道德风险，影响家事法立法的基础。因此，子女的赡养义务不会因父母承诺而免除，即便承诺了，也是不影响法定义务的存在的。我国法律对于赡养期间没有做硬性的规定，强制性地给出标准。赡养是一项法定义务，这项义务是一直存在的，具有延续性和不间断性，那么赡养的期间也就应当是不间断的。父母的年龄不论多大，只要需要进行赡养扶助，有赡养扶助能力的成年子女就应当开始履行该法定义务。只是赡养扶助行为并非是单一行为，多次赡养扶助行为之间存在间隔，也就有时间的断裂。有的自开始一直到死亡都需要进行赡养扶助，有的一段时间需要，中间随着父母境况的改善，可以停顿一段时间，然后再需要赡养扶助。如此看来，赡养行为是在赡养义务的规定下产生的，赡养是无期限的，所以赡养的期间也是没有限定的，也是没有期限的。

3. 内容

马斯洛从人的需求层次出发，通过需求的渐进满足层次模型研究，得到对人们的潜在要求分析的一种理论。[①]他把需求分成生理需求、安全需求、归属与爱的需求、尊重需求和自我实现需求五类，依次由较低层次到较高层次排列。五种需求就如爬楼梯一样存在层次性，由低到高，在总体上有共性的存在，只是存在的次序并不是千篇一律的，是有因人而异的例外存在的。一般地说，低层次的需求得到满足之后，不会停滞不前，而是向下一个更高层次的需求突破，通过内心渴求的驱使动力来获得满足。五种需求可以分为两大类，其中生理上的需要、安全上的需要和感情上的需要属于一类，所需要的满足感不是特别强烈，相对来说只要一定的外部条件就可以实现，因此比较容易达到，属于低一级的需求；而尊重的需要和自我实现的需要则是另外一类，从程度上来看就要明显高出一个层次，也是不能简单地量化出来的，只有通过内部的因素发生了触动才能达成，而且这种需求并不是有限定即所谓最终级的形式，因此一个人对尊重和自我实现的需要是无止境的。我国《老年人权益保障法》规定：赡养人应当履行对老年人经济上的供养、生活上的照顾和精神上慰藉的义务。按照马斯洛的需求层次理论，我国法律的规定是涵盖了这两大类五种需求的。我国的养老主要是以家庭为基本单位，社会为补充和保障的体系的，而养老的主要内容就是赡养扶助。现有经济和社会条件下，子女在经济上应为父母提供必要的生活用品和费用，在生活上、精神上、感情上对父母应尊敬、关心和照顾，满足老年人的各项需求。

笔者认为，赡养扶助的主要内容应当包括三个方面。

[①] 亚伯拉罕·马斯洛. 动机与人格 [M]. 许金声，译. 北京：中国人民大学出版社，2007.

第一，物质赡养，提供经济上的供养，给予物质生活上的帮助。"仓廪足则知礼节"，老年人为家庭为社会做出了巨大的贡献，可以说费劲了自身的心血，当他们衰老之后，体现在生理和心理上都有明显的差异，因为不能再像年轻时那样创造新的财富，所以衰老之后最明显的表现就是物质上满足自己的能力退化，出现退行性变化，这就是衰老。但衣食住行是人类必不可少的刚性需求，故而子女首先应当保证父母的生存问题。具体而言包括：生活中，子女应当给予父母必要的生活费用，能够保证父母吃饱穿暖，不为基本的生存问题发愁担忧，法律直接量化为赡养费，这是最基本的；对患病的老年人，应当提供医疗费用和护理，如果不能亲自照顾老年人的，也应当提供护工费用；在住房方面，应当妥善积极地安排老年人的房屋，不得强迫老年人迁居条件低劣的房屋；对于老年人提出来的物质需求，赡养人也应当在力所能及的范围内予以满足，"身体发肤，受之父母"，通过物质上的供给，给老年人带来丰富的生活，也是完成我们孝道的主要途径。以上所说的内容并不能涵盖生活的方方面面，对老年人物质需求的满足是子女物质赡养追求的目标，通过最直观的手段保障老年人"老有所依，老有所养，老有所靠"。

第二，精神赡养。马斯洛的需求理论中的高级层次需求正是在满足了低级层次的物质追求之后所驱动的，而且随着社会的进步，物质上的赡养能够很好地实现及评判，但是对于精神上的追求似乎有些难以实现，原因是多方面的：首先，每个人都是具有与其他人不相同的个性，对于精神需求的满足感程度不一，精神层面的程度是不好用统一的标准进行判断比对，法律的规定不可能将所有人的需求简单地推定在一个平衡点上，所以这个是很难确立的难题；其次，精神赡养属于道德色彩更弄的问题，赡养是一种法定义务，如果立下一个明确的执行标准及细化的规定，义务人不予以执行，法律就显得无计可施，自损威严。笔者认为，如果说物质上的追求是一种硬需求的话，那么精神上的保障是一种软性的需求。试想衣食无忧的老年人整日面对空空的房屋，思念子孙而无可奈何的独自回忆往事，不可谓不是另外一种悲哀。尽管精神赡养不好操作，在法律中也仅仅有原则性和抽象性的条款支持，可是不能因为难就因噎废食，止步不前。在当前社会发展过程中，逐步树立一些可行的措施也是有必要的，就如同《民法典》中设立的如"夫妻应当相互忠实"提倡性条款那样予以鼓励和引导，如常带配偶、孩子回家看看，陪老人聊天解闷，尊重、体谅、谅解父母；如果因为工作等客观原因不能长期相见，也应当保持电话问候，时常给予关注，以免引起老人的失落感；尊重老人的感情，对于老人的感情不作过多的干预，为老人提供所喜爱的精神文化用品，等等，实现精神的慰藉，真正心情愉快的安享天伦之乐。

第三，生活中的照料。生活照料并不是单纯的物质赡养或者精神赡养，它是非常烦琐而又复杂的，兼具物质性和赡养性。笔者认为，在家事法研究中，赡养人的生活照料行为，往往带有物质上的付出，同时也有对老人精神慰藉的追求效果，因此单纯地归于哪一类都是有失偏颇的。如果归于生活照料义务的类别能够很好地对赡养人的行为进行指导和鼓励，因此也是有必要的。

二、不履行义务的法律责任及救济

法律责任是一部法律的重要组成部分，是指法律关系中的一方不履行法律规定的义务或者其行为是法律所明文禁止的，这种违法行为给法律关系中的另外一方的合法权益造成了损害，就应当承担法律规定的责任。法律责任基本形式有三大类：民事责任、刑事责任和行政责任。规定违法的责任的同时，法律也规定了权利人对自身权利的多种救济手段，从而形成完备的法律保护力。

1. 民事责任

民事责任包括民事义务、民事侵权行为或债务不履行所造成的赔偿义务和夫妻、父母、子女间的抚养、扶养和赡养的义务。不履行赡养义务主要有作为和不作为两种方式，其承担的责任也不相同。很多情况下，赡养义务人都是通过不作为的形式逃避义务的履行，以不作为消极对抗法律的约束，如不管不顾老人的死活，不支付老人必要的生活费，对老人不闻不问，几年不回去看望老人等一系列不作为行为。赡养分为物质上的供给、精神上的慰藉和生活上的照料。不履行物质赡养义务时，我国民事法律赋予了老年人要求赡养的权利，如《民法典》第一千零六十七条规定："成年子女不履行赡养义务，缺乏劳动能力的或生活困难的父母，有要求子女付给赡养费的权利。"因为物质层面的东西比较容易量化，且易于评判执行，因此，我国对于赡养义务人的民事责任有关物质履行的规定比较详细。不过，对于不履行精神慰藉和生活照料义务的，民事法律除了正面教育引导之外，多少显得有些力不从心。精神层面的义务不容易量化，可操作性就比较差，所以我国民事法律对不履行精神赡养和生活照料义务的当事人的责任规定就不那么有力。赡养义务人不履行赡养义务，有的情况下是通过作为的方式进行的。如严重干涉老年人的婚姻自由，违背老年人意愿侵犯老年人的财产权利等，依据《民法典》规定的承担民事责任的方式中，违反赡养义务时，主要适用：停止侵害、返还财物、赔偿损失、赔礼道歉等。对于猎取或者强取老年人的财物的，违背了老年人的意志，造成老年人生活困难的，赡养人应当返还财物，并且对造成的直接经济损失负赔偿责任；对老年人有辱骂、体罚等行为的须赔礼道歉，请求被赡养人的原谅；对老年人婚姻自由过分干涉的，程度较轻的，无论是身体还是精神，也应当停止侵害，进行交流沟通打开老年人的心结。

2. 刑事责任

《老年人权益保障法》第七十八条规定："侮辱、诽谤老年人，构成违反治安管理行为的，依法给予治安管理处罚；构成犯罪的，依法追究刑事责任。"可见，违反赡养义务的赡养人，根据其违法的程度不同，承担的责任不同。适用治安管理处罚条例处罚相对应的是那些恶性不大、后果不严重、程度不及刑法犯罪的行为，而当违法犯罪行为构成刑法某一罪时，赡养人须承担刑事责任。实践中，赡养人行为会构成虐待罪、遗弃罪、暴力干涉婚姻自由罪、盗窃、诈骗等。这里需要指出的是，对于这类案件，不能简单地认为是家庭矛盾或者家庭纠纷，以"清官难断家务事"置之不理，应当积极维护老年人的合法权益，促进家庭和社会的和谐。

3. 行政责任

赡养义务人以暴力或者其他方法公然侮辱老年人，捏造事实诽谤老年人或者虐待老年人，或者有盗窃、诈骗、抢夺、勒索、故意毁坏老年人财物，情节较轻的，依照治安管理处罚条例的有关规定处罚。赡养义务人不履行赡养的义务，以违法手段侵犯老年人权益的，但没有达到犯罪的程度时，就应当承担行政责任的。除此之外，《辽宁省老年人权益保障条例》也规定了精神赡养方面的内容：对于不与老年人一起居住的，应当经常问候、看望，国家工作人员如果违反上述规定的，由其所在单位或者上级机关责令改正；情节严重的，给予行政处分，或追究相关法律责任。其他诸如江西省、浙江省也有类似规定。通过这些地方性法规，我们可以看到，将赡养义务细化，不仅规定物质上的责任，同时将精神上的义务与行政考核项挂钩，规定了行政责任。虽然地方法规适用范围有局限，但是至少已经明确了不履行或者不履行好赡养义务将承担行政责任。

三、老年人赡养的法学理论基础

法治是现代政治国家所普遍追求和推崇的一种社会政治目标。法治还是人治，早在两千多年前已经有所争论。柏拉图主张"贤人政治"，以人治国。亚里士多德则认为"法治应当优于一人之治"，法治才能达到大同社会。法治国家的内涵不是一成不变的，是随着社会内容的扩充不断丰富和发展的，其发展历程表明了现代法治的核心精神，即对基本人权的尊重与保障。[1]现代社会是恪守法律为基础的社会，社会学家从社会的角度看待法律，认为法律是一种社会现象，认

---

[1] 林嘉. 社会保障法的理念、实践与创新 [M]. 北京：中国人民大学出版社，2002.

为:"法律是具有强制性的全部规定,用以确定人们的社会关系。这种关系是由所属社会集团随时随刻强加给人们的。"①

首先,法律能够从其权威性出发,利用强制手段保障人权的实现,这也是法律的价值追求。法律的稳定性和连续性可以使老年人群体享有的特殊权利获得一种确定性。②法治国家以法为衡量基础,维护法的普遍权威性和适用性。通过立法,将老年人赡养的各项制度以法律的形式确定和推行下来,有了制度的指引和约束,全社会形成了对赡养制度的共识,老年人也会对自己的权益有了明确的预期,赡养义务人也会将自己置于法律的框架体系之内,在尊重法律权威的前提之下促进法治的实现。

其次,法律有刚性的一面,表现出来的效果是严厉的,但是法律的制定也必须考虑到特殊人群的独特需求,是一种柔性的谅解和对真正公正的追求。这种区分性的对待不是歧视性的疏漏,而是从法治的公正性出发,对老年人这一弱势群体予以多一点关注。弱势群体是一个统称,但其中的组成弱势群体的个体是不相同的,即成因不同。③老年人因为生理机能的退化,称为弱势群体的一部分。④弱势群体由于参与能力的短缺,无论从形式上还是实质上都难以保证公平,所以法治社会应当以法治的公正性为出发点,为老年人群体权利提供更多的保障。法治的普遍性要求对所有人没有歧视,对老年人群体的人权保障要给予例外对待和特殊保护,最大限度地缩小弱势群体与强势群体的差距。⑤因此,法治的内在价值要求和外部实施规范,对老年人赡养的必要性和当然性提供了最根本和最有力的支持。

再次,法律的公平价值取向,只有通过法制化的手段保证,将老年人纳入到社会协调全面发展的进程中来,不再游离于社会群体之外,才能实现利益均沾、

---

① 布律尔.法律社会学[M].上海:上海人民出版社,1987.
② 李超.老年维权之利剑——老年人法律保障制度研究[M].上海:上海人民出版社,2007.
③ 弱势群体并不是只在特定的社会才出现和存在的,无论时代如何变迁,社会如何发展,弱势群体都是普遍存在的,而且引起各个学科诸如社会学、经济学、法学、心理学等研究者的共同兴趣。弱势群体的问题处理的如何,决定了社会机能是否处于良性运转,也可以理解为正义评判的一个基本标准。
④ 陈成文.社会弱者论——体制转换时期社会弱者的生活状况和社会支持[M].北京:时事出版社,2000.
⑤ 李林.法治社会与弱势群体的人权保障[J].前线,2001,(5).

共享社会发展成果，实现社会整合的目标。①老年人赡养的最终目的是将老年人这个特殊群体的各项需求与社会各阶层进行全面的交流融合，以社会各阶层利益的适度让渡，实现程序及实质上的正义。②另外，只有通过法制化的强大力量，才能保证老年人保障制度运转的有序。法之有威，在于法之必行。老年人赡养是一种法律上的利益，同时也存在着社会福利的交叉，而社会福利的实现需要依靠法律规定的程序和制度，也是社会福利制度化的基本要求。

第二节　典型案例分析

案例一：儿子不赡养老人，老人撤销房产的赠与

曹某老两口与小儿子李某一家人同在一个院子生活。院子有3间平房，曹某夫妻住东屋，小儿子一家住西屋。曹某丈夫李某1因病去世前，夫妻俩口头答应此3间平房将来归小儿子李某所有。2001年，曹某与张某同居生活，同年协助儿子将3间平房办理了过户手续。2012年3月初，曹某因同居人张某去世，欲返回李某所居住的3间平房时，遭到李某的拒绝。2012年5月中旬，曹某一纸诉状将儿子李某告上法庭。曹某请求：确认该3间平房中的一半归自己所有，另一半属于老伴的遗产，归所有继承人共同继承。法庭审理过程中，李某辩称：当初自己订婚时，父母明确表态将来这3间平房归自己所有，而且，经父母同意早已办理了过户手续，如今3间平房早已登记在自己的名下了。再说，这事过去十几年了，现在主张房屋所有权早已过了诉讼时效。

法庭在充分听取双方诉讼意见后，考虑到本案系亲属之间的财产纠纷，为促进家庭关系和谐，经办案法官几次做李某夫妻的思想工作，阐明即使当初父母同意赠与子女，但若子女未尽赡养义务，赠与人有撤销赠与的权利。在法官的热心调解下，最终，母亲曹某与儿子李某达成如下协议：争议的3间平房一分为二，即东半部分仍归母亲所有并居住，西半部分归李某一家所有、居住。

---

① 王刚义，梅建明.社会发展与社会政策研究［M］.北京：中国人民公安大学出版社，2002.
② 诺内特，赛尔兹尼克.转变中的法律与社会［M］.北京：中国政法大学出版社，1994.

评析：法院的调解是有法律根据的。本案争议焦点如下：一是父母赠与子女的房屋（不动产）已经登记过户，能反悔索回吗？法律支持吗？二是倘若法律支持，该怎样判定？三是赠与纠纷法律保护的诉讼时效是多长时间，本案是否存在已过诉讼时效问题？

其一，曹某老两口将房产赠与李某后，依然在世的曹某在法律允许的情形下，有权利索回。本案，李某父母口头答应所争议的3间平房归其所有，属于法律上的赠与行为，并且已实际履行（已办理房屋过户手续），赠与行为符合法律规定而有效。但是，依据《民法典》第六百六十三条的规定：受赠人对赠与人有扶养义务而不履行，赠与人可以撤销赠与。无论当初曹某老两口答应将争议房屋归李某所有时是否附加了赡养二老为条件，曹某都可在李某不尽赡养义务时行使撤销权，因为子女对父母的赡养是法定义务，不需要当事人双方来约定或者附条件约定。

其二，曹某的反悔既然有法律依据，那么，该如何确定3间房子归属？曹某的反悔，只能对自己所有部分（该争议房屋的二分之一份额）主张撤销权。因为李某1所有的一半已经在他去世前做出了处分（送给李某），而李某对父亲李某1并不存在"有扶养义务而不履行"问题。

其三，本案的赠与行为发生在十多年前，是否已经过诉讼时效？回答是：没有。《民法典》第六百六十三条规定了赠与人的撤销权为一年，而且该"一年"的时效应属于法律上的"除期间"性质，除斥期间为权利存续的固定时间，属不变期间，除法律有特殊规定者外，不得中止、中断、延长。但此"一年"的起算时间为"自知道或者应当知道撤销原因之日起一年内行使"。本案中，曹某再次回到老屋时被李某拒绝，此时才知道小儿子拒绝尽赡养义务，则本案的起算点应从此时算起一年内行使均可。因此，曹某反悔索回自己份额的房产诉求，并未过一年的诉讼时效。

《民法典》第六百六十五条明确规定：撤销权人撤销赠与的，可以向受赠人要求返还赠与的财产。可见，行使撤销权的效果是：已经给付的，可要求返还；未给付的，不再给付。

案例二：儿女成人却不反哺八旬老人，老人诉四子女求赡养

俗话说："百善孝为先"。孝敬、赡养老人自古以来是中华民族的传统美德，也是每一位儿女应尽的义务。然而，如今儿女长大成人，有的甚至当了老板，但却无反哺之心，无人照料的八旬老人怒将子女告上法庭求赡养。湖北省郧西县人民法院审理了这起赡养纠纷案。

家住湖北省郧西县×镇的老人周某丈夫于1968年不幸病故，自己一人将

二子二女抚养成人并成家立业。她的子女有的在企业上班,有的甚至当了公司老板,经济条件都不错。随着时间流逝,周某因年老体衰无法独立生活,无人照顾,而四个子女却以种种理由相互推诿,拒不履行赡养义务。

审理得知,起初老人是由大儿子赵某赡养照料,后赵某认为二儿子赵某1也应分担其赡养义务,遂要求与赵某1共同赡养老人,却遭到赵某1拒绝。两个女儿则认为老人的两个儿子都对母亲不管不顾,自己只是出嫁的女儿"泼出去的水",更是没有赡养老人的义务。得此消息,老人盛怒之下一纸诉状将拒不赡养老人的四位子女告上法庭,请求法院判决四子女履行应尽的赡养义务。

此案经审理认为,四个子女的不赡养行为已影响到老人正常生活,这位八旬老人不但生活上无法得到照顾,精神上也遭受打击。经过组织各当事人进行调解,四子女认识到自己的错误并做了检讨,表示今后一定履行赡养义务,不让老人伤心,尽可能的让老人享受天伦之乐。最终双方达成协议由四个子女每年轮流赡养照料老人三个月。至此,老人生活有了着落,这起赡养纠纷案也画上了圆满句号。

第三节 我国赡养老年人的现实状况以及现行法律制度的缺陷

一、我国赡养老年人的现实状况

中华人民共和国成立之后,我国的老年人权益保障的法律经历了从无到有、从局部到整体、从微观到宏观的历程。法律的制定是以社会现实为依据的,自1999年我国进入老龄化社会以来,赡养老年人又面临着全新的问题和挑战。为了应对老年人人口增多带来的一系列问题,中国政府采取了积极的态度制定了老年人工作发展纲要,以"老有所养、老有所医、老有所为、老有所学、老有所乐"为指导方针,而后又加入了"老有所教",共同构成了新的"六个所有"。这反映出我国政府对老年人赡养问题,在宏观方向上有了更深层次的把握。1996年制定的《老年人权益保障法》是具有前瞻性和统领性的法律规定,在我国进入老龄化社会之前就制定颁布执行,同时与其他法律制度相衔接共同发挥着巨大的积极作用。除了《老年人权益保障法》之外,我国的《宪法》《民法典》《刑法》《劳动法》以及地方性法律等其他重要法律,都对老年人的合法权益做了明确的规定。《老年人权益保障法》通过第二章专门规定了家庭赡养的细则,与中国传统的养老观念结合,将"家庭养老"的观念明确法律化。该法具有中国特色，一定程度上反映古代的礼法制度中正确的价值引导，同时也从我国处于社会主义初级阶段的国情出发，解决了很大部分的老年人赡养的难题。《老年人权益保障法》第三章社会保障规定了国家保障的重要原则，通过国家的宏观调控，将老年人的福利制度、社会保障制度纳入到国家法律中来。

二、我国老年人赡养的相关法律规定

当今立法对老年人权益受到侵害时的救济集中体现在《老年人权益保障法》中，其中第七十三条规定："老年人合法权益受到侵害的，被侵害人或者其代理人有权要求有关部门处理，或者依法向人民法院提起诉讼。"按照此规定，赡养义务人不履行赡养义务时，老年人可以有两条途径选择：一是可以要求相关部门解决。老年人认为赡养义务人侵害了自己的合法权益，没有履行赡养义务，可以要求义务人所在组织或者村（居）民委员会进行处理，也可以要求义务人所在单位进行沟通调解。二是可以直接向人民法院提起诉讼。老年人的赡养问题是全社会的共同问题，人民法院和有关部门，对老年人的诉讼和权利请求，应当及时、快速妥善地处理解决，不能有"事不关己高高挂起"和不愿插手家务事的思想。虽然我国对老年人赡养的保护取得了很大的成就，但是当今养老的局势仍然很严峻。抛开经济因素的差距和文化氛围的差异不谈，与其他发达国家相比较，法律对于老年人赡养各方面做的仍然不够。客观上来讲，法律制定得再详细也满足不了社会的日益变化，因此就容易出现法律与社会衔接的缝隙。虽然我国家庭养老长期处于基础性地位，国家和社会给予了大量的支持，但是从国际趋势来看，我们国家应当承担的职责似乎有所欠缺，在细微的方面上家庭养老似乎在一定程度上遭到了法律上和现实上的无奈：首先，如何让老年人老有所乐，这是对赡养义务的一个巨大挑战。法律内容的实现，需要从外部环境上通过社会设施的建立保障。充实老年人的精神生活，达到愉快的心境，更需要子女积极进行精神慰藉，常与老人沟通，排除无所事事、闷闷不乐的局面，而后者也是我国法律遭到现实诟病最多的地方。其次，残酷的社会生活压力，使得年轻子女常常感觉到"有心养老，无力回天。"自我国实施计划生育国策以来，家庭中子女人口大幅减少，整个社会的家庭结构形成了"四二一"的核心家庭模式。面对着"上有老，下有小"，生活成本不断提高等一系列现实问题，照顾老年人履行赡养义务的能力大幅弱化，质量也严重降低，由此引发的赡养老年人纠纷的案件越来越多也就不难理解了。再次，老年人赡养法律评判标准在适用时存在地区的异化，由此导致了法律成为了美好的"花瓶"，好看却不实用。我国城乡二元经济结构的构造，促进经济发展的同时也带来了法律实施的矛盾。老年人赡养义务的规定结合到不同的地区，就形成了不同的法律评价体系，同样的标准，在城市中和在农村中可能是截然不同的两个版本。我国《老年人权益保障法》的贯彻实施就遇到了阻力，无法真正有效地保护老年人的权利。

三、我国老年人赡养法律制度之不足

（一）概念界定不科学

概念界定上的不科学集中体现在老年人及父母子女概念的过于简单。从现行的我国法律上看，似乎老年人必定是父母，因此赡养老年人的任务主要落在子女身上。显然，老年人与子女有着密切的联系，但是老年人又与父母子女是不完全相同的两个概念。法律尤其是专门保护老年人权益的法律，应当对老年人及父母子女做出详细而准确的规定，而不是简单、笼统的粗线条描述，主体的定义和范围必须首先进行法律上的明确。只有这样，对老年人赡养的权利义务才能沿着正确的道路全面地展开。

（二）法律体系不完善

1.《老年人权益保障法》法律结构上的不足

《老年人权益保障法》是我国老年人赡养的基本法。从《宪法》与普通法之间的关系来看，应当是母法与子法的关系。《宪法》的规定应当为子法制定提供依据，子法应当在《宪法》的前提之下提出具体的规范，使得《宪法》的规范具体化。而《老年人权益保障法》第三条规定"老年人有从国家和社会获得物质帮助的权利，有享受社会服务和社会优待的权利，有参与社会发展和共享发展成果的权利。"这条规定只是对《宪法》内容的语句替换，无法体现子法的真正价值。我国大多数法律都采取总则和分则两部分组成的结构，《老年人权益保障法》也采取了这种立法的结构形式。总则是制定一部法律的基本原理和指导思想，起的是提纲挈领、引导分则的作用。因此，总则一般都是比较抽象和原则性的，分则则是围绕总则来架构的具体实施条款。我国的《老年人权益保障法》，总则一共有12条，其中第三条到第十条是核心部分，每条规定的维护老年人权益的主体都是国家和社会，我们不否认国家和社会重要的作用，但是我国的赡养老年人主要还是家庭养老为基本理念和主要模式，在总则中未提及，略有轻视之嫌。然而，在分则的首章中并没有见到关于国家和政府具体行为细则，取而代之的是很大篇幅的规定家庭的具体义务，这样的编排顺序与总则不能相对应，似乎总则中政府和社会的主要责任只是用来引出家庭养老的引子。既然老年人法律主要是为了阐述家庭的责任，则应当在总则中作为主要的部分详加规定。可以说，总则与分则的立法思想上的衔接和法律实施重点上有所矛盾。

2.《老年人权益保障法》可操作性不强

依法治国是我国建立法治国家的基本方略,是严格依照法律的规定治理国家。依法治国要求做到"有法可依、有法必依、执法必严、违法必究"十六字方针,其中有法可依是建立法治国家的前提。有人认为,法律要具有稳定性,而法律条文规定的适当抽象和原则有助于保持法律的生命力,能够保证其存在的稳定。笔者认为,稳定不代表要牺牲具体性,不代表为了维护法律的权威而只做出在任何时代都挑不出问题的原则性规范,稳定与可操作性并不矛盾。大多数情况下,规范的操作性强,能够避免抽象带来的"人人都有权、人人都没权"的恶性局面。法律条文的具体,才能保证有法可依,有法必依,否则法律职能是一纸空文。例如《老年人权益保障法》第三十四条规定:"国家根据经济发展以及职工平均工资增长、物价上涨情况,适时提高养老保障金、物价上涨。"立法本意无可挑剔,但是法律制定出来如何执行成了问题。老年人无法进行权力的诉求,没有一个具体的操作模式,司法人员也不可能对国家进行判决。因此,首先要明确的就是可操作性的重要性,它与稳定性不是对立的。具体来谈我国的《老年人权益保障法》,笔者认为:第一,法律中的空泛词语过多,诸如"国家鼓励""应当重视"以及"提倡""扶持"等。抽象性和原则性的词语用于《宪法》之中,能够作为依据制定下位的普通法,从而体现《宪法》的指导作用。但是作为具体的维护老年人的法律,不应该也不能够顺着《宪法》的规定继续充当指挥官的角色,这样的话,便处于了无法可循的状态。而且法律的语言应当是严谨的,老年人可以依照法律对于自己的权利一目了然,子女对于自己的义务也清清楚楚,社会团体、司法机构、政府部门权力与职责明明白白,否则各方的权利、义务、权力将混乱不堪。第二,法律规定内容抽象和原则,这就对法律适用的解释带来障碍,对责任的认定就没有评判标准。"公说公有理,婆说婆有理"的法律条文不胜枚举。如本法第三十三条第二款规定:"地方各级人民政府应当根据当地经济发展水平,逐步增加对老年福利事业的投入,兴办老年福利设施。"从这条来看,更像政策宣传,不像法律的一般规定,没有具体规定什么样的条件投入多少资金,不施行如何追究责任。正是因为规定的过于原则,如果不施行时必然可以找出各种理由解释法律,也就不存在违法的情况,受损的也就是老年人的权利和法律的权威。第三,法律条文的不确定性。法律条文的规定应当包括假定条件、行为模式和法律后果三个方面,无论哪一方面都应该是限定明确的,应当是"一个萝卜一个坑",而不是随便向哪一极发展都能用法律解释。如本法第二十二条规定:"农村除根据情况建立养老保险制度外,有条件的还可以将为承包的集体所有的部分土地、山林、水面、滩涂等作为养老基地,收益供老年人养老。"无论做与不做，法律上是模棱两可的，并不是非黑即白，可想而知这方面的福利能否实现落到实处，因此有待思考。第四，引证条款太多，往往有所指无所用。本法中过多的出现了"依法""有关组织""多种形式""有关部门"等等。为了弄清楚本法中这些条款的定义，需要对条文中的关键词进行大量的搜索考证，对权利义务的明确设置了障碍，而且有的引证条款也存在类似现象设置出现了变通、失效，那么老年人的权利如何保障呢？第五，缺少明确的法律责任。法之有威，在于法之必行。虽然第五章专门规定了法律责任，但是细细咀嚼并未如此。对于本法中规定的模棱两可的条文、抽象条文，违法与否都无定论，更谈不上责任的承担了。另外有些法律条文虽然规定了行为的违法性，却对责任的承担没有下文。例如，家庭成员以及老年人的赡养人的侵权行为，本法并没有进行相应的规制，反倒是在刑法中很明确具体的规定了虐待、遗弃行为的刑事责任。这样看来，在民法范围内的问题是不能用民法的法律后果进行威慑，等于设置了空头支票，丧失法律的应有作用，不得不说是一个重大的漏洞。

3.《老年人权益保障法》执法权的分配不统一

本法第五条第二款规定了行政机关协调有关部门一起做好老年人权益的保障工作，具体是哪些机构则又由政府规定。这是典型的引证法律，将权力主体细化，多部门联合执法，这样做的现实情况是"人人都有权，人人都无权"，无法在法律上追究执法主体的失责行为，对老年人的权利保护是极大地损害，必须加以改进和完善。

（三）老年人赡养的内容待完善

老年人赡养包括物质上的供养、精神上的慰藉和生活上的照料，相对于物质赡养而言，我国的精神赡养存在的问题较多，形势也较为严峻，已经引起了社会学者特别是老年人口学者的注意。纵观我国的现行法律及施行的情况来看主要存在以下几个问题：第一，规范老年人精神赡养的法律法规可操作性不强，倡导性语言占据主要的部分，可执行的规定少之又少。无论是国家基本法律，还是地方性法律规范，除了辽宁省在行政法中纳入了精神规范的惩罚措施之外，用语基本上属于原则性的宣誓，无法指导人们的行为和司法工作。第二，精神赡养的义务主体未做到细化落实，影响精神赡养的义务积极履行。我国仅仅在《民法典》和《老年人权益保障法》中规定了子女有赡养扶助父母的义务，负有照顾老年人的特殊需要的责任。现实生活的情况是相当繁杂的，父母子女之间的关系并不是只有婚生子女一种，联系他们之间的纽带也是多元化的，笼统的做一个概括性陈述，实则针对精神赡养这一特定义务是不能很好完成的。另外，法律规定儿媳、女婿负有赡养辅助的义务，如何进行辅助，违反了辅助义务如何处理等等这些问题有待解决。第三,法律后果上的缺失。法律规则是以法律权利和法律义务为主要内容,由国家强制力保障实施的具有严密的逻辑结构的社会规范。任何法律规则只有具备法律后果才能是行之有效的。精神赡养本来就是道德层面的东西,是否介入法律调整都一直引起争论,至于如何履行、如何判定违法、如何救济、如何惩罚更成了没有定论的空白。第四,各时期各地区法院对于精神赡养的判决不尽相同,甚至是截然相反。随着社会的进步,物质生活也有了明显的提高,老年人对于精神方面的追求欲望也越来越强烈,而子女们总是因为各种原因而对老年人置之不理,由此精神赡养的案件也逐年增加。因为精神赡养法律规则的不明确,所以各地法院在司法中结合各地的实际情况,或予以支持老年人诉求,强制子女履行精神赡养义务,或以无法执行为由驳回起诉,或进行调解劝导老年人撤诉,最终和解。司法的不一,也体现了精神赡养法律规则完善的迫切性。另外,城乡二元结构的差异性是我国社会的重要特征,但是法律并未区分对待,对农村老年人赡养保护不够。目前,我国农村的社会现实情况是,老年人与子女同住共同生活的情况已经属于少数了,基本上都是在几个子女家轮流赡养的,这也就面临着赡养义务人之间的矛盾。由于农村老年人一般缺乏经济来源,所以在子女家庭中的地位较低,经常要看子女及儿媳、女婿的脸色,难免有寄人篱下的感觉,对身体和精神都是极大的折磨。另外,随着城市化进程的加快,农村青年大都进城打工,老年人又不得不替他们照顾孩子,通过"再就业"换取子女配偶的"好脸色"。法律在这个方面本应当予以特别关注,对赡养义务人及赡养义务辅助人的义务进行细化的规定,于法有据,才能有法可依。

(四)赡养方式待改进

我国的赡养方式基本以"家庭养老"模式为主,但是随着社会结构的变化,这种养老模式受到冲击。尤其是在计划生育政策实施以来,家庭结构发生变化。当然,计划生育作为一项国策写入了我国的法律制度中,在实施以来取得了巨大的成绩,同时孩子少了,谁来赡养老年人,这对老年人赡养带来了巨大的压力。如前所述,我国的老年人已经从历史上的强者变为弱势群体,家庭规模的核心化使得老年人赡养成了整个社会的难题。我国社会是一种反哺式的养老模式,父母会把重心放在自己的下一代身上,同时还要面对社会的压力、自身将来的养老问题等等一系列现实的无奈,对上一代的赡养自然心有余力不足。所以,代际关系的下移、现实生活的冲击等因素引起了对"家庭养老"模式的思考。

(五)保障手段待丰富

我国建立养老保险和医疗保险法律制度的目的在于保障引入保险的社会福利,加大社会养老的职能,确保老有所养。"公平优先、兼顾效率"是社会基本保险的原则之一，公平是其追求的首要价值。但是无论从形式上还是实质上，我国的保险法律制度都存在严重的不公平。在现行的制度下，不同人群因为地域、职业等的不同，采取的是不同的政策，养老保险方面如公务员依然享有的是计划经济时代的退休养老政策，而占据最大人口比重的农民、农民工则被排除出制度外，显然是不公平的。另外，制度规定的救济手段和法律后果操作性不强，常常导致权利无法实现。

第四节　我国赡养老年人的法律制度完善之构想

一、立法技术上的修正

（一）法律结构

我国赡养老年人的法律是以《宪法》为指导，以《老年人权益保障法》为基本，结合《民法典》《刑法》等法律一起进行专门规定的。在第四部分已经论述了我国《老年人权益保障法》的法律结构存在一些纰漏，归纳起来主要是总则与分则的关系，特别是该法的分则内容，通过完善能够在保障老年人权益时起到应有的作用。[1]基本法应当与《宪法》保持一致，《宪法》起的是根本大法的作用对基本法进行原则性的指导，而基本法则应当是为了解决具体问题落实《宪法》的原则而制定出来的。《老年人权益保障法》的总则与分则是个统一的体系，总则规定了老年人权益保障的原则，承接《宪法》的精神，分则紧扣总则制定具体的实施条款。因为我国的传统赡养老年人是以家庭为主导，我国的养老模式也是"家庭养老"模式，所以在总则中应当有所体现出来。至于国家和社会，我们不能否认其对赡养老年人的重要支持，将其写入总则中也是无可厚非的。但是既然是基本法，就不能是《宪法》的照抄原搬，依葫芦画瓢，必须反映出具体的实施指导思想，笔者认为，在总则中要主次得当，对家庭作用的条款应当予以明确和稍微详细的阐述，而不是作为国家和社会养老倡导的附属条款。其次，法律应当保证逻辑上的一致性，既然分则第一章是大篇幅的规定家庭的具体义务，那么在总则中相对应的占据一席之地，以一条或者几条主要的原理作为分则的依据。这样的话，法律的结构更加完整合理。

---

[1] 曾庆敏.老年人权益保障与社会发展［M］.北京：社会科学文献出版社，2008.

(二)法律语言

任何一部法律规范都是通过独特的法律语言以条文的形式表现出来的,我国要建设法治国家,实现依法治国,首先就要求有法可依。法律语言的精确与否,直接决定了司法、执法、守法的水平。由此可以看出,只有精确的法律语言,才能使法律规范起到法律应有的指引、预测、教育、评价和强制作用。有鉴于此,老年人赡养的法律也必须对语言做到字斟句酌,准确无误。笔者认为,法律规范用语必须做到准确无歧义、严谨周密、规范、简单明了这四个要求。模糊性的语言对于法律的兜底保持法律的稳定性是有积极作用的,对于原则的制定是必不可少的,但是放到具体规则实施时,应当少用甚至是尽量不用,因为精确、具体才不失法律的严肃性;法律规范的严谨周密,保证了法律体系衔接上的无缝隙,同一性质的行为可能受到多个法律的调整,只有对法律语言仔细考量,"思前顾后"才能避免法律之间的冲突;法律语言因为法律的独特性质而具有其自身的规范性,语言的选择必须为法律的权威而"量身打造"的;简单明了才利于权利义务的明确,也易于操作。从前一部分对我国老年人赡养的法律分析可以知道,法律规范的用语存在空泛、过于原则和笼统、模棱两可的情况。因此,笔者认为,修改老年人赡养法律,必须做到精确无歧义、严谨周密、规范且清晰明了。只有这样,老年人才能一眼就能明白自己的权利,政府、社会各部门清楚自身的义务和职责,才能保障法律的严格执行。

二、加强立法的可操作性

(一)明确基本概念

我国赡养老年人的法律规定对老年人及父母子女之间的阐述并不详细,法律应当尽可能考虑到法律与社会现实的匹配,保证调整对象所做出行为的合法合理性。笔者认为,应当明确老年人的概念、父母子女的定义,本章第一节中的老年人的各项特征应当体现在法律之中,而父母子女的形成关系也不是只有一种,特别是继父母子女之间的赡养义务应当做出特别说明,在概念定义明确的基础上对老年人赡养的保护和对赡养义务人纳入法律才能得到当事人及社会的承认,同时也为具体操作制度奠定基础。

(二)统一执法权,权力集中管理机构

我国法律对老年人权益保护的权力授予是不明确的,甚至在《老年人权益保障法》中都没有直接规定出哪个机关负责,因此执法权的主体非常混乱,遇到纠纷时各个机构常常出现踢皮球的情况,对老年人权益特别是赡养方面是严重的缺位、失位的。因此,笔者认为,我国应当集中设立一个总的老年人权益保障和管

理机构，结束分散执法的权力运用模式，宏观协调下属权力机构，执法权自上而下统一起来形成一个权力体系，建立高效畅通的管理体制，只有这样才能防止各个权力沾边部门"见荣誉就上，见困难就让"的局面出现。

（三）义务主体责任的明确性和针对性

《老年人权益保障法》当中有多项关于社会保障的条款，例如第三十四条规定："老年人依法享有的养老金、医疗待遇和其他待遇应当得到保险，有关机构必须按时足额支付养老金，不得无故拖欠，无故挪用。"既是对老年人特别权利的规定，另外一方面也是对义务主体设定行政权力。但是仅仅对权利和权力有所规定，对于具体义务是没有具体设置的，更不会存在法律责任的落实。有权利必然有救济，否则法律就只是一纸空文，没有约束力而言。所以对于类似的条款首要的任务就是从条文规则中写入法律责任，在执法中加大力度，才能迫使有关的单位或者部门感觉到法律的威慑力。除此之外，《老年人权益保障法》第十四条规定了赡养人应当负有赡养老年人的义务，从经济、精神和生活三个方面进行履行。本条款属于强制性规范，因为没有惩罚措施，显得不那么有执行力。因此，在法律中加入具体的惩罚措施是必不可少的。

（四）"赡养协议书"制度建立的构想

赡养协议在我国并不是一个新鲜事物，但是学界认为将赡养的法定义务通过协议来进行双方协商，多少是欠妥的，故而也是一个空白区域。笔者认为，赡养协议是有其可取之处的，在我国目前赡养纠纷日益增多的现实中，通过赡养协议制度的建立是能够缓解社会压力、促进和谐的。赡养协议是指为了履行赡养义务，赡养人与被赡养人之间订立的协议或者赡养人之间分配赡养义务订立的协议。[1]赡养既是一个法律问题，同时也是伦理问题、社会问题，所以我们谈论伦理道德问题，不能脱离其生活的社会环境而只在概念上转圈。[2]赡养协议作为道德层面的法律化，应当包含以下主要内容来解决老年人赡养的难题：第一，赡养老年人的方式，共同赡养还是轮流赡养还是其他形式；第二，如果采用轮流赡养的方式，那么时间如何规制，每次多长时间，如果将父母分开赡养，各方如何负责；第三，费用的承担，老年人赡养时的各项费用如何分担；第四，协议生效的时间及其他特殊规定；第五，违反了协议的内容，应当承担的责任，老年人如何需求救济。法律的特征在于其国家强制力作为保障。赡养协议制度在我国法律中只是有所提及，而没有具体规定。

---

[1] 吴雁秋，宋玉玲. 收养监护抚养维权自助[M]. 北京：中国法制出版社，2007.
[2] 崔宜明，朱承. 中国伦理十二讲[M]. 重庆：重庆出版社，2008.

笔者认为，赡养协议制度的架构，需要从各方面进行考虑，主要还是应当以民事法律作为基础，结合刑事法律及其他社会保障制度一起调整。在民事法律制度中，首先要在立法中明确赡养协议的具体内容，设立具体的操作规则，避免粗线条的简单提及。例如，《鞍山市农村签订家庭赡养协议办法》是个良好的启示。这个地方性的法律在国家的局部地区实行试点和示范，取得了一系列的成果，对于赡养协议的规定操作明确而且很有针对性，对于赡养协议制度进入立法是个良好的借鉴。其次，在赡养协议中明确违约金的规定。设定违约金是法律制度在家事法领域的延伸，家事法因为其性质的特殊在过去认为不宜商业化运作。笔者认为，此有因噎废食之嫌的。通过设立违约金，能够促进赡养义务人积极履行其义务，从而维护被赡养人的利益。至于违约金的数额，应当是由当事人双方进行协商，国家给予一个基本的标准进行保障为宜。第三，设立抚慰金制度或者精神损害赔偿制度。加入精神损害制度，将赡养协议的救济当中纳入精神损害的元素，能够加重赡养义务人的责任而促使其敬畏法律的威严，为防止责任的承担而对被赡养人的利益时刻保持注意。在刑事法律制度中，以《刑法》严厉的法律惩罚手段给予赡养协议制度以最终的保护。在我国民间社会中，人们对于自己的社会评价是十分看重的，违反了民间法的人，会被其所在区域的人们所孤立，成为尴尬的"局外人"。①民事法律的惩罚对于自由的限制是有局限性的。笔者认为，在《刑法》中加入对赡养的保护是有必要的，如我国香港地区有进行公益劳务的处罚，能够起到很大的作用，因此值得借鉴。参照国外法律制度，笔者认为在《刑法》中加入公共劳役的强制措施和张贴悔过书的方式也是值得尝试的。其他方面，如通过村规民约方式能够使得赡养协议深入人心，进行道德建设和宣传培养尊老的美德，通过政府和社会参与形成联动机制能够更好地维护老年人的权益。

三、精神赡养制度的完善

（一）明确立法加强孝的思想

孝道是我国古代社会的基础，通过不孝入刑得到很好的保障，孝在中国传统文化中是集道德观、社会观、人生观、宇宙观为一体的核心和首要理念。②但是如前所述，社会发展到了今天，由于子女的减少、社会压力增大、生活方式转变等因素，家庭养老功能弱化，精神赡养义务的履行严重不足。精神赡养实则是道德和法律的共同调整对象，其中道德因素是占据主导地位的，法律的功能在于以

---

① 田成有. 乡土社会中的民间法 [M]. 北京：法律出版社，2005.
② 肖群忠. 孝与中国文化 [M]. 北京：人民出版社，2001.

法治德，将道德法律化。但是徒法不足以执行的，在立法中加入孝的思想是必不可少的。有人主张，如同古代不孝入刑，我们可以在《刑法》中规定不孝的法律条文，增设不孝罪。笔者认为是没有必要的，重点还是应当放在老年人法律保障制度上，在相关法律中增设体现有关孝文化的条款，明确界定侵犯老年人权益的行为及惩罚措施等。此外，可以将精神赡养与继承权相承接，将精神赡养履行情况作为继承权获得与否或者继承财产分配多少的依据；还可以赋权与老年人，参照《民法典》中的探望权，将老年人要求子女进行探望的权利纳入自身的权利之中；明确儿媳、女婿的精神赡养协助义务；等等。

（二）行政法和地方性法规具体细化

我国在《治安管理处罚法》中规定了侵犯老年人权益的行政责任，但是对于精神赡养方面并没有得到很好的衔接。《辽宁省老年人权益保障条例》规定了精神赡养方面的内容：对于不与老年人一起居住的，应当经常问候、看望，国家工作人员如果违反上述规定的，由其所在单位或者上级机关责令改正；情节严重的，给予行政处分，或追究相关法律责任。其他诸如江西省、浙江省也有类似规定。由上我们可以看到地方性行政法规和法律已经有了对于精神赡养的规定，虽然适用范围和地区并没有达到基本法的影响力，但是至少对于其规制的义务主体产生良性的作用，对其他民众也会产生教育的功能。笔者认为，应当将精神赡养义务细化为可操作性的规则，将精神赡养纳入公务员体制，通过行政立法和地方性法则予以具体规范，将精神赡养与子女的个人职业前途、商业信用和社会评价挂钩，能够在全社会树立良好的养老观念，这种方式是行之有效的。

（三）政府和国家的大力支持

家庭养老功能的弱化，很重要的一个原因是赡养义务人面对社会生活的压力不堪重负，力不从心。赡养义务人困于自身事务，自然对老年人的赡养无暇顾及，常常忙于工作，大多时候只能在物质上给老年人以帮助，对于精神赡养就成了法律上的奢求。因此，为了精神赡养的履行，政府和国家应当从政策上着手，为精神赡养义务主体进行"减负"。借鉴家庭养老模式下的东亚发达国家的法律制度的同时，我们也可以将社会保障和社会福利引入我国的法律政策中。例如，在全国范围内设立老年人专门法庭，提高效率，解决包括精神赡养在内的赡养纠纷；对子女与父母同住的，负担精神赡养和生活照料的子女，对其在购房时提供优惠政策，在课税上予以减免优惠，并在日常工作时提供带薪的假期，减轻赡养老人的压力；鼓励与老年人同住，关注老年人的精神状况，即使分开居住也不能太远，以送过去一碗汤不会凉为标准，提供贷款上的便利和优惠；国家设立"敬老日"等具有实际教育意义的节日；等等。通过国家的保障，能够在减轻赡养义务人压力的同时更好地促进赡养义务特别是精神赡养义务的履行。

四、养老保险和医疗保险制度的改进

我国养老保险和医疗保险制度起步较晚，但是对家庭养老中的问题产生了补强的效应。改革开放以后，随着经济体制转变，在养老保险和医疗保险制度上存在着两种体制的痕迹，由此带来了老年人权益保障的不到位。笔者认为，无论是养老保险还是医疗保险制度，首先要解决的问题仍是法律责任的认定，有了完整的法律责任法律才有意义，才能做到有法可依，违法必究。其次，我国城乡二元结构导致了不同地域的不同标准，这是无可厚非的，也是社会现实发展的要求，但是对于不同职业的医疗待遇不能过分拉大，否则容易造成不公平的现象，而且对于老年人医疗待遇也不能采取一刀切的方式削足适履。笔者认为，我国对老年人规定医疗待遇差别，最多只能分两个档次：一种是为有成就老人准备的医疗照顾；另外一种是为所有老年人准备的全部免费医疗。采取这样的标准，易于操作的同时也能满足老年人医疗的需求。再次，养老保险和医疗保险应当向农村老年人适当倾斜。城市化进程的加快，需要在保证效率的同时关注弱势群体中的弱者。最后，分析我国老年人赡养的现实社会情况，家庭的护理保障作用愈发出现短板，所以笔者认为应当借鉴国外的护理保险经验，建立适合我国国情的老年护理保险制度，弥补家庭护理的缺陷。

五、充分发挥政府和社会参与的积极性

（一）三支柱责任原则

如前所述，我国从古至今都是采取家庭养老的模式，但是家庭从来都是社会的一个单位，家庭的力量是非常有限的，仅靠家庭养老将会困难重重。因此，须依靠国家和社会，调动一切积极因素共同承担起老年人赡养的任务。所谓三支柱责任原则，就是"政府责任为主导，夯实家庭养老，并提倡自我保障"。坚持这个原则，就需要有主次地发挥各个因素的力量。在老年人赡养制度中，政府站在公权力的高度，宏观调控，为家庭养老提供制度和法律上的支持；需要吸取传统文化中的精髓部分，为家庭养老提供历史上的借鉴；需要老年人自立自强，积极维护老年人自身的权益。具体来说：首先，在当今我国国情之下，政府应当发挥主导作用，承担主要责任。我国城乡二元结构明显，城市化进程加快，"未富先老"的现实，以及计划生育国策引起的家庭趋于核心化的情况，造成了小家庭对老年人赡养的弱势。因此，政府的支持能够减轻小家庭的赡养负担，促进家庭养老模式的延续。其次，我国老年人赡养的法律制度具有传统伦理道德的体现，儒

家经典的孝文化仍然居于基础性地位，通过伦理道德与法律制度的结合，为老年人赡养提供了最根本的思想保证。再次，鼓励老年人发挥自身的能动性，从老有所养到老有所乐、老有所教，为老年人提供多元化的内容，增强自身活力，同时也是为社会、为子女减轻负担做出自己应有的贡献。

（二）加强社会力量的作用，宣传普法教育，增强老年人维权意识

老年人赡养既是法律问题，同时也是社会问题，因此法律并不是老年人能采取的唯一渠道。首先，在解决老年人赡养纠纷时，应当充分发挥社区、居民委员会、村民委员会等基层组织的作用，通过调解维护家庭的稳定和睦。其次，通过宣传教育，弘扬中华民族尊老敬老的传统美德，使公众认识到赡养老人不仅是道德的要求，还是法律规定的义务，是不容违反的。再次，对老年人"家丑不可外扬"或者害怕子女打击报复的旧思想要进行纠正，增强老年人的权利意识，有效地利用法律武器维护自己的权益。最后，要加强司法救助和法律援助工作，真正将立法、司法、执法融为一体，形成社会主义老年人法律保障体系。

【本章小结】老年人赡养是老年人权益法律保障制度中一个的核心环节，也可以说是家事法制度中举足轻重的部分，对老年人赡养是关系到赡养双方当事人的权利义务的。因此对其研究是具有极大的理论和现实意义，对于老年人赡养采取何种方式以及如何保障是至关重要的，该制度的建立和完善对和谐社会的达成是不可或缺的。从古至今，我国都是以家庭作为老年人赡养的基本单位的，家庭养老模式具有无可代替的作用。但是随着社会的发展，家庭养老受到现实生活压力的影响，功能逐渐弱化，单靠家庭进行老年人的赡养越来越捉襟见肘。但是如果对老年人赡养全盘西化也是不现实和不可行的，而且现代发达国家也开始注意发挥家庭在赡养老年人方面的作用。亚洲其他发达国家，如日本、韩国等，它们同样受到儒家孝养文化的影响，它们成功和先进的经验是值得我们借鉴的。

第七章 成人（老人）监护制度性法律风险及解决

第一节 成人监护制度的法理基础

一、监护制度的起源及发展

根据现有资料记载，监护制度的兴起可以追溯到古罗马时期。公元前450年，古罗马颁布的《十二铜表法》（第一部成文法典）的第五表《继承及监护》中，就涉及到监护、保佐制度的内容。如第五表第一条规定[①]监护的对象为未适婚人和妇女，其中未适婚人指的是十四岁以下的男孩和十二岁以下的女孩。再如第五表第七条规定：在精神病人没有相应的保佐人时，便由族亲对其身体和财产进行保护；无族亲时由宗亲保护之。至于浪费人，则由族亲担任他们的保佐人，他们自己是不能够自行管理财产的。此条规定是为已达到适婚年龄的男性精神病人与浪费人设立保佐制度，这样规定的首要目的是考虑到保护其家族财产的安全性。从监护主体角度观察，监护制度是针对未成年人设立的，而保佐针对的是精神病人与浪费人。在罗马法上，把监护未成年人的人称为保护人，把监护精神病人的人称为照管人。前者的主要职责是保护、照料未成年人的身体，而后者的主要职责在于看管被照管人的财产，二者总称为监护人。发展到今日，监护制度的改革历程大致如下：首先，监护制度是建立在宗族制和家庭制基础之上的。监护是为了维护家族利益而设立的代行家长权。马克思曾经指出："罗马的家长对于他的家庭经济范围内的一切享有绝对的权利。"[②]其次，随着经济的迅速发展以及宗族制与家长制控制地位的逐渐衰退，亲权与夫权逐步从家长权中独立出来，各个家庭也开始有了自己独立的财产，家族财产逐步由"家族共有"过渡到"个人私有"，从而引起了监护和保佐制度也逐渐由保护家族利益向保护个人利益的转变，并转化为一种公职行为。实际上，往往还是由家族内的成员作为监护人承

[①] 《十二铜表法》第五表第一条规定：妇女即使达到适婚年龄，亦受监护，维斯塔贞女除外。

[②] 李霞. 监护制度比较研究 [M]. 济南：山东大学出版社，2004.

担监护职责,国家公权力对其的干预并不是很充分。之后,伴随着资产阶级革命的胜利,国家工业化程度的加深,商品经济的日趋繁荣,以及国家经济体制的逐渐完善,监护制度的社会公职性质渐显。这主要表现在:一方面,为了适应生产关系、社会结构变化及思想观念转变的需要,婚姻家庭已逐步摆脱封建制度的束缚,从而使监护制度的人身性与支配权属性慢慢减退;另一方面,随着未成年人法律地位的提高,男女不平等状况的改善,监护人与被监护人的人格、财产相对独立,司法与行政部门已经开始介入到监护制度中并对其做出了一些调整,形成了以亲属监护为主、国家公权力适度参与的新局面。1945年前后,监护制度进入了现代化的发展时期,监护制度有未成年人监护制度与成年人监护制度之分,它们各自又经历了新的发展。比较而言,成人监护制度的发展、变化更为突出和复杂。如精神病人、妇女、浪费人等都曾作为成人监护的对象。我国的监护制度起步与世界上先进国家相比相对较晚,之后又经历了漫长的封建统治时期。在当时,封建家长制是极为盛行的,家长对家庭成员享有非常大的权利,甚至可以生杀予夺。虽然在家长本人年幼或其他原因导致无法亲自管理家政的情况下,会通过管理、顾命、托孤等方式委托他人对家庭成员进行辅助,但仍没有形成一项规范制度。直至清末,德、日等一些大陆法系国家的法律制度传进中国后,清政府才开始进行法律变革。1911年的《大清民律草案》对监护制度作了初步规定。1929年,国民党政府颁布的《中华民国民法典》将监护划分为两种情形:第一是不在亲权之下的未成年人监护,第二是禁治产人监护。该法运用监护制度对无民事行为能力人和限制民事行为能力人给予保护。但是该部法律中没有涉及保护制度的规定。1949年中华人民共和国成立后,废除了国民党时期的法律制度,但监护制度依旧没有得到重视。直至1986年《中华人民共和国民法通则》(下文简称《民法通则》)诞生后,监护制度才正式以法律的形式出现,被规定在公民一章中。1988年,《最高人民法院关于贯彻执行〈中华人民共和国民法通则〉若干问题的意见(试行)》(下文简称《民通意见》)对监护制度进行了更加细致的解释和补充,与《婚姻法》《未成年人保护法》《精神卫生法》等法律法规中有关监护的内容一并构成我国监护制度的全貌。

二、监护的定义及性质

(一)监护及成人监护的定义

各国(地区)在理论上对监护定义的规定不尽相同,在罗马法语境中,将监护定义为:"由市民法赋予的对那些因年龄原因不能自我保护的自由人给予保护的一种权利。"①有关监护制度的定义主要划分为两种表现形式：一种是以英美法系为代表的广义监护；另一种则是以大陆法系为代表的狭义监护。二者最主要的区别在于父母对未成年子女的照料是否被法律明文规定为监护。大陆法系国家（地区）通常规定了亲权制度，我国台湾地区的民法主要承袭了大陆法系的传统，所以对于监护的定义与大陆法系其他国家的有关规定基本相同。即把监护定义为对那些无法得到亲权保护的未成年人和无限制行为能力的成年人的人身及财产等合法权益进行保护与监督的法律制度，故父母是未成年人的亲权人，而非法定监护人。英美法系则不设立亲权制度，其所称之监护就必然包括了亲权，因而为广义监护。目前，我国大陆地区的法律没有专设父母对未成年子女的亲权制度，故"监护"一词也在广义上使用。我国的监护制度包括对未成年人的监护及对精神病人的监护，所谓的成人监护制度其实是一种学理上的概念。在传统民法上，称其为禁治产人监护、准禁治产人监护，在大陆法系民法中将成人监护制度称为成年人照管制度、成年人代办制度、成年人监管制度等。随着大陆法系国家民法制度改革的推进，禁治产人监护、准禁治产人监护的称谓正在逐步成为历史遗迹，取而代之的是更加先进、更加人性化且操作性更强的成年人监护，而且已被广泛使用在联合国国际人权文件中，故成年人监护这个概念被各国通识。本章也仅对我国成年人监护制度进行分析、研究。

（二）监护的性质

界定监护的性质旨在明确监护人的法律地位。目前，学界主要有三种观点：第一为权利说，此观点认为监护是一种基于身份关系而产生的权利。我国《民法典》第三十四条②规定了监护人享有监护权，在多数情况下是由于监护人与被监护人之间存在着特定的身份关系，也正是基于他们之间存在着某种特定的身份关系，才能更好地保护被监护人的合法权益。这就是说不存在某种特定的身份关系就不会享有身份权，而监护在性质上可以归为一种身份权。身份权在现代民法上以义务为核心内容，所以尽管监护实现的是被监护人的利益，仍不失为一种权利。当把监护看作是一种权利的时候，才能激励监护人积极、全面地行使权利、履行监护的义务，从而实现监护的目标。第二为义务说，这种说法基于以下理由：监护制度并没有赋予监护人任何利益，只是法律强行附加给监护人的片面义

---

① 桑德罗·斯克巴尼. 婚姻、家庭和遗产继承 [M]. 费安玲, 译. 北京：中国政法大学出版社, 2001.

② 《中华人民共和国民法典》第三十四条：监护人依法履行监护职责产生的权利，受法律保护。

务。纵观我国的监护制度，没有一个法律条文赋予了监护人享有如报酬请求权这类的权利。再加上，监护人之间为了逃避责任，出现了互相推诿的现象，所以监护是一种义务。第三为职责说，拥护此种观点的学者认为监护制度在设置上完全考虑的是被监护人的权益，也禁止监护人利用监护制度来为自身谋取任何利益。梁慧星教授在其著作中写到："监护并不是一种权利，而是一种职责，且监护之内容在保护被监护人的身体和财产，与身份权之内容在对人的支配上，绝无相同之处。"[1]除了以上三种主要观点外，对于监护的性质，学界对其的认识还有很多，如王利明教授认为监护权属一项"私法上的权力"。笔者更为赞同第三种观点，理由如下：首先，监护不能是一种纯粹的权利。因为权利是可以放弃的，但从我国目前的法律规范看，除非符合监护关系终止的法定情形外，监护人是无法自由地放弃或拒绝监护的。其次，监护也不能是一种纯粹的义务。因为在监护法律关系中，监护人还是享有一些权利的。例如，如果监护人是出于保护被监护人利益的目的，则其可以合理利用或是处分被监护人的财产，而且当被监护人的人身或财产遭受非法侵害时，监护人还可以以法定代理人的身份代替被监护人向司法机关主张合法权利。因此，义务说片面地强调了监护人的负担。最后，职责说强调的是职权与责任，即权利与义务的统一。从探究监护制度的立法目的出发，可以得出监护人是在保护被监护人利益，是为被监护人的利益服务而非为自己的利益服务。故监护的性质不是权利。监护人在保护被监护人利益的同时享有一定的权利，而非绝对的负担，故监护的性质亦非义务。监护制度不仅关系着被监护人本人的利益，而且关系着国家、民族的未来；不仅是一个家庭的职责，更是一个社会乃至国家的职责。所以，笔者赞同监护是一种职责的观点。

（三）监护与扶养、代理的联系及区别

扶养有广义与狭义之分。广义的扶养一般发生在亲属中间，即由存在着某种特定的身份关系、拥有一定经济条件的人给予那些没有生活能力的人一种物质上的供养与扶持。它是赡养、扶养、抚养的总称，也不论及身份与辈分。扶养不但囊括长辈亲属给予晚辈亲属的抚养，也包括晚辈亲属给予长辈亲属的赡养以及平辈亲属间的相互扶养。而狭义的扶养，仅仅限于平辈亲属之间的互相扶持与供养。总之，扶养具有身份性、条件性、伦理性的特征。监护与扶养存在着较为密切的联系。第一，未成年人的父母既担任未成年子女的监护人，也担任他们的扶养义务人。第二，监护与扶养两种制度都体现国家对弱势群体的关心与爱护以及扶助弱者的功能。虽然两种制度存在着一定的重合性，但通过对扶养制度与监护

---

[1] 梁慧星. 民法总论 [M]. 北京：法律出版社，2001.

制度进行比较，我们就能发现二者有着较为明显的区别。首先，它们虽都具有扶助弱者的功能，但针对的群体是不同的，扶养制度主要是从经济上帮助一些在生活上有困难的家庭成员，而监护制度主要是辅助那些因身心尚不成熟的未成年人以及身心存在障碍的成年人。其次，监护人对于被监护人的人身和财产都负有监督和保护的义务。而扶养主要是在财产方面负有义务，即给予受扶养人物质供养和经济补助。再次，扶养制度有着浓厚的伦理基础，强调家庭成员间在物质生活上的相互扶助的义务，所以它的义务主体不像监护制度那样可以突破家庭成员的范围，即监护制度中的监护人不用必须是被监护人的近亲属。最后，有监护权的人并不代表其一并享有抚养权。因为抚养权是基于血亲（包括拟制血亲）而产生，是父母享有的对其子女的一项人身权利，该权利在子女成年时即消灭。一般来讲，抚养权由父母双方共同享有，但当父母离婚时，抚养权就会由一方享有。在大量的离婚诉讼案件中，双方争论的焦点往往会集中在子女抚养权的分配上。丧失抚养权的一方，将会失去与其子女一起生活的权利。但是，丧失抚养权的一方，仍然会享有法定的探视权，其可以在约定或裁判的时间内定期与子女会面，或与子女进行短期的生活。所以，丧失抚养权的一方失去的是直接抚养权。而监护权属亲权，不受父母双方婚姻关系解除的影响，因为根据《民法典》的规定，监护权是法定的，除非父母一方对子女有犯罪行为、虐待行为或者对该子女明显不利的，人民法院认为可以取消的，父母任何一方对未成年子女都有监护权即由父母双方共同享有。同时，抚养人一般仅指父母，在极特殊的情形下才会由父母以外的人担任。而监护人的范围很广，未成年人的监护人可以是父母，祖父母、外祖父母、成年的兄、姐及未成年人父母所在单位、未成年人住所地的居民委员会、村民委员或者民政部门。成年人的监护人还包括配偶。

代理是指一人以他人的名义或以自己的名义独立与第三人为民事行为，由此产生的法律效果直接或间接归属于该他人的法律制度。[①]监护与代理的联系主要表现为：第一，监护与法定代理的联系。法律规定，通常情况下被监护人的法定代理人由监护人担任。第二，监护的事项与代理的事项有一定程度的重合性且法律效果归属于被监护人或被代理人。第三，持续代理制度由于在功能上发生了从实现和扩大意思自治向保护弱者的转变，所以它与监护制度有了一些重合。持续代理制度是在被代理人不再具备完全的民事行为能力时，代理协议仍然可以持续有效，但在代理过程中需要有一位监督人予以监督。而比照传统的代理制度，当被代理人不再具备完全的民事行为能力时，代理关系即消灭。所以，持续代理制

---

① 王利明主编.民法［M］.北京：中国人民大学出版社，2010.

度对传统代理理论在法理上进行了突破。监护与代理的区别也是非常明显的。首先，监护制度的重心是监护人与被监护人间的内部关系，而代理制度的重心则是代理人与第三人之间的外部关系，也就是说单纯依靠代理人与被代理人之间的内部关系是无法实现代理制度的功能的。其次，就内容而言，虽然代理制度的适用范围非常广泛，但受法律规定以及当事人约定的限制，同时代理的事项排除具有人身性的民事法律行为。而监护制度的适用范围无此限制，监护行为不限于财产行为。再次，代理制度中被代理人既可以是完全行为能力人也可以是限制行为能力人或无行为能力人，但限制民事行为能力人和无民事行为能力人的代理只适用法定代理和指定代理的规定，完全行为能力人还可适用委托代理的规定。而监护制度适用范围比代理制度要窄，它不适用于完全民事行为能力人。最后，二者适用的期间不同，监护制度中对于成年人监护的期间具有不确定性，而代理制度的期间可以通过双方当事人的约定或是法律的规定，使其具体、明确。

三、完善成人监护制度的意义

（一）充分保障精神病人的权益以维护社会稳定

中国疾病控制中心精神卫生中心提供的数据表明，目前我国有一亿多精神障碍者，精神疾病在我国各类疾病总和中，其比例大约已占到了百分之二十，而且预计这一比例还会保持持续上升的状态。由于存在精神障碍的人往往会因为判断能力不够充足而导致各种问题的发生，比如在进行订立合同这一法律行为时，因意思能力欠缺致使合同存在瑕疵，损害精神病人的合法权益，这也关系到交易安全。我国《民法典》中虽然有关于对无行为能力、限制行为能力的精神病人进行监护的规定，但随着我国精神病患者人数的逐渐增多，他们对自身权利保障的需求也越来越迫切，所以加快完善我国的监护制度刻不容缓。精神病人一般缺乏对自我行为的预见性和判断能力，他们的犯案率往往会高于其他正常成年人。监护制度的不健全容易导致监护缺失现象的出现，监护缺失主要表现为：精神病患者没有监护人，或者即便有监护人，但该监护人没有全面履行监护的职责，导致精神病人的合法权益始终处在无法得到有效保障的状态。监护缺失将会致使很多精神病人处于无人监管、放任自流的一种状态，长此以往这无疑会破坏社会的长治久安。因此，我国应通过完善成年人监护制度的相关规定，加强对精神病人的监管力度，以降低因无人监护导致精神病人犯罪率上升的现象，从而确保社会的和谐与安定。

（二）保障老年人的权益以适应老龄化的社会

2019年1月21日，国家统计局公布了最新统计信息：截至2018年底，全国六十岁及以上老年人口已经达到 24 949 万人，占总人口比例的 17.9%，相比上一年的 24 090 万人，增长了 859 万人。①从上面的数据可以看出，我国人口老龄化的趋势越来越明显。国际社会普遍的人口老龄化问题已经引起了包括法学在内的各学科的广泛关注。在这个背景之下，养老问题备受重视。近些年来，许多国家通过对监护制度的立法改革，以达到解决社会老龄化这一棘手问题的目的。从目前的情况来看，虽然各国成人监护制度对老年人的保护条件和保护程度的规定不尽相同，但是通过监护制度来更好地保护老年人这一弱势群体的做法已成为一种主要的趋势。所以，在社会老龄化日益严峻的背景下，积极调整、完善我国的监护制度，可以弥补我国在老年人监护制度方面的空白，使其更好地发挥保护老年人权益的功能，以适应老龄化社会。

（三）为司法实践提供详尽的法律规则

自 1987 年我国《民法通则》颁布实施 30 多年来，有关成年人监护方面的立法始终未做体系化的梳理和修订，故存在诸多原则性的法律规范、立法空白及立法缺陷。法律原则本身具有灵活性、不确定性、高度概括性的特点，这使得法律原则在适用上容易产生争论与模糊，从而导致在司法实践过程中存在许多不确定因素，为司法裁判留下了极大的自由裁量空间。所以，通过建立一套概念清晰、规定明确、体系完备的成年人监护制度，加强法律的科学性、严谨性、前瞻性，从立法上填补漏洞，预防同案不同判、裁判不公正现象的出现。这不仅有利于保障被监护人的合法权益，也有利于将我国建设成为社会主义法治国家目标的实现，并且也是司法实践的需要。

（四）确保我国成年监护制度的发展顺应国际化潮流

随着国际人权保障运动的推进，20 世纪 70 年代后，有关保护身心障碍者人权的国际规范大量出现。各国也纷纷通过立法改革的方式响应联合国尊重障碍者人权的主张。监护制度在人类社会种族的延续中，担负着非常重要的使命。因为人类种族的延续，并非是单纯自然意义上的人口数量的增加，人还处于社会之中，人类的延续更重要的环节是将出生后的人进行培养，使他们适应社会生存环境并符合社会发展的要求，从而完成由"自然人"到"社会人"的转化。我们不能仅仅因精神障碍者存在思维、行为、意识等缺陷就否认其有与一般人相同的生存和发展的需求，暂时的思维能力不足并不意味着永远的思维能力不足，而且他们是可以在一般人的帮助、引导下进行正常的生活。人类受到生老病死这一自然

---

① 来源：国家统计局，转引自 https://www.sohu.com/a/290855493_120067607，访问时间：2020-04-01。

规律的制约，这是一个无法回避、客观存在的事实。当某些人在精神方面出现问题时，如何正确地处理这部分人的生存问题使这类群体可以更好地生活，如何制定妥善的规范以保证他们的权利，这些皆是保证人类社会得以延续、发展所不可忽视的问题。精神障碍者应享有与他人同样的人权的主张已经成为了国际社会的共识，国际精神障碍者人权保护的一些文件对各国精神障碍者人权政策及法律的制定，起到了积极的示范作用。在现代法治社会，法律是保障人权的最基本的制度，要使精神障碍者的人权得到切实尊重和保护，还有赖于法律的完善。所以，对成年监护制度进行修改和完善，不仅可以更加充分地保障精神障碍者和老年人的人权，还可以使我国响应先进国家成人监护立法的动向，确保国内立法顺应国际规范的发展潮流。

第二节 典型案例

案例一：2013 年 7 月 22 日，王某持刀进入北京马连道家乐福超市行凶，造成了 1 人死亡 3 人受伤，嫌疑人王某被警方当场抓获。经警方初步调查，发现犯罪嫌疑人王某患有精神病史，其曾于 2012 年 9 月 5 日被大兴区精神病院进行了四个多月的治疗，直至 2013 年 1 月 11 日方才出院。[1]

2013 年 7 月 17 日，一位来自山东省沂水县的男子在北京朝阳区青年路大悦城东侧持刀行凶，造成了 2 名行人死亡，其中包括 1 名外籍人士。嫌疑人年仅 27 岁，被警方控制后，其称自己有精神方面的疾病。[2] 面对当今社会的种种压力，人们的身心健康受到了一定的影响，显现了一系列问题，精神病患者的数量也在这些压力下日益增多。笔者认为频繁出现精神病患者肇事的原因是比较复杂的，可能是存在监护人因年老体弱、精力不够导致的监护缺失的情况；也可能是因为监护精神病人需要足够的耐心和时间，监护人为了避免麻烦而采取放任的态度，也不积极履行监护职责；还有可能是精神病患者的父母都已经去世，又无子女

---

[1] 案例来源于腾讯新闻 2013 年 7 月 23 日，http://news.qq.com/a/20130723/000177.htm，访问时间：2020-05-01。

[2] 案例来源于中国新闻网 2013 年 7 月 17 日，http://www.chinanews.com/gn/2013/07-17/5054589.shtml，访问时间：2020-05-01。

或子女年纪尚小，亦没有其他的亲属和朋友愿意担任监护人，而精神病患者的所在单位或住所地的居民委员会、村民委员会、民政部门又没能及时担负起监护的责任，从而导致精神病患者处于无人监护的状态等。因此，如何对民法中的监护制度进行改进和完善是我们必须要慎重研究和解决的一个重大问题。

案例二：钱女士（84岁），北京某大学退休职工，现月退休金为两千四百元，有自己的住房。钱女士于1984年（50岁）与蔡先生再婚，蔡先生再婚前已有两个儿子一个女儿，钱女士婚前婚后都无子女。2007年蔡先生去世，留下房产一套，该房是蔡先生与钱女士婚后购买的登记在蔡先生个人名下，现由钱女士一人居住。钱女士因年老左耳已经失聪，右耳听觉迟缓，加之在几年前的一次意外受伤导致双眼视网膜脱落已基本丧失视觉能力，同时患有心脏病、糖尿病等，生活已无法自理。由于没有亲生子女，她的起居生活目前由蔡先生的小儿子蔡某某照料，但蔡某某只是每日早晨给钱女士送几个馒头或烧饼，并有辱骂、殴打钱女士的情形。钱女士称蔡某某之所以来给他送饭，是因为蔡先生在去世前曾留下遗嘱，其内容是谁为钱女士养老送终便可获得钱女士现居住的房屋的所有权，蔡某某得知此遗嘱后便每日来送饭，而且经常是放下食物就离开。蔡先生的大儿子已经移民他国，与钱女士失去联系，蔡先生的女儿对钱女士始终不予理睬。钱女士还有七个兄弟姐妹，但大多因年岁已高，纷纷过世，只有两个妹妹生存至今，但她们也被疾病困扰，无力照看钱女士。①老年人因年老体弱或疾病等原因导致生活能力受限的情况已经非常普遍，特别是行动不便的老人，没有他人的帮助可能都无法走出家门，当自身权益受到侵害时也无法获得救济。从上面的案例可以看出，钱女士的生活过得很是痛苦，因为视力和听力的不健全，她很难自己一个人去购买生活必需品，唯有靠几个馒头、烧饼度日，也没有人陪伴。正是因为我国成年监护制度在某些方面的缺失及不完善，导致了钱女士的法定监护人出现了互相推卸监护责任、不积极履行监护义务以及对老人身体和精神需求都视而不见的情况，久而久之便会对老人的生活和身心健康造成严重的不利影响。

---

① 本案来源于2014年笔者调研期间接触到的一起真实案例，文中所涉及的人名均为化名。

第三节 我国现行成人监护制度的现状及不足

一、我国成人监护制度的立法现状

纵览我国成人监护制度的《民法典》，从第十七条到十九条总共三个法条规定了成人监护制度。虽然《民通意见》对其做了相应的补充性规定，但这些法律条文规定的内容仍比较简单。2013 年相继实施的《中华人民共和国精神卫生法》（下文简称《精神卫生法》）与《中华人民共和国老年人权益保障法》（下文简称《老年人权益保障法》）涉及监护内容的条文更是少之又少。《民法通则》第二章第二节对监护问题做了专门的规定，内容主要涉及监护人的范围和顺序、监护人的职责及无、限制民事行为能力人的宣告问题等。《精神卫生法》第九条只是简单地论述了作为精神障碍患者的监护人，其应该履行监护的职责，并维护被监护人的合法权益。但随着社会经济的发展、人权思想的进步，这些高度概括、抽象、模糊的立法模式已经背离了法律规范的明确性、可操作性的内在要求，使得这些法条在司法实践的运用中产生诸多不确定因素。我国《民法通则》中规定成人监护的对象仅限于精神病人（痴呆人），逐渐丧失判断能力的高龄人、缺乏自我保护能力的智力障碍者及其他身心障碍者皆不在监护制度保护的范围内。老年人受生理规律的影响，自身的辨识、控制、自理能力也可能随之弱化，如果不及时采取法律上的措施予以他们充足的保障，将极不利于对老年人权益的保护。值得欣喜的是，2012 年我国修订了《老年人权益保障法》并于 2013 年 7 月 1 日施行，其中第二十六条就确定了老年监护制度，这条规定在一定程度上填补了我国多年来关于老年人监护制度立法的空白，但是这个法律条文规定的十分简单与原则化，对监护人权利、监护人职责、监护监督等方面未做出更全面且更详细的规定，仍未能构成完整且完备的老年人监护制度体系。

2018 年又对其做了修正。《民法典》的颁布和实施，进一步完善了监护制度，不仅明确监护人的顺序，完善了临时监护制度，还创设了意定监护制度，防止出现监护的真空，弥补了我国成年人监护的缺失。

二、我国现行成人监护制度的不足

（一）监护人任职资格不明确

《民法典》第二十八条仅仅罗列了哪些人员可以担任监护人，却没有规定这些人员需具备什么能力或是条件。虽然在《民法典》颁布以前《民通意见》在第十一条①提到了法院在认定监护人能力时，哪些因素应当予以考虑，但此条也仅仅是罗列了几种考察因素，没有做出详细规定。没有具体的衡量和选任标准，就不能为精神病患者选出最适宜的监护人。同时，由精神病人所在单位、居委会、村委会担任监护人缺乏一定的可行性与合理性。理由如下：首先，单位担任监护人是我国计划经济体制下的产物，是我国的特色规定。20世纪90年代后，我国已经进入了市场经济时期，在这样的条件下如果还把监护职责强加给精神病人所在单位，单位便会同时肩负多种职能，也无疑会变成类似社会福利机构的组织，对于市场竞争中以经济效益为重的私营企业来说显然是缺乏合理性的。其次，单位是一个抽象的概念，并不能像自然人那样，实际履行监护职责，让单位配备专职人员履行监护职责更是不现实的，所以单位监护已成为一个空洞的监护形式。最后，居委会与村委会虽是群众自治组织，从表面上看该组织比单位贴近生活，更能满足被监护者的需求，但该组织一方面没有专门的经费支持，另一方面缺少人员配备。所以，由这类群体组织来担当监护人的话，是很难做到充分履行监护职责的。

（二）监护人的权利和义务需进一步明确

现行法律中，有关监护人权利和义务的规定不够明确，我国《民法典》仅原则性规定了监护人应负担保护被监护人的人身、财产及其他合法权益的责任，如果因不履行职责给被监护人造成损害时，应当予以赔偿。由此可以看出，我国关于监护人义务的规定是非常笼统的，这样的规定会导致监护人因认识不足而懈怠履行职责，也可能会出现即便监护人侵犯了被监护人权利也得不到相应惩治的情况。同时，《民法典》只片面地规定了义务，没有规定监护人履行监护职责时应对其予以补偿或给予适当的报酬，这不仅会给监护人带来了相当重的负担，而且也难以激发他们担任监护人的主动性与履行义务的积极性。

（三）监护类型的缺陷及弊端

1. 法定监护人选任的缺陷

根据目前我国《民法典》的相关规定，法定监护是成人监护的主要类型，在法定监护中，有着僵硬的顺序规定，它的设立是根据血缘及亲属关系的远近排序的。《民法典》第二十八条规定成年人的配偶作为第一顺序监护人。笔者认为夫

---

① 《最高人民法院关于贯彻执行〈中华人民共和国民法通则〉若干问题的意见（试行）》第十一条：认定监护人的监护能力，应当根据监护人的身体健康状况、经济条件，以及与被监护人在生活上的联系状况等因素确定。

妻之间的关系是非常微妙的，也是非常特殊的，它将两个没有任何血亲关系的人紧密联系在一起，相互照顾，互相扶持。在一般情况下，夫妻二人会互敬互爱，荣辱与共。但是假若夫妻二人感情不好，一方在对另一方进行监护时便不会尽心尽力，配偶这一特殊的身份关系也会使其疏于履行监护职责乃至滥用其监护权利的可能性大大增加。况且成人监护工作的时间是漫长且繁重的，将如此庞大的监护任务全部并长期分配给配偶一个人，难免会让某些成年人的配偶产生离婚的念头。在这种想法的驱使下，双方往往会产生冲突与纠纷，配偶既代表自己利益又同时作为成年人的监护人，不免会使监护的目的难以实现。因而，笔者认为将配偶列为法定监护的第一顺序人的强行性规定，尚缺乏一些合理性的考量。《民法通则》第二十八条规定成年人的父母作为第二顺序监护人。不可否认，血缘关系是人世间最值得信赖的一种关系，但是成年人的父母大都是中年人或老年人，他们的精力与体力会逐渐衰弱。而且《老年人权益保障法》第二十六条规定：老年人未事先确定监护人的，依照有关法律的规定确定监护人。这里所指的便是《民法典》第二十八条规定的法定监护人。众人皆知，老年人配偶的年龄也是比较大的，他们的父母更是高龄老人，这些老人同样也需要得到照料，他们将如何担任监护人并充分履行监护人的职责呢？故这种立法的指导思想略显简单，没有考虑到监护主体的特殊性。

2. 法定监护顺位的弊端

在选任监护人时，关于法定顺位的规定也存在不合理之处。一般而言，除非前一顺序的监护人有明显不适格的情形或是存在严重侵害被监护人的情况，后一顺序的监护人是不能充当监护人的。如此固定、僵化的排序一旦被心怀不轨、另有所图的监护人利用，将会给被监护人的合法权益造成侵害。因为当监护开始时，法定监护人便由此取得了可以实际掌控被监护人的人身和财产的权利。再加上成人监护的特殊性，它将使得处于弱势地位的被监护人长期处在监护人的控制之下，这将致使不具备自我保护能力的被监护人陷入困境。

3. 意定监护类型的缺失

我国成人监护的种类主要是法定监护与指定监护两种。没有为意定监护留下制度空间，致使需要帮助的成年人无法根据自身的意愿做出安排。在监护关系确立以后，监护主体双方处于一个相对封闭的环境中，若让一个没有热情、没有耐心、没有责任心且不愿意承担监护责任的监护人来处理监护事务，对被监护人来讲，显然是非常不利的。更何况监护事务的内容直接涉及被监护人的人身及财产权益。作为民事主体的成年人，由于民事行为能力的欠缺而不能以自身的行为享受应有的权利，如果一概剥夺这些行为能力不足者以自己的意志实现权利的机会，不赋予他们可以根据自己残存意思设定监护人的权利，那么如何真正地实现民事权利能力的平等？民事法律制度的最基本的私法自治理念，在市场经济条件下要求尽可能地赋予当事人意思与行为自由，在法律允许的范围内自由选择订立契约而不受任何干涉。《老年人权益保障法》第二十六条有关老年人监护问题的规定，①只是简单地勾勒出老年人意定监护的轮廓，并没有详细地规定意定监护的实施细则，而且纵观整部法律也没有找到与之对应的可以准确指导司法实践的法律条文。可以说，我国的意定监护制度仍处于雏形的状态，急需完善。综上，仅有法定监护和指定监护两种监护类型无法合理并有效地维护和保障被监护人的合法权益，亦无法解决老年人作为被监护人的实际需要。

4. 监护措施过于单

我国《民法典》第十三条规定了只要达到不能辨认自己的行为或不能完全辨认自己的行为，其民事行为能力便会被一概剥夺或是对其从事的民事行为进行限制。前一种情况，由他们的法定代理人代表他们进行民事活动；后一种情况，除可以进行与他们精神状况相适应的民事活动外，其余的事项也都由法定代理人代理完成。②

我国现有的成人监护措施未进行类型化区分，即没有根据民事行为能力进行细致地分层级保护，而是一种概括式的保护措施，既有区别于德国的一元化主义，也不同于类型化主义的法国、日本、美国等国家。笔者认为，单一的监护形式必定会存在一些弊端。

第一，这违背了尊重行为能力欠缺者尚存意思能力及必要性的原则。从医学实践来看，在实际生活中很少有完全丧失意思能力的人，即便是精神病人一般情况下也都有其自身残留的意思能力。③对于老年人而言，其发生智力障碍或是其意思能力的消失不是立即的，而是伴随着年龄的增长，其意思能力才会随之渐

---

① 《中华人民共和国老年人权益保障法》第二十六条：具备完全民事行为能力的老年人，可以在近亲属或者其他与自己关系密切、愿意承担监护责任的个人、组织中协商确定自己的监护人。监护人在老年人丧失或者部分丧失民事行为能力时，依法承担监护责任。老年人未事先确定监护人的，其丧失或者部分丧失民事行为能力时，依照有关法律的规定确定监护人。

② 《中华人民共和国民法通则》第十三条：不能辨认自己行为的精神病人是无民事行为能力人，由他的法定代理人代理民事活动。不能完全辨认自己行为的精神病人是限制民事行为能力人，可以进行与他的精神健康状况相适应的民事活动；其他民事活动由他的法定代理人代理，或者征得他的法定代理人的同意。

③ 朱晓琳. 我国成年监护制度研究[D]. 曲阜师范大学硕士论文，2012.

渐地衰弱与消退。所以，他们在具备与不具备行为能力之间没有一个明确的界限，而且在大多数情况下，老年人对平日生活中的一部分事务，足以具备独立的意思能力。只有当他们面临一些重大的、复杂的事项时，才会出现缺乏意思能力或是意思迟缓的现象。此时他们便会产生由监护人给予保护与照管的需求。毫无疑问，监护制度对被监护人而言既是一把保护伞，同时也是对被监护人自身行为能力的一种否定，否定被监护人的行为能力，是为了维护交易的安全，亦是为了防止被监护人的财产受到侵害。所以，立法者在不违反法律所追求的目标的前提下，应选择对被监护人侵害最小的方式。虽然德国的《成年照管法》没有对保护类型进行区分，但是它要求法院在每个案件中都必须判断被照管人需要什么程度的援助，这是对必要性原则的体现。前文已经提到无论是精神病患者还是老年人，他们中的大多数都会存在残余的意思能力，如果对行为能力存在缺陷的成年人的民事行为能力一概用监护这一种措施保护，而不区分监护的保护类型，那么就是对个体被保护需求的不尊重，也超出了必要的界限。

第二，同样是欠缺行为能力者，但是他们欠缺的程度肯定是不一样的。既然《民法典》将欠缺民事行为能力的成年人划分为无行为能力和限制行为能力两类，就说明这两类主体应在意思自治的程度与范围上有所差别，与之相对应的监护措施也至少应有两类，而且在限制行为能力中，也有严重的限制行为能力者和轻微的限制行为能力者之分。可是，我国目前采取的仍是单一的监护形式。不同对象受保护、受照料的需求程度也不尽相同。如果无视这种多样性，不对本人残余的意思能力进行区分，统一用监护这一种方式进行保护，必然会缺乏一定的灵活性，也脱离了社会现实的需求。

5.监护监督机制未发挥有效作用

监护监督机关，也称监护监督人，是指负责对监护人的监护活动进行监督，以确保被监护人利益的个人或机构。① 我国《民法通则》没有监护监督这项制度的规定，但《民法通则》第十八条规定，在监护人不履行其作为监护人应当履行的职责或者对被监护人的合法权益造成侵害时，人民法院可以依据单位或有关人员的请求对该监护人的资格予以撤销。② 这样的规定，看上去似乎赋予了其他有

---

① 余延满.亲属法原论［M］.北京：法律出版社，2007.

② 《中华人民共和国民法通则》第十八条：监护人应当履行监护职责，保护被监护人的人身、财产及其他合法权益，除为被监护人的利益外，不得处理被监护人的财产。监护人依法履行监护的权利，受法律保护。监护人不履行监护职责或者侵害被监护人的合法权益的，应当承担责任；给被监护人造成财产损失的，应当赔偿损失。人民法院可以根据有关人员或者有关单位的申请，撤销监护人的资格。

资格担任监护人的人、居委会、村委会及单位有权监督监护人履行监护行为的权利。但是，该条规定实质上并没有明确赋予他们监督权的意思，也没有对这项权利做详细的解释和说明。可以说，我国目前缺乏监护监督的立法规定。监护权在没有设立监督机制的情况下，监护人怠于监护的情况将会经常发生。因为监护人履行监护职责是为了保护被监护人的利益而非个人利益，监护人在实施监护行为时难保可以像对待自己的事务那样认真地对待被监护人的事务，也难免会出现注意不到，甚至失职的情况。受保护的被监护人是行为能力或者说意思能力欠缺的人，通常情况下他们已经丧失了辨认监护人行为是否侵犯了他们的合法权益的能力。如果将监护义务的履行完全寄托于监护人的忠实及自我约束，显然缺乏合理性与妥当性。监护通常被看作是家庭内部的私事，国家权力机关不便于进行过多的干预，对于监护人是否积极履行监护职责，是否充分尊重了被监护人的意思自治，是否妥善地维护了被监护人的人身和财产权益，皆无从得知。有些监护人很可能为了一己私利，滥用监护权，损害被监护人的利益。这种情况大多发生在孤寡老人和空巢老人身上。特别是当老年人的监护人与继承人的身份重合时，继承人往往借助监护人的特殊身份，以此来侵害老年人的个人财产，此时的被监护人往往难以得到及时且必要的救济。笔者在上文介绍的钱女士的案例中，她的监护人不但没有给予她任何的关心，也没有对她的日常生活进行妥善的照料，甚至在出现钱女士被秦某某侮辱、打骂的行为后，仍没有人出面，替这位老人维护合法权益，其中一个很重要的原因便是我国有关监护监督制度的法律规范存在立法上的缺失。法院虽然可以根据有关人员或组织的申请撤销监护人资格，但这是事后的且被动的监督。我国司法资源一直处于紧张的状态，这导致了实践中监护事务往往处于无人监督的尴尬状态，而且。以上这些原因致使我国现行的成人监护制度难以满足现实状况的需求，亦难以保障被监护人的合法权益。因此，只有借助法律的力量，赋予监督人对整个监护过程进行监督的权利，才可保障成人监护合法有效地成立，才会促使监护人在尊重被监护人意思自治的基础上勤勉忠实地履行监护责任。

6. 公共监护制度的缺失

伴随着社会老龄化、少子化以及女性参与执业的普遍化，监护人选任的问题变得越来越突出，适格的监护人也越来越少。我国《民法通则》规定，在精神病人没有合适的监护人的情况下，便由单位、居委会、村委会或民政部门担任监护人。笔者在上文中已经论述了让前三类主体担任监护人是缺乏合理性和可操作性的。对于成人监护来说，当配偶、亲属、朋友都不符合担任监护人的条件或是缺少这些法定监护人存在时，国家扶持弱势群体并保障他们正常生活的职责应予以体现。因人权理念的发展、构建福利型国家的需要及社会本位思想的指引，成人监护制度在世界上许多国家已经出现了公法化的趋势。成人公共监护制度的公法化趋势，就是提倡政府加快建设相应的专门机构以确保公共监护制度的顺利实施。例如，1981年美国设立了第一个公共监护机构，该机构主要是针对那些因没有家庭成员、朋友愿意担任监护人或因缺乏经济来源而无法雇用私人监护人员的行为能力欠缺者，为他们承担监护责任，履行监护人的职责。再如，德国的《成年人照管法》规定，在没有适合的自然人、法人可以担任监护人时，由监护署担任监护人，这里的监护署便是政府设立的监护机构。公共监护制度是社会福利在成人监护领域的体现，也是对国家亲权理念的体现，即国家有义务保护那些无法自己照顾自己的公民。笔者在上文讲述的案例一，充分说明了如今我国精神病患者伤人的事件已经非常普遍，应当引起国家对精神病患者监护问题的高度重视。案例二说明了我国老年人群体的合法权益还没有得到切实有效的保护，他们对公共监护制度构建的需求也日益突出。公共监护并不是公权力对私人领域的干预，而是借助国家公权力的形式对个人的平等保护，也体现着对个人意愿的尊重，所以公共监护制度是有其存在的必要的。我国现行法律中没有关于公共监护的规定，而且纵观我国现有的相关法律制度也都无法找到可以替代公共监护的一项制度。

第四节　我国成人监护制度的构建

笔者在审视我国现行立法所存在的弊端后，学习、吸取英美法系和大陆法系中先进的立法与实践经验，结合我国目前的社会状况，为解决当下成年人的监护问题，对现有的立法和司法实践提出一些粗浅的建议，为我国弱势群体法律保护制度的建构尽微薄之力。笔者认为，老年人是成年人的一类，与精神病人监护制度有类似的之处，当然也有它的特殊性。只有把这两类主体并入到一个体系之下，进行共同研究，才将他们作一些区分，同时兼顾它们的统一、不会出现矛盾的情况，形成一个完整的体系。从《精神卫生法》与《老年人权益保障法》各自的条文看，它们仍没有对监护制度做全面而详细的规定。倘若再单独分别制定一部老年人监护法和一部精神病人监护法，无疑会造成立法资源的浪费。所以笔者建议在《民法典》有关监护制度的章节中，针对成人监护制度的不足做统一的修正。

一、明确监护人的任职资格

设立监护制度目的是为了保障那些因行为能力存在一定欠缺的人的合法权益，体现着国家对弱势群体的人文关怀，所以规定监护人任职资格的条文应该是明确、具体的。笔者建议从以下两个方面对监护制度中监护人主体资格的相关立法进行修改与完善：一是应具体制定监护人资格的选任标准，可以通过规定监护人的消极选任资格，从反面加以确定哪些人不适宜作为监护人。德国、意大利、法国、日本等国家对监护人消极资格都有着比较详细的规定。我国民法领域的很多著名法学专家如王利明、梁慧星、李霞等前辈们也都研究过这个问题，并提出过很多宝贵建议。笔者在梳理并总结外国相关立法规定和前辈们的观点后，认为存在以下情况之一的，不应担任成年人的监护人：①无或者限制民事行为能力人。②下落不明的人。③与被监护人存在利益冲突的人。④被人民法院依据相关人员的请求，撤销了监护人资格的人。二是删除在自然人缺位时，由单位、居（村）委会担任监护人的有关规定。前文已经论述了允许单位、居委会、村委会担任监护人的弊端，即缺乏合理性与可行性，所以为了使监护人能够确实担负起监护之职，应将上述三者排除在监护人之外。

二、细化监护人的权利义务

（一）细致规定监护人职责

传统的成年人监护制度注重于保护被监护人的财产利益，实际上对于被监护人而言，他们不仅需要财产方面的管理，有关人身方面的事务更需要照顾。笔者认为在成年人的人身监护方面，可以做如下规定：①监护人应当尊重被监护人的想法，充分保障被监护的成年人可以按照自己的意愿生活。因为被监护人在事实上已经是成年人，虽然存在行为能力的欠缺，但大部分仍有一定的参与能力。②监护人在履行监护职责时，不得侮辱、虐待被监护人。③监护人不得随意限制被监护人的人身自由。与未成年人相比，大部分的成年人都是有一些个人财产的，所以对他们进行监护会更为复杂。研究国外关于监护人在财产管理方面的相关规定后，发现很多国家对于财产管理都进行了限制性的规定，内容也比较详尽。如德国的《民法典》第一千八百零二条规定：监护人应当依照其监护权范围即相应的财产权限，对被监护人的财产制作财产目录。参照外国先进的立法例，首先我国可以规定监护人应当按期制作财产清单，这为监护监督人随时了解、掌握被监护人的财产状况以及有效地实施监督行为提供便利。其次，为了防止监护人利用监护之便利侵害被监护人的财产，应禁止监护人无偿受让或者以明显不合理的价格受让被监护人的财产。再次，监护人在处分被监护人财产时，应当遵守《民法通则》第十八条规定的"为被监护人的利益"的原则。最后，为了预防因监护人管理不当给被监护人造成财产上的损失，故应规定监护人在未取得监护监督人同意的情形下不得随意处置被监护人的财产，但数额较小的除外。

（二）补充监护人权利

监护制度设立的目的是为了维护社会弱势群体的权益，所以其在立法理念与制度设计上便会侧重于对监护人义务的规定。笔者认为，为了防止出现监护人之间互相推诿或监护人怠于履行监护职责等现象，有必要增加监护人的权利，以到达权利义务的平衡。

1. 增加监护人拒绝担任权或辞任权

成年人监护是不同于未成年人监护的，因为当未成年人达到法定年龄十八岁后监护便自动终止了，可成年人作为被监护人的终止时间是一个不可预知的、漫长的过程，需要等到成年人完全恢复民事行为能力或是直至成年人死亡才会终止。所以监护人需要花费大量的时间与精力来看护、照料被监护人。当成年人的父母、配偶或兄弟姐妹等人担任监护人时，他们会随着年龄的增长，身体素质的逐渐下降或是疾病等因素的影响不再适宜继续担任监护人。当成年人的子女担任监护人时，可能会因为工作、家庭等原因无法充分履行监护职责。此时为了更好地保障被监护人的权益，人性化地赋予监护人拒绝或是辞任的权利是极为必要的。当符合一定情形时，监护人可以拒绝担任；当一定情形出现时，监护人也可随时向被监护人主张辞去监护人一职。这些情形包括：①身患疾病且行动困难或身患重病或残疾。②已满65周岁。③因工作需要长期出差且与被监护人分离时间较长。④已经担任了监护人，包括已经担任了未成人的监护人和担任了成年人的监护人两种情况。⑤已经连续性担任了该成年人的监护人十年以上且存在其他适格监护人。⑥经人民法院确认的其他原因可能导致监护人无法完全履行监护职责的情形。

2. 增加报酬请求权

在生活中，大多数人认为无论是由近亲属、还是一般亲属，亦或是朋友担任监护人都算是一种社会义务，应为无偿。从我国目前的法律条文看，也没有明文规定监护人享有报酬权，但是在现实中会造成难以调动监护人的积极性以及适格的监护人之间相互推诿等问题。上文提到，对于成年人的监护来说，它是给予监护人的一项遥遥无期且监护事务繁杂的任务。为缓和监护关系中权利义务不平衡的状态，激发监护人的主动性与积极性，并考虑到监护制度具有履行职责与义务的性质特征，笔者认为可以对报酬请求权进行如下设计：首先，应明文规定监护人享有报酬权,这里的监护人指由自然人担任监护人的情况。其次,报酬的请求数额以监护人照顾和管理被监护人的人身和财产支出的必要费用为准,如果没有发生实际费用的,但为尊重监护人的劳动和时间,也可予以适当的补偿。最后,报酬的来源可以从三个面考虑。①如果被监护人有一定的财产或是经济负担能力,则监护人的报酬可以由被监护人直接支付或是从其财产中支付。②如果被监护人没有财产的或是其财产不足以支付的,可由被监护人的法定扶养义务人(法定的赡养义务人)承担。③如果被监护人没有法定扶养义务人或是法定扶养义务人也都无力承担的,则由政府支付,但应提交有关的材料证明。

三、扩充并完善现有的监护类型

法定监护的监护人由法律直接做出了规定,监护人的顺序亦有法律直接规定,上文已提到这样规定的种种弊端。为了缓解并扭转法定监护的僵硬化局面,笔者建议在成人监护中增加意定监护制度。意定监护制度指年满十八周岁且具备完全的意思能力的成年人有权为自己选任一名监护人,并与其签订一份委托监护合同,并授予其必要的代理权限即可将自身的事务的全部或部分委任于受托人。当成年人因年老体弱,或存在智力障碍、精神障碍致使其意思能力衰退或丧失的事由发生后,委任监护合同开始发生效力,此时受托人应当依照先前合同协商确定的代理监护事务的内容承担监护责任。监护期间,公权力机关应为其选任监督人,对委任监护人的行为予以监督。在监护制度中,担任监护人意味着多承担了一份责任,也许这份责任是不应该被推辞的,但是监护制度毕竟属于民法的范畴,而民法是私法,私法的基本原则之一便是尊重当事人的意思自治。所以,允许当事人双方借助订立委托合同的方式为监护人设定责任即设立意定监护,这是对民法基本原则与基本理念的体现,也可避免上文提到的那些只为自身利益着想的监护人在完成监护事务时带来的负面影响。依据精神医学的相关原理,精神病患者指的是由于多基因的缺失或者重叠而引发的丘脑、大脑功能的紊乱,从而导致患者在认知、思维、智能和行为等方面出现异常情况。日本的一位学者曾提出:"在通常情况下处于完全丧失意思能力状态的精神患者是几乎不存在的。"同时,老年人这类特殊群体,虽然其意思表示与身体状况表示等各项能力会伴随着年龄的增长而逐渐下降,但在一般情况下,其意思能力与判断能力很难达到完全丧失的状态。因此,应充分尊重精神病人与老年人尚余的判断能力。与法定监护相比,意定监护制度有着无法比拟的优势。笔者在分析、借鉴各国立法经验以及我国学者们的研究成果后,现对意定监护制度进行如下设计:第一,意定监护的设立须具备一定的条件。①本人选任受托人(即监护人)时,应该具备相应的民事行为能力。②本人选择的受托人不限于法定监护人的范围,但应为适格的监护人(适格监护人的条件可参照笔者在上文设计的消极标准)。③委托监护合同必须以书面的形式订立,内容可由双方协商确定,但其内容应当包括监护事项、监护期限及监护报酬。④委托监护合同必须经公证处公证登记,并报民政部门备案,未经登记委托监护合同不发生效力。这是为了确保本人在意思能力丧失时可以得到切实有效的保护,还可以此来保障交易安全。第二,意定监护开始的时间为本人的行为能力部分丧失或全部丧失时,由受托人或者其近亲属依据委托监护合同向法院提出申请,法院选定监督人后意定监护开始。第三,意定监护在地位上应具有优先性,法定监护开始于本人丧失或部分丧失行为能力的事实发生后,是一种事后的救济手段,其奉行的理念是以监护人的意思优先,本人处于被动的状态,因而采取的是法律父爱主义的立法形态。而意定监护是在本人有行为能力时对自身及财产事务做出安排,在本人行为能力丧失后由监护人按照本人事先的意思表示对本人予以妥善监护,是一种事先的自我救济手段。而且意定监护的活化尚余意思能力的理念也更加符合法律妥当性的要求。所以,与法定监护相比,意定监护具有更大的灵活性、效率性,理应居于更加优越的地位先于法定监护适用。笔者认为,只有将意定监护正式纳入成人监护制度中并明确其在监护类型中的地位,方能弥补法定监护的疏漏及缺陷。

四、制定三对三的监护模式

我国《民法典》规定的成年人监护制度适用的对象是完全无行为能力和限制行为能力的精神病人,《民通意见》将痴呆症人归入到精神病人一类,2014年实施的《老年人权益保障法》中对老年人监护进行了初步的构想。归纳总结后,我国现今的成人监护制度所保护的对象可分为:精神病人、痴呆症人和老年人。由于三者之间会出现相互交错、重合的情况,如痴呆症人虽被《民通意见》包含在精神病人的范畴,但最常见的痴呆症种类是老年痴呆症,即阿尔兹海默病,因此这样的分类会缺乏立法所必需的科学性与严谨性。所以,笔者建议欲完善监护制度,应首先从整体上重新划分监护对象。

(一)监护对象的重构

从现代各国成年监护制度修改的趋势看,很多国家都扩大了监护对象的范围。如德国《成年人照管法》规定,被照管的对象为精神障碍者、智力障碍者、身体障碍者及老年人。日本将精神病者、智力障碍者、痴呆症者、高龄者统归为精神障碍者予以保护。对于浪费者、酗酒者、吸毒者等是否应纳入监护的对象,各国的规定存在分歧。如《美国社会保障(安全)法》中对酗酒者的养老金的受领行为特别规定"由其监护人代为实施"。①而德国和日本则持相反意见,在他们陆续进行的法律改革中已将这类主体排除在外。笔者认为,我国的监护对象应作如下分类:第一类,精神障碍者,包括精神病人与痴呆症患者。第二类,智力障碍者,包括间歇性精神病人与轻度痴呆症患者。第三类,身体障碍者,包括高龄人与视觉、语言、听觉障碍者。需要说明的是,这里的高龄人是指仅因年龄的原因而造成的身体器官受损而非智力上的损伤的老年人。因为痴呆症开始是影响病人的语言能力、运动能力、理解能力、短期记忆的能力、辨认日常用品的能力、执行能力等,可病情持续发展并变得严重时,则会让病人无法分辨人、事、时、地、物,甚至会出现有精神错乱症状。因此,如果老年人是因患上痴呆症而导致的语言能力、运动能力等受损则应根据具体病情归为第一类或是第二类。笔者让视觉、语言、听觉障碍者也成为监护制度的利用者,是因为视力、听力的损伤会严重影响一个人的判断能力,语言功能的损伤会影响一个人表达意愿的能力,所以他们是需要监护制度予以保障的。上述三类仅是笔者希望通过类别划分可以让有关监护对象的规定更加完善而进行的法律上的分类,并非医学分类。笔者未将浪费者、酗酒者、吸毒者归入监护对象中,是基于以下考虑:浪费者、酗酒者、吸毒者在一般情况下依然是一个正常人,监护制度毕竟属于私法制度,奉行意思自治与自主决定的理念,只要他们的行为不危害到社会公共利益及他人的利益,他们就应该享有对生活方式的自主选择权。但也不能笼统地将他们完全排除出去,如果他们的状态符合了笔者上述的三类情形时,则应该为其设定监护。

(二)设立多元化的监护措施

现代成年监护制度发展的趋势是根据行为能力欠缺者尚存的不同程度的行为能力,为他们设定不同层次的监护模式,以改变原有的单一局面,从而体现监护制度的稳妥性与灵活性。考虑到社会生活的复杂性与被监护者的特殊性,笔者认为我国在成人监护措施的设立上可以借鉴日本的三级监护模式,制定全面监护、保佐与辅助三种措施为宜。为行为能力显然不足的成年人,即上文提到的第一类主体(精神病人与痴呆症患者)设立全面监护。为因精神上的障碍而导致行为能力不足者,即第二类主体(间歇性精神病人与轻度痴呆症患者)设立保佐。为因年老体弱或生理上存在某种功能性障碍而不能正常处理部分事务的人,即第三类主体(高龄人与视觉、语言、听觉障碍者)设立辅助。关于全面监护、保佐与辅助的效力关系问题,可以做如下规定:如果被采取辅助措施的被监护人的行为能力逐渐降低,也就是说他们的意思能力出现进一步衰退的现象,则可以变更为保

---

① Jeffrey A, Helewitz J.D. Elder Law. West Thomson Learning, 2002: 244.

佐或全面监护；如果被采取全面监护的被监护人的行为能力处于逐渐恢复的状态，则可以变更为保佐或辅助。需要说明的是，全面监护、保佐与辅助皆是监护的措施，它们的主体统称为监护人与被监护人。三种措施对应三类监护对象的多元化的监护模式有助于从整体上把握对行为能力欠缺者行为能力被限制的分寸，也可对其给予切实必要的保护。

五、完善监护监督机制

世界大多数国家都在其监护制度的相关立法中明文规定了监护监督机关，如英国的保护法院为监护机关，德国和日本设立了监护监督人和监护法院，法国和瑞士则以亲属会议作为监护监督机构。为了避免出现监护人滥用监护权侵害被监护人的人身和财产权益的情况，我国有必要积极借鉴世界各国成年监护制度的最新改革成果，来构建并完善我国的监护监督制度。

（一）监督人的设立

监督人可以由自然人担任，也可以由特定的机构担任。自然人担任监护监督人时，笔者认为，可以由被监护人进行指定（如类似于意定监护，其可与第三人签订一份委托监督协议），被指定的人没有异议的，应履行监护监督的义务。如果被监护人没有对监督人进行指定，那么由人民法院在符合担任监护人条件的而没有担任监护人的人选中指定监督人。这样既可以充分尊重行为能力欠缺者的意愿，也可以最大限度地保护被监护人的利益。但是，如果法院在指定监督人时发现没有合适人选，则应由成年人住所地的居委会或村委会担任监督人。虽然前文提到成年人住所地的居（村）民委员会不适宜担任监护人，但是随着社区管理、服务机制的日益完善，加之居民委员会与村民委员会对本辖区内的事务都较为了解，监护人与被监护人又都同属于这个辖区内，便于监护人向它们随时报告被监护人的状况，也方便对监护人的监护行为进行监督，所以由它们担任监督人是比较适宜的。

（二）监督人的职责

如果有关监督人职责的规定不够清晰、具体，那么便不能对监护人的行为进行全面而有效的监督，监护监督制度也必然会因此而形同虚设。故笔者认为，监督人应该对监护人是否认真履行监护义务的行为进行监督，具体包括：第一，监护人是否对被监护人的人身自由进行了限制。第二，监护人是否有虐待、辱骂或殴打被监护人的情况。第三，监护人的监护行为是否合理，且是否超出了必要的限度。第四，监护人是否严重侵犯了被监护人财产上的权益。第五，在被监护人恢复行为能力时，监护人是否及时向法院申请撤销监护资格等。

（三）监督人的权利义务

无论是自然人担任监督人亦或是由居委会、村委会担任监督人，都应积极履行监督职责，对监护情况进行定期了解，协助法院审判有关监护的案件。因监督人怠于履行监督职责而使被监护人权益受损，监督人要承担相应的责任。为了预防监护人利用监护之便，侵害被监护人的财产或因管理不当，造成被监护人的财产损失，监督人有权制止监护人处分被监护人数额较大的财产。对监护人的不尽职行为，监督人有权向人民法院申请撤销监护人资格。在监护人缺位时，监督人可临时担任监护人，代替监护人履行监护职责并处理紧急事务。监督人的报酬请求权与拒绝担任权或辞任权准用监护人的相关规定。

六、建立公共监护制度

公共监护是指在需要受监护的成年人的家庭成员、亲属或者朋友中没有合适的监护人选，而且其财力也不足以支付私人监护人的情况下，由公共监护管理机构指定一个公职人员或福利机构来承担法定监护人之职责。[①]两大法系有关公共监护制度的探索与实践，为我们提供了先进的启示。构建公共监护制度，能够使那些行为能力不足的成年人的权益得到有效保障，并维护社会的稳定与和谐。对于我国公共监护制度的构建，笔者有以下一些建议：首先，公共监护机构的选任。人民法院可以从成年人经常居住地的民政部门、社会福利院、社会保障部门等机构中选任监护机构。被选定的监护机构应当设立相应的部门专门负责公共监护事务，并进行统一化管理。其次，公共监护人的指派。笔者认为只有将任务具体安排到个人时，才能够高效、及时地完成。公共监护机构应选派出特定的公共监护人负责履行监护的职责。考虑到被监护群体对公共监护需求的日益增大，由公共机构选派的公共监护人可以担任数人的监护人，但同时担任的数额不应超过六人。再次，公共监护机构的职责。原则上，公共监护机构的职责应同于以其他形式设立的监护人，即对被监护人的人身及财产两方面进行监护，但法院应当为公共监护机构设置一定的职权范围，并接受居委会或村委会的监督。公共监护机构还应做好监护服务的协调及培训工作。由于公共监护人与被监护人之间不存在任何的血亲关系，难免做到事事周全，事事考虑到被监护人的利益，所以公共监护机构有必要对他们进行监护方面的教育和定期的培训。笔者相信，在不久的将来，会有更多的人需要公共监护的帮助与扶持，有关成人公共监护制度的设计及运作将会得到进一步的完善。

---

① 倪娜. 老年人监护制度研究［M］. 厦门：厦门大学出版社，2012.

【本章小结】监护制度作为一项保护社会弱势群体的重要制度，其改革和完善是极为必要的。这将有利于完善我国的法制建设，促进社会的和谐发展，加快与国际接轨等目标的实现。本章对我国的成人监护制度进行了较为全面的研究，明确了监护人的任职资格，细化了监护人的权利义务，扩充并完善了现有的监护类型，在重新整合监护范围的基础上，提出了三对三的监护模式（三种监护措施对应三类监护对象），对监督人的设立、职责、权利义务进行了详细的设计，对我国公共监护制度的建立进行了研究与探讨。

第八章 养老保险制度性法律风险及解决

第一节 我国养老保险法律制度的历史变迁

关于我国养老保险法律制度的沿革，有的学者认为经历了四个阶段，其以我国养老保险法律制度发展的过程为标准，将其分为创建、停滞、恢复及发展四个阶段；①有的学者认为经历了两个阶段，其以养老保险立法的性质为标准，将我国养老保险立法分为劳动保险立法和社会保险立法。②笔者以养老保险筹资模式为划分标准，兼顾养老保险立法的时代性，将我国养老保险法律制度发展分为传统养老保险法律制度的建立与发展阶段和养老保险法律制度的调整与改革两个阶段。

一、我国传统养老保险法律制度的建立和发展阶段

1.1951 年至 1986 年为我国传统养老保险法律建立和发展阶段

这一时期，旨在谋求城镇居民养老保险制度的初步建立以及初期发展。③这一阶段养老保险法律的主要特征是"先立法，后实践"，强调单位责任。传统养老保险法律制度的初步建立。1951 年 2 月 26 日，中央人民政府政务院发布了《中华人民共和国劳动保险条例（草案）》（以下简称《劳动保险条例》），其中第三章第十五条对职工的养老待遇作了具体规定④。1953 年 1 月 26 日，劳动部

---

① 种明钊.社会保障法律制度研究[M].北京：法律出版社，2000.
② 杨燕绥.社会保险法[M].北京：中国人民大学出版社，2000.
③ 这一阶段我国农村养老保险法律制度的建设处于空白状态，农村养老基本为家庭养老和土地养老。
④ 政务院：《中华人民共和国劳动保险条例（草案）》第十五条第一款规定："男工人与男职员年满六十岁，一般工龄已满二十五年，本企业工龄已满十年者，由劳动保险基金项下按其本企业工龄的长短，付给养老补助费，其数额为笔者工资百分之三十五至百分之六十，至死亡时止。如因该企业工作的需要，商得笔者同意，留其继续工作时，除应得工资外，每月付给在职养老补助费，其数额为笔者工资百分之十至百分之二十。详细办法在实施细则中规定之。"

发布《中华人民共和国劳动保险条例实施细则修正案》。该《条例》综合考虑当时我国人均寿命及经济市场发展,为我国养老保险法律的改革奠定了基础。国务院于 1955 年间先后发布了《国家机关工作人员退职处理暂行办法》《关于处理国家机关工作人员退职、退休时计算工作年限的暂行规定》以及《国家机关工作人员退休处理暂行规定》一系列制度,明确了我国国家机关以及事业单位的养老保险制度。

2. 传统养老保险法律制度的发展

1958 年 3 月 7 日,国务院颁布了《关于工人、职员退休处理的暂行规定》,综合考虑我国当时的养老保险体制,国务院决定在当时养老年龄的基础上,进一步提前养老年龄,规范养老标准,保障养老执行过程的统一性。除此之外,合作化①明确之后,大多数企业用人单位的退休养老问题都得到了解决。1958 年 7 月,国务院为建立军官养老保险体制发布了《关于现役军官退休处理的暂行规定》。

3. 养老保险法律制度的变化

1969 年 2 月,财政部发布了《关于国营企业财务工作中几项制度的改革意见(草案)》,对我国传统养老保险机制进行了进一步的完善,同时也标志着传统养老保险制度逐渐演变为单位保险制度。期间,我国养老保险制度受到了严重的破坏。1978 年,国务院发布了《国务院关于工人退休、退职的暂行办法》,标志我国社会养老保险制度正式恢复。此外,国务院还针对干部人员退休养老发布了《国务院关于安置老弱病残干部的暂行办法》。中央军委与国务院针对军队退休干部养老保险问题,于 1982 年 1 月共同发布了《关于军队干部退休的暂行规定》和《关于军队干部离职休养的暂行规定》。1982 年,党中央国务院取消了干部终身制度,发布了《关于建立老干部退休制度的决定》。综上,在我国社会主义计划经济体制的大背景下,建立了我国传统的养老保险制度。这一时期养老保险制度的主要特征是:第一,从社会统筹养老保险制度退化为单位养老保险制度。第二,单位保险封闭性强,统筹困难。第三,财务模式统一为现收现付制,不存在养老保险基金的积累。第四,养老保险制度覆盖范围窄,仅限于城镇职工和军官。

二、我国养老保险法律制度的调整改革和规范发展阶段

从 1986 年起,我国养老保险法律制度进入了调整和规范阶段,并一直持续

---

① 合作化是指无产阶级取得政权以后,从组织互助合作开始,逐步把个体所有制的小农经济改造为社会主义集体经济的过程。

至今。我国养老保险制度改革的出发点是让其能够与社会主义市场经济环境相适应。这一阶段又大体可以分为养老法律制度的调整和改革阶段以及养老保险法律制度规范发展阶段。

（一）我国养老保险法律制度的调整和改革阶段

1986~2000年，养老保险法律制度的改革目标为新的养老保险制度代替原有单位养老保险制度，并确立我国养老保险的统账结合模式。从1991年开始，我国养老保险法律制度改革可以大致划分为三个阶段，这三个阶段对我国的养老保险法律体制的改革工作具有决定性的影响，其分别是：第一个阶段以1991年6月26日国务院出台的《国务院关于企业职工养老保险制度改革的决定》为标志，开启了中国养老保险法律体制的改革之路，多层次的养老保险体制开始建立，同时确立了基本养老保险、补充养老保险和个人储蓄性养老保险相结合的方式。第二个阶段以1995年国务院出台的《国务院关于深化企业职工养老保险制度改革的通知》为标志。其中关于改革原则和社会统筹兼顾与个人账户相统一的养老保险模式为该通知的重点，并构建了具有一体化的企业职工养老保险制度。第三个阶段以1997年7月16日国务院出台的《国务院关于建立统一的企业职工基本养老保险制度的决定》为标志。此决定进一步明确规范了企业缴纳养老保险费率和个人账户规模等，逐渐实现全国统一的养老保险体制，最大限度地缩小各个地区的养老保险制度的差异。这一时期，农村养老保险法律制度建设取得了较大进展。1992年1月，民政部制定了《县级农村社会养老保险基本方案（试行）》（以下简称"老农保"），其基本原则和方法、保险模式的选择都十分突出地强调了符合农村实际、适应性和可操作性强的思想。根据《县级农村社会养老保险基本方案（试行）》确定的原则，在总结实践经验的基础上，民政部在1992年至1994年期间又先后制定下发了《县级农村养老保险基金管理工作规程（试行）》《农村社会养老保险编号办法》《缴费阶段的标准单证和操作流程》《农村养老保险会计制度》《农村社会养老保险养老金计发办法》及《加强农村社会养老保险基金管理的通知》《关于保持社会保险管理体制稳定的通知》。"老农保"实行个人账户基金积累制，以农民投保为主，集体补贴为辅，且养老金的增值方式只有银行本金利息，国家以及地方政府不对基础养老金进行任何形式的补贴。1998年3月，劳动和社会保障机构正式成立，象征着我国的社会保险管理体制实现行政统一化管理。1999年1月22日，国务院发布《社会保险费征缴暂行条例》，首次就养老保险的覆盖范围和征收部门在该行政法规中做出了明确规定。2000年12月25日，国务院印发《国务院关于印发完善城镇社会保障体系试点方案的通知》，确定选择辽宁省进行完善城镇社会保障体系试点；其他省、自治区、直辖市自行决定是否进行试点，如决定试点，可确定一个具备条件的市进行试点。

（二）我国养老保险法律制度的规范发展阶段

从2001年至今为我国的养老保险法律制度的规范发展阶段。这一阶段的基本目标是构建与市场经济体制相吻合的多层次的养老保险制度。《劳动和社会保障部关于完善城镇职工基本养老保险政策有关问题的通知》于2001年12月22日发布，重点对解除或终止劳动关系的职工、农民合同制工的养老保险关系做了明确规定，并对灵活就业人员执行省级政府规定。2001年12月13日，财政部与劳动和社会保障部联合公布《全国社会保障基金投资管理暂行办法》，其目的是为了规范全国各地的社会保障基金投资运行行为。2006年3月14日，全国社会保障基金理事会发布《全国社会保障基金境外投资管理暂行规定》，就中国的社会保障基金的境外投资方式进行规范，这两个规定也成为当时全国社会保障基金投资运营的主要依据。2004年1月6日，劳动和社会保障机构联合出台了《企业年金试行办法》，旨在规范企业为个人进行的补充型养老保险福利。2011年2月12日，人力资源和社会保障部公布《企业年金基金管理办法》，其在原《企业年金试行办法》实施五年间企业年金运行中存在问题及市场需求充分总结与分析的基础上，针对性地进行细化与完善，对管理机构的选择、企业年金的投资、收益费用、计划管理、信息披露、监督管理等方面进行了不小的改革，比《试行办法》更加完善和切合实际。2005年12月3日，国务院发布《国务院关于完善企业职工基本养老保险制度的决定》，针对企业职工基本养老保险制度做了一系列改革和完善。如扩大基本养老保险覆盖范围，逐步做实个人账户，加强基本养老保险基金征缴与监管，改革基本养老金计发办法，建立基本养老金正常调整机制，加快提高统筹层次，发展企业年金等。2008年3月18日，《劳动和社会保障部、民政部关于社会组织专职工作人员参加养老保险有关问题的通知》规定社会团体、基金会、民办非企业单位、境外非政府组织驻华代表机构及其签订聘用合同或劳动合同的专职人员等社会组织的专职人员强制参加基本养老保险，扩大了养老保险的覆盖面。2008年，原劳动与社会保障部与人力资源部合并为人力资源和社会保障部。根据党的十七大和十七届三中全会精神，国务院颁布《关于开展新型农村社会养老保险试点的指导意见》，并且规定2009年起全国开展新型农村社会养老保险试点工作。2009年12月28日《国务院办公厅关于转发人力资源和社会保障部、财政部城镇企业职工基本养老保险关系转移接续暂行办法的通知》规定，保障参保人员跨省、自治区、直辖市流动并保证养老保险关系转移接续顺畅，同时明确此手段适用参与城镇企业职工基本养老保险的所有人员，包括农民工。2010 年 10 月 28 日，第十一届全国人大常委会召开的第十七次会议通过了《中华人民共和国社会保险法》，该法确定了养老保险制度的覆盖范围，即覆盖城乡全体居民，并明确了逐步实现养老保险基金全国统筹的目标。2014 年 2 月 11 日，国务院印发《关于建立统一的城乡居民基本养老保险制度的意见》，其中规定坚持和完善社会统筹与个人账户相结合的制度模式，巩固和拓宽个人缴费、集体补助、政府补贴相结合的资金筹集渠道，完善基础养老金和个人账户养老金相结合的待遇支付政策，强化长缴多得、多缴多得等制度的激励机制，建立基础养老金正常调整机制。并提出到"十二五"末，在全国基本实现新农保和城镇居民养老保险制度（以下简称"城居保"）合并实施，并与职工基本养老保险制度相衔接；2020 年前，全面建成公平、统一、规范的城乡居民养老保险制度。2014 年 2 月 24 日，人力资源与社会保障部、财政部印发《城乡养老保险制度衔接暂行办法》，第一次明确规定了在参保人达到法定退休年龄的前提下，城乡居民养老保险和城镇职工养老保险之间可以转移衔接。2014 年 2 月 26 日，国务院通过《事业单位人事管理条例》，该条例第三十五条规定："事业单位及其工作人员依法参加社会保险，工作人员依法享受社会保险待遇。"该条例的出台也标志着事业单位和企业养老保险制度的"并轨"终于实现。2014 年 5 月 16 日发布的《人力资源社会保障部办公厅关于进一步做好企业年金方案备案工作的意见》中包含了统一企业年金方案范本、规范企业年金方案备案材料、明确企业年金方案备案地、把握企业年金方案审核要点、规范出具基本养老保险缴费证明、加大企业年金方案备案工作指导力度、建立健全企业年金方案备案工作廉政风险防控机制七个部分。2014 年 11 月 26 日，国务院法制办公室发布《关于〈全国社会保障基金条例（征求意见稿）〉公开征求意见的通知》，首次对已经运行了 14 年的全国社会保障基金做了全方位的规范。2014 年 12 月 23 日，第十二届全国人民代表大会常务委员会第十二次会议审议了《国务院关于统筹推进城乡社会保障体系建设工作情况的报告》。报告指出，我国将推进机关事业单位养老保险制度改革，建立与城镇职工统一的养老保险制度。改革思路为"一个统一"和"五个同步"。一个统一，即党政机关、事业单位建立与企业相同基本养老保险制度，实行单位和个人缴费，改革退休费计发办法，从制度和机制上化解"双轨制"矛盾。五个同步，即机关与事业单位同步改革，职业年金与基本养老保险制度同步建立，养老保险制度改革与完善工资制度同步推进，待遇调整机制与计发办法同步改革，改革在全国范围同步实施。①

---

① 关庆丰.养老保险改革方案终结'双轨制'［N］.山东侨报，2014-12-26（B1）.

综上所述，中国养老保险立法不断完善、历程曲折，虽有不足，但其成就也不可忽视。基本养老保险、企业补充保险、个人储蓄养老保险的多层次养老保险体系框架初步形成，并形成企业、职工共同缴费，国家财政补贴的筹资方式，构建了社会统筹与个人账户相结合的模式。

第二节 我国养老保险法律制度的现状与问题

一、我国养老保险法律制度的现状考察

纵观我国养老保险法律制度的演进历程，到目前来看，尚没有一部专门的养老保险法。当然，这不能否认我国自1951年以来已经建立和改革了养老保险制度的事实。就我国养老保险法律制度的现状而言，在此，主要是以法律位阶为划分标准，具体对现行《宪法》、法律、行政法规及规章等中关于养老保险的规定进行分析。

（一）《宪法》关于养老保险制度的规定

《宪法》是我国的根本大法，也是制定养老保险的母法。我国《宪法》第四十四条规定："国家依照法律规定实行企业事业组织的职工和国家机关工作人员的退休制度。退休人员的生活受到国家和社会的保障。"[1]该条规定了我国企事业单位和国家机关工作人员的离退休制度和相应的生活保障权。《宪法》第四十五条第一款规定："中华人民共和国公民在年老、疾病或者丧失劳动能力的情况下，有从国家和社会获得物质帮助的权利。国家发展公民享受这些权利所需要的社会保险、社会救济和医疗卫生事业。"[2]其赋予了中国公民社会保障的基本权利，即获得物质帮助的权利。《宪法》赋予社会保障权的对象是中华人民共和国全体公民，老年人自然也包括在内。《宪法》的规定是养老保险法律制度的根本法依据，其他任何法律、行政法规、部门规章、地方性法规和地方政府规章都不得与《宪法》的规定相抵触。

（二）法律关于养老保险制度的规定

迄今为止，我国还没有一部专门的养老保险法，2010年以前其他一些法律对养老保险问题只做了零散规定。如1995年1月1日起实施的《劳动法》第九

---

[1] 第五届全国人民代表大会：《中华人民共和国宪法》，1982年12月4日起实施。
[2] 第五届全国人民代表大会：《中华人民共和国宪法》，1982年12月4日起实施。

章对劳动者的社会保险和福利做了专门规定，主要涉及劳动者社会保险的适用；社会保险金的收支、运营；社会保险金的监管等方面。第七十条规定："国家发展社会保险事业，建立社会保险制度，设立社会保险基金，使劳动者在年老、患病、工伤、失业、生育等情况下获得帮助和补偿。"第七十三条规定："劳动者在退休、患病、负伤、因工伤残或者患职业病、失业、生育等情形下依法享受社会保险待遇。"① 再如 1996 年 10 月 1 日起实施的《老年人权益保障法》第五条规定："国家建立多层次的社会保障体系，逐步提高对老年的保险水平。"第二十二条规定："农村可将来承包的集体所有的部分土地、山林、水面、滩涂等作为养老基地，收益供老年人养老。"② 其中涉及养老保险的相关规定，国家建立养老保险制度，保障老年人基本生活，农村除建立养老保险外还可建立养老基地。2010 年 10 月 28 日第十一届全国人大常委会第十七次会议通过了《社会保险法》，其标志着我国社会保险法律制度的建立，结束长期以来因立法层次较低而导致的各种规定庞杂混乱、制度冲突等问题，为我国社会保险事业的发展注入新的活力。③ 该法涉及养老保险的规定主要包括以下几个方面。

第一，确定了覆盖城乡全体居民的基本养老保险制度法律框架。该法第三条规定：我国社会保险制度坚持"广覆盖"的方针，最终以基本法的形式确立我国覆盖城乡居民的社会养老保险法律体系。④

第二，明确了基本养老保险的全国统筹。统筹，意味着某级政府具有与资金调度权相应的政策制定权。⑤ 该法第六十四条规定：基本养老保险基金逐步实行全国统筹。最终落实了这个关键问题，虽然法条内容规定并不详尽，但仍是一个相当大的进步。

第三，扩大了基本养老保险参保人群的范围。该法第十条规定："无雇工的

---

① 第八届全国人民代表大会常务委员：《中华人民共和国劳动法》，1995 年 1 月 1 日起实施，2018 年修正。

② 第八届全国人民代表大会常务委员会：《中华人民共和国老年人权益保障法》，1996 年 8 月 29 日起实施。

③ 张丽云.试析我国社会保险法立法中的三个基本问题[J].法学杂志，2009，32（6）：118-120.

④ 第十一届全国人大常委会：《中华人民共和国社会保险法》，2011 年 7 月 1 日起实施。其中第三条规定："社会保险制度坚持广覆盖、保基本、多层次、可持续的方针，社会保险水平应当与经济社会发展水平相适应。"

⑤ 张丽云.试析我国社会保险法立法中的三个基本问题[J].法学杂志，2009，32（6）：118-120.

个体工商户、未在用人单位参加基本养老保险的非全日制从业人员以及其他灵活就业人员参加基本养老保险的,应当按照国家规定缴纳基本养老保险费,分别记入基本养老保险统筹基金和个人账户。"①该法第九十五条还规定了"进城务工的农村居民依照本法规定参加社会保险。"

第四,规定了基本养老保险金的领取制度。该法第十四条规定"个人账户不得提前支取"。因此,从制度上遏制了农民工退保的现象。同时,其第十九条规定:"个人跨统筹地区就业的,其基本养老保险关系随笔者转移,缴费年限累计计算。个人达到法定退休年龄时,基本养老金分段计算、统一支付。"这就消除了因跨统筹区域流动所导致的农民工退保的最重要障碍。②

(三)行政法规等关于养老保险制度的规定

1. 行政法规关于养老保险制度的规定

《社会保险费征缴暂行条例》规定了基本养老保险费的征缴范围:国有企业、城镇集体企业、外商投资企业、城镇私营企业和其他城镇企业及其职工,实行企业化管理的事业单位及其职工。征缴的社会保险费纳入社会保险基金,专款专用,任何单位和个人不得挪用。该条例还规定了保险费的征缴、管理,并在最后一部分规定了罚则。《事业单位人事管理条例》第三十五条规定:"事业单位及其工作人员依法参加社会保险,工作人员依法享受社会保险待遇。"这一条例的出台标志着事业单位养老保险将与城镇职工养老保险实现"并轨"。

2. 其他行政性文件关于养老保险制度的规定

《国务院关于企业职工养老保险制度改革的决定》的核心内容是逐步建立起基本养老保险与企业补充养老保险以及职工个人储蓄养老保险相结合的多层次养老保险制度;基本养老保险费用由国家、企业、个人三方共同负担。较之前规定的不同之处为,该文件规定职工个人也要缴纳一定的费用。《国务院关于建立统一的企业职工基本养老保险制度的决定》的核心内容为:第一,统一了缴纳比例,企业缴纳养老保险费的比例,一般不得超过企业工资总额的20%;个人缴纳基本养老保险的比例,1997年不得低于本人工资的4%,1998年后每两年提高一个百分点,最终达到本人缴费工资的8%。第二,统一了企业职工的个人账户规模,按职工本人缴费工资额的11%为职工建立基本养老保险个人账户,个人缴

---

① 第十一届全国人大常委会:《中华人民共和国社会保险法》,2011年7月1日起实施。

② 第十一届全国人大常委会:《中华人民共和国社会保险法》,2011年7月1日起实施。

费全部记入个人账户,其余部分从企业缴费中划入。第三,统一了基本养老金的计发办法,基础养老金月标准为上年度职工月平均工资的20%,个人账户养老金为本人账户储存额除以120。该决定正式确定了我国基本养老保险制度的框架,明确职工和企业缴费比例,逐步实行企业职工基本养老保险的省级统筹。《国务院关于完善企业职工基本养老保险制度的决定》主要对个人账户覆盖范围作了规定:个人账户完全由个人缴费形成,其规模由本人缴费工资的11%调整为8%。同时提出了逐步做实个人账户的要求。扩大了基本养老保险覆盖范围,城镇个体工商户和灵活就业人员参加基本养老保险的缴费基数为当地上年度在岗职工平均工资,缴费比例为20%,其中8%记入个人账户,其余划入社会统筹账户,退休后按照企业职工基本养老保险金计发办法计发基本养老待遇。《国务院关于开展新型农村社会养老保险试点的指导意见》规定,2009年起全国开展新型农村社会养老保险试点工作。该指导意见明确了新农保基金由个人缴费、集体补助、政府补贴构成。有条件的村集体应当对参保人缴费给予补助,补助标准由村民委员会召开村民会议以民主的形式加以确定。政府对符合领取条件的参保人全额支付新农保基础养老金,并采取基础账户和个人养老金账户相结合的基本模式。该指导意见以政策性制度的形式规定新农保制度框架,是我国第一个专门针对农村养老保险的行政性文件。《关于建立统一的城乡居民基本养老保险制度的意见》规定,国家为每个参保人员建立终身记录的养老保险个人账户,个人缴费、地方人民政府对参保人的缴费补贴、集体补助及其他社会经济组织、公益慈善组织、个人对参保人的缴费资助,全部记入个人账户。此外,对转移接续与制度衔接作了规定,即:参加城乡居民养老保险的人员,在缴费期间户籍迁移、需要跨地区转移城乡居民养老保险关系的,可在迁入地申请转移养老保险关系,一次性转移个人账户全部储存额,并按迁入地规定继续参保缴费,缴费年限累计计算;已经按规定领取城乡居民养老保险待遇的,无论户籍是否迁移,其养老保险关系不转移。该意见决定了我国将实现现行新型农村社会养老保险制度与城镇居民社会养老保险制度合并实施,建立全国统一的城乡居民基本养老保险制度。

(四)部门规章关于养老保险制度的规定

《企业年金试行办法》规定了我国企业年金制度的基本框架。企业年金所需费用由企业和职工个人共同缴纳,企业年金基金由企业缴费、职工个人缴费和企业年金基金投资运营收益三部分组成,实行完全积累制,采用个人账户方式进行管理。同时,税收优惠也为我国发展企业年金提供了条件。《企业年金基金管理办法》针对管理机构的选择、企业年金的投资、收益费用、计划管理、信息披露、监督管理等方面作了明确规定。加强对理事会的监管,严控企业年金运作风险，对企业年金理事会的组成、设立、理事应具备的条件、议事规则、理事的责任与罚则均作了规定。此外，调整了投资范围与投资比例，明确了风险准备金的使用条件及资金管理方式，明确风险准备金可投资于银行存款、国债等高流动性、低风险金融产品，提高风险准备金使用效率。调整年度审计为一年可审，三年必审，管理人职责终止必审，严格控制运作风险的同时，降低企业年金管理成本。《城乡养老保险制度衔接暂行办法》主要对实现两种制度衔接作了具体规定，并妥善处理重复参保与重复领取待遇问题。规定参加职保和新农保或城居保人员在达到职保规定的法定退休年龄后，可以申请办理职保与新农保或城居保的衔接手续。其中分为两种情况：一是符合领取职保待遇的，可以申请将原参加新农保或城居保有关权益转入职保，按照职保办法计发相应待遇；二是不符合领取职保待遇的，可以申请将职保有关权益转入新农保或城居保，待达到新农保或城居保规定的领取条件时，按照新农保或城居保办法计发相应待遇。以上主要以国家层面的养老保险规定为研究对象，有关养老保险的地方性法规与规章等在此就不进行列举与分析。就我国养老保险法律制度的现状来说，我国养老保险制度建设取得突破性进展，覆盖城乡的养老保险框架基本形成。新型农村社会养老保险和城镇居民社会养老保险实现了制度的全覆盖，企业职工基本养老保险省级统筹制度全面建立。养老保险覆盖范围从城镇扩大到农村，从国有企业扩大到各类用人单位，从职工扩大到灵活就业人员和城乡居民，越来越多的人享有了基本养老保险。我们在看到我国养老保险制度取得一定成绩的同时，也应该看到我国养老保险法律制度的改革仍处于探索的阶段，相对于我国养老保险所面临的严峻而复杂的问题来说，我国当前的制度并不能提供有效和充分的法律支持。

二、我国养老保险法律制度存在的主要问题

经过多年的研究和探索，我国在养老保险法律制度方面，取得了一定的成绩，但是随着经济社会发展的需要，人口老龄化的需求，就业方式多样化和城市化的发展，使得我国养老保险法律已经不适应当前的国家形势，由此产生了一系列的问题。

（一）养老保险立法滞后

在养老保险制度建构方面，我国虽颁布了大量的规范性和非规范性文件，却没有一部专门调整养老保险关系的基本法律——养老保险法。根据宪法理论和我国《立法法》的规定，涉及社会保险的重要事项的立法应该由法律规定。到目前为止，涉及养老保险制度国家立法层面的法律主要有《中华人民共和国宪法》《中华人民共和国社会保险法》《中华人民共和国劳动法》和《中华人民共和国老年人权益保障法》等，而这些法律的规定中除《社会保险法》外其他几部法律多为原则性规定。虽然《社会保险法》对我国养老保险法律制度做出了专章规定，但是仍存在着许多问题。如，该法还明确规定了社会养老保险账户实行社会统筹和个人账户结合的模式，但却并未规定如何计发统筹账户的保险金。又如，该法明确规定了养老保险将逐步实现全国统筹，但具体如何实现、何时实现却没有明确的规定。类似的这些问题在《社会保险法》中没有得到有效的规定和解决。对养老保险的规范多散见于行政法规、地方性法规及各部门的规章。养老保险基本法的缺位，导致我国社会保险制度缺乏权威性、公平性、透明性、稳定性和可操作性，难以定型；导致养老保险法律规范的效力层次偏低，体系功能弱化。正是因为《社会保险法》的关于养老保险的规定多不具有操作性，目前，整个养老保险工作所依据的大多是行政法规和规章及行政性文件等，且很大一部分为"试行""暂行""意见""通知"等。这种局面表明养老保险立法的权威性和稳定性严重不足①。另外，在现有的养老保险法律制度中，很多规定是在改革中出现问题而应急做出的规定，这就造成了养老保险立法与其他社会保障制度立法之间缺少了对应的衔接，整个养老保险法律体系相当不完善，且法律之间会产生冲突。养老保险法律制度对于我国社会发展的影响是不容忽视的，养老保险法作为社会保险法体系中的一个重要的组成部分本应有自己的法律体系。因此，我国迫切需要一部专门的法律对相关具体问题做出明确的规定，以更好地保障老年人的养老权益。②

（二）养老保险基金统筹层次较低

虽然《2013年度人力资源和社会保障事业发展统计公报》公布结果显示，截至2013年底，"全国31个省份和新疆生产建设兵团已建立养老保险省级统筹制度。"③但现实情况是，实现了相对规范的省级统筹的仅北京、上海、天津、福建和陕西这五个省市，其他地区虽然名为省级统筹，但存在着制度实施不到位、管理办法不规范、调剂基金使用困难、调剂力度小等问题，④更谈不上实现

---

① 丁康.社会保险法制建设研究［M］.武汉：武汉大学出版社，2003.

② 张紫薇，肖周录，张馨月.论我国养老保险法律制度的现状与完善［J］.西北工业大学报，2013，33（2）.

③ 人社部.2013年度人力资源和社会保障事业发展统计公报［EB/OL］.（2014-05-28）http://www.mohrss.gov.cn/SYrlzyhshbzb/dongtaixinwen/shizhengyaowen/201405/t20140528_131110.htm.

④ 王敏.我国基本养老保险适度统筹层次研究［D］.呼和浩特：内蒙古大学硕士论文，2010.

全国统筹。针对这一结果可以看出，我国基本养老保险金要实现省级以上的统筹还有一段过程，就当前情况，对于实现省级统筹的某些地区来说，其中一些地区以人群和地区为划分标准将养老保险基金分开设立，因此这些地区在具体实践中不仅仅只有一个养老保险基金。换而言之，当前大部分的省级统筹只意味着是建立了一种省级的调剂金，这种情形的存在阻碍着养老保险基金统筹的实现和养老保险关系的转移接续。养老保险的统筹层次低一直是制约着劳动力流动的关键，劳动力的不流动就使得我国一直难以形成全国性的统一的劳动力市场。尽管《国务院办公厅关于转发人力资源和社会保障部、财政部城镇企业职工基本养老保险关系转移接续暂行办法的通知》规定，保障参保人员跨省、自治区、直辖市流动，以及在城镇就业时的基本养老保险关系的顺畅转移接续。但由于各地业务规程不规范、信息网络不健全等原因，尤其是统筹层次一直难以提高，我国养老保险关系的转移接续仍然面临较大困难。统筹意味着某级政府具有与资金调度权相匹配的一定的政策制定权，统筹层次越低，政策架构的统一性越易遭受破坏。[①]当前，我国的社会保险缴费水平各地区标准不一，且给付待遇各个地区之间也大不相同，这也就造成各统筹范围内收缴的社会保险资金以及结余的金额也大不相同。因此，结余多的地区并不情愿被其他地区所统筹，养老保险待遇高的地区的劳动者也不乐意因实现全国统筹而拉低了自身原有的较高的福利待遇。目前，欧盟各国都在寻求社会保险的统一，而作为一个整体的国家，社会保险走向全国统一是一个必然的趋势。[②]低层次统筹极大地限制了社会保险的社会共济作用，社会保险中尤为重要的养老保险要发挥其更大的抗风险能力，就应当提高其统筹层次。

（三）养老保险制度筹资模式争议大

对于养老保险法律来说，它的核心主要是对养老保险费的征集、养老保险基金的管理和养老金的支付这三个方面进行规范。[③]在国际上，关于三个方面的研究主要集中在了养老保险基金的筹资模式上，一般有三种理论对这一流程规律进行描述：现收现付制（Pay As You Go）、完全积累制（Fully Funded）和部分积累制（Partially Funded）理论。现阶段，我国养老保险制度采取的是"社会统筹

[①] 梁木.中国基本养老保险省级统筹到全国统筹：问题与可能［D］.西安：西北大学硕士论文，2008.
[②] 庾聪聪.浅析我国社会保险法的缺陷［J］.东方企业文化，2010（11）.
[③] 陈培勇，林琳，林静.养老保险法律内因性理论辨析［J］.社会保障研究，2013（3）.

与个人账户相结合的模式",该模式为我国首创。我国虽然采取的是统账结合的基本养老保险制度,但是我国养老金的个人账户长期基本处在"空转状态",因此,我国实际实施的依旧是现收现付的养老保险制度,即同一个时期正在工作的一代人的缴费来支付已经退休的一代人的养老金。当前,这一制度仅仅是在我国适龄劳动力人口还比较多的基础上实现的低水平的养老保障,但是随着人口老龄化速度加快,现收现付制必将面临越来越大的压力。虽然我国《社会保险法》第十四条规定:"个人账户不得提前支取,记账利率不得低于银行定期存款利率,免征利息税。个人死亡的,个人账户余额可以继承。"[1]在具体实践中,个人账户这部分存在前面所述的问题,这就对我国现阶段运行的养老保险制度模式产生了争议,争议的主要意见有两种:首先,有一种观点是选择现收现付制。[2]持这种观点的学者认为,一个国家经济发展的趋势必然呈现为波浪式,因此养老基金的经营必然会有风险,并且为了回避基金管理过程中可能会出现的被管理公司不当窃取等风险,所以选择了现收现付制度。还有一些持此观点的学者有着不同理由,他们认为德国在经历一战、二战后经济却没有受到非常大的打击,正是因为其社会保险制度从 1957 年开始就采取现收现付制,所以认为现收现付制具有抗风险的特性,从而选择现收现付制。其次,另一种观点是我国应该做实养老保险个人账户。[3]所谓"做实",强调的是统筹账户和个人账户的分离,进一步延伸就是把我国现今的基本养老保险制度分解处理。[4]其理由为,由于目前我国的养老保险个人账户这部分出现了大量的空账,如果不能及时抓紧落实,必将会导致参保人将来的养老金难以领取的问题。因此,我国应当做实个人账户的养老保险制度,并对做实的养老保险个人账户进行多元组合的投资运营,且对当前仅允许存银行、买国债的投资方式予以合理的改变。[5]再次,另有观点支持统账结合模式。其认为个人账户与社会统筹账户相结合的部分积累型的基本养老保险是我国社会保险立法的基本政策,不易改变,应当坚持该模式。因此,对我国当前法律规定的养老保险统筹结合的模式,在学术界有着不小的争议,而养老保险模式的选择正是养老保障制度的核心问题,如何选择适合我国国情的养老保险模式是一个不容忽视的问题。

---

[1] 第十一届全国人大常委会:《中华人民共和国社会保险法》,2011 年 7 月 1 日起实施。

[2] 郑尚元.劳动法与社会保障法前沿问题[M].北京:清华大学出版社,2011.

[3] 郭树清.养老基金的筹集与隐性债务的补偿[J].经济社会体制比较,2000(5).

[4] 郑尚元.劳动法与社会保障法前沿问题[M].北京:清华大学出版社,2011.

[5] 王韬.公务员养老保险改革及立法研究[D].杭州:浙江大学,2012.

（四）养老保险基金的监督管理不完善

当前，我国养老保险基金监管存在监管主体分散、监管体制不合理等问题。《社会保险法》第十章专章对社会保险监督进行规定，确立了以行政监管为主，财政监督、审计监督、内部监督以及社会监督相结合的社会保险基金监管模式，即监管主体为各级人民代表大会常务委员会、人力资源和社会保障部的社会保险基金监督司、财政部、审计署、司法部门、社会保险经办机构、社会保险监督委员会和工会共同组成。我国社会保险基金监管属于分散型的监管体制，虽然监管的专业性有所提高，但分散监管可能造成监管部门为自身利益放弃部门间的配合和共享。该法第七十六条规定："各级人民代表大会常务委员会听取和审议本级人民政府对社会保险基金的收支、管理、投资运营以及监督检查情况的专项工作报告，组织对本法实施情况的执法检查等，依法行使监督职权。"[1]因为各级人民代表大会仅听取和审议本级政府的专项工作报告，所以实践中各级政府部门实质是自己监管自己。同时其制定各自的规章政策，导致各地区的政策不一，不能相互协调，甚至相互冲突。此外，分散监管体制会造成机构的重复设置，在无形之中增加了监管成本。各级人力资源和社会保障部门承担主要的社会保险基金监管工作，各级社会保险经办机构接受社会保险行政部门的授权和委托。社会保险经办机构是人力资源和社会保障部门的全额拨款事业单位，财政权和人事权都在同级政府的控制下，因此在实际工作中很容易造成"权力寻租"现象。[2]所以，尽管《社会保险法》第六十四条第二款规定"社会保险基金专款专用，任何组织和个人不得侵占或者挪用"[3]，但是在现实中不断发生社会保险基金被地方政府挪用和贪污的案件。

（五）养老保险争议处理机制不完善

《社会保险法》第八十三条规定："用人单位或者个人认为社会保险费征收机构的行为侵害自己合法权益的，可以依法申请行政复议或者提起行政诉讼。""用人单位或者个人对社会保险经办机构不依法办理社会保险登记、核定社会保险费、支付社会保险待遇、办理社会保险转移接续手续或者侵害其他社会保险权益的行为，可以依法申请行政复议或者提起行政诉讼。""个人与所在用

---

[1] 第十一届全国人大常委会：《中华人民共和国社会保险法》，2011年7月1日起实施。

[2] 王秀芹.社会保险基金法律监管问题与对策的立法研究[D].成都：西南交通大学硕士论文，2012.

[3] 第十一届全国人大常委会：《中华人民共和国社会保险法》，2011年7月1日起实施。

人单位发生社会保险争议的，可以依法申请调解、仲裁，提起诉讼。用人单位侵害个人社会保险权益的，个人也可以要求社会保险行政部门或者社会保险费征收机构依法处理。"[1] 该条款规定了个人的诉讼权利，且将我国社会保险纠纷分为两类：社会保险行政纠纷和社会保险劳动纠纷。社会保险行政纠纷是指社会保险行政部门、经办机构等行政机关在依照法律、法规办理社会保险事务过程中，与公民、法人或其他组织之间发生的争议，如社会保险费的征收、缴费、基金管理、待遇发放以及退休、失业人员的服务管理等，这是一种公法意义上的行政关系，适用行政纠纷处理制度。在处理过程中，遵循的法律条例有《行政复议法》《社会保险费征缴暂行条例》以及《社会保险行政争议处理办法》等。《社会保险行政争议处理办法》中仅规定了通过行政争议处理这样一种保险争议的处理方式，并没有仲裁或者司法等方面的处理方式，其主要还是依据《社会保险法》第八十三条的规定，具体处理方式为：行政复议和行政诉讼。人民法院在审理社会保险行政纠纷案件时，依据《行政诉讼法》在行政审判庭开庭审理。社会保险劳动纠纷是指劳动者与用人单位之间基于劳动关系产生的社会保险权利与义务的纠纷。适用的法律是2007年《劳动争议调解仲裁法》、2008年1月施行的《劳动合同法》以及同年9月颁布的《劳动合同法实施条例》等。具体处理方式有劳动争议调解、仲裁和诉讼。人民法院在受理社会保险劳动争议的纠纷时，则按照《民事诉讼法》的规定在民事审判庭审理。相比较而言，在我国，处于弱势地位的劳动者与用人单位之间的社会保险劳动纠纷诉讼的数量要超过社会保险行政纠纷的诉讼。[2] 社会保险纠纷是一类极其复杂的纠纷，例如，关于请求补缴社会保险费的解决途径：首先，用人单位与劳动者之间补缴社会保险费的争议在性质上不属于劳动争议，不应当通过劳动仲裁、劳动诉讼加以解决。如果将其定性为劳动争议，那么劳动者在仲裁和诉讼时就有任意处置自己社会保险权益的权利，则其可以通过与用人单位协议支付社会保险补偿费等方式解决纠纷。实践中，许多劳动仲裁委员会允许采用"协商一致、现金补偿"的方式解决此类争议，这在本质上损害了整体性的社会保险制度。社会保险权利具有社会法性质，具有权义复

---

[1] 第十一届全国人大常委会：《中华人民共和国社会保险法》，2011年7月1日起实施。

[2] 戴卫东. 德国社会保险纠纷的司法审理体制及其启示 [J]. 现代经济探讨，2011（1）.

合性，其不允许劳动者个体放弃、让与或变相行使权利。[①]这点与大量通过调解方式解决的劳动争议形成鲜明对比。其次，现行司法实践在否认该类争议属于劳动争议后，并没有创设符合社会保险争议特点的司法救济途径来保障劳动者的社会保险权益，而往往以"司法权不干扰行政权"[②]为由，将此类争议推脱给社会保险经办机构或者其他劳动行政部门予以查处。这在否定了劳动者社会保险争议诉权的同时，客观上也加大了劳动者维权的难度。在实践中，养老保险争议往往由劳动者首先提起，因而司法救济制度的建构更为重要。由于养老保险争议处理机制不健全，没有与社会保险的特点以及养老保险自身所蕴含的特性相契合，所以在处理这部分案件中，法院审判过程会出现问题。

第三节 我国养老保险法律制度的完善

一、完善我国养老保险法律制度的基本原则

养老保险法的基本原则是贯穿于养老保险法始终的根本规则，它对于养老保险立法以至于养老保险法体系的建立起着至关重要的作用。它不仅体现养老保险法的立法理念和精神，而且在法律适用中还能发挥弥补法律空白的作用。《社会保险法》规定了接近于法律原则的"广覆盖、保基本、多层次、可持续"的方针，在法律原则方面仅仅规定了社会保险水平应当与经济社会发展水平相适应原则，其他的社会保险法律原则，如公平性原则、强制性原则、权利义务相对应原则、责任分担原则等，虽在制度设计中有所反映，但并没有明确规定在总则部分，今后完善我国养老保险法律制度的过程中需要作为法律原则明确下来。

（一）权利与义务相对应原则

按照国际惯例和保险原理，享受保障待遇者必须先投保，后受益。先尽义务，后享权利。养老保险关系实质上就是一种权利义务关系。在这一法律关系

[①] 就此，"德国社会法院取消了调解程序，也不允许以调解方式结案"。参见柯菲菲.检视我国社会保险争议处理法律制度——基于社会保险法律关系的视角[J].湖南工业职业技术学院学报，2011，11（1）.

[②] 如，《南京市中级人民法院关于积极应对和妥善审理宏观经济形势变化时期劳动争议的实施意见》（宁中法〔2009〕102号）中规定："对于未依法为劳动者办理社会保险的问题，人民法院要区分司法权与行政权的界限，配合劳动保障行政部门加大查处力度。"

中，公民个人居于权利主体地位，但其取得养老保险金有一个先决条件，就是必须依照法律规定交纳一定数量、一定时间的养老保险费，这样他又成了义务主体。目前，我国经济发展水平不高，公民如果不先尽义务，就意味着权利也无法保障。因此，养老保险法必须贯彻权利与义务相对应的原则。一般来说，投保期越长，投保费越多，可享受的权益越多。如果公民享受的养老保险待遇与缴费数额没有联系，那么公民就不会参保缴费，即使参保缴费，也会尽量少交保险费。这样的养老保险制度就缺乏应有的缴费激励机制。目前，我国正在积极推进养老保险统筹层次的提高，由于各地区的平均工资水平相距悬殊，一旦实行基本养老保险中央统筹，各地人均对统筹账户的贡献基金相差很大，但人均享受的基础养老金基本相同，而各地物价水平和生活水准不一样，这样一来，富裕地区的退休人员难以维持基本生活。富裕地区政府则会从本位主义出发，对提高养老保险统筹层次的改革采取能拖则拖的策略，尽量延缓改革的进程，强调养老保险制度改革必须坚持权利和义务高度相关的原则，有利于调动劳动者的参保缴费积极性，有利于统筹层次的提高。

（二）公平和效率相结合原则

养老保险法应该确立公平原则。维护个人在发展过程中的公平，实现社会和谐是各国社会保险法的重要功能。养老保险法应该确立公平原则，强调打破各种身份限制，公平地对待每个劳动者并保证其实现相应的养老保险权益，避免因职业、身份、地区的不同而导致养老保险待遇差距过大。基本养老保险作为一种社会政策，是国民收入的二次分配，是以追求社会公平、保障国民基本生活需求为目标的。所要强调的公平，主要通过以下三种方式实现。①一是强调社会成员参与的机会公平，即任何社会成员凡符合养老保险制度规定的条件，不论其地位、职业、贫富等均被强制性纳入社会养老保险范围。社会养老保险的社会化程度愈高，这种机会的公平性就愈充分。二是通过提供年老后的基本生活保障而解除后顾之忧，使社会成员不至于因年老丧失劳动能力无法保证基本生活，以维护社会成员参与社会公平竞争，起到维护社会成员起点与过程公平的作用。三是通过养老保险社会统筹、收入再分配功能的发挥，起到调节收入差距的作用，在一定程度上缩小社会成员发展结果的不公平，起到市场经济不可或缺的润滑剂作用，保证结果的公平，从而为提高经济效率创造一个良好的社会环境。正确处理公平和效率的关系。效率是养老保险制度正常运行的物质保证，效率的下降会造

---

① 厉以宁.中国社会福利模型——老年保障制度研究[M].上海：上海人民出版社，1994.

成或加重养老保险制度的实施困难。过分追求公平，特别是养老金替代率较高时的公平，会导致严重的负面效果。一方面，较高的养老金替代率可能会诱发职工提前退休，从而减少缴费人数，缩小缴费规模，导致养老金需求上升过快；另一方面，养老保险支付水平过高，会增加个人和企业的缴费负担，导致资本和技术外流，同时也使国家财政负担日益加重，影响经济发展。超越经济发展水平的养老保险制度即使公平，也难以长期有效地实施，但是如果片面追求效率而忽视公平，财富分配的极大不公则可能引发社会动荡，经济发展也会面临动力不足的问题。养老保险制度作为一种收入再分配手段，事关广大社会成员的切身利益和积极性的发挥。因此，完善养老保险制度，提高基本养老保险的统筹层次，要处理好公平与效率之间的关系，既要考虑经济效率，不降低劳动者的积极性，也要保证分配的公平，实现公平与效率的统一，这对一国养老保险制度的健康、持续发展有至关重要的作用。

（三）保障水平与经济发展水平相适应原则

养老保险法应该确立权利义务相对应原则。坚持权利义务相对应原则是缴费型社会保险制度有别于社会救助与社会福利制度的重要标志。养老保险关系实质上是一种权利义务关系。在这一关系中，就个人而言，当他符合法定条件而取得养老保险金时，他居于权利主体的地位；但他取得社会保险金的前提条件是必须依据《社会保险法》的规定履行缴费义务，这时，他则处于义务主体的地位。权利义务相对应意味着不参保当然不能享受养老保险待遇，不缴费也通常不能享受养老保险待遇。从目前的实际情况出发，确定保障水平。因为如果保障水平过低，则无法发挥保障功能；如果保障水平超过社会生产力发展水平，则会诱发提前退休的冲动，浪费有效的劳动力资源，这样不仅会制约生产力的发展，而且也会危机养老保险制度的正常进行。因此，必须从实际情况出发，确定养老保险的水平，一定要充分考虑到生产力水平，考虑到国家、企业和个人的综合承受能力。社会保障的标准要同国情国力及各方面的承受能力相适应。社会保障水平要与经济发展水平相适应，这是一个基本原则。要本着既要保证经济发展，又要适当积累的原则，统筹安排养老保险基金。既要有利于社会保障与经济发展相互促进，也要有利于职工在地区和部门之间的流动。基本养老保险金的给付标准，既要反对不顾经济状况而肆意规定高标准的给付，给国家财政带来负担，又要防止生产力发展了，但不及时调整养老保险金给付，忽略劳动者权益的现象发生，要考虑到地区间利益如何合理地调整，同时还要考虑到经济发展的实际水平，应当始终使社会保险给付适应经济发展的水平。

二、完善我国养老保险法律制度具体内容的建议

面对"未富先老"的这种社会状态，我们当前所面临的一个重要问题就是要加快完善养老保险法律制度的脚步，合理规范养老保险资金的征收、管理、运营和监督。完善我国养老保险法律制度，首先就是通过制定专门的养老保险法律加以规范和完善，从而使我国养老保险法律制度得以更好地发展。因此，健全、完善养老保险法律制度，使养老保险法制化，应是国家需要采取的紧迫之策，也是长远之策。

（一）出台养老保险专门立法

立法先行，制定高位阶的社会保险法律，是世界各国社会保险制度建立和完善的基本经验。[①]通过总结国外养老保险制度的一般规律以及发展历史，发现大部分国家为先从立法层面规定养老保险，然后才有具体实践中的养老保险制度。在工业化的国家，这一规律体现得尤为明显。[②]如德国养老保险制度改革中体现的就是"先立法、再实践"。19世纪70年代以后，德国颁布实施了《工人伤残病老社会保险法》《疾病保险法》和《意外事件保险法》，开始实施由政府设立和管理的基本养老保险制度。1911年，德国公布了《德意志帝国社会保险法》，将三种劳工保险立法合并为一。德国养老保险法律制定和改革经过法律的起草、审议和通过的程序，并且审议过程是公开、透明的，保证了公众的知情权和参与权。[③]工业化国家（或地区）及许多发展中国家在建立或修订自己的社会保障制度时均会遵循这一规则，即任何一项社会保障制度的建立和改革，都以立法机关制定或修订相关法律、法规为先导，以管理部门制定相应的实施细则为条件，最后才是具体组织实施社会保障项目。这一规律除体现法治社会和市场经济的客观要求外，同时也是社会保障制度自身的需要。因为只有法制化才能规范化和高效化，才能摆脱制度偶然性和任意性的影响。立法的意义不仅在于对社会保障制度的权威规范，更在于实现社会保障制度责任与权益的合理配置。[④]我国养老保险制度改革之初，就应该避免依靠行政机关的政策和指示来推动社会保障制

[①] 杨思斌.中国社会保险法制建设述评［J］.财贸研究，2007（3）.

[②] 胡巧红，郭光清.国外养老保险制度立法演变及经验借鉴［J］.山东劳动保障，2009（7）.

[③] 郑尚元.德国社会保险法制之形成与发展——历史沉思与现实启示［J］.社会科学战线，2012（7）.

[④] 郑尚元，李海明，扈春海.劳动和社会保障法学［M］.北京：中国政法大学出版社，2008.

度的做法，要立法先行。我国养老保险制度的改革、运行、管理只有以法律为依据，才能公平、高效、健康地发展。我国养老保险的立法建设之初，国家应做出系统的计划，使养老保险制度建设尽量从开始就迈入社会保障法制体系建设的正轨。① 就制度的整体设计而言，我国养老保险的立法应当遵从权利与义务统一、公平与效率相结合、保障水平与经济发展水平相适应的几项基本原则，应当体现养老保险的多元化。就养老保险的分类来看，可分为社会养老保险和商业养老保险，而社会养老保险又可以分为基本养老保险和补充养老保险。在具体的立法上，基本养老保险可单独立法，而补充养老保险的制度设计和立法仍然要在基本养老保险清晰定格的情况下来展开。要结合我国国情来制定养老保险法，确定养老保险的基本原则、适用范围、项目、基本制度和内容，为各项具体措施确立基本依据②。关于养老保险法的具体内容，笔者参见郑尚元教授《公开、规范与定型——养老保险制度从政策到法律——中国社会保险立法的进路分析》③中的相关论述，认为应包含以下几方面。①适用范围，即法律的效力范围，包括法律效力发生地、发生法律效力的社会关系主体、生效时间等。其中对社会关系主体的规制最为复杂，养老保险法的主体根据其在养老保险法律关系的地位不同，可以分为缴费主体、受领主体、管理主体三类。根据权利义务相一致原则，政府或国家、企业、劳动者个人三方共同负担资金的来源是目前经济条件下最为合理的选择。其中，企业和个人是养老保险的缴费主体，政府作为最终的经济支持④。②养老保险基金筹集与管理，包括缴费基数、费率、缴费义务人、缴费方式、养老保险费征缴机构（基金管理机构）财务管理等。③养老保险待遇。包括养老金及其标准，退休法定年龄、养老金的申请与支付条件、个人账户的跨地区转移接续等。④明确养老保险事务经办机构名称，确立养老保险事务经办机构的法律地位及其职责。⑤养老保险基金监管。详细规定监管机构、被监管对象以及监管的程序等。⑥养老保险争议处理。在养老保险法规定上述内容的基础上，再行对养老

---

① 张倩.养老保险法律制度改革与完善研究［D］.北京：中国政法大学硕士论文，2012.

② 苏涛.简论我国的社会保障法制化的内涵及其立法原则［J］.东南学术，1999（6）.

③ 郑尚元.公开、规范与定型——养老保险制度从政策到法律——中国社会保险立法的进路分析［J］.法学，2005（9）.

④ 政府财政支撑是养老保险得以正常达到的最终经济依托，但政府本身不是养老保险的缴费主体，只有企业和个人缴纳的保险费形成大的养老保险基金不足以支付养老保险金的发放时，政府财政才提供相应的补贴。

保险基金的运营专门立法，由此形成相对完整的养老保险法律制度。

(二) 提高养老保险基金统筹层次

统筹，即统一筹划，应当是在独立的事物之间谋取一致或通盘考虑。养老保险的统筹层次问题在《社会保险法》中是针对养老保险的基金而言的。国外多数国家的社会保险为单一计划，法国作为例外，其也仅是针对职业进行区分而已。①因此，国外同一国家参保人的养老保险关系的转移接续在国内不受工作地点和职业的限制，甚至对于欧盟国家而言，其参保人在国家间变换工作，其养老保险关系的转移也不会受到影响。关于我国养老保险基金统筹层次的问题，我国学者有着不同的观点：有的观点指出，法律关系和权益主体都影响着统筹层次的问题，例如有的地区因为受到经济政策的影响而放弃养老保险的统一，这就使得最基层行政区划统筹的养老保险之社会性受到质疑；有的观点认为，法律关系和权益主体都影响着统筹层次，就不能因个别权益而去修正法律，并且劳动力流动和劳动力市场统一为提升社会保险统筹层次的动因。②但笔者认为，我国的养老保险应坚持实行全国统筹。"只有将统筹层次逐渐提高到省级或全国，缴费比例才可能趋于统一。费用收缴和待遇给付控制在地市水平，有严重的道德风险，即地方统筹单位鼓励少收（缴费）多发（待遇）。"③《社会保险法》第六十四条第三款规定："基本养老保险基金逐步实行全国统筹，其他社会保险基金逐步实行省级统筹，具体时间、步骤由国务院规定。"笔者认同郑尚元教授的观点："对于实现全国统筹的时间和步骤不应概括地授权国务院规定，应当在立法中明确规定一个实现的期限，并且不宜过长。""提高统筹层次的核心是政府的常规性支付责任问题，而全国统筹的难点在于政府、企业、个人之间的缴费比例不确定。在现在的框架下，政府的缴费（补贴）比例的明确，中央和地方政府之间的财政责任是否区分，这关系到政府财政体制的问题。"④因此，在制定养老保险法时应规定基本养老保险基金实行全国统筹。养老保险基金的统收统支，则是实现全国统筹的本质体现。这就要求在统一制度、统一管理机构、统一缴费比例、统一养老金计发办法的基础上，实现基础养老金的统收统支。即建立垂直管理的养老保险经办机构，集中管理养老保险基金的征收、管理和发放；在全国范围内，统一缴

---

① 郑尚元，李海明.基本养老保险立法之疑难问题研析[J].法治论坛，2009（4）.

② 郑尚元，李海明.基本养老保险立法之疑难问题研析[J].法治论坛，2009（4）.

③ 劳动和社会保障部，财政部，亚洲开发银行.中国养老保险制度改革项目：终期报告.转引自.郑尚元.劳动法与社会保障法前沿问题[M].北京：清华大学出版社，2011.

④ 郑尚元.劳动法与社会保障法前沿问题[M].北京：清华大学出版社，2011.

费比例（分别规定个人缴费比例和单位缴费比例），统一养老金计发办法；并通过经办机构统一负责征收基本养老保险费，汇总到中央养老保险经办机构，由中央养老保险经办机构根据各地区对养老金支出的实际需求统一划拨资金。

（三）健全养老保险制度的筹资模式

综观世界各国养老保险的三种模式，世界上130个已经建立基本养老保险制度的国家中，49%实行现收现付制，18%实行基金制，33%实行部分积累制。[1]

第一种模式是以近期内横向收支平衡原则为指导的资金筹集方式，即现收现付制。它的特点是"代际赡养"。其优点是：操作简便，管理成本低；缴费或征税调整及时、灵活，有利于保持收支平衡；避免通货膨胀造成的基金贬值风险，体现社会福利性。其缺点是：代际转移支付会使不同时期加入制度的人员的供款和收益失衡，由于没有资金积累，在人口老龄化严重情况下，使收支平衡难以实现，从而动摇整个制度的维持和发展。由于我国人口老龄化趋势的日趋明显，加上城市化的加速发展，在接下来一段时间内加入这一制度的人口数量将会大幅上升，目前退休人员的养老保障还较多地依赖之前所在的单位，如果实行完全的现收现付制则不大可行。

第二种模式是一种以远期纵向收支平衡原则的筹集基金方式，即完全积累制。其优点是：因退休者在业期间投保以供养自己度过晚年，不存在代际之间转嫁负担，避免了代际矛盾冲突的发生；由于预提积累基金，能化解人口老龄化带来的养老金支付压力；通过合理的投资，积累的雄厚资金可以促进资本市场的发育和国民经济的发展；增强了投保人社会保险意识，体现权利与义务的对等。其缺点是：缴费与受益间隔时间长，积累基金易受通货膨胀因素的影响，保值增值难度大；缺乏社会互助性，再分配的功能弱化。埃里克森和帕尔默两位学者认为，基金制有以下三个方面的缺点：一是当劳动者收入增长不稳定的时候，养老保险基金也会与其相呼应，出现不稳定的现象；二是一国的养老保险制度从现收现付制向基金制进行转轨的过程中，不可避免地会相应地减低正处于该转轨时期的一代人之福利；三是一国的养老保险制度即便是采取基金制这一养老保险法律模式，也达不到提高国民储蓄率的目的。[2]

第三种模式是介于现收现付模式与完全积累模式之间的混合模式。在社会保险基金的筹集中，一部分采取现收现付式，用作当年支付；另一部分采取完全积

---

[1] 黄必红.养老金制度［M］.北京：中国劳动社会保障出版社，2008.

[2] 杨燕绥，刘懿.中国养老金改革的时间节点与政策路径——以人力资本和老龄化为视角［J］.探索与争鸣，2013（1）.

累式，沉淀形成基金，满足未来支付需求。其优点是：集中现收现付式和完全积累式的长处，防止两者的弱点和可能出现的问题；基金积累有限，避免通货膨胀的影响；费率适中，投保人和单位都承受得起；不仅能缓和代际冲突，而且能应付人口老龄化。其缺点是：具体操作难度加大，标准和费率不好掌握。

笔者认为，就目前我国的养老保险制度的建立而言，应坚持实行部分积累制，即社会统筹部分通过现收现付制来提供最低养老保障，而个人账户方面通过单位与个人的缴纳基金积累则既有利于激励个人工作积极性又利于提高社会储蓄率。从产权结构看，该制度是公共养老金制度与私人养老金制度的混合；从财务制度看，是现收现付制度和基金制度的混合；从给付的硬性规定来看，它是给付确定制度与缴费确定制度的结合。它通过社会统筹与个人账户的结合，将社会公平与效率、社会互济与自我保障、保障基本生活与鼓励努力工作有机地结合起来，实现国家、企业、个人三方共同负担。可以参照德国的"三层次"模式[①]，法定养老保险以及比照法定养老保险运行的农民养老保险和特定职业养老保险被划为第一层次的基本养老保险；企业补充养老保险被划为第二层次补充养老保险；个人自愿养老保险被划为第三层次养老保险。总体而言，养老保险在该领域的推行，应以社会养老保险方式为主，同时考虑市场的介入，鼓励个人自主选投保机构进行储蓄性养老保险。因此，我国在养老保险立法完善中，应继续坚持社会统筹与个人账户相结合的模式，建立以全国统筹的基本养老保险为基础、以个人账户管理模式存在的职业年金为主体、辅之以自愿性的个人储蓄养老保险的第三层次模式。第一层次是基本社会保险，由国家统一征缴、统一计发的保险加上地方征缴、计发的保险两块组成，主要体现公平性和强制性；第二层次是企业年金，由原补充保险和基本保险中的个人账户部分合并而成，主要体现效率性和半强制性；第三层次为商业性保险，由个人或单位自愿投保，不具有强制性。

（四）建立有效的养老保险基金监督管理机制

养老保险的监管机构问题涉及到社会保险领域是否需要专门的监督管理机构。由社会保险局成立资金运用部直接管理运营社会保险金为当前国际上的主要模式，如日本大藏省下设资金运用部，专门负责邮政储蓄与国民养老基金、福利保险基金的运用，主要用于对公共部门投资和购买国债，是日本政府财政资金的稳定供给来源。20世纪80年代中期以后，大藏省资金运用部的贷款提供了政府

---

① 于秀伟. 从"三支柱模式"到"三层次模式"——解析德国养老保险体制改革[J]. 德国研究，2012（2）.

借入资金的 90% 以上，持有的国债余额约占国债总发行额的 30% 以上。①社保监管机构的存在必要程度可能跟社会保险统筹层次的提升以及社会保险基金的积累相联系，特别是积累型的社会保险基金必然面临多方面的风险。然而如果设置独立的外部监管机构，社会保险监管机构与社会保险征费机构、社会保险经办机构、社会保险基金投资管理机构的关系就应当在立法中明确下来。笔者认为，在社会保险制度极度碎片的情况下，也伴随着社会保险关系中的主体制度混乱，从社会统筹的提升、社会保险体制的定型来看，一个强有力的社会保险经办机构是必要的。这要求社会保险经办机构的功能不能过于萎缩，在涉及到社会保险技术性、程序性的问题时应当向社会保险经办机构靠拢，社会保险经办机构应当首先实现全国的体制性统一；关于社会保险经办机构的外部管理、社会保险基金的外部监督，交由劳动行政部门即可，而涉及金融监督的问题应当多元化，不宜在社会保险制度尚未统一的情况下，加重社会保险的机构负担。因而，保守做法是，社会保险经办机构内设社会保险监督委员会，掌握、分析社会保险基金的收支、管理和投资运营情况，实施内部控制，其他监管主体包括人大常委会、人力资源和社会保障部、财政部等。为了确保社会保险基金保值增值，社会保险基金的投资必须保障安全，不能违规投资。社会保险基金的合法投资是关系到投资效果和基金管理成败的一个关键因素，因此对投资的监管尤为重要。世界各国在社会保障基金监管立法中，无不对其进行严格的规定，并根据经济发展水平和基金特点不时进行着调整，以确保社会保险投资运营主体按照法律规定，谨慎地履行投资义务②。在投资方面，统筹账户基金和个人账户基金由于来源不同，承担的保障功能不同，涉及的基本法律关系不同，责任构成不同，因此投资领域及投资工具的比例不同，这些方面监管条例必须做出严格的规定。

（五）完善养老保险争议处理机制

当作为法律实现遇到障碍时，司法救济作为法律实现的后盾应发挥其保障作用。为保障劳动者的权利，我国应建立、健全养老保险争议救济模式。对此，我国法学界一直在热烈地讨论。笔者将理论界和实务界的规划和探索，大致总结为两种观点。观点一：成立社会保险专门法院或者在法院内部设立社会保障法庭。这一观点借鉴国外立法、司法经验，强调社会保险争议救济的独立性，并得到许多学者的支持。有些学者列举了国外养老保险司法救济的途径，指出"西方国家普遍指定专门法庭或授权普通法院适用特殊程序处理养老保险各种争

---

① 邵爱媛. 现代日本社会保障制度的历史探析 [J]. 学园，2013（28）.
② 程晓燕. 社会保障基金管理法德问题研究 [D]. 长春：吉林大学硕士论文，2008.

议"①。有学者认为，可以"在社会保障行政主管部门内部设立社会保险争议仲裁委员会，在人民法院内部设立劳动和社会保障法庭，或专门设立劳动和社会保障法院等"②。支持这一观点的大多数学者将社会保险关系与民法关系和行政法关系进行区别，为强调社会保障争议救济的独立性，从而支持建立社会保险争议救济处理机构以及特别程序，但是关于制度的具体构建却少有人进行论述分析。

观点二：采用"一裁决一诉讼"制，将养老保险争议先交由社会保险管理机关裁决，对裁决不服可以向法院提起诉讼。③其依据来源为1996年上海市人民政府发布的《上海市城镇职工养老保险争议处理办法》④。虽然该办法已经废止，但这种争议救济模式具有一定的借鉴意义。即统一处理用人单位、劳动者以及社保经办机构的争议，这就回避了劳动争议和行政争议的解决机制上的矛盾，并节省了纠纷程序的时间。但是，我国立法规定养老保险争议适用劳动争议的情形的前提是，用人单位未为劳动者办理养老保险手续、未参加社会保险统筹，如果用人单位为劳动者办理了养老保险而存在不足额缴纳社保费等情况，立法则会排除法院对此类争议的受理。因此，这种模式就难以避免行政诉讼调整养老保险问题的弊端。笔者比较后认为，第一种观点更为适用。因为第二种模式虽然试图寻求救济制度的统一，但是采用行政救济仍不够灵活。唯有根据法律关系的特性来建构救济制度，才能够符合司法实践的要求，也才能真正保证劳动者的合法权益。⑤笔者以德国为例，借鉴国外该模式的相关经验，尝试对构建我国养老保险争议救济制度进一步分析研究。德国有专门审理社会保险案件的社会法院，分为地区社会法院、州社会法院和联邦社会法院三级。各级法院均由若干"评议庭"组成。全德国各级社会法院的职业法官约有1 300名，是德国第三大法院系统，区分职业法官和非职业法官。⑥社会法院的审理程序包括预审程序和司法审理程序。社会法院是特殊的行政法院。德国《社会法院法》规定，社会保险案件在起诉到社会

---

① 张水辉.养老社会保险改革立法的国际比较及其对我国的借鉴[J].西南民族大学学报，2005（8）.

② 唐志明.关于处理社会保险争议的法律思考[J].重庆工学院学报，2000（2）.

③ 牟凡.刍议我国养老保险争议救济制度之改良[J].牡丹江大学学报，2011，20（9）.

④ 海市城镇职工养老保险争议处理办法[J].新法规月刊，1996（11）.

⑤ 牟凡.刍议我国养老保险争议救济制度之改良[J].牡丹江大学学报，2011，20（9）.

⑥ 戴卫东.德国社会保险纠纷的司法审理体制及其启示[J].现代经济探讨，2011（1）.

法院之前有一个按照行政法进行的预审程序,该程序包括行政审理程序和抗诉程序。如果社会保险当事人对预审程序行政管理部门的抗诉裁决结果仍不认可,可以在1个月内向地区社会法院提出诉讼请求。这意味着社会保险纠纷进入了司法审理程序。① 为完善中国社会保险纠纷处理机制,笔者建议:首先,在人民法院内设立社会保险专门法庭。虽然我国目前不能完全照搬德国的社会法院体制,但可以在法院系统内部建立社会保险法庭。其次,目前,我国还没有建立社会保险法庭,社会保险纠纷的审理应当适用司法诉讼和行政调解、仲裁两种。若行政解决途径可以起到相当于德国行政预审程序的过滤功能,则既能减轻人民法院的诉讼负担,又节约了劳动者的经济成本。但在行政救济无法达到或无法实现救济的情况下,应当允许司法诉讼的介入。两种解决途径做到互相补充,更好地保护好劳动者的利益。

【本章小结】养老保险制度是建立和完善我国社会保障体系的关键,若要衡量一个国家社会养老保障体系是否完善,其中一重要标准即为该国的养老保险法律制度是否健全。因此,建设全国性的规范统一的养老保险法律制度,是保障中国特色社会主义事业稳健发展的根本。本章以养老保险法律制度的理论基础为出发点,对我国养老保险法律制度的历史变迁和现状加以剖析,总结分析出我国养老保险法律制度存在的不足,其中不乏借鉴国外养老保险法律制度的改革经验,并对应当前该制度主要存在的问题提出符合我国国情的养老保险法律制度的完善建议,以期能够对我国养老保险制度的改革发展起到些许帮助。

---

① 戴卫东. 德国社会保险纠纷的司法审理体制及其启示[J]. 现代经济探讨,2011(1).

第九章 涉老年人诉讼法律风险

第一节 涉老年人典型案例分析

一、案例：田某某请求确认购房协议无效案

原告田某某是一位78岁高龄的老人，原居住在番禺路的一套公房（系原告承租），同住人有两被告（分别为儿子田某某和儿媳陈某某）及两被告的女儿。1994年，被告田某某将母亲的户口迁入，造成住房困难情况，从而如愿在石泉路分得新房。但两被告从不去新房居住，而是将新房出租，获取租金，自己仍然挤住在原告家中。1997年，被告田某某去世，两被告为自己的私利，借口种种原因长期不让原告居住在自己的住房中。抵制不住丧妻之痛，也为调整情绪，缓和紧张的气氛，原告无奈暂住到小儿子家。2000年，被告田某某骗取原告身份证、印章，在《职工家庭购买公有住房协议书》上假冒原告的签名，擅自将原告住房售后产权归陈某某所有，擅自确定由陈某某办理购买公有住房的一切手续。陈某某即以自己的名义与联建办签订了《上海市公有住房出售合同》并领取产权证。这一切原告均被蒙在鼓里。直到2015年1月底，两被告才明确告知原告番禺路住房的产权属被告陈某某所有，原告无权居住。惊诧之余，原告走访了物业公司，从其提供的有关资料中才得知原自己租赁住房的售后产权已经变为被告。在新华街道司法信访科工作人员的帮助下，老人向法院提起诉讼，要求判令被告冒签的购房协议无效。

案例分析：当今社会经济结构发生重大变化，加剧了家庭内部的矛盾冲突，从而也使老年人合法权益被侵害的几率增加。这类案件中的侵权行为人往往是自己的亲戚朋友。本案中老人田某某的合法权益被侵害，而侵害行为的施加方，就是老人的儿子和儿媳。老人本来碍于情面，不愿意提起诉讼，在有关法律援助人员的帮助下，老人的法律意识得到增强，最后冲破了"亲情防线"，拿起法律武器来维护自己的合法权益。

二、案例：蒋某某诉三子女私分遗产案

本案原告是 70 岁高龄的蒋某某，她的丈夫于某某 2010 年去世，留下钱款共计人民币 115 972.64 元。根据我国《婚姻法》的有关规定，这笔钱款属原告及其丈夫的共同财产。根据《继承法》第二十六条规定，原告和其丈夫各享有 57 986.32 元。原告丈夫去世后，儿子（被告）从其父单位领取丧葬费 3 246 元，共用去 28 774.80 元操办丧事。原告丈夫份额中尚剩余 32 457.52 元。根据《继承法》的规定，原告可以继承其中 6 491.5 元（法定继承）。因此，原告认为，应属原告所有和原告继承的财产共计人民币 64 477.32 元。2015 年 1 月，三被告（一个儿子，两个女儿）擅自决定私分上述原告和其丈夫的钱款，遭到原告大儿子周某某的反对，未果。三被告把私分后留给周某某的一份 21 349.85 元托人带给周某某，而原告则分文未得。此外，原告丈夫生前长期辛苦积蓄的银行存款 3 万元是原告与其丈夫的共同财产，但此存款也被三被告占有。

案例分析：在老年人案例中，有关继承的不在少数。由于老伴去世，老人在承受了丧偶之痛之余，年老体弱的他们往往托子女办理丧事等各项事务。在这过程中也极易出现私分、私自占有老人财产的行为，侵害原告的合法权益。本案中老人为维护自己的合法权益，在法律援助人员的帮助下，也向法院提起了诉讼。

三、案例：蒋某某诉儿子归还房屋租赁证案

原告蒋某某和被告（儿子）原居住在本市方斜路某号。2015 年 2 月，该房屋被拆迁后，原告和被告各分到公房一套，分别发给公房租赁证两份（原告、被告各一份）。由于当时被告作为代表与拆迁人签订安置补偿协议，办理相关事宜，所以原告的一份公房租赁证被被告从有关部门领取后，一直未交还给原告。同时，户口簿也掌握在被告手中，致使原告迟迟未能办理户口迁入新居的手续，并且被告无理占用原告的房屋。原告作为一位近 80 岁高龄的老人，入住拆迁人根据国家政策法律安置给自己的新房的正当要求理应得到被告的尊重，自己的合法权益理应受到法律的保护。因此，依法提起诉讼。

案例分析：房屋租赁纠纷在老年人案件中占据一定比例。由于相关法律政策，条例条令规定的有关手续相对繁杂，对老年人办理手续造成了一定的困难。老年人多让自己的子女办理手续，就会给一些企图占用老人财产的"不肖"子女以可乘之机，致使自己的合法权益受侵害。

综合以上案例，我们不难得出这样的结论：由于社会呈现出老龄化的趋势，以及社会文化的相互冲击、剧烈变革和激烈竞争，老年人合法权益被侵犯的几率大大增加。如何保障老年人的合法权益，如何保证老年人诉讼的顺利进行，如何从根本上防止此类案件的发生，已经成为我们值得探讨的重要话题。

第二节　涉老年人诉讼的法理解析

一、司法实践中"涉老年人案件"的特点

在司法实践中，所谓"涉老年人案件"有一个较为明确的界定，即诉讼一方或双方当事人为60周岁以上的民事案件。从审判实践看，"涉老年人案件"呈现出几点趋势：其一，案件数量逐年递增，特别是涉及老年人的居住权、房产权的案件每年上升3%。另外，随着近年来城市拆迁范围的加大，因动拆迁而衍生的涉老动拆迁安置款分割的纠纷以及房屋确权、继承纠纷案件也相应增加。其二，案件类型不断增多，涉及面广。如因子女或家庭成员侵犯老年人居住权、房产权而引发的纠纷；因老年人离婚、再婚引起的子女赡养纠纷，析产、继承案件纠纷；老年人离婚纠纷；老年人退休后发挥余热而产生的劳动报酬纠纷；老年人的财产损害、人身损害赔偿纠纷和因医疗行为引起的损害赔偿纠纷，涉老债务纠纷，涉老名誉纠纷，荣誉权纠纷等等，几乎涉及到所有民事纠纷。其三，当事人中60岁以上高龄老人占有一定的比例。由于老年人生理上的退化和衰弱，文化程度低，实际诉讼能力非常弱，给诉讼的顺利推进带来了很大麻烦。

经过走访调研，我们了解到，"涉老年人案件"呈现出以下几个特点。

（一）冗长性

庭审的冗长性，是"涉老年人案件"审理的一个显著特点。老年当事人的行动迟缓，言语啰唆是造成庭审冗长的主要原因。行动迟缓表现在庭审中对庭审程序反映迟钝，对观点表述抓不住要点，对法官庭审指导领会较慢，等等。言语啰唆则表现在叙事追求完整且不容打断，而当对方陈述时，一旦认为有异议则喜欢立即截断，非要弄清是非不可。这些，都会使一起简单的案件审理时

间拖得过长。

(二) 反复性

调解的不确定性,是造成案件反复的主要原因。老年当事人多疑敏感的特殊心里状况,给法庭的调解带来很大的障碍。有的老年当事人在自愿基础上签订了调解协议,当在签收调解书的最后一刻,会突然反悔。当法院准备判决时,又会突然要求法官调解。

(三) 证据的瑕疵性

"涉老年人案件"证据的瑕疵性,是有别于一般民事案件的一大特点。这主要表现在老年人提供的书证和言辞证据上。老年人的书证特别是与他人订立的协议,往往有较大的缺陷。如借条上缺少出借人的姓名;借款人签署的是别名或小名;等等。又如离婚案件双方对房屋、财产的分割没有详细清单,只有类似"本人放弃房屋,家具一套归某某"等模糊的表述,庭审中一旦涉及具体分割方案,极易出现相左的意见。老年证人因其记忆力衰退,所作的证词表述容易前后矛盾,或喜欢推测,因此证据效力往往不大。

二、老年人诉讼的现状及成因

近年来,老年人诉讼案件呈逐年上升趋势,以肇庆市端州区人民法院为例,老年人案件以婚姻、赡养、房产、继承、相邻、民间借贷、机动车交通事故责任纠纷等为主。2014 年受理 3 件,涉及 4 人,其中 60~70 岁 2 人,70~80 岁 1 人,80 岁以上 1 人;2015 年受理 4 件,涉及 7 人,其中 60~70 岁 4 人,70~80 岁 3 人;2016 年受理 5 件,涉及 9 人,其中 60~70 岁 8 人,70~80 岁 1 人;2017 年受理 5 件,涉及 5 人,其中 60~70 岁 4 人,80 岁以上 1 人;2018 年受理 6 件,涉及 8 人,其中 60~70 岁 4 人,70~80 岁 4 人;2019 年 5 月底前受理 2 件,涉及 3 人,其中 60~70 岁 2 人,70~80 岁 1 人。案件处理起来难度极大,对法院是一个困扰。

(一) 老年人诉讼现状

1. 交流和沟通难

有的当事人性格急躁固执;有的当事人沉默寡言;有的当事人情绪激动。例如:2018 年肇庆市端州区法院受理的黄冈镇某村原告郗某某(女,1948 年 12 月 27 日生)与被告赵某某(男,1943 年 3 月 24 日生)离婚纠纷一案,原告、被告双方年龄偏大、性格孤僻、固执己见,听不进儿女、亲朋、邻居和法官的劝解。最终,在法官的多次耐心调解下,双方和好。

2. 送达文书难

大多数老年人的文化水平都不高，特别是农村老年人，法官在向他们送达法律文书时，有的不会写字，有的拒绝签字，有的闭门不见。例如：2018年肇庆市端州区法院受理的睦岗镇某村原告王某某与被告王某甲（男，1951年1月30日生）、王某乙（女，1955年10月16日生）财产分割纠纷一案，王某甲、王某乙系夫妻关系，其儿子因车祸死亡。原告系二被告儿媳，二被告将赔偿款领取后拒绝给付儿媳及孙子，遂形成诉讼。在法官向二被告送达法律文书时，二被告仍处于丧子的悲痛当中，与法官情绪对立，极不配合。在村干部的协助下，法律文书才得以送达。

3. 调解工作难

人的思想工作难做，老年人的思想工作更难做。法官既要讲技巧，又要下功夫。例如：2017年肇庆市端州区法院受理的某退休职工原告李某某（男，1949年4月30日生）与被告某镇政府追索工资欠款纠纷一案，一审、二审法官均对李某某做了大量说服调解工作，未能达成一致意见，最终以判决形式结案。

4. 庭审难

有的当事人视力、听力存在障碍，有的当事人曾因情绪失控心脏病发作，有的当事人出现过因血压或血糖的变化而晕倒的状况，导致庭审难以进行。例如：2017年肇庆市端州区法院受理的睦岗镇某村原告刘某某（男，1949年10月1日生）与被告刘某甲等分家析产纠纷一案，由于原告刘某某年龄高，身体欠佳，因情绪激动法庭曾多次休庭。

5. 执行难

大多数当事人因身体和年龄的因素，无任何收入来源，无执行能力。有的当事人即使有财产可供执行，但拒不履行，考虑其身体和年龄，强制措施也很难适用。例如：2016年肇庆市端州区法院受理的睦岗镇某村原告王某某（男，1951年6月19日生）与被告王某某（男，1940年3月15日生）人身损害赔偿纠纷一案，判决书发生法律效力后，执行标的仅有几千元，却费时一年多才执行完毕。

（二）老年人诉讼的原因

1. 老年人心态的变化

人一旦步入老年，难免会出现以下几种状况：①无用感。经常与自身青壮年时期的体力、人际、活动、社会创造力等方面比较，认为自己在家庭及社会当中已不占主导地位，从而滋生无用感。②抑郁症。在无用感情绪的支配下，整天忧心重重、思前想后、夜不能寐，诱发了抑郁症。③孤独症。这类症状在"空巢"老人身上最为突出。最近十年"空巢"家庭数量增多，约有三分之二有老人的家庭出现了"空巢"。例如，在肇庆市政法系统"一村（社区）一警"联村（社区）走访活动中，笔者对所联系的端州区睦岗镇南庄村、卫垌村进行了走访。了解到：睦岗镇南庄村共有住户321户，人口800人，常住人口均为60岁以上老人，其中80岁以上的36人，90岁以上的3人；睦岗镇卫垌村共有住户57户，人口147人，常住人口50多人，大多为老年人，其中60岁以上的22人，70岁以上的8人，80岁以上的3人。独居的"空巢"老人在重大节日中更容易感到孤独和寂寞，他们最需要的是精神慰藉和精神赡养。④恐惧症。在以上三种情形下，老人往往会很失落，生活信心越来越低，生活质量大打折扣，恐惧症随之而来。老年人的心理状态令人担忧！

2. "孝道"的缺失

一些家庭从小对子女过分溺爱，父母不注重个人修养，没有当好孩子的第一任老师，家教不严，甚至不进行家教，让孩子放任自流；有的家庭缺乏应有的家风，孩子未能树立正确的世界观、人生观和价值观，不懂得如何做人、如何待人、如何处事，到头来，家长自酿的苦果自己尝。正如《三字经》所言"养不教，父之过；教不严，师之惰"，为赡养、继承、分家析产等纠纷埋下隐患。

3. 农村陈旧习俗的影响

受传统观念的制约，大部分农村老人"重男轻女"思想严重，只要求儿子赡养而不要求女儿赡养，只给儿子分家产而不给女儿分，由于老人的糊涂做法，最后导致家庭不和矛盾升级。

4. 安全意识的淡薄

有的老人在外出时缺乏安全意识，对过往的车辆、行人、饲养动物等不进行避让，对周围的环境、设施不进行了解，对陌生人不进行防备，加之监护人的责任不到位，很容易对老人的身体造成伤害，使老人的财产遭受损失。

5. 法制观念的薄弱

一些老年人在自己的合法权益受到侵犯时，第一时间不知道或不愿意拿法律武器来保护自己，要么忍气吞声，要么采取极端行为，致使一些案件丧失了最佳处理时机，诉讼到法院之后，法官相当棘手。

三、影响涉老案件问题审理的几个因素

近年来，随着社会的发展和养老制度的不断变化，涉及老年人权益的纠纷由原来的只涉及赡养纠纷案件向涉及民事案件的各类案由转变。在审理涉及老年人权益的案件中，法院注重对老年人权益的保护，但是在审判实践中还面临着几方面的问题：

一是老年人有多名子女而财产只转移给其中一个子女，其他子女觉得不公平，由此引发法院诉讼案件数量增多。在审判中发现，存在有部分老年人将自己财产转移给多名子女中的某一人而其他子女不知情的情况，此时子女之间就会产生心结进而产生赡养纠纷。近年来，由于这种情况产生的诉讼案件数呈上升趋势，一方面造成了社会不稳定，家庭矛盾冲突；另一方面也给法院的审判带来压力，法官数量有限而案件不断增加，法官工作压力增大。

二是老年人行为能力不明确，法官很难对案件准确判断。老年人年岁已高，行为能力降低，反应迟缓，且很多人患有可能对行为能力产生影响的疾病，其所做出的许多决定是否为其本人的真实意思表示需要准确判断。这不仅需要法官的判断能力，还需要司法鉴定结果进行辅助，但又涉及鉴定费用问题，在审判实践中当事人往往不愿出这样一笔费用，使实务中对于老年人意思表示的真实性很难准确认定，案件审理就会陷入僵局。有些当事人不理解甚至会把责任推到法官身上，对法官造成困扰，不仅案件无法正常审理，法庭的秩序也会受到干扰。

三是老年人子女先于老年人死亡，涉及的继承、赔偿等问题给法官带来困扰。当老年人子女由于某种原因先于老年人死亡时，有些子女担心老人听到子女死亡消息会受刺激发生不可控后果，不敢将事实告知老人，但在诉讼中老人又必须作为必要的共同诉讼当事人，此时法与情之间的冲突较为明显。

四是法律关于老年人对孙子女、外孙子女的探视权无明确规定，法官审理时没有准确依据。在审判实践中，也存在夫妻由于某种原因一方死亡后留下孩子，祖父母或外祖父母要求探视孩子而被拒绝所产生的诉讼，而法律对于祖父母、外祖父母的探视权并没有明确规定，但老年人的情感需求也符合人之常情。审判实践中这种类型的问题也不常见，很难获得参考，这对法官的自由裁量权是一种考验，给审判业务也增加了不少的难度。

第三节　涉老年人诉讼法律风险解决之策

一、老年审判制度的构建与完善

老年审判是指人民法院运用特定的审判程序，对一方或双方当事人为60周岁以上的老年人婚姻家庭、损害赔偿等传统民事案件进行审理和裁判的过程。由于涉诉老年人在诉讼行为能力上实际存在的局限性，为周全地维护老年人合法权益特别是合法诉讼权益，不少地方法院设立了老年民事法庭，专门受理涉老民事案件，取得了不俗的成效。但是仍存在一些带有制度性、机制性的瓶颈问题需要破解。有鉴于此，笔者提出创建和完善老年审判特殊程序的构想。作为民事程序的一个特别子程序，老年审判程序的构建和完善应当在原有的法律框架下进行探讨。对于制定老年审判特别程序的体例问题，可以参照民事诉讼法简易程序的规定，对老年审判特别程序予以专章规定。同时规定，老年审判程序中未详尽规定的，适用民事诉讼法的一般规定。在笔者看来，立足于老年人生理、心理的特点以及上海的实情，将老年审判程序从以下三个环节上着力予以构建。

（一）审前引导程序

为了便利老年人起诉，应当在老年审判特别程序中设立专门的审前引导程序，内容包括：优先受理制度、特别诉讼指导和调解前置程序等等。

1. 优先受理制度

所谓优先受理，就是指设置"涉老年人案件"受理的快速通道，对于老年人的起诉优先接待；凡是老年人的来信，优先答复。对不符合立案条件的或不属于法院主管的案件，及时向老年人讲明原因和理由，同时向他们指导解决纠纷的途径和方式。另外还应规定，对70周岁以上或行动不便不能到法院参加诉讼的老年当事人采取上门受理的方式，方便老年当事人参加诉讼。优先受理原则是"司法为民"精神和人民法院便利诉讼原则的生动体现。

2. 特别诉讼指导

特别诉讼指导，类似于《民事诉讼证据规定》中释明权的概念，但又不完全相同。释明权是指在诉讼过程中，由法官在当事人的主张不明确、不清楚、不充分、不适当甚至没有提出相应证据的情况下，通过发问、告知等口头方式令当事人对事实、证据等的陈述加以完整、清楚、明确。从定义上看，释明权的行使具有特定条件，对释明权的行使方式、行使目的也有所限制。但老年审判特别程序中要求的特别诉讼指导在运用上更具有主动性，更具有职权主义色彩，在行使的方式上也呈现多样性、随意性，体现了对老年当事人的倾斜保护。同时，特别诉讼指导可以贯穿于诉讼的整个过程，甚至可以提前介入。也就是说，可以在起诉前，甚至在为老年人提供义务法律咨询时，对老年人进行诉讼指导，为权利受到侵害的老年人出谋划策，引导他们寻求司法救济。

3. 调解前置程序

一般而言，老年当事人对情理观念的接受程度远远超过他们对法律的理解程度。"涉老年人案件"中，婚姻家庭类案件占据了相当大的比重。老年当事人面对的对方当事人大多是家庭成员、近亲属或者是邻居，如果是就事论事强行判决，可能会伤及双方当事人的感情，使得老年人失去与亲人、邻里和谐相处的环境。因此，老年审判相对于一般的民事审判而言，更应注重情理法的交融，并促进双方在自愿的基础上重新建立亲情，在互谅互让的气氛中合情合理地解决纠纷。因而，老年审判特别程序的构建必须将调解置于更为突出和重要的位置，并对调解程序做出特殊规定。一般规定，诉讼调解程序的启动权操于双方当事人之手，有一方当事人不同意的，调解程序无法启动。这也是各国历史上的惯例。近年来，为了缓解法院的案件负担，各国对此原则已经有所修订和调整。许多国家法律规定，一定范围内的纠纷，在诉讼开始之前必先经过调解程序或者仲裁程序，否则不予受理。在调解方面，我国虽然没有类似的立法，但最高人民法院颁布的《最高人民法院关于适用简易程序审理民事案件的若干规定》（以下简称"《简易程序若干规定》"）对适用先行调解的案件作了列举。参照现行《简易程序若干规定》的相关内容和精神，老年审判特别程序也应当规定先行调解，并且将调解作为进行案件审理的前置程序，即"涉老年人案件"必须先进行调解，才能进入实质性审理阶段。此外，"涉老年人案件"的调解应当强调法与理、情与法并重，在调解时应尽量营造一种轻松、和谐的气氛，使得涉老年人纠纷通过双方的互谅互让而最终得以解决。

（二）开庭审理程序

在开庭审理程序阶段，老年审判特别程序应当突出法庭审理程序的简化，即不拘泥于原有的庭审对诉讼权利告知、事实调查、法庭辩论、最后陈述等各个阶段的划分。例如，案件要求以一次庭审审结，对事实没有争议的案件，适当减少辩论次数，并要求当事人就法律适用问题进行辩论等。当然，老年审判特别程序所要求的程序的简化并不能等同于一般的简易程序。例如，《简易程序若干规定》第十九条明确规定，开庭前已经书面或者口头告知当事人诉讼权利义务，或者当事人各方均委托律师代理诉讼的，审判人员除告知当事人申请回避的权利外，可以不再告知当事人其他的诉讼权利义务。但老年审判特别程序恰恰相反，法官应当尽可能多地对老年当事人进行诉讼指导，对除回避之外的，重要的诉讼事项，如自认、举证责任等进行必要的解释与说明。因此，老年审判特别程序要求，在庭审中应当加强法官对庭审驾驭的主导作用，使法官在"涉老年人案件"的庭审中掌握了实质上的诉讼指挥权，在一定程度上体现诉讼的职权主义倾向，以体现对老年当事人的特别保护。此外，由于老年人受文化知识、法律知识和社会活动能力的限制，在诉讼中往往处于劣势的地位。因此，老年审判特别程序在庭审阶段，应当依法对老年当事人采取相应的倾斜保护措施。例如，可以规定，在老年人被侵权并举证困难的情况下，审判人员可以依职权收集证据，切实维护老年人的合法权益；对于老年当事人的财产遭受损失后，因缺乏证据依法难以胜诉的案件，应当争取案外、案中多方调解，尽量为老年人争取利益，挽回损失。

（三）审后保障程序

一般而言，审判和执行是分离的。但为了使老年人的实体权利尽早得到实现，老年审判特别程序要加强对老年人审后保障程序的设定，使"涉老年人案件"的当事人能真正体会到"案了事了"。例如，对于能立即履行的案件，在庭审结束后应责成一方当事人当庭履行，确保执行迅速到位。同时，老年审判特别程序还应规定判后回访制度，用温情的方式促使案件得到切实履行。例如，及时了解裁判后老年当事人的实际生活状况及裁决内容的落实情况，发现问题及时予以妥善解决。同时，还可以探索发布社区协助令，通过街道、居委会等社区力量来共同监督案件的执行，促使老年人应有的合法权益得到进一步的保障。

二、关注老年人的节日，倡导新风尚

如每年5月的第二个星期日为母亲节。母亲们在这一天通常会收到礼物，康乃馨被视为献给母亲的花，而中国的母亲花是萱草花，又叫忘忧草。每年6月的第三个星期日为父亲节，是一年中特别感谢父亲的节日。每年10月1日为"国际老年人日"。农历九月初九是中国的传统节日"重阳节"，又称"踏秋"，汉族传统节日。庆祝重阳节一般包括出游赏景、登高远眺、观赏菊花、遍插茱萸、吃重阳糕、饮菊花酒等活动。重阳节也是我国传统的敬老节日。2013年的重阳节（10月13日）是中国第一个法定的老年节。我们要通过广告、电视、报纸等媒介，让儿女们懂得：父母亲不仅需要生活上、物质上的关心，更需要精神上的赡养和慰藉。让全社会懂得：老年人是社会的财富，要尊敬、关爱老年人。在全社会掀起敬老、爱老、养老的新风尚。

三、注重调解方法，打开老"心结"

针对老年人诉讼，法官要寻求方法，找准"心结"，对症下药，化瘀散结。建议公开向社会招聘心里专家担任法官，开展此项工作。

（一）进行精神抚慰

一个人如果没有了精神支柱，就会没有爆发力和感召力，就会对生活懈怠、慵懒、无激情和动力，无追求生的质量和活的价值。因此，法官要针对每个当事人的实际状况，开展精神抚慰。①培养情愫。在与当事人的交谈中要有亲和力，要像他们的亲人一样去问候、去关心他们，为他们提供温情的服务，拉近彼此间的距离。②选择环境。与当事人的交谈环境是相当重要的，最好选择他们熟悉的环境与之交流沟通。比如，在当事人的炕头、在当事人的院落、在当事人亲人的坟头、在当事人亲人的遗像前都可以。只要他们不紧张、不自闭，愿意倾诉就行。通过以上方法让当事人懂得要有宽广的胸襟、容忍的气度、兼听的海量，要讲荣辱、讲脸面、讲良心，善待自己、善待他人，珍惜夫妻之情、父子之情、母子之情、父女之情、母女之情、兄弟姐妹之情、邻里之情……享受生活，追求幸福，尽快从"纠结"中解脱出来。

（二）心理疏导

①换位思考法。要让诉讼中的当事人懂得从多方面看问题。从某一角度来看，引起消极情绪，产生心理压力，那么转换一下角度，就会看到另一番情景，心理压力就会迎刃而解。②一吐为快。让诉讼当事人在任何场合都可以倾诉自己的感受，给他们留有一定的"忧虑"时间，案件该放的时候就放一放，等当事人调整好心情之后，法官再看情况选时机解决问题。

（三）哀伤辅导

丧失是人生命中难以避免的部分，丧失挚爱的亲人更给当事人带来了无尽的伤痛。因医疗、工伤或交通事故等原因痛失亲人之后，老年人又被卷入赔偿款的分割之诉中，是法官最不愿意见到的事情，也是法官必须去面对的诉讼。①积极聆听。让当事人感到被尊重，让当事人感到被了解和接纳。②有同感。法官应放下个人主观意识，设身处地站在当事人角度看问题，并感受由此而生的感受。③让当事人走出伤痛的阴影，以健康的方式把情感投注在新的关系里。

四、加强法制宣传，汇聚正能量

我国对老年人的法律保障正处于日趋完善的过程：

①《中华人民共和国宪法》第四十五条第一款规定，中华人民共和国公民在年老、疾病或者丧失劳动能力的情况下，有从国家和社会获得物质帮助的权利。第四十九条第三款规定，父母有抚养教育未成年子女的义务，成年子女有赡养扶助父母的义务；第四款规定，禁止破坏婚姻自由，禁止虐待老人、妇女和儿童。

②《中华人民共和国刑法》第二百六十条规定，（虐待罪）虐待家庭成员，情节严重的，处二年以下有期徒刑、拘役或者管制。犯前款罪，致使被害人重伤、死亡的处二年以上七年以下有期徒刑。第一款罪，告诉的才处理。第二百六十一条规定，（遗弃罪）对于年老、年幼、患病或者其他没有独立生活能力的人，负有扶养义务而拒绝扶养，情节严重的，处五年以下有期徒刑、拘役或者管制。

③《中华人民共和国民法典》相关条款规定，婚姻、家庭、老人、母亲和儿童受法律保护。

④自 2013 年 7 月 1 日起施行的《中华人民共和国老年人权益保障法》其内容从 50 条扩展到 85 条，而新增条款多属于对老年人的社会服务范畴。"常回家看看"被写入新法。新法规定了老年人享有的 9 项合法权益，目标在于提高老年人的身心健康水平，使他们能够实现老有所养、老有所医、老有所为、老有所学、老有所乐。新法进一步完善了养老法律制度，是我国老年人保障事业发展史上一座新的里程碑，有力地推动了"中国梦"的实现。

除此之外，还应当关注老年问题，多提供有益的解决措施和办法，真正为老年人提供一片自由的天空和一段舒适的晚年生活，如建立司法窗口处理相关纠纷、办老年学校普及法律知识等等。加强其他保护老年人权益的渠道和途径，切实维护老年人弱势群体的合法权益。

【本章小结】近年来，随着老龄化步伐的加快，老年人的合法权益被侵害的案例屡见不鲜。由于年老体弱，当老年人的权益受到侵害，他们在提起诉讼的过程中往往力不从心，明显处于劣势地位。对此，有关部门相继出台法律法规保障老年人权益，并尝试设立老年庭为老年人进行诉讼提供便利。在现实社会中，有关老年人权益保障的规范性法律文件有多少，是否起到了预定的作用，在保证法律法规实施的过程中是否需要建立专门的老年庭，老年庭如何运作。本章试图通过几个典型案例，分析涉老年人案件的上述相关法律问题。

第十章 "以房养老"法律风险

第一节 "以房养老"制度概述

一、"以房养老"的内涵

"以房养老"是一个外来词汇,是由英文"Reverse mortgae"翻译而来,由于地域和理解的不同,也有部分国内学者称之为"倒按揭"或者"住房反向抵押贷款",中国台湾地区的多数学者甚至直接将这一词汇翻译成"抵押权"。这一养老模式指的是老年人将自己对于房屋所享有的产权作为抵押物,与金融机构签订借款合同之后,以抵押的形式将房屋交付于借款机构,后者在对借款人的年龄、健康状况与房屋现有价值等内容进行过综合评估之后,在老年人依然享有房屋的居住权的情况下,有义务一次性或按期支付给老年人一笔养老资金,当合同履行期限届满时或老年人去世之后,借款机构可以依照合同约定收回房屋使用权或处置房屋的产权。由此可见,"以房养老"是通过金融机构的运营机制与手段,将老年人身故后将会遗留房产的巨大价值提前变现,以供老年人生前使用,是要将广大家庭普遍拥有的住房资源给予价值上的变现盘活,属于功能层面的有益转换,可以使得房屋在养老保障问题上派上更大用场。根据这一特性,笔者认为本章采用"以房养老"的概念是合适的。

二、"以房养老"制度特征

(一)"以房养老"与按揭不同

按揭是粤语词汇的音译,起源于西方英美法系国家,英文称作"Mortgage",本是英美衡平法体系当中所包含的法律关系当中的一种。20世纪90年代,按揭从中国香港引入内地房地产市场,是指债务人在合同约定的时间期限内清偿所有债务,用以赎回转移给债权人的特定财产权利。这是一种保障债权人顺利实现债权的手段。

第一,按揭与"以房养老"制度的法律性质不同。按揭是一种纯粹的融资行为，应当遵守相应的市场机制来进行运作，借贷双方之间只存在单一的经济关系，而"以房养老"的目的在于填补国家养老资金支出的短缺与弥补现行养老模式的不足，提高老年人的晚年生活质量，是一种具有公益性的贷款活动，具有社会保障性。

第二，贷款款项的数额确定与否不同。按揭所涉及的贷款数额因为房屋现有价值的稳定性而确定，并不会随着房屋升值或贬值而有所增减，而"以房养老"的贷款金额则具有不确定性，这一养老模式需要考虑借款人的年龄、身体综合素质、房屋价值的升降、国家政策的变动等诸多因素。因此，"以房养老"的贷款金额的总额通常为合同生效时起至借款人过世时止贷款机构所支付的所有本息的总和，而这个数额是无法确定的。

第三，资金的流向相反。在按揭贷款中，由借款人向贷款机构偿还贷款，清偿欠款来获取房屋所有权，而"以房养老"贷款则恰好相反，资金从贷款机构流向借款人手中，是用房屋所有权来换取现金贷款。第四，贷款机构是否具有追索权不同。按揭的借款人如不能按时偿还欠款，贷款机构享有追索权，而"以房养老"贷款合同终止时，若总额高出抵押房屋的剩余价值时，贷款机构无权对超出部分进行追索。

(二) "以房养老"制度与房屋买卖制度不同

房屋买卖是一种特殊的买卖合同行为，它是指出卖人将自己享有所有权的房屋交付并转移所有权给买受人，由买受人支付相应价款的行为。房屋买卖伴随着所有权的移转，在办理完所有权变更登记手续之后，买受人即可获得房屋的所有权，而出卖人也可以同时获得其所应的房屋价款，该价款是确定的，付款模式可分为一次性付清和分期付款。"以房养老"模式所涉及的合同为贷款合同，根据法律的规定，需要办理房屋抵押登记但在设定抵押权后，借款人仍享有房屋的居住权和使用权，可以在此房屋内居住直到合同约定的生效条件达成之时。

(三) "以房养老"与最高额抵押不同

根据《民法典》第四百二十条之规定："为担保债务的履行，债务人或者第三人对一定期间内将要连续发生的债权提供担保财产的，债务人不履行到期债务或者发生当事人约定的实现抵押权的情形，抵押权人有权在最高债权额限度内就该担保财产优先受偿。"由此可见，最高额抵押，是指抵押人与抵押权人协议，在最高债权限额内，以抵押物对一定期间内连续发生的债权作担保。根据法律的明文规定，最高额抵押在设定抵押权时已经设定了最高限定金额，但其所担保的债权在设定抵押权时尚未确定。如果没有约定最高限额，则应当认为最高额抵押合同不成立,且最高额抵押担保的债权确定前,最高额抵押权不得转让。而"以房养老"的贷款金额则是以合同条件达成时的房屋剩余价值为限。此外,在最高额抵押当中,如果债权总额超过了抵押限定总额,超出部分就变成了没有担保的一般债权,债务人依然应承担清偿的义务,而"以房养老"贷款设定的抵押权针对的是没有追索权的债权,因此,对于超出房屋价款的部分,贷款机构无权要求借款人偿还。

三、"以房养老"中的法律关系

(一)"以房养老"的参与主体

"以房养老"在发达国家虽然得到允分的发展与普及,但对于中国而言仍然是新兴事物,引进与发展"以房养老"的目的在于弥补我国其他养老模式的不足,具有极强的公益性。为了降低"以房养老"贷款的风险负担,对于"以房养老"的主体,应当进行严格限定。第一,"以房养老"制度的借款人应当是达到一定年龄标准,同时对房屋享有自主产权,希望能够通过房屋价值变现来为自己提供养老保障的老年人。第二,对方发放"以房养老"贷款的机构,也应该有所限定。在美国,可开展此项业务的是经联邦住房管理局授权的机构有包括银行和信托公司在内120多家实体,而新加坡的放贷机构则只有一家私营保险公司。在我国,商业银行一直致力于从事按揭贷款的业务开展,因为"以房养老"制度从形式上来看与按揭业务有诸多相似之处,由商业银行来发放"以房养老"贷款是具有可行性的;分支机构遍布全国各地、可以不断从社会吸收资金、保证支付长期的保险公司来开展"以房养老"业务,也具有得天独厚的优势;顺利发展"以房养老"制度,离不开政府部门的大力引导和政策扶持。美国的联邦政府为"以房养老"业务的借贷双方提供担保,这一举措既可以保障贷款人的利益,又不损伤放贷机构的营销积极性,是"以房养老"在美国得以蓬勃发展的坚实后盾。参考美国的成功做法,我国如果要发展普及"以房养老"模式,政府应该提供相应保障,鼓励"以房养老"贷款的申请与发放,为"以房养老"在中国生根发芽提供肥沃的土壤。

(二)"以房养老"法律关系的内容

1."以房养老"贷款合同双方的权利

第一,借款人应享有如下权利。首先,有获得贷款的权利。实施"以房养老"模式,是为了弥补现有养老模式的不足,提高中国老人在晚年的生活质量。因此,借款人采取此类贷款模式,就是为了能够将不动产的价值变现,将房屋的价值换算成现金的方式用于养老。老年人作为"以房养老"贷款的借款方,他们有权对自有房屋采取"以房养老"的方式抵押给金融机构并定期获取现金。这笔现金既可以作为老年人晚年的主要生活费来源，亦可以用于补充养老金的不足。根据《民法典》第一百一十九条之规定："依法成立的合同，对当事人具有约束力。"因此，依法成立的"以房养老"贷款合同受到法律保护，这意味着当借款人和金融机构达成贷款合意并办理相关手续之后，借款人有权要求金融机构按照合同约定，按时按量支付贷款。其次，享有知情权。借款人在办理"以房养老"贷款业务之前，还有权要求贷款机构具备相应的资质并及时提供准确有效的信息。当贷款机构不具备办理该项业务的资质或者没有提供准确信息而造成借款人损失的情况下，借款人有权单方面终止合同并要求贷款机构予以赔偿。再次，享有继续居住权。继续居住权意味着在办理了"以房养老"贷款手续后，老年人有权在其抵押给金融机构的房屋中继续居住，直到贷款年限届满或者去世。这一权利是"以房养老"最大的特色所在，也是进一步提高老年人晚年养老生活质量的重要保障。

第二，贷款人应享有如下权利。首先，在"以房养老"贷款合同当中，抵押权是保障贷款机构实现其经济利益的首要保障。因此，贷款机构有权依据借款人的年龄大小和健康状况来确定房屋的抵押期限与养老金的支付标准。其次，在签订"以房养老"贷款合同时，贷款机构有权要求借款人具有完全民事行为能力，同时还可要求借款人达到标准年龄，方可办理该项"以房养老"贷款业务。再次，由此可以看出，不动产的抵押权的实现，必须经过登记。所以，在"以房养老"贷款合同签订后，贷款机构有权要求借款人协助及时到工商部门办理不动产抵押登记手续，以便于实现贷款机构的抵押权。最后，基于每个人寿命长短的不一致性，借款机构可以设定具体借款时限，到期后，"以房养老"借款机构有权将借款人用于抵押的房产收归己有。

2."以房养老"贷款合同双方的义务

任何一项权利都不可以肆意挥霍，"以房养老"借贷双方在履行合同义务时，应当自觉遵循诚实信用原则。因此，借贷双方除了可以依法行使自己所应享有的权利之外，更应依法主动履行自己的义务。

第一，借贷双方都应履行如实告知义务。在订立"以房养老"借款合同时，作为借款方的老年人有义务将自己的个人情况如实告知贷款机构。在合同履行过程中，借款人因非己方过错的原因而导致客观情况发生重大变化的，也应当及时向贷款机构反映。金融机构作为专业信息所有者，更应当及时、真实披露信息，保障贷款工作效率的提高，保护对方的知情权。

第二，借款人应履行妥善保管抵押房屋的义务。因为享有继续居住权是"以房养老"的特点,因此老年人在获得贷款之后可以继续对抵押房屋行使居住权和使用权。但是,借款人对房屋的使用权并非毫无限制,其应当遵循妥善保管、合理使用的原则,这是贷款人实现其抵押权的重要保障。借款人有无妥善保管、合理使用房屋关系到合同终止时金融机构对房产剩余价值的评估,若借款人故意毁损抵押房屋,将会侵害贷款方的合法利益。

第三,贷款机构应当履行付款义务。贷款方应当按照合同的约定,及时并且足额地支付贷款,保障借款人的生活需要。

第四,贷款机构应当履行保护借款人个人隐私的义务。在办理"以房养老"贷款业务的过程中,贷款机构难免会对借款的老年人各方面情况进行综合评估,以便于制定最为科学的贷款方案。因此,贷款方会掌握诸多借款人的个人信息,为保护个人隐私,贷款机构应履行禁止传播与倒卖老年人个人信息的义务。

(三)"以房养老"的法律关系客体

法律关系的客体是承受法律关系主体之间权利和义务的对象。在法理学当中,法律关系的客体一般被划分为物、人身、精神产品和行为结果[1]。在"以房养老"当中,双方订立贷款合同,合同权利与义务所指向的对象毫无疑问是房屋。在我国,由于历史原因,房屋的持有形式多种多样,尽管现在不断进行改革,但目前仍存在诸多不完全产权房,分布在我国各个城镇与农村。因此,"以房养老"贷款合同关系中的客体也就极其复杂,但是,实施"以房养老"的门槛是借款人对房屋拥有完整的产权。

首先,构建新型城镇住房制度。自1994年以来,构建新型城镇住房制度就是我国住房制度改革的根本目标。这是为了使住房制度和我国现行时经济体制相适应,进一步促进经济的发展。同时,我国还在不断加强房屋商品化。综上,我国的商品房是经过法定程序而得到政府授予资质的各类企业所建造的可以在市场上自由交易的房屋。毫无疑问,商品房是"以房养老"借款合同中的首选客体。因为建设企业已经向国家缴纳资金获得了土地使用权,所以购买商品房的业主自然可以获得房屋完全的产权证明,其可以不受限制地对房屋进行处分与收益。

其次,为了帮助城镇居民中的困难群体解决住房问题,政府提供了多种形式的保障性住房。第一种是廉租房。承租人对租赁房屋不享有所有权,因此无法自由处分房屋,这一类房屋无法成为"以房养老"的法律关系客体。第二种是经济适用房。这是典型的具有中国特色的社会保障性质的住房,需经过国家的计划与批准,才可以在划拨土地上建立居住用房。只有符合购买条件的家庭才被允许

---

[1] 陈训敬,曹艳春,冯瑞琳.民法总则[M].北京:中国政法大学出版社,2010.

购买经济适用房，且国家对经济适用房减半征收各种批准费用，人们获得土地使用权时亦没有缴纳土地出让金。因此，居住人对房屋不享有完整产权，无法以所有权作为抵押物，故而经济适用房只能用于自己居住而不可以用于抵押贷款，不可作为"以房养老"的法律关系客体。第三种是集资建房。这一类房屋是企事业单位为员工提供的福利。在单位拥有的划拨土地上建房，再出售给员工，价格低廉，通常为建房的成本价，全额集资建造的房屋可以办理房屋产权证，也可以交易与处分。这意味着这一种集资建房可以成为"以房养老"的法律关系客体。由职工部分集资的建房则不同，这一类集资建房的房屋所有权归单位与员工共同享有，不能肆意处分。笔者认为，如果有老年人想用职工部分集资的建房申请"以房养老"贷款的，必须由员工缴纳单位出资的那一部分房款，并办理完全产权证后，该房产才能成为"以房养老"的法律关系客体。

最后，我国是一个农业大国，绝大多数人口生活在农村，但经济来源渠道较城镇居民少，养老的压力比城市大，因此实行"以房养老"必须考虑农民的需求。居住在农村的人们拥有的不是商品房而是宅基地，农民可以在宅基地上修建自住房屋。根据我国《土地管理法》的规定，宅基地是属于集体所有的，农民只享有对宅基地的使用权，且宅基地不能用于买卖或者继承，即使转让也只能在农村统一组织的内部成员之间进行，管理十分严格。因此，目前宅基地尚不能成为"以房养老"借贷关系的客体。

第二节 "以房养老"的法律风险

一、"以房养老"在我国的发展现状

虽然"以房养老"起源于荷兰，但目前各国开展"以房养老"业务大多以美国的模式为蓝本。20个世纪80年代，美国新泽西州某银行开设"倒按揭"业务后，引发了世界上众多发达国家的效仿，如今已经逐渐发展成熟。提出"以房养老"，是对人口老龄化严重导致"421家庭"[①]负担沉重与"失独家庭"越来越多的应对之策。尽管该养老模式要以抵押房屋产权作为代价，与我国传统观念存在

---

① "421家庭"，即四个老人、一对夫妻、一个孩子。随着第一代独生子女大多已进入婚育年龄，这种家庭模式开始呈现出主流倾向。而这种"倒金字塔"的家庭结构，也衍生出一些现实问题来。

一定冲突，但传统养老模式的缺点明显，且随着社会经济的发展，老年人的物质需求也日益增长。在此情况下，许多追求进步的学者与专家认为，"以房养老"在中国发展使具有较大前景。同时，他们也致力于宣传这一新型养老模式，促使中国群众着眼于世界，以期引进该养老模式为老年人的晚年生活多添一份保障。为贯彻落实《国务院关于加快发展养老服务业的若干意见》，丰富民众养老途径，完善我国社会保障体系，在政府与专家的共同努力之下，2014年6月23日中国保监会下发有关文件《中国保监会关于开展老年人住房反向抵押养老保险试点的指导意见》，决定自当年7月1日起，在北京、上海、广州和武汉四地率先开展老年人住房反向抵押养老保险（即"以房养老"）试点，试点期为两年。自"以房养老"试点以来，截至2016年6月28日，北京、上海、广州和武汉四地仅有60户78人选择投保，并且至今也没有成功的案例出现。①首先，这种局面的产生，是受传统思想的影响所致。俗语有云："但留方寸之地，留予子孙耕。"在此种思想的支配之下，中国的老年人大多抱持着"父死子继"和"兄终弟及"的观点。同时，他们通常难以面对亲友的怀疑与不解，不愿也不敢将自有房屋的所有权作为向金融机构换取养老金的筹码。其次，近些年来，虽然我国的房地产业的发展态势喜人，房价的迅速上涨为我国推行"以房养老"提供了可行性，但是，市场调控的局限性导致我国房地产业的发展仍不够成熟，无法稳定房价是中国房地产市场所面临的最大问题，处理不得当将成为为中国发展"以房养老"巨大阻力。最后，因为人们对新潮思想所持有的疑惑态度、试点的反响冷淡以及中国推行该养老模式没有经验等原因，导致了在开展"以房养老"业务的过程当中金融机构缺乏信心，对全面发展房屋"以房养老"的积极性不高。

二、立法不完善

（一）"以房养老"的属性不明

作为一种新型养老模式，"以房养老"制度在中国提出之后虽然受到金融机构的广泛关注，在贯彻落实上却频遭冷遇，其首要原因就是该模式缺乏法律保障，有较大风险。根据我国《民法典》的规定，不得在法律没有明文规定的情况下创设物权，"以房养老"需以转移房屋的所有权为代价来获取养老金，但我国《民法典》并未对此做出明确的规定，因此借贷双方的权利义务只能通过合同进行约定。有学者提出，"以房养老"当中的反向抵押贷款可以参照实现抵押权的

---

① "以房养老"四地试点将到期，两年仅60户投保［OL］，来自 http：//finance.ifeng.com/a/20160711/14583072_0.shtml，访问时间：2020-04-01。

规定。笔者认为不妥，在抵押权中，一般来说，抵押物的价值是固定的，起伏较小，而"以房养老"模式中，用于作为抵押物的是房屋的所有权，如前文所述，房屋的价值并非永恒持平。在中国，受人们的刚需与各地政策不同的影响，房价波动频繁且巨大，无法固定其价值，且"以房养老"借款合同的周期往往较长，风险也比普通抵押大。因此，"以房养老"制度无法完全参照我国现有的关于抵押权的规定。

（二）我国相关税法存在漏洞

"以房养老"与我国相关税法的规定发生冲突。我国《个人所得税法》第二条规定："财产转让所得应缴纳个人所得税。"①在我国，没有相关法律规定来明确"以房养老"究竟是买卖行为还是借款行为。如果认定为买卖行为，借款人在领取养老金时还得缴纳个人所得税，这无疑是极大的法律隐患。除此之外，我国并未明确设立遗产税，因此中国的子女在继承不动产时只需要缴纳房屋过户费用而不用支付其他费用。如果推行"以房养老"制度，将会使得老年人的子女无房屋可以继承，由此引发两代人之间的矛盾，不利于家庭和谐。这也是许多人持观望态度的重要原因之一。

（三）个人征信制度亟待完善

诚信是立身之本。我国发展的社会主义市场经济也应当是诚信经济，但我国诚信法律的发展仍然十分落后，因此，实施"以房养老"这一养老模式存在极大的道德风险。尽管近年来我国发生了诸多因诚信缺失发生的纠纷，但国家法律对于个人征信信息内容的规定仍然比较笼统，并不具体，有关的法律性文件只有《征信业管理条例》。法律条文的缺失让"以房养老"的法律风险进一步增大。和其他的一般贷款相比，办理"以房养老"贷款业务对评估机构的要求很高，这一养老模式主要需要对老年人的预期寿命、房屋的现有和未来价值进行专业的评估测算，但我们国家这样的评估机构十分稀缺，并且还存在缺乏职业道德的风险。要实施"以房养老"制度，对借贷双方的诚信度要求非常高，通常都会要求公开参与企业和借款人的诚信信息，但由于我国征信法律制度不够完善，导致借款机构和从业人员的素质参差不齐，容易滋生欺骗老年人付款或者其他服务费的

---

① 《中华人民共和国个人所得税法》第二条下列各项个人所得，应纳个人所得税：一、工资、薪金所得；二、个体工商户的生产、经营所得；三、对企事业单位的承包经营、承租经营所得；四、劳务报酬所得；五、稿酬所得；六、特许权使用费所得；七、利息、股息、红利所得；八、财产租赁所得；九、财产转让所得；十、偶然所得；十一、经国务院财政部门确定征税的其他所得。

情况。目前，我国保监会出台的政策中，对于参与企业和从业人员的资质做出了较为严格的规定，但是仍然没有一个良好的平台来方便老年人获取相关信息，增加了老年人上当受骗的概率。随着我国商品经济的不断发展，商业行为在人们的日常生活中越来越频繁，信用的作用显得十分重要。我国虽然有很多法律中都规定了诚实信用原则，但是尚没有专门规范信用活动的法律，"以房养老"贷款的时间跨度很长，征信法律制度的缺失会大大降低"以房养老"的可操作性，进一步影响其可持续发展。

（四）土地所有权规定的阻碍

土地所有权的规定亦是发展"以房养老"的障碍。根据我国法律的规定，人们对土地享有的是有期限的使用权，而非永久使用权。虽然2007年出台的《中华人民共和国民法典》已经规定，"住宅建设用地使用权期间届满的，自动续期"，但是这条法律并未言明续期是否免费，倘若续期需要高额费用，则会让金融机构无利可图。同时，对于农村宅基地以及宅基地之上的自建房是否可以用于办理"以房养老"贷款，也没有明确的规定。发展"以房养老"，是为了拓宽中国老年人的养老选择范围，其根本目的在于为广大老年人服务，让他们安享晚年。如果因土地所有制的阻碍致使众多农村老年人无法顺利办理此项业务，则违背了发展"以房养老"的初衷。

（五）《银行法》中相关规定的限制

现行的《中华人民共和国商业银行法》第四十三规定："商业银行在中华人民共和国境内不得违反国家规定从事信托投资和证券经营业务、向非自用不动产投资或者向非银行金融机构和企业投资。"由此可见，我国是禁止混业经营行为的，开展"以房养老"业务，要求经营者拥有大量可支配的闲置资金，并且可以精准估算房屋价值，这一重任银行显然难以完成。在国外，"以房养老"业务大多由保险公司办理，可我国的保险公司并不具有金融信贷这一社会职能，这也为"以房养老"在我国的推行设立了关卡。

三、其他法律风险问题

（一）国家对金融机构的监管不到位

"以房养老"模式如果运行得当固然有比较好的发展前景，但要贯彻实施仍需要得到老年人的配合，唯有老年人愿意选择将房屋所有权抵押给借款机构，才能为"以房养老"提供赖以生存的市场。但从中国的实际情况来看，大多数老年人所拥有产权的住房都是花费巨资，甚至努力奋斗一辈子才购买的，作为中国人一生之中最为重要的财富，在对房屋所有权进行处置时，老年人一定会十分谨慎。遗憾的是，我国金融机构并不能让老年人充分信任。这首先是因为我国对金融行业的监管存在漏洞，无法杜绝违法行为的出现。同时，关于金融机构运行机制的立法也相当不完善，无法顺利解决层出不穷的纠纷与诉讼。随着互联网的发展，普通居民与金融机构之间的矛盾与纠纷被频繁曝光。2008年，Z先生存入银行的数百万元被银行内部管理人员私自转走用于偿还个人债务，而他经过数年辛苦诉讼也只换来一张以"银行因对此没有过错而不需承担责任"为理由驳回其全部诉讼请求的民事终审判决书，损失没有得到任何赔偿。Z先生的遭遇并不是个案。2014年，杭州某银行的数十名储户的存款不翼而飞，损失达数千万元之巨，但他们向银行申诉时，银行却以"储户未妥善保管自己密码"为由拒绝处理与赔偿。同年10月，一家上市公司银行账户内的上亿存款也在一夕之间神秘消失，银行同样怠于处理，至今未提供有效的补救措施。在无法改变储户处于弱势地位的情况之下，法律有关"当银行无法证明存款人有过错时应承担相应责任"的规定形同虚设。除此之外，人们与保险公司、信托机构之间的所产生的纠纷以及新型诉讼更是层出不穷。此类纠纷的出现使得老百姓对金融机构的信赖程度大打折扣，即使对"以房养老"模式有兴趣，也只愿稍作了解，不敢以房产作为代价来换取金融机构定期发放的养老金。一位广州的老年人这样说："有些银行连我们的钱都管不好，怎么可能尽职尽责管好我们的房？"对此，笔者做过一份调查问卷，数据显示，14.6%的受调查者明确表示不愿信赖金融机构，担心在签订合同之后遭遇违约或更为严重的侵权行为，因此不愿在年老之后选择办理"以房养老"借款业务。①

（二）追索制度障碍

依照国外推行"以房养老"业务的经验来看，追索程序是极为重要的一个环节。具体而言，其指当事人在申请了"以房养老"贷款后，房屋价值由于客观原因（非借款人之过错）而贬值时，贷款机构仍然需要按照双方合同约定的金额向借款人支付养老金，如果支付总额超过了房屋的实际价值，贷款机构亦不得向借款人或者其继承人进行追偿；但是，如果贷款机构所支付的借款总额低于房屋的实际价值，借款人及其继承人有权利就差额部分向贷款机构进行追偿。反观我国，《中华人民共和国担保法》第五十三条规定："债务履行期届满抵押权人未受清偿的，可以与抵押人协议以抵押物折价或者以拍卖、变卖该抵押物所得的价款受偿；协议不成的，抵押权人可以向人民法院提起诉讼。抵押物折价或者拍

---

① 上述案件事实来自 https：//www.sohu.com/a/295492540_548923，访问时间：2020-04-01。

卖、变卖后，其价款超过债权数额的部分归抵押人所有，不足部分由债务人清偿。"这一规定明确了贷款机构可以在支付款项高于抵押物价值时向借款方进行追偿，与"以房养老"模式的制度设置初心背道而驰。

（三）受害者维权困难

自"以房养老"在中国试点以来，骗局也随之增多。根据媒体报道①，2016下半年，年逾60的曾女士被一群陌生人赶出家门。接受记者采访时，家住北京的曾女士描述道，2016年6月，她去友人家中吃午饭时，朋友告诉她一个赚钱的好办法——"以房养老"，广某信誓旦旦地说：这个项目是国家推广的理财项目，月息能够达到5%，若是曾阿姨将自己所住的房屋进行抵押，每个月就能够获得不菲的收入。曾阿姨还称，在她参加了这个所谓的"以房养老"项目并办理了所谓的房屋抵押手续后，前两个月确实收到了广某打来的红利，但从第三个月开始，广某再也没有给老人们打过一分钱。更令人诧异的是，办理了抵押手续的四个月后，外出买菜的曾阿姨接到女儿的电话，说家里的家具被一伙人搬出了家门。当警察上门时，对方拿出一本房产证，而上面的名字早已不是曾阿姨，曾阿姨这才意识到自己被广某欺骗了。此后，虽然公安机关以诈骗为由对广某实施了抓捕，但此时广某名下早已没有财产，曾阿姨的房屋也无法要回。在我国，遭遇侵权行为时，被害人自我救济的能力较弱，而法律救济又有明显的局限性。第一，公安机关在处理案件时往往有滞后性，无法及时为受害者追回损失。第二，司法救济也存在滞后性，一定是"侵权在先，救济在后"。作为受侵害的一方当事人，司法救济结果往往无法切实有效地保障他们的合法权利。第三，高昂的诉讼费用和漫长的诉讼过程需要耗费受害人大量的财力与精力，这对于正当权益已被侵害的被害人来而言必然是一种更大的负担。

第三节　防范"以房养老"法律风险的建议

一、完善立法

（一）明确"以房养老"的法律属性

纵观成功发展"以房养老"模式的国家，都是通过立法来保障其顺利实施。美国国会通过立法，详细规定了"以房养老"贷款的参与主体的准入资格、借贷

---

① 来自 https：//www.sohu.com/a/200895158_99978033，访问时间：2020-04-01.

双方应有的权利义务，以及违约责任的承担方式；全美退休协会还出台了《住房国家反向抵押贷款法案》来为各州提供参考。此外，为了降低市场调控的局限性所带来的风险，进一步规范"以房养老"的运行机制，充分发挥"以房养老"的优势，美国联邦政府还通过细致立法来监督金融机构开展"以房养老"贷款业务的全部过程，切实做到了监督有法可依。和美国一样，加拿大对"以房养老"贷款也有着明确的法律规定，到达标准年龄的老年人可以将自己房屋的所有权抵押给银行，在抵押期间借款人仍然享有房屋主权，在可以继续使用房屋的同时还可以获得一笔1.5万~30万加元的贷款额。不同于美国和加拿大，自开始发展"以房养老"业务以来，英国政府就一直是处于被动状态的一方，可尽管如此，为了使"以房养老"模式更好地运行，以缓解英国政府的财政压力，英国还是通过立法活动和成立专门管理机关为该模式提供了法律保障。其中，成立房产价值释放计划委员会是英国保障"以房养老"顺利落实的最大亮点，除规范了金融机构与借款人的交易行为之外，还扩大了政府的管理范围，有效规避了"以房养老"的法律风险。房产价值释放计划委员会代表了房产价值释放计划市场中的所有提供方，它整合了安全住房收入计划委员会的行业规范委员会。现在，这一委员会的成员都要遵守以下主要的义务：①维护房产价值的公信力，以便老年人在退休后选择办理"以房养老"业务；②恪尽职守，履行善意义务；③向交易双方传递"以房养老"计划的良好预期；④当客观因素导致借贷双方利益冲突时由政府出面进行严格控制；⑤忠于职守，尽勤勉义务；⑥在正常情况下充分保护客户利益实现最大化。"以房养老"模式的良好发展离不开法律的保障，因此，必须明确"以房养老"的法律属性。我国有必要出台专门法律，或者在已有法律中增加有关"以房养老"贷款的条文来明确规定借贷双方的准入资质、退出标准以及权利义务，对借款人的年龄标准以及贷款机构的放贷标准做出明确规定，为"以房养老"模式在我国发展打下良好的法律基础。笔者认为，虽然"以房养老"类似于担保物权，但其具有极强的社会公益性，是为了完善社会保障制度而创设的新型养老模式，应当在《社会保险法》中增设"以房养老"的相关条文，明确其为公益性金融产品的属性。

（二）严格限制适用主体

在保监会出台有关"以房养老"的试点意见之前，我国就有城市和金融机构对此模式进行了探索。2005年，南京汤山留园公寓推出一项业务，即年满60周岁的孤寡老人可以选择将自有产权的60平方米以上的房屋抵押给留园并入住老年公寓，其后由留园将房屋出租，租金在支付了老年公寓的费用后的剩余部分，由老年人享有，而在老年人去世之后，房屋产权归留园所有。该业务推出后反响不大，从开始至结束，仅有四位老人选择办理，并且最终都因与留园发生了法律纠纷而选择终止合同。2007年，上海市公积金管理中心也推出过类似的养老业务，虽然咨询的老年人很多，但最终都因担心房价波动导致损失而选择了放弃。中国的银行业也对该业务进行过尝试。中信银行于2011年在国内首度推出养老贷款业务，成为中国第一家开办"以房养老"贷款业务的银行，但由于缺乏相关经验和政府的政策支持，这项业务无人问津，很快就以失败告终。此后，鲜少再有其他金融机构愿意涉足该项业务。缺乏法律的保护，将导致开展业务的机构缺乏公信力，也会让"以房养老"的双方当事人缺乏信心。"以房养老"制度作为一种新型养老模式，是适用于特殊主体的。纵观世界上发展"以房养老"制度较为成功的国家，无不对此模式的使用主体做出了严格的限制。美国有法律规定，年龄在62岁以上的老年人即可申请获得"以房养老"贷款，且贷款金额与申请人的年龄、健康状况以及家庭情况直接挂钩，如果申请人所持有的房屋价值高或者预期寿命短，将可以获得更多的贷款。虽然《中国保监会关于开展老年人住房反向抵押养老保险试点的指导意见》（以下简称《意见》）规定"投保人群应为60周岁以上拥有房屋完全独立产权的老年人，而参与试点的金融机构则要求已开业满5年，注册资本不少于20亿元"，但要全面推行"以房养老"模式，仅有试点意见是远远不够的，还需通过法律对适用主体的资格做出明确规定。第一，要明确申请人的年龄标准。由于我国男女的退休年龄并不一致，男性的退休年龄为60周岁，女性为50周岁与55周岁。另外，世界卫生组织公布的最新数据显示，我国男性的平均寿命为72岁，女性的平均寿命为77岁，以女性的退休年龄作为申请办理"以房养老"业务的年龄起点，会增加借款结构的经济风险，加大支出，从而影响贷款机构的积极性，显然是不合理的。因此，笔者认为以《意见》所规定的60岁作为办理"以房养老"业务的标准年龄是较为合适的，由于《意见》的权威性不够，仍应通过法律加以明确。第二，申请人需具备相应的行为能力。在签订"以房养老"贷款合同时，申请人需是完全民事行为能力人，这样才能确保合同的真实合法有效。第三，应确定可参与的贷款机构。由银行和保险公司合作开展"以房养老"业务是较为科学的，因为银行拥有大量资金，而保险公司具有专业的精算技术，可较为准确地估算房屋的价值以及申请人的预期寿命，以降低贷款风险，确保该项业务的可持续发展。

（三）增设遗产税

我国继承遗产不需要缴纳遗产税，法定继承人可以付出极少的代价来继承遗产。因此，不少人渴望着不劳而获，甚至为争夺遗产而对父母不孝。据新闻报道①，75岁的刘老太家住北京市丰台区，其老伴于2009年过世。此后，夫妻俩自建的面积52平方米的小产权房被三名子女占用。子女们为争夺父亲的遗产均不愿搬走，但又均明确表示拒绝照顾刘老太的日常生活起居。为此，引发十分激烈的矛盾，街道多次调解未果。对于遗产，诸多发达国家都通过法律设定了较高的遗产税。据资料显示，美国的遗产税起征点为200美元，且采取超额累进制计算税率，最高可征收55%的遗产税。根据日本相关法律的规定，一个日本居民去世后留下的遗产超过4亿日元时，其继承人在继承遗产时必须向日本政府缴纳60%~70%的巨额税金；英国法律设定的遗产税主要是针对房产、地产等不动产，如果遗产是价值超过28.5万元的不动产，要缴纳40%的遗产税；而法国在征收遗产税时，除考虑遗产的价值之外，还要考虑继承人与被继承人之间血缘关系的亲疏，同一笔遗产，继承人与被继承人之间的血缘关系越远，政府征收的遗产税就越高。由此可见，美国、英国、日本、法国等发达国家都征收遗产税，这不仅是为了倡导国民通过劳动获得财富，更是为了调控社会的贫富差距，避免因财富世袭引发社会矛盾，不利于国家的稳定和发展。同时，征收遗产税还可以提高国家财政收入。因此，这些国家选择办理"以房养老"业务，可以合法地避免缴纳巨额遗产税。笔者认为，我国经济迅速发展，社会贫富差距日渐扩大，遗产税的征收十分有必要。一方面可以促进老年人利用自有房屋变现养老，调动借贷双方的参与积极性；另一方面也有利于刺激消费，拉动内需，促进我国经济的进一步发展。

（四）明确规定土地使用权到期后如何续期

普通住宅的产权为70年，这无疑将会成为"以房养老"在我国发展普及的最大阻力，在房价上行期办理该业务或许问题不大，可如果遇到房价下行期，许多隐藏风险将会显露，导致经济纠纷，甚至引发诉讼，不利于我国经济的发展与社会和谐。鉴于中国人对房屋享有的产权有时间限制会给"以房养老"的实施增添阻力，应当通过法律补充规定当房屋产权到达时限后，该通过何种途径续期，是否需要交纳产权续期费，倘若不能续期，产权将会被如何处理。这项规定的明确便于金融机构更为精准地测算可得利益与应付对价，有利于促进交易的公平性，降低法律风险，提高金融机构的积极性。

（五）建立适用于农村老人的运行机制

我国是个农业大国，相比城市中的老年人，农村老人的生活更需要得到充分

---

① 来自 http://news.cqjjnet.com/html/2015-07/07/content_34687019.htm，访问时间：2020-04-01.

关注，开展"以房养老"业务，不能只着眼于城市居民，更要考虑农村老人的实际需要。近年来，我国新农村建设取得良好成效，随着农民生活水平的提高，养老需求也越来越大，但随着国家对宅基地流转的禁止让很多农民对"以房养老"望而却步。事实上，在十八届三中全会之后，国家就已经积极针对因历史原因形成超标准占用宅基地和一户多宅等情况，探索实行有偿使用；探索进城落户农民在本集体经济组织内部自愿有偿退出或转让宅基地；改革宅基地审批制度，发挥村民自治组织的民主管理作用，并在全国33个地区做出了试点决定，允许农村宅基地使用权在县域内流转。2017年，L先生就在属于试点地区的广东省肇庆市封开县南山村跨村购买了宅基地使用权。笔者认为，为了进一步扩大"以房养老"的市场，也为增加农民养老资金来源途径着想，我国应当有限度地允许宅基地使用权的转让，出台相关法律制度，区别对待宅基地的处分，例如：农民离开农村的，其宅基地应当允许转让。同时，虽然我国农民对于宅基地只有使用权，但对于宅基地之上建立的自主房屋却享有产权，有权处分。因此，农村老人也可将自建房作为抵押物，向金融机构或者保险公司申请"以房养老"贷款。

（六）完善征信立法

由最高人民法院《关于公布失信被执行人名单信息的若干规定》可以看出，近年来我国一直致力于打击失信人员。诚信，既是道德的要求，也是法律的规定。作为一项公益性的经济活动，"以房养老"的运行周期较为漫长，订立"以房养老"贷款合同，借贷双方诚实守信是合同得以完全履行的重要保障。然而，在我国现行法律体系当中，涉及信用问题的法律条文大多是原则性规定，导致人们日常生活中的许多失信行为都难以厘清究竟是应由道德来调整还是应由法律来约束，并且由于法律规定不明确，对失信行为的惩处也难以把握尺度，经常出现类似纠纷同案不同判的现象，实际操作性不强。所以，我国应完善征信立法，使其规范化与系统化，进一步加强对诚信问题的监管，加强对隐私权的法律保护力度，确定失信行为的法律边界，为惩戒失信行为提供法律依据，避免信誉差的金融机构或个人成为"以房养老"合同的主体，为该养老模式提供良好的环境，促使"以房养老"有序发展。

二、建立配套运行的法律机制

（一）加强对金融机构和评估机构的监管力度

对于金融机构的违法经营行为，我国虽然已经规定了处罚办法——《金融违法行为处罚办法》，但由于惩治力度较小，导致金融机构的违法成本较低，且许多规定过于笼统，产生纠纷时法官不便于援引，只能依赖于自由裁量权，这无疑增加了金融机构侵权的可能性，进而影响了人们对金融机构的信赖程度。法律以其权威性和强制力规范社会成员的行为，因此，在完善立法和建立配套运行的法律机制的同时，还需在法律规定的前提下，加大执法力度，严打借贷双方的侵权行为，真正做到"有法可依，有法必依，执法必严，违法必究"，解除老百姓与金融机构之间存在的信任危机，是在中国发展"以房养老"、拓宽老年人的养老渠道的重要任务。

第一，政府因进一步督促金融机构保障客户的信赖利益，加强监管力度，加大对金融机构的失信行为与个人侵权行为的惩处力度，规范银行等金融机构的经营行为，引领和促进银行业的发展与改革。

第二，为配合政府的监督，金融机构内部也应当组建对应的问责部门，制定内部问责制度，及时防范与杜绝内部工作人员利用职务之便侵害客户的合法权益。

第三，根据我国《反不正当竞争法》的规定，要严厉杜绝机构竞争过程中的虚假宣传与窃取他人商业秘密的行为，对涉嫌不正当竞争的机构进行严厉处罚，促进贷款机构间的公平竞争。

除此之外，我国一直欠缺对房地产评估行业的统一监管，导致房地产评估机构的质量良莠不齐，从而公信力不高，难以获得人们的肯定。房地产评估机构应具有中立性，用专业的评估手段为借贷双方提供最为精准的房产价值评估报告。因此，为了良好实施"以房养老"，我国应当加大对房地产评估机构的监管力度，甚至可以成立专门的监管部门，树立统一的行业标准，将房地产价值评估纳入制度的范围之内，提高房地产评估机构所提供的评估的权威性。

（二）建立多元化纠纷解决机制

美国为规避"以房养老"所带来的法律风险，规定借款机构有义务告知借款人在贷款前必须接受独立咨询，其中夏威夷州与1999年通过的50号法案较为典型：一旦贷款机构违背了告知义务，将被处以严重的民事处罚。因为"以房养老"模式直接牵涉到经济利益，一旦监管不力容易产生法律风险与经济纠纷。因此，我国应当借鉴美国的相关规定，要求金融机构在与老年人签订"以房养老"借款合同前，为老年人提供专业的法律服务，甚至可以与法律援助中心合作，邀请专业律师为借款人提供法律咨询服务，以便于借款人认知该行为的法律性质以及法律后果。同时，政府部门也应当加强法制宣传，引导"以房养老"业务的借贷双方进一步了解这一产品的特点、所有的法律权利义务以及纠纷解决途径。司法部门在处理纠纷时，也应当秉持公正与客观的态度来定纷止争，公平公正地审判案件，不得徇私枉法。与此同时，要在我国顺利促进"以房养老"制度的发展,需要采取多种方法解决纠纷,构建纠纷解决机制时不能过于单一。通过诉讼或者仲裁的确是公民维权的重要手段,但当事人要为之付出金钱以及时间。因此,应当发挥各种救济方式的优势。

首先,可以在开设了"以房养老"业务的贷款机构内部设立专门的纠纷处理中心,快速解决一些简单的矛盾,促成借贷双方和解,以此提高纠纷解决的效率。

其次,政府部门应树立服务意识。当贷款机构内部的纠纷处理中心不能如期为当事人妥善处理矛盾时,行政机关应当接受当事人的申诉,利用行政强制手段处理侵权行为,也可以协调双方通过调解来解决纠纷。

再次,一旦进入诉讼阶段,法院应本着公正与高效的原则,及时对案件做出合理的处置。若纠纷发生在借款人身故后,应允许借款人的继承人作为本案的适格主体参与诉讼。

最后,关于诉讼阶段的举证责任。由于在订立"以房养老"贷款合同时,双方信息不对称的问题十分突出,发生纠纷时,贷款机构很难举证证明借款人对房屋的所有权有瑕疵,而借款人也难以证明贷款机构所给出的金额是否合理。笔者认为,如果纠纷涉及"以房养老"借款合同,举证责任应当倒置,由借款机构证明所付价款是合理合法的。

(三)完善征信制度

在完善征信立法的基础上,还要进一步完善征信制度,建立良好的监管机构,提高征信机构的准入门槛,建立信息管理平台并且加大对信息使用者的行为的监管力度,规范信息采集行为,降低道德风险与法律风险,增强主体办理"以房养老"贷款的信心。国家可以通过设立专门的征信管理机构进行监管,有效地对个人信息进行采集、管理以及使用,加强对金融机构以及个人的信用管理与监督。对于失信行为,可由征信管理机构予以处罚。如果出现严重失信行为,可由征信管理机构向社会公布,避免办理"以房养老"业务过程中因双方信息不对称而导致的法律风险。例如:借贷双方签订"以房养老"借款合同后,一方当事人在合同到期之前私自转移房屋所有权的,除可追究其违约责任之外,还可将其行为记入失信行为之中,要求征信管理机构进行登记,并对其进行相应处罚或者向社会公布。

(四)加强对"以房养老"合同的监督

"以房养老"借款合同涉及的抵押标的为房屋的产权,由于房屋价值高且法律风险较大,笔者认为应当加强对合同的监督管理,并可以制定合同登记制度,要求合同双方当事人在签订借款合同之后,必须报相关部门审核与登记,并以此作为合同的法定生效条件。更甚者，还可要求"以房养老"合同履行过程中发生签订补充协议、中止合同履行和终止合同履行的情况时，都应报有关部门登记。这样可以有效控制法律风险，降低侵权行为出现的概率，也减少纠纷出现的频率，保障"以房养老"市场交易过程当中的安全性，增强借贷双方的安全感。

（五）建立政府担保机制

与普通的商业贷款不同，"以房养老"是一种公益性的经济活动，旨在弥补现有养老方式的不足，提高老年人晚年生活质量。所以，"以房养老"的顺利实施，离不开政府的大力扶持。不论是美国、英国、加拿大这样的欧美国家，抑或是日本、新加坡等亚洲国家，都是在政府主导的基础之上开展"以房养老"业务的。在这方面，美国的做法是由政府设立专门担保机构向借款机构收取一定比例的费用并成立担保基金，对抵押人因客观原因所遭受的损失进行补偿。房屋价值不稳定以及金融机构自身偿付能力的不可预期性，是需要建立政府保障机制的重要原因。我国可以效仿美国，由政府成立专门的"以房养老"保障基金会，定期向开设此项业务的借款机构收取一部分费用，当房屋价值升高或者借款机构出现支付危机甚至破产，造成借款人损失时，可向基金会申请补偿；反之，当房屋价值因非借款人的因素而贬损时，借款机构也可向基金会申请退还收取的费用并申请补偿。有了政府大力支持作为后盾，能进一步激发大家办理"以房养老"业务的热情，扩大"以房养老"在中国的市场，为该养老模式在中国生根发芽提供充分保障。

【本章小结】我国现有养老保险制度与传统养老模式所存在的不足，使"以房养老"模式在我国推行具有必要性，同时也提供了可行性。作为一种补充养老模式，"以房养老"已在美国、英国、加拿大、日本等国家逐渐发展成熟，但作为舶来品，不管是在学术界还是日常生活中，"以房养老"都备受争议。2014年，中国保监会下发《关于开展老年人住房反向抵押养老保险试点的指导意见》，以期从国外引进该养老模式，并让其弥补我国现有养老模式的不足。但试点开始以来，人们对此有诸多争议，除却"父死子继""但留方寸之地，留予子孙耕"等传统观念的影响之外，我国金融机构的运行机制不如国外成熟，导致在处理很多事情的时候缺乏经验，最重要的是，我国的法制尚不够健全，对于有关"以房养老"的立法尚不明确。所以，在我们国家，"以房养老"还处在探索与试运行阶段，需要进一步的研究与完善。我国需从基本国情出发，立足于实践，完善立法，制定配套运行机制来规避"以房养老"这一模式中所存在的法律风险，克服障碍，使"以房养老"模式的实施符合我国经济发展与社会生活的基本规律，成为造福百姓、减轻国家财政负担、有利于社会和谐的养老新模式。

第十一章 搀扶老人遭遇的法律风险

第一节 典型案例

一、许云鹤案

1. 案件过程

2009 年，许云鹤在开车经过天津市红桥区红旗路附近的红星美凯龙家居装饰广场时，看见王秀芝老人正在翻越中心隔离护栏，随后受伤倒地。许云鹤选择将老人送往医院。一年以后，老人向天津市红桥区人民法院提起诉讼，认为自己在翻越该护栏过程中，许云鹤开车将其撞上，使得自己右胫骨平台存在骨折现象，同时右膝内外侧、前后交叉韧带都存在损伤，最终伤残认定级别为八级。为此，老人诉讼申请赔偿金169 442.86 元，希望能够通过法院获得赔偿。但是许云鹤不认同这一诉讼，提出自己并没有撞倒老人，自己在驾车经过该地区过程中，并道时发现前方有大货车，在完成并道以后，原告老人和自己相距 4～5 米，此时老人正在翻越中心护栏，并且摔倒。自己通过采取制动措施将车停下，好心扶起老人后将其送往医院。

2. 关注焦点

在还没有明确证实许云鹤是否开车撞倒老人，通过当前拥有的证据也不能够对这一问题进行证明的情况下，法院却选择结合当前拥有证据认定并不能确定许云鹤车辆和原告老人之间存在直接性联系，但是也不能确定许云鹤车辆并没有和其存在直接联系。结合我国相关法律法规，交通事故成立的判断条件并不是车辆和行人之间存在直接性接触。若双方当事人并没有出现碰撞，老人摔倒行为并不属于被碰撞摔倒，但是在 4～5 米的距离范围内，向其行驶的车辆会对其行为产生影响。在这种情况下，法院判决这一案件属于交通事故。被告许云鹤认为这一判断并不合理，因此选择通过网络来宣传自己的行为。社会舆论再次将关注焦点集中在这方面，此时"彭宇案"依然存在一定的影响力，人们选择以"许云鹤案"来发表自己的观点和情绪,提出受到驶来车辆影响,进而导致摔倒,以此来确定犯罪事实缺乏合理性,导致案件审判结果并没有得到大部分人的认同。在该判决中,在无法确定许云鹤撞到老人的情况下,却推定许云鹤撞倒了老人,也是社会大众关注的焦点。①

二、彭宇案

1. 案件过程

2006年,64岁退休职工徐寿兰在南京市水西门公交车站等候公交车过程中,同时进站两辆相同的公交车,徐寿兰选择搭乘随后的一辆。在前往后一辆公交车时,彭宇正好从前一辆公交车的后门下车,同时徐寿兰摔倒受伤。彭宇发现摔倒的徐寿兰以后,将其搀扶到一边,在徐寿兰家人赶来以后,和其家人一同将老人送往医院,并垫付了医药费。随后,经过诊断以后,徐寿兰左股骨颈骨折,需要住院接受相关治疗。随后,双方在赔偿问题上产生了纠纷,公安机关介入调解以后并没有能够形成共识。2007年1月,徐寿兰向南京市鼓楼区法院起诉彭宇,并在诉讼中提出自己是因被彭宇撞到才摔倒在地,要求法院判决彭宇给予自己相应的赔偿,总赔偿金额达到136419.3元。彭宇则提出自己虽然是第一个下车,并且在下车过程中身后有人碰自己,但是在下车以后并没有碰撞到老人,是自己在下车以后看到老人摔倒在地,选择做好事扶老人。

2. 关注焦点

在这一事件中,当事人双方在争议上无法形成统一观点。因此,案件关键之处在于认定是否出现碰撞现象。要使法律能够发挥出正确的作用,必须要确保案件事实认定的准确。法院提出在确定案件事实上并没有充足的证据,因此需要依据"常理"来进行判断,以此来对案件事实进行确定。在二次审理过程中,法院结合"常理"来进行判断,确定二者之间存在碰撞行为,并且在碰撞以后才导致老人受伤,因此彭宇需要赔偿相应的损失。彭宇在第二次开庭之前,选择向具有较大影响力的社区生活门户网站传递这一案件信息,提出自己属于做好事行为,但是遭到讹诈。该网站相关版主同时向其他诸多媒体传递了这一信息。各个媒体为了能够吸引更多人的关注,获得相应的收益,都对彭宇案件进行报道。这些报道都发生在第二次开庭之前。由于该判决依据"常理"来进行判断,使得媒体以

---

① 王晶晶,林衍. "许云鹤案"折射的社会图景[N]. 中国青年报,2011-08-24.

及民众都更加认同自己的观点，不认同法院判决，并且声讨老人，提出老人行为标志着社会道德的下降等，社会大众也将关注焦点集中在这方面。然而民众并没有掌握太多案件相关信息，受到媒体观点的影响，也认为老人道德下降，彭宇是受害者。在二审之前，双方达成共识，提出彭宇一次性需要向老人支付1万元赔偿金额，同时双方都不能够在相关媒体中对本案件信息进行披露或者发表相应的观点；在撤诉以后，鼓楼区法院一审民事判决不需要执行。这一和解使得民众更加不满本次审判，人们将焦点集中在关于"常理"的使用以及该"常理"是否符合人们普遍预期等方面。①

第二节 "扶老人被讹"现象及成因的多视角分析

一、"扶老人被讹"现象的法理学分析

南京市鼓楼区法院在一审以后认为彭宇存在撞伤徐寿兰这一行为，二者并没有过错，但是彭宇需要给予相应的赔偿。该判决在双方是否相撞这一事实的认定上主要依据了常理和生活经验，但是法官们所依据的常理以及生活经验却并不符合公众的理解，社会大众并不认同这一判决，进而产生争议，媒体也将关注焦点集中在这方面，进而导致社会公众普遍不认同这一判决结果。法官们提出做好事也存在度，若超过了度，则必然存在其他心思。若被告的行为属于见义勇为，那么正确的做法是确定并抓住真正的肇事者，而非仅仅扶起老人；若其行为只是做好事，结合常理，待原告家属赶到后，可把事实原委告知原告家属，之后再让原告家属将老人送往医院，并且离开，但是被告并不是，其选择和情理不相符合，如未提出见义勇为，则不能将该行为定义为见义勇为。结合具体证据，我们可以知道，被告在一审之前以及一审过程中都没有提出自己的行为属于见义勇为，只有在第二次庭审过程中才提出自己属于见义勇为，若其行为真的是见义勇为，则在出现争议过程中应该会首先进行相应的抗辩，换言之，其陈述的时机缺乏合理性②。因此，法院并不认同其自称见义勇为这一观点；同时法院判断还存在这样

---

① 朱汉. 从"彭宇案"看舆论监督与司法公正之间的关系[J]. 法制与经济（下旬刊）.2013（04）.

② 熊德中. 事实推定的实务探讨——从彭宇案到许云鹤案[J]. 上海政法学院学报（法治论丛）.2014（04）.

的观点,即见义勇为不求回报存在心虚,结合日常生活经验我们可以知道,若原告和被告为陌生关系,通常不会随意借款,若确实为借款,并且存在事故责任可能性,则需要邀请当时在场的其他人员来给予证明,或者在和原告家属说明具体情况后,获得借条等书面证明。但是被告并未采取上述行为,在原告家属陪同原告前往医院途中,也欠缺借款的可能性,而如果原告是被告撞伤的,则最有可能出现的情形即被告先行代付医药费用;在出现纠纷以后,双方同意通过派出所来对具体情况进行说明则意味着原告当时认为撞伤自己的人即为被告,此时更加不可能向被告借款①。通过彭宇案,社会公众很容易得出这样一个结论,即在做好事过程中,若无法自己证明自己清白,则需要谨慎救人。通过许云鹤案,我们可以知道,在判决过程中并没有关注原告违法翻越护栏行为,而认为被告驾车惊吓到原告来确定判决,若被告的陈述被认可,即被告和原告并没有发生接触,原告是因自己的行为才导致摔倒,并且被告在并道后发现自己还距原告 4~5 米,在这一距离范围中,原告突然发现被告车辆和自己距离非常接近,因此会出现慌乱,此时摔倒产生的原因在于驶向原告的车辆。上述案件都缺乏明确的事实支持,原告并不能举证,此时维持二审原判。因此,提供救助行为者都需要提供非常高的赔偿金。由此可以看出,上述判决中法律和道德不相符合,在法律规制下,道德受到遏制,社会公众更加认为在做好事过程中,若无法自证清白,则需要谨慎行事,更多的社会公众为了不承担相应的法律后果,则倾向于对做好事持谨慎态度,使社会道德受到挑战②。此外,还有其他一系列类似事件,例如广东肇庆阿华事件③、浙江温州李小峰事件④等等,都进一步加深了社会大众上述观点。更多遭遇困难的人会无法得到救助,由于法律和道德之间无法形成共识,导致需要救助者因此丧失生命、社会整体道德水平降低。

二、"扶老人被讹"现象的部门法分析

法律主要通过经验来实现发展,所谓经验法则即人们通过日常生活来积累

---

① 朱翠银.彭宇案件破窗效应及其对大学生利他行为的影响[J].社会心理科学,2012(1).

② 狄骥.宪法论[M].钱克新,译.北京:商务印书馆,1999:189.

③ 2011 年 7 月 15 日早上,广东肇庆的谭院华扶起骑自行车摔倒的 79 多岁老太太,反而遭其诬告,后经多方调查才得以将事实澄清。

④ 2011 年 10 月 31 日,李小峰看见路旁一位老太太倒在地上,随即上前救助,却被老人的家属怀疑是肇事者,坚持要讨说法,直到真正的肇事者向警方投案,事件才真相大白。

经验,以此来对事物前后因果关系进行确定,从而获得相应的法则以及知识。在法律实践过程中使用经验法律得到法律的认同和保障[1]。然而,这些经验法则存在盖然性特点,能够经得起时间的检验,同时也与人们的价值观相一致。经验法则主要在以下场合中发挥作用,即事实推定、法律概念解释、证明标准以及裁判理由等等方面[2]。从我国最高人民法院关于民事诉讼证据的具体规定,我们可以了解到,如果依据日常生活经验可以将事实推定,则并不需要当事人另行举证来证明;而且还具体规定了法官可以通过逻辑推理和日常生活经验等来对证据是否具有证明能力以及能力大小等进行判断。据此,我们不难发现,法律在具体实践中体现了经验法则的作用。若经验法则能够在事实推定、法律概念解释、行为解释等方面发挥作用,则其盖然性较高。经验法则主要是展示某个或某类事物的运动规律。在具体了解和掌握这一规律过程中,人们更加关注事物之间联系所具有的盖然性。换言之,若满足相关前提条件,出现符合相关条件的情况属于人们经过不断验证中确定的概率,若拥有较高的概率,则拥有较高的盖然性;反之,如概率较低,则其所具有的盖然性也较低。拥有较高盖然性的经验法则都是经过长期检验和认定的事物联系,并且得到大部分人的认同,因此也能够在法律实践中发挥其作用。一般情况下,这种类型的经验法则并不具有意外情况。人们在判断经验法则上也体现出了相应的价值观,人们在社会生活中进行互动,在某些事物上形成相同的观点,并且这一观点和人们的需求保持一致性。经验法则主要来源于个体经验,虽然处于个体之中,但是远远比个体经验层次更高,因为领域的不同,经验法则具有较大的差异性。经验法则通常在以下几个方面具有较大的不同,即广泛性、经验获得以及归纳方法等等,这使得其拥有差异化盖然性的特点。学者张卫平以盖然性程度作为划分依据来细分经验法则,形成了以下几个类型,即自然法规或自然规律、日常生活经验、道德法则、逻辑(推理)法则、商业交易习惯,专门科学领域中的法。在具体司法过程中发挥这些经验法则作用时,需要具体了解其盖然性,若经验法则具有较高的盖然性,则可以据此来判断案件事实,由此来体现出法的规范性。若该经验法则还具有其他可能性,则不能在司法实践中发挥作用,即不能据此来判断案件事实[3]。由此我们不难发现,在认定案件事实的过程中并不能都依据"常理"以及日常生活经验。若需要发挥经验法则作用,则需要确定其具有较高的盖然性,在此基础上来决定是否需要在司

---

[1] 王利民.司法改革研究[M].北京:法律出版社,2000:18.
[2] 张翰书.比较中西政治思想[M].台北:五南图书出版公司,2005.
[3] 川岛武宜.现代与法[M].申正武,译.北京:中国政法大学出版社,1994.

法实践中发挥其作用。

第一，彭宇案件中，在判断原告受伤是否是因为被被告撞到摔伤这一事实过程中，其遵循的"常理"缺乏较高的盖然性，有可能会出现例外，结合日常生活经验并不能确定第一个下车人员一定会将人撞倒，有可能自称被撞倒的老人在第一个人下车之前自己已经摔倒。在遭遇存在困难的人时，不同的人可能会拥有不同的反应，有人第一反应是去抓住肇事者；部分人会选择先给予救助，因为他们最关注人的生命安全；还有部分人员会选择漠不关心。在帮助以后，在是否离开这一选择上，不同的人也拥有不同的答案。相当数量人员选择在需要救助人员家属到达以后离开，但是在实践中不乏有倾向于好人做到底心理的人。虽然与被救助者之间不存在任何联系性，但是依然会尽可能地给予救助者帮助①。互相不认识的人在出现突发意外以后，有人会选择给予帮助，这一点和人性相符合。但是从法院做出的判决中可以看出，法官在裁判过程中所遵循的日常生活经验和人们普遍所接受的价值观不相符合，其有可能会出现其他情况。在裁判过程中，法官认为人性在某些情况下具有功利性特点。这一点不符合大部分人的观点。

第二，许云鹤案件中，法官并没有确定原告和被告之间是否存在碰撞接触。但是认为，原告摔倒的原因一定程度上由于被告开车行为导致，法官在判断过程中提出，原告在受到惊吓时很有可能摔倒。但是，二者之间的因果关系并不属于必然关系，有很多因素都会导致人摔倒，例如绊倒、滑倒、等等。换言之，这一案件判决过程中适用的经验法则也通常会出现例外情况。因此，在具体法律实践过程中，这种判断依据的说服力都较弱。

第三，"谁主张、谁举证"是现代民事诉讼制度分配证明责任的基本标准。在无法查清真相时不利的后果由负责举证的一方承担，但主审法官却说："如果不是你撞的，那你为什么要扶她？"本案中最能够证明事实真相的是承办的民警在现场制作并经当事人签字的原始询问笔录，而后来派出所称因装修遗失了，仅提供了由原告儿子拿手机拍摄的复印件，且被告对该证据提出了异议。在这一证据的真实性存在疑点时，除非原告能够拿出其他有力的证据加以证明，否则这一证据是不足为证的，从而也就没有办法认定原告是被被告撞倒后受伤。

---

① 徐良梅，韩国文. 法律与道德的关系在法治社会中的体现[J]. 武汉水利电力大学学报（社会科学版），2013（03）.

三、"扶老人被讹"现象的法社会学分析

（一）从法律层面分析"扶老人被讹"现象的成因

第一，法律无法平等对待受害者以及被告者。不同的国家结合自身实际情况以及管理者、被管理者具体目的等来制定相应的法律。虽然法律具有权威性特点，但部分法律的规定也存在自身不足。彭宇案中，彭宇声称自己是在下车以后发现老人摔倒在地，然后前往搀扶，在将老人送往医院以后，反遭到老人讹诈，说自己是撞倒她的人。立足于法律角度来分析，彭宇做好事行为为无因管理，是道德行为，在法院审判过程中提出当事人需要赔偿受害者损失。结合一审判决，我们可以知道，法院更加注重保护受害者，并没有意识到彭宇行为属于无因管理，进而导致彭宇承担赔偿。由此可以看出，法院在判决上存在主观性，缺乏公正性，没有从平等角度来保障彭宇利益。

第二，法律保障制度不完善。法律主要体现了国家意志，国家通过法律来进行统治。我国在建设法律制度过程中，并没有形成完善的法律机制，在对待救助者和被救助者上缺乏公正性。要保证法律机制的完善则要求司法的公正。法律的主要作用是服务于人民，立足于我国实际发展情况，司法实践过程中审判人员判决缺乏公正性的原因不仅因为立法不健全、立法存在盲点，其他种种原因都会导致法律实践缺乏公平性。因此，需要避免这些现象，保障公民利益；同时还需要形成更加完善的法律制度，要求所有公民遵循法律，提高司法公正性。在扶老人事件中，法律需要对所有公民权利进行保障，制定具体法律法规来判决救助者和被救助者行为，确保裁决公平性。

第三，虽然无法随意调整法律具体规定，但是制定法律者需要具有民主性，要对整个社会利益进行保障，要关注法律实践过程中出现的影响，健全法律法规，确保裁决的公正性。

（二）从社会生活层面分析"扶老人被讹"现象的成因

彭宇案发生在 2006 年，到目前已经有较长一段时间了，但是媒体对其进行持续报道。这一案件对人们产生了非常大的影响。人们都针对这一案件表达了自己的观点，相当数量民众都提出现阶段社会并不适合雷锋精神的宣扬，好人往往无法获得好报。由此我们可以看出，在这一案件影响下，人们更加倾向于事不关己高高挂起。换言之，现代社会的普遍观点是放弃雷锋精神。此后，有些地方出现了类似的案件，民众受到了更大的影响，甚至还有社会民众在各大知名网站中针对该案件发表自己的观点，提出这一案件所带来的经验教训。现阶段，我国正在积极进行社会转型，在这一关键时期必然会出现一系列矛盾和冲突。此外，社

会还形成了差异化价值取向。计划经济时期,人们更加注重集体利益,因此出现了很多做好事的社会主义建设者。在这种情况下,社会大众普遍认同集体利益,更加注重社会和大家。当前,我国正在积极建设社会主义市场经济,社会经济主要依托市场经济规律不断发展,人们更加追求个人利益、物质利益。在这一过程中,人们也调整了自身道德观念,不再关注社会和他人利益,开始逐渐缺乏社会正义感。

四、"扶老人被讹"现象的法伦理学分析

（一）从道德角度分析"扶老人被讹"现象的成因

彭宇等案件中,遇险者以及救助者面临着和囚徒困境相似的道德困境,通过下表可以对这类型事件的道德困境情况作具体了解。

"扶老人"现象道德困境分析[①]

道德选择		救助者	
		道德（救助）	不道德（不救）
遇险者	道德（感谢）	皆大欢喜	遇险者不能丧生
	不道德（控告）	救助者面临制裁	遇险者可能丧生

遇险者以及救助者在生活中都需要承担着相应的压力,因此必然需要维护自身利益。若违背道德不需要承担相应的成本,则更多的人会选择不道德行为来维护个人利益。遇险者一旦需要承担非常高的医疗费用,若仅仅需要很少的代价——一句"对不起"就能够让自己该承担的家庭负担降低,则必然会选择讹诈救助者。由于讹诈过程中可以获得更多的利益,这些人选择为了自己的利益违反法律。救助者开始意识到在救助过程中自己可能会遭受讹诈,并且通过法律途径可能无法维护自身合法权益,因此最好的做法是不救人、不帮助人,即和自己没有关联的事情不需要关注和提供帮助。在这种情况下,社会道德水平下降,出现一系列不道德情形。结合上表,我们可以知道,若救助者并没有提供相应的救助行为,遇险者的任何行为都有可能会丧失自己的生命；但是若救助者提供相应的救助,此时可能会遭遇遇险者讹诈行为,受到法律制裁,在某些情况下甚至需要承担刑罚。若救助者和遇险者都希望从中得到更多的个人利益,那么遇险者很可能因此丧命,救助者的选择具有决定性影响。在道德困境下,遇险者属于弱势

---

① 庞德.法律史[M].雷宾南,译.北京：商务印书馆,2010：26.

者，其命运由救助者决定，在遭遇危险以后，救助者愿意为其提供帮助，此时则可以打破社会道德困境。为了让人们在遭遇这一问题过程中愿意救助他人，则需要从法律角度来保护其道德行为，要尽可能避免被法律打击其救人行为。

（二）法治角度分析"扶老人被讹"现象的成因

具体分析扶老人行为，可以知道，相当数量"扶老人"案件出现的主要原因在于救助者救助过程中很有可能遭遇讹诈行为，而当前法律法规制度并不能有效保障救助者权利。笔者认为，现阶段，人们在发现有人遇险时，相当一部分部分人依然希望提供帮助，但是最终没有采取任何行为的主要原因在于受到"彭宇案"等扶老人案件影响，而且在救助时自身权利也无法得到保障。笔者建议，救助者在遭遇遇险者过程中，若提供救助反而导致自身利益受到损害时，可以通过国家以及被救助者来对自身权益进行补偿[①]。

第三节　应对"搀扶老人"法律风险的对策

一、法治层面的对策

（一）建立健全相关层面的立法

健全相关法律法规，确保以法律来规范类似彭宇案中出现的一系列越轨行为。结合该案件审判结果，我们可以知道，其中最大的争议在于关于被告行为的描述，即：若被告属于见义勇为行为，则通常情况下应该首先抓住肇事者，并不应该是扶起被撞倒的老人；如果被告行为是见义勇为，根据通常的情理，待老人家属赶到现场后，应该向其家属描述事情经过，再由其家属来将其送往医院，随后再自行离开。但是，被告却并未实施上述行为。南京市鼓楼区人民法院基于这种分析后进行了宣判，随后社会公众开始将关注焦点集中该判决的依据上，其判决所依据的并不是人证和物证，而主要是通过法官在对"社会情理"进行判断以后进行推理来决定。第一个推理依据为，如果彭宇是见义勇为者，那么他首先应该做的是找出肇事者，但彭宇最先做出的举动却是救起倒地的老人，故据此推断出彭宇是肇事者；第二个推理依据为，彭宇面对原告及其家属的指认，并未选择辩解后自行离开，这也与大众所理解的常理相悖，因此推断彭宇即为肇事者。显

---

① 凯尔森.法与国家的一般理论［M］.沈宗灵，译.北京：中国大百科全书出版社，2011：340.

然，这两个推理都很难使社会大众所信服，法庭要做出判决，首先要做到的是公正，而避免审判者的主观情感和判断对判决的影响是实现公正判决的前提条件，但南京市鼓楼区人民法院对彭宇案的判决，显然违背了判决的公正性原则①。因此，要通过完善法律制度的途径来解决"彭宇案现象"。首先，要做到的是保障法律制度的公正性。其次，在审判过程中要严格依据案件的证据和事实，减少审判者的推理和情感对案件审理的影响。同时，要对相关法律法规进行健全，并且在实践中发挥其作用。根据我国《刑法》相关规定，敲诈勒索罪是指以非法占有为目的，对被害人使用威胁或要挟的的方法，强行索要公私财务的行为；诽谤罪，即通过捏造和宣传虚假信息来对他人人格、名誉等产生破坏的严重行为。与此同时，我国结合这些罪名制定了一系列法律法规，典型代表为《老年人权益保障法》以及《关于维护互联网安全的决定》，这些法律法规具体规定了老年人诽谤以及在网络中遭遇诽谤的行为。然而，我国很少有具体案例是结合诽谤罪所确定的。诸多类似于"扶老人"而被讹诈的事件，如南通司机救起老人以后反被诬陷等事件，都是被救老人试图诬陷施救者而未能得逞的情况。由于相关法律不健全，这些老人也没有受到应有的处罚。因此，要防止"彭宇案现象"的再次出现，必须完善和执行相关法律法规。首先，要健全应对"彭宇案现象"的相关法律法规。其次，要依照现行法律法规给予涉嫌诽谤罪和敲诈勒索罪的老人一定的处罚，即便这种处罚在执行过程中可能仅仅是是形式上的，也会对那些潜在的想要做出诬陷行为的老人起到一定威慑作用。

（二）提高全体公民的法律意识

提高全体公民的法律意识，需要对社会公众进行相应的法律意识教育和宣传。通过法律意识，让施救者能够拿起法律武器来捍卫自己的合法权益。在对类似彭宇案的诸多案件进行调查以后发现，我国很多地区都出现过类似的彭宇案，很多案件由于缺乏充足的证据，导致施救者最终需要提供相应的赔偿。2011年，我国卫生部针对老年人跌倒救助出台了相应的文件，但是这一文件中仅仅提出了怎样采取准确措施来对老人生命进行挽救，而并没有针对救助者实施救助后反被诬陷的情况做出具体规定。因此，社会公众并不认可此文件。不仅如此，部分施救者在实施救助之后还需要通过科学合理的方式来对自身的清白来进行证明。因此，要强化公众法律意识，让施救者在提供救助之前首先需要采取合理措施来自证清白，例如找到目击者证明以及拍照取证等等。这些行为非常无奈，但是却能

---

① 刘国栋，袁燕.关于完善我国法官体制的思考［J］.武警工程学院学报.2014（05）.

够有效避免在救助以后反遭诬陷。同时，我们也要知道，在实施取证后具体救助行为过程要具有合理性，因为这一行为在一定程度上会对正常救助行为产生影响。救助者首先要做的是对被救主体的身体状况进行评估和确定，对于情况严重的被救者要先拨打120，无急救措施技能和经验的施救者不应随意对老人实行救助措施。另外，施救者在取证时应当以获得人证为主，获得物证为辅，情况危急时，找到最近的目击者一同对老人进行施救。这些举动是最有效率的。

（三）提高法官的素质

法官断案应服从法律。这就要求法官在断案时必须以事实为根据，以法律为准绳。以事实为根据，是指适用法律时，必须从案件的实际情况出发，案件的审理和判决须建立在客观事实的基础上；以法律为准绳，指审理案件时必须严格依照法律规定，以法律规定作为审理案件的客观尺度。然而，在具体案件中经常很难做到严格遵守这两个准则，如彭宇案，其中掺杂了很多道德因素，法官在审理时极有可能偏离。然而，彭宇是不是做好事并不是我们案件所要重点讨论的，最主要的是如何证明案件的事实。对于案件事实的证明，事实和证据是必要条件，而不是道德情感，否则又会将案件拉到了道德的争论中。事实是基础，而法律则是确定事实的规则，是服务于事实的。在事实的认定方面，法官也应该依据法律的规则，而不能从"常理""日常生活经验"等确定性不强的道德因素出发。如果依据道德，我们很难得到一个绝对确定的结果。本该依据事实和法律的判决，如果掺杂过多道德因素，则极有可能和其"应然"的结果大相径庭。法官应树立法律的信仰。我国正在建设法治社会，要求社会大众树立对法律的信仰，法官作为执法者比普通公民更应该信仰和坚守法律。法官信仰法律，可以更好地运用法律进行判决，排除和减少道德的干扰。首先，法官应遵从中立原则。中立原则，要求法官在行使司法裁判权时切实做到客观、公正，不偏不倚，严守中立。要求法官保持中立既是法官职业道德中的内容，也是法官在处理与当事人之间的关系时应严格遵守的最重要的行为准则之一。法官中立，要求法官对双方当事人一视同仁，在运用法律解决当事人之间的具体争议时不能因法官自身和诉讼参与人的政治身份、宗教信仰、社会地位、种族以及个人情感等原因，而进行差别对待。其次，法官应遵从回避原则。当处理的案件与自己有亲属或利害关系或者存在个人偏见时，法官就应当回避。

二、伦理层面的对策

（一）开展道德教育活动

1. 对老年人的道德教育

个人所获得的教育以及受教育程度影响其道德，要避免在老人跌倒时没有任何人提供帮助行为出现，则首先需要让旁观者相信该老人是真的摔倒而非讹诈行为，并且急需相应的救助，也就是增强社会全体成员彼此之间的信任和关心。这就需要加强对老年人的道德教育，通过鼓励和宣传，从源头上治理讹诈事件屡屡发生的乱象。

2. 从多方面开展道德教育

结合马斯洛需求层次理论，人们首先存在生理以及安全需要，人类存在自我保护本能，并且不受到条件限制。人并没有以牺牲自己的代价来保全大家的意识，同时也看不出其本性，它是与本能相悖的一种行为，需要有崇高的道德观作为支持。因此，帮助社会个体树立起利他的人生观和价值观，只依靠个人的道德水平的提高是有限的，它需要我们不遗余力地、适时地对社会全体成员去进行宣传、鼓励和教育[①]。扶老人反遭讹诈行为属于对道德的违反以及人性的否定，若没有对这一行为进行制止，则会严重影响社会道德建设。所以，及时以道德教育的方式对旁观者现象进行遏制是至关重要的。

（1）家庭教育。家庭承担着孩子的启蒙教育义务，孩子最先处的环境为家庭，因此会决定孩子个人意识。在道德教育体系中，最基本的组成部分即为家庭教育，因为最先对孩子进行道德教育的往往是他们的父母，在首因效应作用下，孩子也会最先牢记父母所给予的教育内容，孩子以父母作为榜样来成长，父母的言行举止以及由父母所创造的家庭环境会直接影响子女道德观念的形成和发展。因此，正确的家庭教育对美德的形成的作用是十分重大的，父母有义务向下一代传播正确的道德观念[②]。

（2）学校教育。据报道，南昌市某小学的学生余玉在其作文中描述了一次扶老人经历。具体来说，就是某天一位70多岁的老大爷在马路上摔倒，此时，来往车辆较多，老人非常危险，于是学生上前去扶起老人，并且得到了众多称赞。虽然老师在课堂中一直倡导助人为乐的精神，但是给予该作文的评分极低，并且在评语中指明，在当今社会已经没有人敢扶起跌倒的老人了。学校属于教育

---

① 崔永东. 道德与中西法治[M]. 北京：人民出版社，2002.
② 陈凤芝. 法治的道德之维[M]. 北京：中央民族大学出版社，2008.

机构，是联系家庭和社会的纽带，学生通过学校来获得相应的系统教育。社会主要价值观取向是鼓励人们去做善事，老师的教导和评价对于孩子道德观念的形成有着至关重要的影响。该学生在作文中所描述事实的真伪暂且不论，但作为教师，不应该用成人复杂的思想去评价孩子的道德观念，而应尽量以阳光向善的方式引导，鼓励学生多做好事、助人为乐。该老师作为一个对学生负有教育义务的引导者和道德榜样个体，不但评语有失偏颇，而且言行不一，这对孩子对事情的判断标准的确定，以及孩子的人生观、价值观的形成，产生了十分恶劣的影响。长此以往，将使学生从此不敢，甚至不愿去帮助别人。学校可以采取建立学习社区的方式提供教育，并进行相应的改革，通过转换行政机构来形成学习共同体。学校要具有明确的目的，提供相应的平台来让学生进行思想互动，制定明确的纪律，促进师生之间相互关心，使校园环境内和教育体制中都体现人文关怀，避免与现代社会一起变得道德冷漠。学校需从一个只"教授书本上的道德"的地方升华成一个美德到处绽放之地。如此，身处美德之中，潜移默化，耳濡目染，师生一起构建充满高尚道德的和谐校园。

（3）社会教育。各个社会主体在成长中所依存的社会土壤具有较大的差异性，家庭、学校以及社会的属性也具有较大的差异性，因此承担着有区别的道德教育责任。社会环境会对道德教育产生重大影响，即使是一个看似很小的社会事件，也可能会让社会大众坚持了几十年的道德观瞬间土崩瓦解。因此有人说彭宇案等案件使中国人的道德水平倒退了几十年。所以，加强社会教育、提高公众道德水平、减少道德冷漠的行动，势在必行。

（二）证据缺失下诚信原则的维护

事物通常具有多变性和复杂性，在实践中，不同案件的疑难点往往也是千差万别。在"扶老人"案件中，法官需要依赖自身的自由裁量权来完成判决。为此，立足于司法角度来分析，首先需要确保诚实守信。相关司法人员需要秉承着裁判诚信原则，若当事人坚持，但是缺乏相应的证据，则需要良好应对来自于社会公众的压力，减少主观因素对案件审理产生的干扰，切实保障裁判的过程和结果的公正。[①]不仅如此，原被告作为案件的双方当事人，也必须做到诚实守信，如实陈述案件事实。同时，法律也对案件审理中诉讼参与人的具体行为进行了规制。例如，刑事诉讼中的伪证罪，是指在刑事诉讼中，证人、鉴定人、记录人和翻译人对与案件有重要关系的情节，故意作虚假证明、鉴定、记录、翻译，意图

---

① 周量.解读"彭宇案"判决理由——以证据规则和民事诉讼理论为视角［J］.东方法学.2013（05）.

陷害他人或者隐匿罪证的行为。

三、社会层面的对策

（一）发挥媒体的监督作用

1. 媒体应当恪守其职业要求，做到客观报道

媒体的主要作用是报道和传播真实信息，对公众的意见进行真实的表达和阐述。媒体需要关注的是，在报道过程中，了解相关事件的真实性以及价值取向，而不能在法院做出裁决之前就已经做出审判，更不能为了谋取自身利益而做一些偏离事实真相的报道和进行猜测性报道，误导舆论导向，干扰司法机关独立审判案件。在最初审理案件过程中，媒体仅仅需要客观报道案件的部分情况，让公众掌握案件具体内容，并不需要进行相应的探讨和分析，保障司法机关审案独立性。若司法活动存在不足，媒体以及公众则需要依赖舆论监督方式来全面研究以及判断案件中运用的法律法规，监督司法权力，但这种监督必须受到事实和法律的制约。作为监督主体，只能就案件中出现的问题客观地反映给有权机关处理。

2. 媒体应加强自律和司法报道的专业化

媒体以及公众都享有新闻和言论自由的权利，但是这一自由也处在相应的范围内①。媒体以及公众面对自己的言论需要承担相应的责任，要强化自身社会责任感，限制自身行为。法律存在专业性特点，然而普通民众的专业知识水平并不高，对案件的判断可能会出现与司法机关不同的意见。因此，只有在自身专业素质提高到较高水平的情况下，才能更加准确地报道案件事实，实现真正的司法监督权。

（二）进一步完善社会救助和社会保障制度

20世纪末期，我国正式迈入老龄化社会，成为世界上拥有最多老龄人口的国家。截至2019年底，我国有7.96%的人口年龄超过了65岁，有2.3亿人人口年龄在60岁以上，远远在国际衡量标准之上。与此同时，我国平均每年老龄化速度达到3.3%，也高于世界平均水平。以上数据显示，我国社会老龄化现象非常严重。相对于发达国家，我国还处于社会发展关键时期，存在严重的"未富先老"问题，也必然存在许多老年人基本的社会保障权益得不到保障的情况。加之我国一直没有形成按规定预留养老保险金的制度，导致养老保险金的提取和储蓄被中断，据有关专家估算，这一缺口已高达5万亿元左右。面对如此巨大的养老

---

① 博登海默. 法律哲学与法律方法［M］. 邓正来, 译. 北京：中国政法大学出版社, 2004.

保险金缺口，政府应当给予更多的财政支持，逐步使改革开放和经济发展的成果让社会全体成员特别是老年人群体共享。结合"许云鹤案""彭宇案"等由扶老人引发的案件，我们可以了解到，老年人诬陷为自己提供帮助的人最主要原因在于交通事故以后老人需要承担巨大经济压力，而要应对这一棘手的问题，则需要进一步健全相关社会救助和社会保障制度。其一，要进一步扩大社会养老保险金制度以及医疗保险制度的覆盖范围，以使更多老年人能够无忧无虑地安享晚年；其二，政府的政策要对社会商业保险进行宣传和发展，通过深化制度改革的方式减少保险公司对老年人投保的条件限制，鼓励老年人投保商业险，提高老年人在意外险、伤害险等险种中的参保率，减少老年人在遇到突发状况后的经济负担。只有做到以上这些，多管齐下，才能够从根本上减少"彭宇案现象"的发生。

【本章小结】当下的中国社会，经济在不断发展、时代也在进步，可以说是日新月异。与此同时，各种社会矛盾也在社会发展的过程中日益凸显出来，尤其是有关"扶老人被诬"等道德问题引起的各种经济纠纷在立法层面还处于明显滞后的阶段。这样的立法现况使这类案件无法可依，审判者只能依靠其他的法律规定和法律规则去断案，经常导致审判结果不公、诬诈者有恃无恐等现象。这是立法者在立法时难以预见的。路见老人摔倒，"该不该扶""敢不敢扶"之所以成为社会热议的话题，在我们法律人看来不仅是因为社会成员道德的低下，更是因为有关层面法律规定的空缺；正是因为没有法律的有力保障，人们在见到老人摔倒在路上时才不敢去扶。公序良俗的重建需要法律来亮剑，以整饬道德与法律之殇。如何处理社会发展产生的"扶老人"这种新型法律问题并为这种所谓有关"道德"问题引发的各种民间纠纷提供法律支持，以及如何提高司法工作人员尤其是基层法官的整体素质，是我们急需解决的重大社会问题。

第十二章　老年人遗产继承中的法律风险

第一节　老年人共同遗嘱法律风险

案例：

路某与翟某系夫妻关系，二人共生有两名子女，即本案被告路A、路B。原告尹某系路A之女，即路某与翟某的外孙女。位于北京市通州区某小区某号楼某单元某层某号房屋（以下简称某号房屋）系路某与翟某的夫妻共同财产，登记在路某名下。路某于2008年10月15日去世，翟某于2012年4月7日去世。路某与翟某生前于2008年5月22日立《遗嘱》一份，内容为："我叫路某，老伴翟某，我俩经过深思熟虑，一致同意百年之后，将座落在北京市通州区某小区某号楼某号路某名下的两居室住房，无偿赠与外孙女尹某。特立遗嘱。立遗嘱人：姥爷路某姥姥翟某。见证人：柯某胡某"。立遗嘱时有路某、翟某、柯某、胡某四人在场，遗嘱由路某执笔书写，书写完毕后路某、翟某及见证人胡某、柯某均在遗嘱上亲笔签名。

北京市通州区人民法院审理后认为，诉争的某号房屋系被继承人路某与翟某的夫妻共同财产。因路某与翟某生前已立遗嘱，表示其去世后将某号房屋无偿赠与尹某，该遗嘱由立遗嘱人路某、翟某在两名见证人柯某、胡某见证下亲笔书写，并在遗嘱落款处有立遗嘱人和见证人的亲笔签名，该遗嘱合法有效。法院最终判决被继承人路某名下位于北京市通州区某小区某号楼某单元某层某房屋归原告尹某所有。

一、共同遗嘱的概念和表现

共同遗嘱又称合立遗嘱，是指两个或两个以上的遗嘱人共同订立的一份遗嘱，其表现有形式意义的共同遗嘱和实质意义的共同遗嘱两大类。

形式意义的共同遗嘱又叫单纯的共同遗嘱，是指内容各自独立的两个或两个以上的遗嘱记载于同一遗嘱书中。这种共同遗嘱只保持着某种形式上的同一，而在内容上是各遗嘱人独立进行意思表示，并根据各自意思表示产生独立法律效果，相互不存在制约和牵连。一个遗嘱人的表意内容是否有效或生效不影响其他遗嘱人表意内容的效力。

实质意义的共同遗嘱是指两个或两个以上的遗嘱人将其共同一致的意思通过一个遗嘱表示出来，形成一个内容共同或相互关联的整体遗嘱。这种共同遗嘱通常又有四种表现：一是相互指定对方为自己的遗产继承人，即指定对方为自己的遗嘱继承人并以对方指定自己作遗嘱继承人为前提；二是共同指定第三人为遗产的继承人或受遗赠人，其遗产为共同财产居多；三是相互指定对方为继承人，并约定后死者将遗产留给指定的第三人；四是相关的遗嘱，即形式上各自独立、实质上相互以对方的遗嘱内容为条件的遗嘱，一方遗嘱撤回或失效，另一方的遗嘱也归于失效；一方遗嘱执行时，他方遗嘱不得撤回。

严格意义上的共同遗嘱应仅限于实质之共同遗嘱，而形式上之单纯共同遗嘱，不论是在一份遗嘱书上写有两个或两个以上的各自具有独立内容的遗嘱，还是在同一信封里装有两份或两份以上的内容各自独立的遗嘱，都只是不同遗嘱人的独立遗嘱，与共同遗嘱有实质性区别。

二、共同遗嘱的基本特征

实质意义上的共同遗嘱，作为一种特殊的遗嘱，与一般遗嘱相比，具有以下特征：

（1）共同遗嘱是两个或两个以上遗嘱人的共同法律行为。共同遗嘱至少有两个主体的意思表示一致，所以不是单方法律行为，而属于双方法律行为。但这种双方法律行为与一般民事合同又有不同。它不是双方主体基于各自的目标和利益而形成的相对应的意思表示一致，而是双方或多方主体确定和追求一个相同的目标，形成共同意思表示的一致，亦即"两个以上的有着同一内容、同一目的并行的意思表示的一致"。在民法理论上，一般将这种法律行为称为共同行为或多方法律行为，其特点在于存在着双方或多方当事人，当事人所追求的目的是共同的，由他们所做出的意思表示所发生的法律效果是共同的。

（2）共同遗嘱的内容具有严格的内在整体性和变更、撤销的非自由性。这一特点具体表现为三层：第一，当共同遗嘱是共同指定第三人为遗产继承人或受遗赠人时，其内容构成一个单一的完整共同体，不可分割。第二，当共同遗嘱属于相互遗嘱和相关联遗嘱时，其内容则具有相互制约性和关联性。遗嘱人之一处分遗嘱所涉共同财产或个人财产时，应受他方意思的制约。如果在亲立遗嘱时双方都以对方的遗囑，另一方的遗嘱意思也不发生效力。第三，在共同遗嘱人生存期间，可以通过共同意思表示变更或撤销遗嘱；一方变更、撤销遗嘱之内容或对财产进行处分，应告知另一方。在共同遗嘱人之一死亡后，生存方原则上不得变更、撤销遗嘱或进行与遗嘱内容相违背的财产处分，尤其在相关联的遗嘱中，内容已经执行，另一方则不得撤销遗嘱。

（3）共同遗嘱所处分的财产大多是遗嘱人的共同财产。共同遗嘱人基于婚姻关系或家庭关系而长期共同生产、生活，在法律上或事实上形成未经实际分割的共有财产关系，不仅为订立共同遗嘱提供了现实的便利，也是其通过共同遗嘱行使共有财产权的一种方式。

（4）共同遗嘱的生效时间有一定的特殊性。一般遗嘱由遗嘱人单方做出，所以遗嘱人死亡遗嘱即开始生效。共同遗嘱是两个或两个以上的人订立，其死亡时间先后不同，同时死亡的为数不多，从而遗嘱生效时间不能与一般遗嘱一样认定。从总体上来说，共同遗嘱人之一死亡，共同遗嘱不发生效力，或者部分发生效力，只有当共同遗嘱人全部死亡时，遗嘱才能全部生效。或者说，"在共同遗嘱人中的一人死亡时，遗嘱中涉及该遗嘱人遗产的内容也就应发生效力，而涉及未死亡的遗嘱人的遗嘱内容则不能发生效力。只有在共同遗嘱人全部死亡的时间具体确定。"在此基础上，还应注意不同类型的共同遗嘱，其生效时间又有不同要求：第一，互相指定对方为继承人的共同遗嘱，一方死亡时遗嘱生效，生存方的遗嘱内容即失其效力。第二，以共同财产指定第三人为继承人或受遗赠人的共同遗嘱，必须在共同遗嘱人均死亡后才发生效力。一方死亡后，活着的一方得以自由行使共同财产权，但要受到遗嘱内容的拘束，不得进行与遗嘱相违背的法律行为，原则上也不得变更、撤销遗嘱。第三，相互指定对方为继承人，并共同指定第三人为最终继承人或受遗赠人的共同遗嘱，其生效时间分两个阶段：共同遗嘱人之一死亡，相互继承的内容生效，生存方依遗嘱取得遗产；当最后一个遗嘱人死亡，遗嘱全部生效，第三人依继承或遗赠而取得财产。第四，共同遗嘱实为相关联之遗嘱时，一方死亡，遗嘱应认定为生效，生存方原则上不得变更或撤销遗嘱，或者进行与遗嘱内容相抵触的处分行为。

三、我国对共同遗嘱的态度

我国现行《继承法》在共同遗嘱方面存在立法空白，尚未明确规定共同遗嘱，司法实务中对于共同遗嘱在效力认定、生效时间、能否变更撤销等问题上做法不一，导致理论界对是否承认共同遗嘱也存在争议。

第一种为肯定说。该观点认为，虽然《继承法》没有明文确认共同遗嘱，但也未排除共同遗嘱的有效性,从我国国情出发,应当确立共同遗嘱的法律地位和效力,提倡夫妻二人采用共同遗嘱的形式处分共同财产。其基本理由可概括为三点:第一,共同遗嘱与我国人民的传统习惯协调一致。我国财产继承的习惯做法是,父母一方去世,子女一般不急于去继承父亲或母亲的遗产,而是等到父母双亡以后,子女们才去分割父母的遗产。父母(夫妻)双方共同订立遗嘱,在许多情况下,也是与这种习惯做法相适应的。第二,共同遗嘱适应我国家庭共同共有财产的性质。我国现阶段的家庭,一般都是共同劳动、共同生活,收入归家庭共同所有,消费按需分配。单个的家庭成员除了各自拥有自己日常所需的衣物和其他生活用品以外,对家庭财产享有共同共有权,只有在分家析产或家庭成员死亡时,家庭成员的个人财产才能从家庭共有财产中分离出来。在此之前,遗嘱人在立遗嘱时,无法对个人的财产预先做出遗嘱处分。提倡合立遗嘱,正好反映了这种家庭共有财产的要求,有利于共有财产的认定和处理。第三,共同遗嘱有利于保护幼小子女和配偶的利益,避免继承人之间为争夺遗产而引起的家庭纠纷。

  第二种为否定说。该观点认为,共同遗嘱与遗嘱的理论相矛盾,我国《继承法》不承认共同遗嘱的效力。其理由主要有:第一,共同遗嘱有违遗嘱自由原则。"盖遗嘱有绝对的自由性,其成立、消灭应独立为之,共同遗嘱妨碍遗嘱撤回之自由,而且就共同遗嘱人之意思亦易生疑义,自不宜承认共同遗嘱;而夫妻之人格各自独立,亦无为例外解释之必要。"换言之,遗嘱是遗嘱人单方面的法律行为,遗嘱人单方的意思表示完全可以独立自主地决定遗嘱的成立、变更或撤销。而二人或二人以上订立的共同遗嘱,却没有这种随意性,其订立、变更或撤销必然要受到另一遗嘱人的制约。比如说,在共同遗嘱订立以后,遗嘱人中的一人事后反悔,改变主意,要撤回遗嘱,如果立遗嘱的另一人不同意撤回,则共同遗嘱不能撤销。这就违背了遗嘱自由原则,且容易引起纠纷。第二,共同遗嘱的实现过程容易出现障碍,特别是指定第三人为最终继承人或受遗赠人的共同遗嘱。这种共同遗嘱以遗嘱人全部死亡为生效条件。然而,现实生活中两个或两个以上的遗嘱人同时死亡的概率微乎其微。一方死亡到遗嘱生效往往相隔很长一段时间,其间难以预料的情势变迁会影响到共同遗嘱的最终实现。最突出的是,共同遗嘱人之一死亡后,另一方欲更改或撤销遗嘱的问题。发生这种情况,必将涉及对亡者遗愿的尊重和对遗嘱指定的最终继承人权利的保护,关系十分复杂,给处理造成困难。第三,共同遗嘱有背遗嘱形式的强行性要求。共同遗嘱不是与个人遗嘱相并列的一种遗嘱类型,而是一种遗嘱的形式。遗嘱的形式不是任意性的规定,而是强行性的,即不符合法律规定的形式就不能发生效力。我国《继承法》施行前,由于法律并未对遗嘱的形式做出明确规定,存在共同遗嘱是可以理解，也是承认其效力的。但是在《继承法》施行后，对于不合法律规定形式要求的遗嘱，则不能承认其效力。因此，对于《继承法》实施后设立的共同遗嘱，应当是属于形式不合法律规定的无效的遗嘱。但是对于单纯的共同遗嘱，由于遗嘱中各遗嘱人的意思表示是独立的，对其效力容易确认，应当承认是有效的。

第三种为有限制的肯定说。该观点又分为两种主张：一是从主体上有限制地承认共同遗嘱，即承认夫妻共同遗嘱，但对其他共同遗嘱不能承认。其理由是：第一，夫妻的共同财产一般不分割，难以分清各自的财产范围。这一特点使夫妻双方愿意合立遗嘱。第二，夫妻共同遗嘱有利于保护配偶的继承权。即夫妻一方死亡，共同财产属于他的那一部分，通过共同遗嘱由对方继承，这样财产稳定，使配偶的生活不致因一方死亡而受更多的冲击。二是从内容上进行限制，即"共同遗嘱部分有效说"，主张一个共同遗嘱人死亡后共同遗嘱只对已死亡的遗嘱人的遗产产生效力，而活着的遗嘱人则有权保留属于自己的那部分财产，有权随时变更或撤销所立遗嘱。

四、对共同遗嘱可能存在的法律风险的建议

对于共同遗嘱之所以出现上述不同的态度，其根本原因在于这种遗嘱本身有利有弊：在人们的遗嘱法制观念不强时，则表现出弊大于利；在继承法制健全、人们的遗嘱法律水平提高时，则会利大于弊。因此，从我国继承法的发展方向上看，似以确认共同遗嘱有效为宜，但应对其操作适用加以必要的规范和限制。根据民间采用共同遗嘱的普遍情形，兼顾家庭财产和亲属关系的现状及发展趋向，从法律上确认和限制共同遗嘱应集中于四个方面：一是在主体上，只允许夫妻之间订立共同遗嘱，赋予配偶享有共同遗嘱的权利。二是在内容上，只认可相互以对方为继承人，或相互以对方为继承人、再以第三人为继承人，或以共同财产为标的、指定第三人为继承人等三类共同遗嘱。三是在形式上，应限定共同遗嘱只能采用自书、代书和公证三种形式。四是在变更和撤销上，赋予协议变更或撤销的权利；对单方面的变更或撤销，则应列举特定法定事由，只有符合该特定事由，才能产生遗嘱变更或撤销的效力。

如果涉及到判定共同遗嘱效力的问题，在实务中应当注意以下几点：

（1）需要注意遗嘱无效的几种情形，我国《继承法》第十七条、第十九条、第二十二条的规定，遗嘱主要在以下情形中可以判断其无效：①无民事行为能力人或者限制民事行为能力人所立的遗嘱。②受胁迫或者受欺诈所设立的遗嘱。③伪造的遗嘱。④被篡改的遗嘱。⑤遗嘱处分了他人的财产。⑥对依法应当保留的必要的遗产份额未予保留的遗嘱。

（2）目前我国并无明文规定共同遗嘱的成立要件及生效时间，原则上参考《继承法》中对遗嘱成立及生效时间的规定，对于裁判规则分析中提到司法实践中存在多种不同甚至互相对立的认定情形的，可以通过书面形式自行明确继承的条件、撤销及变更遗嘱的条件，甚至做遗嘱公证，避免出现无法可依、无据可查的情形，陷入被动局面。

（3）当需要变更或撤销共同遗嘱时，若共同立遗嘱人均在世，建议可重新签一份新的共同遗嘱，避免单方变更共同遗嘱的部分内容但不被认可，而发生变更无效的后果。

（4）订立共同遗嘱时，若一方为代书，另一方仅签字，在条件允许的情况下可找两位无利害关系见证人做见证，避免共同遗嘱被认定为部分无效的不利后果。

第二节 老年人遗嘱继承公证的风险与防范

案例：

白某与严某系夫妻关系，育有三子分别为白某1、白某2、白某3。白某于2014年8月19日去世。白某和严某婚姻存续期间，两人共同购买了位于北京市朝阳区的诉争房屋，该房屋的房屋所有权证下发后登记在白某名下。2008年10月，白某因身体不适住院，后其立下一份遗嘱，在北京市某公证处进行了公证。直至2014年，白某因患癌症住院治疗，最终因病去世。在白某去世后，严某与白某1、白某2因遗产继承问题未能协商一致，严某遂将白某1、白某2和白某3起诉至法院，要求依照白某的遗嘱继承该房屋，即由严某继承诉争房屋。庭审中，严某提供了一份由北京市某公证处出具的公证遗嘱一份，其立遗嘱人为白某，时间为2008年10月21日。该遗嘱载明，"白某与严某共有位于北京市朝阳区的诉争房屋，该房为成本价出售住房。现白某身体状况不好，担心死在老伴之前，现特就所享有的上述房产立遗嘱如下：去世后，白某的上述房产份额全部由严某一人继承，其他继承人不得有任何争议和干涉。这是白某在公证处立公证遗嘱的真实意思表示。"庭审中白某1、白某2不认可该公证遗嘱，称不是白某的真实意愿，白某在生前已经表示后悔。白某1、白某2申请证人郝某、米某出庭作证，以证明白某在生前已经表示后悔。严某对证人证言不予认可。白某3对公证书表示认可。

审判结果：经审理北京市朝阳区人民法院，判决诉争房屋中属于被继承人白某的份额由严某继承，诉争房屋归严某一人所有。

点评：房屋继承纠纷律师靳某认为，根据《中华人民共和国继承法》第十六条第二款规定，公民可以立遗嘱将个人财产指定由法定继承人的一人或者数人继承。《继承法》第十七条第一款规定：公证遗嘱由遗嘱人经公证机关办理；第二十条第三款规定：自书、代书、录音、口头遗嘱，不得撤销、变更公证遗嘱。本案中，被继承人白某立有公证遗嘱，该公证遗嘱合法有效。白某1、白某2虽然对该公证遗嘱提出异议，但其所提从未知情等理由均不能否定公证遗嘱的效力，即使白某1、白某2以及证人陈述白某已经表示后悔的事实成立，亦应该通过公证的方式撤销或者变更该份公证书所公正的遗嘱，否则根据我国法律规定，不能产生撤销或者变更的法律效果。因此，法院支持严某的诉讼请求，于法有据，是正确的。综上，法院的判决是正确的。

一、继承公证概述

继承公证是随着社会发展而产生的一种解决继承问题的方式。为了更好地探讨继承公证存在的风险以及采取何种措施避免这些风险，需要首先明白继承公证的一些基本内容。

（一）继承公证的概念

在我国民法中，继承是指作为个体的公民死亡或者被法院宣告死亡后，依照相应的程序将死亡或者被宣告死亡的公民所遗留的财产转移给继承人所有的一种民事法律行为。按照法律规定，死亡或者被宣告死亡的公民在继承关系中是被继承人，而依照法律程序接受财产的公民则是继承人。在民事法律关系中，继承制度是为了明确死者的财产应当如何处理的一种制度，而继承公证是为了更好地保障继承关系中的继承行为所设立的一种公证制度。在实践操作中，公证机构办理继承公证时需要根据相应的法律，比如《民法典》等。

（二）继承公证需要审查的基本内容

在继承关系中，公证的做出需要有一定的依据。这就要求当事人提供相应的材料，由公证机构进行审查，提交的材料应当包括当事人的身份证明原件及复印件、被继承人的基本财产情况的证明、产权证明等、是否有遗嘱及复印件，同时还要提供一些当事人和被继承人之间关系的证明。代位继承人申办公证的，还应提供继承人先于被继承人死亡的证明及申请人与继承人关系的证明，以及公证处要求提供的其他材料。公证人员须对当事人提供的材料进行审查。首先，审查被继承人死亡的相关情况，比如死亡的时间、地点、原因；同时审查被继承人的财产遗留情况，如财产的数量、种类等；对被继承人拖欠的税款等款项按照相应的法律法规办理。其次，对是否有遗嘱的情况作为重点进行审查。如果有遗嘱的，就要按照遗嘱进行办理，不能违背被继承人真实的意愿；如果没有遗嘱，则要按照相关的法定程序做出公证。再次，审查当事人是否属于法定继承人范围内的公民。继承开始后，由第一顺序继承人继承，第二顺序继承人不继承。没有第一顺序继承人继承的，由第二顺序继承人继承。如果不是继承人，则不予受理。最后，审查当事人是否属于代位继承或转继承人。前者指继承人先于被继承人死亡时，由继承人的晚辈直系血亲代位取得其应继承份额；后者指继承人在被继承人死亡之后、尚未实际接受遗产前死亡，可由继承人的法定继承人继承其应得遗产份额。公证人员应依具体情况办理上述公证。

二、继承公证中存在的风险

继承公证看似是一个公权力保障私权利的行为，但是由于继承关系复杂、各种问题逐渐凸显，继承公证也出现了一些问题，即继承公证的风险。对此，笔者就一些主要的风险展开阐述。

（一）遗产分割协议的合法性风险

当事人要想通过公证机构解决被继承人的遗产问题，首先就要向公证机构提出申请，用来证明遗产分割协议的真实且合法，这是公证机构将遗产分割进行公证的前提和依据。为了更好地了解被继承人情况和继承人情况，维护他们的基本权益，公证机构应当尽量到遗产所在地或者继承人较多的地方进行相关事项的办理和查证工作。当事人应当根据上述的申请要求提供相应的资料或者委托证件等。公证机构的工作人员在工作过程中应当根据相应的法律法规要求，进行相关事宜。但是，在审查和公证的工作中也应当注意一些问题，比如，遗产分割协议是否经过每个人的同意或者认可，对有遗嘱的处理情况是否遵循了遗嘱、有没有照顾到胎儿的利益等，这都是一些实践存在的需要解决的风险。

（二）法律适用存在的风险

公证机构在对继承关系进行公证时需要运用相关的法律法规，比如《民法典》等，但是，也应当看到在适用这些法律的过程中存在着法律适用风险的问题。按照法理学的相关理论，法律风险包括了法律之间的冲突、没有有效立法和缺乏操作性等方面的问题。法律之间的冲突是由在立法过程中没有充分协调和处理好相关承接关系造成的，也是公证机构在办理继承公证时经常遇到的一种风险。比如在实体法法律体系中，过去的《继承法》《婚姻法》《物权法》和最高院的《〈继承法〉意见》都是公证机构在办理相关继承公证时应当遵守的实体性规范，但是应当看到，《继承法》是20世纪80年代的产物，历时较长，而《婚姻法》则是在本世纪初制定的，《物权法》的制定则距现在更近，2007年正式实施。因此，由于立法的时代不同，法律所解决问题的方式也存在着差异。那么面对这一现状，如何解决，是采用特别法优于普通法，还是采用新法优于旧法。时至今日，最高人民法院或者立法机关都没有做出统一的规定。这就造成了在适用法律的过程中出现矛盾或者冲突，造成公证机构在公证时难以统一标准。法律冲突的另一个体现就是法律空白和法律缺乏可操作性的问题。比如我国的《继承法》在20世纪制定，由于当时问题的性质与现代有很大不同，该法规定的内容现在多为原则性规定，缺乏现实可操作性，公证机构办理继承公证，需要解决一系列复杂的问题，如果没有明确且细致的法律进行指导，极有可能出现侵害当事人权益的现象发生。因此，对于公证机构在办理继承公证时遇到的许多问题，至今仍处于探索阶段，如怎样认定自然人有无遗嘱、遗赠扶养协议等。

总之，不论做任何事情，都需要有一定的方法或者规则作为指引，更何况是牵扯到社会公平正义和当事人利益的继承公证。如果没有相应的规则进行指导，公证机构的公信力将难以建立，公证质量更难以保障。如果进入诉讼阶段，公证机构将在继承关系处理中失去话语权，公民对公证机构的信任度将会急剧下降。

（三）公证机构的公证质量风险

出现公证质量风险的原因，应当是当事人缺乏诚信观念，公证机构核实证据、材料方式落后。当前，我国虽然确立了社会主义市场经济，人们的思想认识有了很大提高，但是那种根深蒂固的传统道德观念依然存在，现代经济思想和传统道德出现交织，造成了传统的诚信理念受到冲击。另外，国家的立法不完善，地方政府对法治国家、和谐社会的理解不恰当，对当事人的失信行为失之以宽、失之以软，无原则地迁就，产生了严重的负面社会后果。面对这种失信行为，公证机构在公证过程中将对一些问题难以做出抉择；同时由于公证机构核查相关证据、材料的方式落后，不符合现代型社会的要求和发展，比如在审核材料时依然采用传统的政审方式，这就蕴含着一定的风险。

三、继承公证风险防范的方法

针对继承公证存在的风险，为了更好地保障社会的稳定，处理好继承关系，维护各方利益，相关部门应当积极采取有效措施，尽量避免继承公证的风险。笔者从实践的角度出发，认为可以从以下几个方面进行防范。

（一）提高意识，转变观念

观念的形成与人们的生活环境和生存历史有很大关系，观念在潜移默化中深入人心。因为，观念指导人们的行为，所以转变观念是极为重要的。公证机构应当充分认识到这一情况，在公证过程中不仅仅要扮演着工作人员的角色，还应当根据实际情况扮演专家的角色，为民众提供一个真心的服务，帮助他们熟悉与继承有关的法律法规，使他们能够了解相关理论；在当事人提供证据材料不全或者不会举证时，对他们进行辅导，指导他们根据要求收集证据。同时，公证机构还应当为民众提供其他登记部门的登记事项和流程，使其能够尽快地完成相关事项。在继承公证办理过程中，如果出现了一些棘手的问题，应当积极地与立法机构和司法机关进行有效的沟通和协调，找到解决问题的办法；同时关注遗产税的问题，为以后实施该政策提供帮助。

（二）深化告知义务，明确告知内涵

我国《公证法》对公证机构的告知义务进行了明确规定，法律之所以做出这样的规定，不是为了让当事人认识到公证机构已经进行了告知，也不是为了公证机构在出现相关争议时明确自己已经完成了告知义务，而是希望将这一义务职能化，将公证机构工作人员的身份转变为专家的身份，尽最大可能地维护当事人的利益，使其感到公证的公平合理性。笔者认为，完成日常义务告知后，还应当告知以下内容。第一，对于继承人在婚姻关系存续期间发生的继承获得的财产能否属于夫妻共同财产，这一内容关系到公民在处理以后相关问题时的解决方法，公证机构在办理公正的过程中应当予以明确。第二，关于继承人获得被继承人遗产后的税收问题要进行告知。这是一项极为重要的内容，因继承人继承不动产可能需要缴纳契税、印花税，在将继承的不动产对外销售时可能会缴纳个人所得税，因个人所得税、契税涉及金额较大，而各地执行该文件的情况不一，因此公证机构应告知继承人到有关税务机关了解税务政策。第三，关于放弃继承权或者遗产可能对放弃人产生的影响等问题要进行明确告知。由于实践中存在着各种复杂的情况，因此，有必要向当事人详细告知上述内容。前一种放弃是对继承权利的放弃，而后一种放弃则是直接放弃所继承的遗产。对于放弃后的法律后果应当重点向当事人说明，放弃后在公证机构的公证中就不再享有相应的权利，当事人要想继续获得权利，只能诉至法院进行解决。

（三）建立诚信制度，完善核实方法

诚信是当代社会文化建设的依托，对于公证机构办理公证也非常重要。因此，要建立起诚信制度，不如说诚信档案，使当事人不敢提供虚假信息。同时，公证机构还要完善核实方法，能够有效辨认当事人提供的虚假材料，保障公证质量。

继承公证关系到多方利益，如果不能处理好相关各方利益关系，会严重影响社会关系的稳定。为了做好继承公证工作，公证机构应当充分发挥主观能动性，创新方法，加强宣传，使尽量多的公民能够理解且认识到继承公证的重要性。

第三节 小产权房作为遗产继承的法律风险

小产权房因其本身取得方式的特殊性被限制转让和交易，虽非法律概念但也属于法律意义上的物，能够被占有、使用、收益，同样也能因死亡事实发生，继承人可继承小产权房的使用权。

一、法律风险

小产权房作为在农村集体土地上建设的房屋，因为未缴纳土地出让金等费用，其产权证不是由国家房管部门颁发，而是由乡政府或村委会颁发，亦称"乡产权房"。小产权房不属于法律概念，该类房没有国家发放的土地使用证和预售许可证，购房合同在国土房管局不会给予备案。鉴于小产权房与城市国有土地上的房屋存在的以上差异，国家限制城镇居民取得小产权房所有权而仅能取得使用权，小产权房仅能在本集体经济组织内进行有限的流转。笔者认为，城市居民应充分预见到购买小产权房可能带来的不确定风险，尤其是不能取得小产权房所有权的风险，因最终无法取得所有权，在未来出现纠纷很难维权，甚至在国家政策变化时可能连使用权都无法保证。

二、案例

岑某系城镇居民，其生前购买的春东苑房屋属北京市丰台区花乡狼垡村的小产权房，至今未能办理产权证明。岑某生前所写的《特此声明》将春东苑房屋赠与罗某，岑某去世后罗某在法定时间内表示接受赠与。岑某的继承人周某与罗某因该房屋的继承权产生争议，遂诉至北京市丰台区法院。丰台区法院一审判决后，罗某不服，上诉至北京市第二中院，第二中院经审理后改判驳回了周某的诉讼请求。

后来，周某向北京高院提请再审，北京高院依法裁定驳回了周某的再审申请。北京高院根据《继承法》第十六条关于"公民可以立遗嘱将个人财产赠给国家、集体或者法定继承人以外的人"以及第二十五条关于"受遗赠人应当知道受遗赠后两个月内，作出接受或者放弃受遗赠的表示，到期没有表示的，视为放弃受遗赠"的规定，认定罗某已经通过受遗赠取得了涉案小产权房的使用权。本案中，岑某生前所写的《特此声明》符合遗赠的规定形式要件，且罗某在法定时间内也表示了接受遗赠。又根据《继承法》的第三条关于："遗产是公民死亡时遗留的个人合法财产"的规定，虽然涉案房屋无法办理产权证明，但岑某出资购买并居住使用多年，亦属于法律意义上的物，其能够为权利人占有、使用、收益，因此罗某可以继承涉案房屋的使用权。

三、评价

岑某所书写的《特此声明》符合法律规定的遗赠遗嘱的形式要件。周某对《特此声明》的真实性不予认可，但未能提供相反证据予以佐证。岑某去世后，罗某在法律规定的时限内明确表示接受赠与。诉争房产属于限制交易的小产权房，当前，虽然尚不能依法进行物权登记或变更登记，但岑某出资购买并居住使用多年，亦属于法律意义上的物，其能够为权利人占有、使用、收益。罗某起诉时表明接受遗赠遗嘱并要求确认诉争房屋的使用权，于法有据。

对于已被有权机关认定为违法建筑的小产权房，不予处理；但违法建筑已经行政程序合法化的，可以对其所有权归属做出处理。对于虽未经行政准建，但长期存在且未受到行政处罚的房屋，可以对其使用做出处理。在处理相关房屋的使用权归属时，能分割的进行分割，不能分割的可采用协商、竞价、询价等方式进行给予适当补偿。"小产权房"的认定和处理属于有关行政机关的职权范围，审判机关对"小产权房"的确权纠纷不予处理；但审判机关可对符合条件的"小产权房"的使用归属进行分割。

第四节　股权继承的法律风险

案例：

1996年5月，秦某、戴某、杨某、李某分别出资11.2万元、28万元、21万元、10万元设立了有限责任公司，该公司章程中未对股东去世后其出资如何处理作出约定。2003年6月，戴某车祸死亡，戴某之女黄某在原股东秦某、杨某、李某不进行工商变更登记、不认可黄某股东资格的情况下，向法院提起诉讼，要求继承股份，行使股东权。

法院经审理后认为：黄某并不能基于继承这一事实法律行为取得股东资格，如果公司过半数股东同意，黄某取得股东资格，可以行使股东权；反之，黄某只能把股份作价予以继承，股份由不同意的股东认购。

法律分析：本案涉及股东资格能否继承的法律问题。股东资格也可称之为股权或称股东权，是指股东基于出资而享有的参与公司经营管理并分配公司盈利、取得公司剩余财产的权利。《公司法》第四条规定：公司股东作为出资者按投入公司的资本额享有所有者的资产受益、重大决策和选择管理者的权利。理论上，股权分为自益权与共益权。自益权，指股东基于自身利益诉求而享有的权利，其典型形态为股利分配请求权、剩余财产分配请求权，此外还包括新股优先认购权、股份买取请求权、股份转换请求权、股份转让权、股票交付请求权、股东名义更换请求权以及无记名股份向记名股份的转换请求权等。共益权，指股东基于全体股东或者公司团体的利益诉求而享有的权利，其典型形态为股东会的出席权和表决权、选举权，此外还包括股东大会的召集请求权和召集权、提案权、质询权、公司章程及账册的查阅权、股东会决议撤销请求权、股东会决议无效确认请求权、公司解散请求权、公司重整请求权以及对公司董事、监事提起诉讼权等。自益权基本上属于财产性权利；共益权则属于社员权，是参与公司经营管理的权利。股权所具有的财产性与人身性的双重属性，使得股权既区别于财产权也不同于人身权，而被普遍认为是一种独立的权利形态。本案中，法院之所以没有支持黄某的诉求，原因即在于股权所具有的人身性特征：无论是自益权还是共益权，其行使均以股东身份的取得为前提。根据我国《继承法》的规定，可以合法继承的遗产限于财产性权益，而不包括人身性权利。戴某的死亡标志着其股东身份的终止，也意味着其享有的股权的丧失。黄某作为戴某的继承人没有理由再要求继承已不存在的股权。需要指出的是：黄某要求继承股份，行使股东权的诉求固然不能得到法律的支持。但是这并不意味着戴某生前所享有的股权中包含的财产性利益不可以继承。如前所述，股权中的自益权基本上是一种财产性权利，这种财产性权利虽然以特定的身份为前提，但是其所包含的经济性利益却是可以转让的，这正是可以继承的部分。股权的丧失意味着股权所包含的权益的不可再生，但并不意味着已经产生的权益的丧失，股权中所包含的已经产生的经济性利益可以依法继承。以股权的人身性为由一概否认黄某的全部诉讼请求，等于将可以合法继承的财产性权益也排除在继承范围之外，这样做有失偏颇。法院如果在判决黄某不能继承戴某的股权的基础上判决黄某可以继承戴某享有的股权当中的财产性权利，将更有利于定纷止争，更合乎公平、正义的原则。

一、立法冲突：继承财产权抑或股东身份？

股权不仅是一种财产权利，也是股东相对于公司的一种身份。在有限责任公司这类具有人合性的商事组织中，股东去世之后其继承人所继承的是单纯的财产性权利还是股东的身份（资格），将直接影响继承人及其他股东的权利与义务。例如，分期出资的，继承人是否有后续出资的义务，是否应承担被继承人签署的一系列的股东协议（例如对赌、担保、向公司提供股东贷款等融资义务）等。

我国《继承法》第三条的规定似乎将遗产限定为财产权利："遗产是公民死亡时遗留的个人合法财产"，并在第六项规定"公民著作权、专利权中的财产权利"，特别排除了人身权。但是，《公司法》第七十五条做出了规定："自然人股东死亡后，其合法继承人可以继承股东资格；但是，公司章程另有规定的除外。""股东资格"即突破了财产或财产权利的范畴，包括了股东基于其身份而享有的权利和义务。

严格来说，《继承法》关于财产继承的规定与《公司法》关于股东资格的继承，是有冲突的。而一旦形成诉讼，在继承纠纷的案由下，可能优先适用的是《继承法》而不是《公司法》。

二、股权继承的身份障碍

根据我国《公务员法》第五十三条规定，公务员不得从事或者参与营利性活动，在企业或者其他营利性组织中兼任职务。《中国人民解放军内务条令》（军发〔2010〕21号，以下简称《内务条令》）第一百二十七条规定：军人不得经商，不得从事本职以外的其他职业和传销、有偿中介活动，不得参与以营利为目的的文艺演出、商业广告、企业形象代言和教学活动，不得利用工作时间和办公设备从事证券交易、购买彩票，不得擅自提供军人肖像用于制作商品。

因此，公务员、现役军人等特定身份的继承人不得依据《公司法》第七十五条规定继承有限责任公司股东资格，但可依据《继承法》继承原自然人股东所拥有的股权所对应的财产权益，即股权的价值。

股权的价值的确定方式没有任何规定，因此只得在公司章程中约定。我们通过电话咨询了北京、上海、广州、深圳、浙江等商业发达地区的工商局，大多数地区不允许股权未经继承而直接转让给第三人（仅浙江某地工商允许公务员继承股权中的财产权，可以在办理股权继承公证后将股权直接转让给他人）。所以，当只有一个继承人，而此继承人由于特定身份而不能继承时，如何处理被继承的股权？这确实需要章程中事先做好安排。部分地区的实务是只能进行减资，并把撤回的实缴资本还给继承人，但此种方法将对股权甚至公司的价值均产生不利影响。

实务中已经出现过"因身份而不得继承"的风险，规避的方式之一是被继承人通过遗嘱方式指定该项股权的特定继承人或者受遗赠人。在苏南、浙江等富裕家庭崇尚子女入仕的地区，已经多次出现因股权继承人的身份障碍引发的纠纷，原因之一就是被继承人股东并未意识到或者注意到此项风险。

三、股权继承对公司的影响

法律直接规定股东资格被继承，一定程度上保护了其他股东的权益，但也会给公司的运营带来负面影响。

首先，法律允许继承人直接继承股权，与有限公司人合性存在冲突。基于对彼此的了解和信任，股东们共同出资建立公司。若某一股东去世，其继承人直接继承股权，但其可能对公司运营一无所知或与老股东理念不合；或者由于各种原因欲转让继承股权，其他股东却没有足够的资金购买，而被迫接受外部人员，这将影响公司按照其原定的目标、理念进行运营。另外，在存在多位继承人的情况下，虽然持股并未发生变换，但是在非按资本多数的投票表决中（例如：股东向股东以外的人转让股权，应当经其他股东过半数同意），投票表决的格局可能发生变化。

其次，在有多个继承人的情况下，股东人数可能突破有限责任公司股东50人的上限。《公司法》未明确规定股东人数突破50人上限的情况下解决此问题的具体方式、解决期限，以及未及时采取措施使股东人数符合法律规定的法律后果。因此，对于因股东资格继承而导致股东人数超过50人的有限责任公司，也不应直接否定其合法的主体资格。解决方案可以是股权转让、代持等方式使其符合法律对于人数的限定，或者在合理期限内进行公司形式的变更等。出于此种考虑，上海某区的工商局的实践是仅允许一人继承股权。

再次，旷日持久的遗产纷争也是公司继续正常运营的阻碍。各地工商局均要求在办理股权继承时出示法定继承或遗嘱继承的公证文书。若继承人们能达成一致意见或对遗嘱没有质疑，公证文书不是难事；但若继承人们之间存在争议，诉至法院，则可能启动诉讼保全冻结股权。诉讼期间，公司老股东们持有的股权比例可能不足以通过某项决议，那如何继续运营公司？如前所述，若无继承人或继承人均不愿继承股权，公司则面临减资的后果。

另外，股权代持的情况中，如果发生委托人死亡或者代持人死亡而没有事先安排，理顺股权关系往往是一个巨大的麻烦。

四、法律风险防范建议

股权继承中面临上述种种风险,需要在公司章程中规定相关继承条款,以对继承人、其他股东保障公司的正常运营等问题进行专门规定,或者利用股东互保机制,保证公司股权不流落他人之手。

【本章小结】防范老人遗产继承中的法律风险是一个十分困难的事情,涉及遗产继承的方方面面。本章主要从共同遗嘱法律风险、老人遗嘱继承公证法律风险、小产权房作为遗产继承的法律风险、股权继承的法律风险四个方面进行了分析,并提出了相关建议。如防范共同遗嘱法律风险应当需要注意遗嘱无效的几种情形、参考《继承法》中对遗嘱成立及生效时间的规定,可以通过书面形式自行明确继承的条件、撤销及变更遗嘱的条件,甚至做遗嘱公证,避免出现无法可依、无据可查的情形,陷入被动局面。对于继承公证风险防范的方法包括提高意识、转变观念,深化告知义务、明确告知内涵,建立诚信制度,完善核实方法等,以此防范老人遗产继承领域可能遭遇的法律风险。

第十三章　社区、居家养老服务和医养结合养老服务中的法律风险

第一节　社区、居家养老服务法律风险：肇庆实证

据民政部发布的《2019年社会服务发展统计公报》的统计数据显示，人口老龄化已成为我国的一项基本国情。为应对这一严峻形势，2011年以来，国家先后公布了《国民经济和社会发展第十二个五年规划纲要》《老年人权益保障法》（2015年第二次修正，2018年第三次修正）和《国民经济和社会发展第十三个五年规划纲要》等文件，大力支持居家和社区养老服务事业的发展，减轻家庭养老负担。但值得注意的是，在全国各地居家和社区养老服务市场广泛兴起并迅速发展的同时，相关服务领域的法律风险问题也随之产生，尚未引起广泛的重视。这不利于对身心脆弱的老年人合法权益的保护，也不利于抗风险能力较差的养老服务机构在居家和社区养老服务行业中的立足与成长。

一、居家和社区养老服务中的法律风险现状考察

居家和社区养老服务，是指在政府主导下，以家庭为基础，以城乡社区为依托，以社会保障和社会服务制度为支撑，由政府提供养老的基本公共服务，企业、社会组织提供专业化服务，基层群众性自治组织和志愿者提供公益性互助服务，建立满足老年人社会化服务需求的一种养老服务模式。笔者以肇庆市为样本进行考察，以发现其问题所在。

（一）肇庆市居家和社区养老服务模式概述

目前，肇庆市居家和社区养老服务采用政府购买服务的模式引入专业机构，为辖区内老年人提供包括上门服务、日间照料与全托在内的全方位养老服务。为满足老年人需求，政府、专业养老服务机构以及第三方单位或个人各司其职，具体而言，包括：第一，由政府整合财政运营补贴、经费和资金，与专业养老服务机构签订购买服务的协议，二者共同组建居家和社区养老服务运行中心，负责全

区居家和社区养老服务管理、指导、评估、培训等工作和区级居家和社区养老服务信息平台；第二，由专业养老服务机构与不同的第三方单位或个人签订合作协议，为老年人享受广覆盖、多元化的养老服务搭建桥梁；第三，专业养老服务机构与老年人或老年人及其家属达成养老服务协议，由机构与第三方按照协议约定的服务类型、时间及地点等为老年人提供相应的服务。为了使多元化的居家和社区养老服务能更顺利地落地，肇庆市在法律风险防范方面也采取了一些措施，值得参考与借鉴。然而，在调研中还发现，仍存在大量的法律风险缺乏相应的对策和措施予以合理防范。

（二）居家和社区养老服务中的法律风险

1. 服务提供主体资质的法律风险

以肇庆市为例，区政府主要通过招投标的方式选择购买专业养老机构的养老服务，充分发挥了市场机制的作用，体现了市场自由竞争的公平性。但由于我国尚未出台对于居家和社区养老服务行业的准入门槛与服务提供方基本条件规范的相关法律法规，因此即使经过竞争与筛选，仍有可能出现不能满足养老服务需求的机构进入市场的情况。一旦不合格的机构进入市场，将会带来大量法律风险，由此损及老年人及相关主体的合法权益；而且由于相关法律法规不健全，法律责任承担主体缺位的问题也随之而来，导致受害人权益救济难以实现。另外，在"医养结合"服务蓬勃发展的背景下，"医养结合"养老服务机构的资质认证却仍存在行政法律法规规制的空白，为一些养老服务机构不法骗取国家医保资金提供了可乘之机。与此相似的还有第三方单位或个人相关专业资质取得的问题。在居家和社区养老服务中，除专业养老服务机构外，还有作为不同类型服务提供者的第三方单位或个人共同参与。随着养老服务内涵的愈加丰富，第三方提供的服务从传统、单一朝着新兴、多元发展，特别是为满足某些特殊老年人的需求，个性化定制的综合型养老服务已在部分地区推出。这可能诱发第三方在未取得相应专业资质的情况下，为老年人提供超出其经营范围以外的服务，从而引发法律风险。

2. 协议中的法律风险

居家和社区养老服务运营模式中至少存在三类协议，协议的内容是各方履行责任和主张权利的依据，也是发生纠纷时进行裁断的基础。但在实地调查中我们发现，一些机构对合同拟制缺乏研究，合同条款缺乏可操作性，使得当事人可能出现重大误解、显失公平、欺诈等情形；对于服务过程中会发生的法律风险以及法律责任的分担也未作合法且明确的说明，从而在协议履行过程中留下本可避免的法律隐患。协议的当事人可能隐瞒自身真实情况或利用自身优势地位，直接或间接造成另一方当事人财产、人身损失。这在老年人与养老服务机构的协议中表现突出。例如，老年人及其家属隐瞒老年人患有精神病、某些传染病等事实，使得养老服务机构在不知情的情况下为老年人提供不适合该老年人或可能间接损害该老年人的养老服务。又如，提供"医养结合"服务的机构与老年人及其家属签订养老服务协议时，未对"医"与"养"费用进行分离并予以明确说明，使得双方当事人在服务中因费用产生争议。再如，作为协议一方主体的老年人，往往由于身体机能衰退导致判断力下降，在协议履行过程中不能很好地警惕协议内容中存在的风险。特别是随着互联网技术的普及，老年人通过线上平台与养老服务机构达成服务协议时，可能错误操作，由此带来纠纷。另外，对于一些侵害老年人合法权益的行为，由于事先未在协议中明确法律风险的预防和解决途径，养老服务机构可能利用其自身优势地位，转嫁民事赔偿责任，使得老年人在接受养老服务的过程中人身、财产权益无法得到保障，同时也可能出现养老服务机构承担过重民事赔偿责任的情况。除此之外，在调研中，我们发现第三方单位或个人与养老服务机构之间的协议也普遍存在法律风险及责任约定不明的情况，双方可能会对不法侵害发生后的民事赔偿责任相互推诿，从而导致老年人求偿受阻。

3. 助餐服务中的法律风险

根据向肇庆市接受居家和社区养老服务的老人发放《居家和社区养老服务情况调查问卷》收集到的统计结果来看，在接受调研的老人中有近一半表示社区养老服务中心应当提供送餐服务。可见，规避食品安全问题对于保障老年人权益、提高养老服务质量具有重要意义。在助餐服务中，老年人可能因第三方提供不符合食品安全标准的食品而受到损害。此时，老年人可依据《食品安全法》第一百四十八条的规定，要求养老服务机构或供餐的第三方承担民事赔偿责任与惩罚性赔偿责任。但是，目前尚未有针对老年人的生理、心理特征设计的食品安全标准出台，而面向普通食品消费者的安全标准难以周全地保护作为特殊弱势群体的老年人。

4. 医疗服务中的法律风险

根据我们发放的《居家和社区养老服务情况调查问卷》统计结果，在接受调研的老人中有超过三分之一的老人表示居家和社区养老服务需要包含医疗服务。通过调研了解到，肇庆市养老服务机构与医疗机构达成协议，聘请了专业的康复医师和心理咨询师为老年人提供服务，且服务范围呈现不断扩大趋势，已由社区日间照料中心开展的血压、心率的日常检查发展到全托的基础诊疗服务。在"医养结合"的背景下，养老服务机构聘请的工作人员将同时为老年人提供医疗服务与养老服务，由此可能带来医疗事故责任分担的混乱，造成相关法律责任在不同主体间的不合理转嫁。①

5. 精神文化服务与家政服务中的法律风险

除助餐服务与医疗服务外，精神文化服务与家政服务也是被老人高度关注的养老服务内容。从调研来看，养老服务机构一般都会提供专门的场所供老年人进行休闲娱乐。老年人可以在活动中心参与打牌下棋、读书看报、文艺表演等精神文化活动，以丰富老年生活，但活动中潜在一些法律风险。如因养老服务机构在建筑的设计和布局上不符合建筑规范或者活动场所配套硬件设施的不完善，或者养老服务机构的服务人员在参与文化娱乐活动的过程中，实施了不当的职务行为，导致老年人在活动场所参加活动时受到了人身或财产的损害，养老服务机构对于老年人受到的损害将承担民事赔偿责任。此外，养老服务机构可能与第三方合作开展活动，如果在此期间第三方穿插虚假商业广告宣传导致老年人上当受骗，则养老服务机构将可能面临行政处罚甚至承担刑事责任。在进行家政服务的过程中，如果第三方派遣的工作人员实施了盗窃、抢夺等刑事犯罪，除了相关工作人员应当承担的刑事责任外，第三方还要承担民事赔偿责任，第三方在赔偿后可向该犯罪人员追偿②；同时，家政服务人员也可能受到人身损害。在调研中了解到，确实存在个别老年人骚扰服务人员的情形，但由于举证困难，受到骚扰的服务人员往往只能选择不了了之，其合法权益无法得到妥善保障。

6. 老龄数据信息保管的法律风险

老年人由于判断力、警惕性减退等原因，易成为电信诈骗案件的受害者。基于互联网的居家和社区养老服务信息平台收集并整合了老年人个人信息及数据资料（如老年人的网上储蓄数据、网上消费数据等），平台一旦遭到非法侵入，就会造成数据泄露，可能诱发老年群体性受骗事件，侵害老年人合法的财产权益，甚至人身权益。居家与社区养老服务机构作为老年人个人资料与信息的收集者与储存者，在为老年人提供服务后，理应妥善保管老年人的数据信息等资料，否则根据《电信和互联网用户个人信息保护规定》可能面临行政处罚、刑事责任与民事赔偿。另外，2018年6月1日起正式施行的《网络安全法》在第五十九条、第六十条、第六十四条对于不履行网络安全保护义务的网络运营者也设定了行政处罚。

---

① 侯国跃. 医疗侵权案件适用法律规范问题探讨［J］. 法学杂志, 2013（10）.
② 龚晓洁. 家政人员劳动权益保障的法治化路径——以工伤为视角［J］. 法学论坛, 2017（3）.

二、居家和社区养老服务法律风险的现有解决机制及其问题

通过梳理，发现目前我国在居家和社区养老服务的法律规范、制度设计与监管层面，仍存在一些问题，现有的解决机制不能妥善地防范相关服务活动中的法律风险。

（一）立法缺位

我国在居家和社区养老服务发展中对于法律风险问题的重视仍不足，在国家层面和地方层面，均存在立法缺位的问题。在国家立法层面，虽有《宪法》《老年人权益保障法》等对老年人在居家和社区养老服务中的合法权益做出确认，但都只是原则性条文。如《老年人权益保障法》为相关养老服务体系建设提供基本法律与政策依据，但尚无相衔接的行政法规或部门规章引导居家和社区养老服务的法律风险防范问题。民事责任法律风险上，主要还是依靠《侵权责任法》的事后解决机制，没有基于老年人属于特殊弱势的消费者这一事实，制定专门的居家和社区养老服务侵权纠纷的法律法规指引。这导致司法实践中养老服务纠纷的法律规则适用不统一的现象时有发生，过错认定和赔偿责任主体的确定上缺乏统一的标准，对当事人合法权益造成了不同程度的损害。同样，刑事责任法律风险上，也尚未突出《刑法》对老年人作为弱势群体的特殊保护功能。行政责任法律风险上，目前已有的《政府采购法》对于居家和社区养老服务领域的规定也只限于原则性条文，国务院发布的《关于加快发展养老服务业的若干意见》、全国老龄办发布的《关于全面推进居家养老服务工作的意见》、民政部发布的《关于鼓励与引导民间资本进入养老服务领域的实施意见》等政策性文件在表述上以引导和建议为主，约束力和可操作性不强。在地方立法层面，北京、重庆、上海等多地均出台了关于居家和社区养老服务的地方政府规范性文件，但由于这些文件法律层级不够高，稳定性、强制力和实效性都较弱，且多数对法律责任的规定不够全面和明确。通过检索发现，此类规范性文件大多将法律责任风险的承担设定在未按照标准配套建设养老服务设施，擅自改变政府投资或者资助建设、配置的养老服务设施用途，养老服务机构及其从业人员侵害老年人合法权益，造成老年人人身伤害或者财产损失情节严重等情形中，缺乏对服务中法律风险的系统性整理，在处罚上缺乏可操作性，导致风险产生后仍难以归责，老年人权益受到损害后仍难以维权。

（二）制度设计不健全

顶层立法的缺位，直接导致了与居家和社区养老服务相关的制度设计不健全。目前，我国出台了《社区老年人日间照料中心服务基本要求》《社区老年人

日间照料中心建设标准》《社区老年人日间照料中心服务设施设备要求》《养老设施建筑设计规范》等文件，主要是指导社区老年人日间照料中心的服务与建设，相对于内容不断扩大的居家和社区养老服务范畴而言，具有明显的滞后性。此外，制度层面的残缺还明显地体现在以下几方面：居家和社区养老服务行业的准入制度、考评制度、罚则制度尚未建立；居家和社区养老服务中各方协议的必要内容、规范格式尚未统一；针对老年人身心特性的养老服务标准尚未健全等方面。虽然一些地方已开始着手制定居家和社区养老服务市场法律风险防范的相关制度，但整体看来，科学的养老服务法律风险防范制度体系尚未形成。

（三）监管不力

在监管上，由于缺乏法律文件与相关制度的指导，在实践中，政府购买社区养老服务普遍缺乏系统的评价体系和强有力的监督体系，行政部门在居家和社区养老服务的监管中仍存在职能的缺失，与养老服务相关的民政、卫生、财政、就业等政府部门的行政管理资源因无法被有效整合而浪费或未得到充分利用。这就导致本不应该承担行政工作的居民自治基层组织——社区居委会在社区养老服务中超负荷运作，不利于养老服务市场的规范。这些问题反映出，建立以《老年人权益保障法》为基础的居家和社区养老服务保障法律体系，划分权责、明确纠纷解决途径、建立健全救济机制，是当前发展居家和社区养老服务的重要议题。

三、居家和社区养老服务法律风险防范的建议

为解决上述法律风险为居家和社区养老服务的蓬勃发展带来的阻碍，可考虑从完善相关立法，建立健全可行的服务管理制度，加大对居家和社区养老服务监管力度等方面入手，及时阻断法律风险向主体间法律纠纷与法律责任承担的转化。面对当前我国在居家和社区养老服务方面立法缺位的问题，呼吁立法的顶层设计先行。在国家层面，可以由主管部门牵头组织起草，或者由主管部门指导，委托有关社会团体、研究机构等进行立法前调研，参考各地方的试点经验，同时借鉴诸如日本的《长期照护保险法》等较为成熟的养老服务类法律，拟定社会养老服务保障法的前期调研建议稿，加快启动《居家和社区养老服务机构管理办法》等行政法规和部门规章的立法程序。通过立法明确相关行政部门在居家和社区养老服务管理上的分工与合作，明确居家和社区养老服务运行中心在协调养老服务具体纠纷中的角色定位与职能权限，更好地为居家和社区养老服务的运行扫除障碍，同时引导地方政府规范性文件和配套制度的出台。在立法引导下，应从防范服务各个环节法律风险的角度，建立健全服务管理制度。

(一)健全服务提供主体资质的审查制度

政府应填补目前养老服务机构与第三方主体资质审查中遗漏的制度空白,特别是完善"医养结合"养老服务机构的行政许可制度,对进入养老服务市场的养老服务机构与第三方的经营资质做实质审查,可借鉴《郫都区居家好人社区养老服务设施考评标准》的内容,考查服务提供主体的经营场所建设、专业人员与服务设施配备等是否达到相应的标准;养老服务机构在与第三方签订合作协议时,也应尽到合理的注意与审查义务,对第三方出具与其业务相对应的服务资质证明材料应进行形式审查,预防引入非专业的第三方侵害老年人的合法权益。

(二)建立老年人分级分类管理制度

虽然国内已有部分养老服务机构在提供服务前对老年人的身体状况进行评估分级,但是相关机制尚不健全。在这方面,可借鉴日本的《长期照护保险法》。该法律特别创设了老年人分级护理评估方法,从八个维度制作评估量表,照护人员可以直观地看出老年人在一个阶段内的身体状况并给出诊断结果,由此提供不同级别的护理服务。[1]对于已经开设了定期诊疗服务的养老服务机构,应当对老年人的身体状况进行追踪,并及时根据老年人近期身体状况重新对老年人进行评估,制定适合老年人的照护方案。另外,由于部分老年人患有特殊疾病,对饮食有特殊要求,养老服务机构在为老年人供餐时应当对不同类别的老年人制定不同的饮食计划。未来要尽快针对居家和社区养老服务的供餐服务制定科学的有医学依据的标准,不同护理等级、不同疾病的老人要接受不同的服务。在立法层面中也应当明确责任分配:如果因餐饮服务未达到老年人分级、分类服务标准而导致老年人身体受到损害,则养老服务机构或餐饮服务提供方应承担相应的责任。

(三)建立居家和社区养老服务协议标准制度

2016年12月,民政部联合工商总局发布了《养老机构服务合同》(示范文本),帮助养老服务关系中当事人双方明确责、权、利关系。随着居家和社区养老服务市场的不断发展,涉及到的养老服务机构、第三方与老年人的法律关系愈加复杂,协议的签订对规范服务行为、保护老年人权益发挥的作用也显得愈加重要。因此,有必要通过制定出台并推行养老服务机构与政府、与第三方、与老年人协议的示范文本,根据相关法律法规的要求,在协议中明确当事人的法律风险分配机制与权责划分;将对养老服务中的突发事件应急处理预案作为协议的必备条款,阻断法律风险的扩大。

---

[1] 张映芹,许易. 日本护理保险制度对我国社会保障发展的启示[J]. 社会保障研究,2015(3).

（四）健全适老化服务培训与专业养老服务人员培训制度

专业的适老化空间改造和产品配置，能让老年人及其家属对适老化服务进行初步了解，并能预防老年人在接受养老服务过程中的不当操作，阻止法律风险的发生。有必要将构建专业的适老化服务培训机制作为居家和社区养老服务工作开展的前提，并在立法中予以明确。面对养老服务人员专业水平参差不齐的问题，应建立养老服务人员定期培训制度，在培训中加强服务人员与服务提供方的紧密联系，从而保证服务人员对所服务的老年人的健康状况有必要的了解，能为老年人提供有针对性的照护服务，并设置培训考核机制，保证培训对加强老年人合法权益保护的效果。

（五）引入强制商业保险制度

养老服务行业急需建立健全老年人意外伤害的保险强制购买制度，以分担养老机构的风险。呼吁尽快立法明确养老机构发生意外事故后各方应承担的责任，做到有法可依，更好地维护双方的合法权益。政府可以对购买此类产品者给予一定补贴，以鼓励提供养老服务的机构和老年人个人在签订服务协议前购买意外保险。具体建议为：凡是年满60周岁的老年人必须购买意外伤害保险，所需费用可以个人承担一部分，政府财政补贴一部分，经济困难者全部由地方财政负担。积极推进养老机构意外伤害保险的实施和全面覆盖。就全国范围来看，上海、宁波、武汉等数座城市已推行政府为社区居家养老场地人身意外保险公开招投标采购。以武汉为例，投保费用由武汉市区两级财政各出一半；投保对象覆盖社区60岁及以上老人；赔付金额为个人最高3万元（如仅出现骨折等伤害，医疗赔付最高为3000元）。这大大降低了因意外伤害给养老机构和老人带来的经济损失，真正做到防患于未然，值得推广借鉴。

（六）健全老龄数据管理制度

《网络安全法》的落地，为老龄数据信息的安全提供了一定的法律保障，但在事前的预防中，政府责任还有进一步强化的空间。在严格把关专业养老服务机构数据管理的同时，政府也应培养和储备更多"大数据人才"，实时、动态地对养老服务信息平台的运营大数据进行跟踪、监测、分析、评估，尽最大可能做到第一时间发现苗头性问题，把违规、违法经营行为消灭在萌芽状态，规避对老年人利益、市场秩序和应用安全等可能构成的风险。

（七）加大监管力度

相关行政部门应根据相继出台的法律文件与配套的制度、标准等，在养老服务机构开展服务人员培训工作、整合老龄数据等方面负起应有的监管职能，并给予机构专业化的指导与财政补贴，调动机构响应监管的积极性，切实保障老年人享受有质量的养老服务的权利。此外,相关行政部门还可建立线上线下结合的养老服务法律纠纷和解渠道,加大对法律风险疏导的监督管理。在线下,积极发挥居家和社区养老服务运行中心的协调作用,促成当事人达成和解;在线上,可参考消费者投诉和解监督平台,由民政部门牵头建立养老服务投诉和解监督平台。当发生养老服务争议时,老年人及其家属可以通过该平台直接向养老服务机构提出诉求。平台通过减少养老服务争议处理环节,提高养老服务争议和解率,降低老年人及其家庭的维权成本,提升养老服务品质,营造安全健康的养老服务环境。同时,平台可兼有听取、征求、分析老年人对养老服务质量的意见和建议的责任,发挥社会监督作用,实现线上线下结合的养老服务法律纠纷的全面疏导。

第二节 医养结合法律风险:案例实证

2013~2017 年,中共中央、国务院、国务院各部委先后发布了以《健康中国 2030 规划纲要》《十三五卫生与健康规划》《十三五国家老龄事业发展和养老体系建设规划》《关于印发医养结合重点任务分工方案通知》为代表的六十多个规划和政策文件,其数量之多、发布时间密集和涉及部门较多,显示出党和国家对老年人医养结合长期照护问题的高度重视,将其作为国家发展战略,进行资源分配、服务供给、政府职能转变等多方面的变革。随着医养结合养老服务实践不断深入,纠纷不可避免,且在司法诉讼领域初现端倪,成为专业性强、风险高的新型医疗纠纷。鉴于此,开展医养结合养老服务法律风险防控研究有助于促进养老服务业健康、长远地发展。

一、我国医养结合养老服务的法律诉讼现状

从全国各地的试点经验来看,医养结合养老服务类型主要分为 4 种。①养内设医模式:养老机构配套设置医务室、卫生所(室)、护理站、门诊部等。②医内设养模式:部分二级公立医院转型或民营资本投入成立康复医院、护理院、老年病专科医院或者在医院内设置老年病床、老年护理区等方式。③医养合(协)作模式:养老机构与周边的医疗机构(如医院、社区卫生服务机构、乡镇卫生院、村卫生所等)以对口支援、合作共建、合作协议、外包委托等形式结为定点对口服务单位,由医疗机构以上门巡诊、预约服务、双向转诊等形式为入住养老机构的老年人提供医疗和卫生保健等服务。④家庭医生上门服务模式:由家庭医生团队与老年患者签订服务协议,为其提供医疗基本服务和健康管理服务。笔者

使用"医养结合""护理院""临终关怀""家庭医生"等关键词，通过中国裁判文书网、威科先行法律信息库、无讼网进行案例搜索与统计，2010～2018年涉及医养结合养老服务的纠纷共计33例。涉案医养结合服务机构的类型统计（见图13-1）表明，各种类型的医养结合服务机构都发生过法律诉讼纠纷，其中养内设医的养老机构和护理院是纠纷多发地点。涉案医养结合服务机构与服务对象的争议焦点统计（见图13-2）表明，医养结合养老服务的法律纠纷具有自身的特点，如护理级别履行不到位、家庭医生上门服务、临终关怀纠纷等都是新型纠纷。

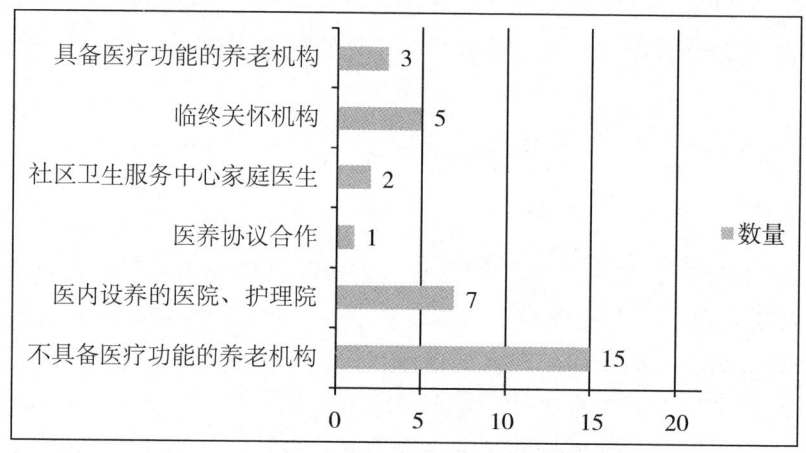

图13-1 涉案医养结合机构的类型统计

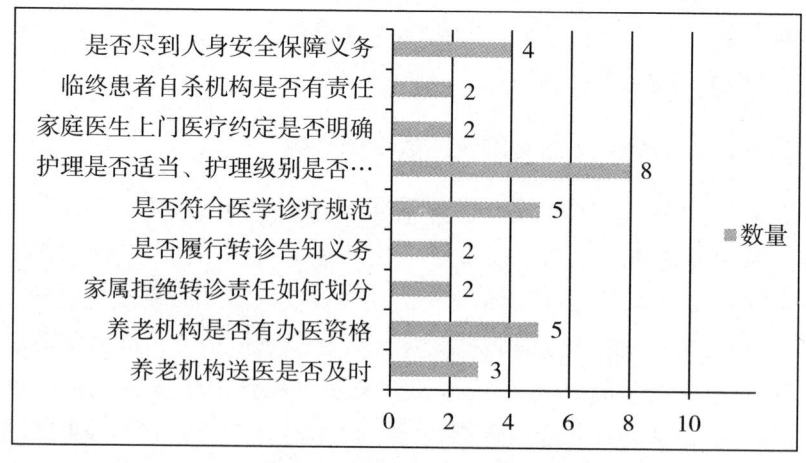

图13-2 涉案医养结合法律纠纷的争议焦点统计

二、我国医养结合养老服务的法律风险表现形式

（一）养老机构送"医"不及时

《养老机构服务合同》中约定"不具备医疗条件的养老机构在老年人突发危重疾病时，负有及时通知家属或者紧急情况联系人并转送医疗机构救治的义务"，因此，养老机构是否及时送医成为了确定违约责任的关键点。例如，在孙某某诉昆明某老年公寓一案中，孙某某之父出现昏迷后，老年公寓虽然及时发现并通知家属，但是客观上并未及时拨打120送医抢救，存在疏忽管理的行为，没有完全履行合同义务，法院判决承担10%的赔偿责任[①]。但是，在陈某某等人诉重庆江北区某老年公寓一案中，某老年公寓因发现情况后拨打急救中心电话呼救而被法院认定为履行了救助义务。[②]

（二）养老机构不具备"办医"的资格和医养机构只"养"不"医"

在医养结合成为时下行业发展热点的同时，一些养老机构在尚不具备资质的情况下盲目开展医疗服务或者虚假宣传医养功能，引发法律纠纷。例如，在高某与上海某养老院服务合同纠纷一案中，养老院并不具备决定或者否定服务对象用药的权利，故其对周某停用糖尿病药物的行为明显存在不妥，应当承担一定的法律责任[③]。在张某某与广州市某老年人护理中心有限公司服务合同纠纷一案中，老年人护理中心有限公司大肆将实际未与其达成合作的医疗团队资料进行突出宣传，存在欺诈故意和欺诈行为，老年人可撤销其与养老机构的服务合同[④]。即使是具有医疗资质的医养结合服务机构，如果只提供一般的护理服务而不履行合同约定的医疗义务，也要承担违约责任。在陈某某等人与长汀县某某卫生院生命权、健康权、身体权纠纷一案中，陈某某入住卫生院后，卫生院只查房未进行任何治疗，使得患脑梗死的陈某某病情加重做出极端行为。卫生院未尽治疗的职

[①] （2017）云01民终第2204号"孙某某诉昆明XX老年公寓服务合同纠纷二审民事判决书"[EB/OL]．（2017-5-09）[2020-5-21]，中国裁判文书网。

[②] （2014）渝一中法民终字第07556号"陈某某等人诉重庆江北区某老年公寓服务合同二审民事判决书"[EB/OL]．（2015-03-27）[2020-5-21]，中国裁判文书网。

[③] （2011）普民一（民）初字第5171号"高某诉上海某养老院服务合同纠纷一审民事判决书"[EB/OL]．（2012-03-06）[2020-5-21]，中国裁判文书网。

[④] （2016）粤0112民初6836号"张某某诉广州市某老年人护理中心有限公司服务合同纠纷一审民事判决书"[EB/OL]．（2017-11-28）[2020-5-21]，中国裁判文书网。

责，应承担相应的民事赔偿责任。①

（三）涉医行为的专业人员不具有"行医"的资质

医养结合服务机构的医护人员从事医疗服务工作须具备较强的专业技术，必须取得相应的专业技术资格证书和执业证书。如果在不具有资质的情况下开展医疗行为就属于非法行医。例如，在孙某等人与上海奉贤区某养老院生命权、健康权、身体权纠纷一案中，尹某的主管医生范某某未取得《医师资格证书》，在输液无尿的情形下，未明确分析、诊断患者的病情病理，直接使用利尿药予以排尿治疗，与患者的死亡具有一定的因果关系。法院判决养老院承担70%的赔偿责任②。在鞠某某与黑龙江省某医院、黑龙江省某某医院某某分院合同纠纷一案中，临终关怀科护理员宁某在未取得执业资格的情况下参加了抢救并在抢救记录护士一栏中签字，是严重的资质问题。③

（四）家属拒绝转诊救治

家属作为服务合同的丙方，负有及时协助甲方养老机构处理乙方老年人发生紧急情况的义务。如果在养老机构及时通知家属到场的情况下，家属明确表示拒绝转诊救治的，应当自行承担法律后果。例如，在青岛市某老年护理院诉高某某等人合同纠纷一案中，老年护理院与其家属约定在高某某身心状况变化超出其护理条件和能力时，家属将按照医院的要求转送医院治疗或回家等适当场所。在协议履行过程中，高某某的病情出现变化反复时，家属却不能按照约定转院治疗，让其处于高风险之中，护理院只能依法解除协议④。而在隋某某诉青岛市某某老年公寓一案中，老年公寓在面对家属不同意转院的情况下，拨打120急救电话，恳请家属将老人转到上级医院治疗。因此，法院认定老年公寓履行及时救治方面

---

① （2016）闽0821民初2918号"陈某某等人诉长汀县某卫生院生命权、健康权、身体权纠纷一审民事判决书"[EB/OL]（2017-07-26）[2020-5-21]，中国裁判文书网 http://wenshu.court.gov.cn.

② （2015）奉民一（民）初字第4308号"孙某等人诉上海奉贤区某馆养老院生命权、健康权、身体权纠纷一审民事判决书"[EB/OL].（2016-09-30）[2020-5-21]，中国裁判文书网。

③ （2016）黑01民终1146号"鞠某某诉黑龙江省某医院、黑龙江省某医院某分院合同纠纷二审民事判决书"[EB-OL].（2016-05-20）[2020-5-21]，中国裁判文书网。

④ （2015）北商初字第1339号"青岛市市北区某老年护理院诉高某某等人合同纠纷一审民事判决书"[EB/OL].（2016-10-24）[2020-5-21]，中国裁判文书网。

没有责任①。

（五）未尽到转诊告知义务

医养结合服务机构提供的是基本医疗服务，主要针对常见病、慢性病，所以当老年人病情超出诊治能力范围时，医养结合服务机构应当及时履行转诊告知义务，否则存在一定的过错。例如，在程某等人与南京某护理院纠纷一案中，护理院并未书面告知邹某某及其家属需转至有条件的医疗机构，一定程度上影响了邹某某得到更好医疗救治的机会，并与其病情继续恶化最终死亡有一定因果关系，存在过错，法院综合考虑后判决护理院承担25%的责任②。又如在魏某等诉福建省某某社区医养结合卫生服务站医疗损害一案中，卫生站在诊疗过程中存在对患者低血压病情重视不足，未行必要的鉴别诊断，在无心电图等其他检查手段的情况下未建议患者及时转诊上级医院的过失，该过失与患者最终死亡存在一定的因果关系，最终承担25%的责任③。

（六）医养结合服务机构违反诊疗规范

医养结合中的"医"是医疗行为，从治疗、护理、医疗文书管理到感染预防与控制都应按照国家的规范与标准执行，体现《中华人民共和国侵权责任法》要求的医方应尽到与当时的医疗水平相应的诊疗义务，否则就应承担赔偿责任。例如，在陈某某与无锡市某老年护理院医疗损害责任纠纷一案中，老年护理院护士在给陈某某行左前臂动静脉内瘘穿刺时，误伤左肱动脉，后又处理不当，造成其上臂肿胀加重，最终被确诊为左肱动脉假性动脉瘤。经市医学会鉴定，该医疗行为存在过错且与陈某某形成左肱动脉假性动脉瘤之间有直接因果关系。法院据此判令老年护理院承担医疗损害赔偿责任④。又如，在曹某某与天津市和平区某某护养院服务合同纠纷一案中，在知晓其病情发生变化时，医生未能依据其具有的专业知识及其现有的医疗设备对其发病部位进行检查和采取有效的治疗措施，延误了病情，扩大了损失，某某护养院因未严格履行善良管理人的高度注意义务，

---

① （2015）青民五终字第1499号"隋某某诉青岛市某老年公寓二审判决书"［EB/OL］.（2016-04-15）［2020-5-21］，中国裁判文书网。

② （2016）苏01民终7775号"程某等人诉南京某护理院生命权、健康权、身体权纠纷二审民事裁定书"［EB/OL］.（2016-11-04）［2020-5-21］，中国裁判文书网。

③ （2018）闽04民终354号"魏某等诉福建省某社区医养结合卫生服务站医疗损害责任纠纷二审民事判决书"［EB/OL］.（2018-04-02）［2020-05-01］，中国裁判文书网。

④ （2015）锡民终字第0155号"陈某某诉无锡市某老年护理院医疗损害责任纠纷二审民事判决书"［EB/OL］.（2014-12-20）［2020-5-21］，中国裁判文书网。

而承担相应的违约责任。①

（七）护理级别约定不明或者履行不到位

医养服务机构收治的大多为半失能、失能或者失智的老年人，需要生活照料和基础护理。因此，在医养服务合同中约定护理等级和标准，对保障护理质量有十分重要的作用。例如，在刘某某等人诉青岛市某老年服务中心一案中，青岛市某老年服务中心没有按照约定的全护Ⅰ级的护理等级标准对老人履行相应的护理义务，导致老人摔伤，承担一定的赔偿责任②。又如，在王某某与天津市红桥区某养老院一案中，车某某的护理等级为"介护等级一级"，即不能自理的老人。根据《天津市养老机构管理办法》第十六条之规定"养老机构的每名工作人员护理不能自理的老人不得超过4人"。该养老院一名护理人员24小时照顾包括车某某在内的6~7名介护等级一级的老年人，护理人员与住养人比例明显违反地方政府规章③。当老人的病情加重时，养老机构理应将其护理级别相应上调，及时通知家属确认。在廖某某等人与长汀县某某卫生院纠纷一案中，吕某某病情加重时，卫生院没有根据吕某某入托治疗休养后健康状况的变化，如发现精神障碍日益严重，而实施相应的分级分类服务并依照精神卫生等相关法律法规的规定处理，显属不当，考虑到卫生院开展的医养结合具有公益性质，盈利能力相对较弱，承担40%的民事赔偿责任。④

（八）家庭医生上门医疗的合同约定不明

目前，我国家庭医生签约服务协议是居民与依托基层卫生服务机构的家庭医生团队签约，属于格式合同，其中对是否提供上门出诊服务，约定并不明确，容易引发纠纷。例如，在牛某某等人与重庆市渝中区某卫生服务中心医疗服务合同纠纷一案中，双方签订《社区卫生服务机构家庭医生团队服务知情同意书》，但

---

① （2016）津0101民初5931号"曹某某诉天津市和平区某护养院服务合同纠纷一审民事判决书"[EB/OL]（2017-04-20）[2020-5-21]，中国裁判文书网。

② （2015）青民五终字第818号"刘某某等人诉青岛市某老年服务中心生命权、健康权、身体权纠纷二审民事判决书"[EB/OL]（2016-04-20）[2020-5-21]，中国裁判文书网。

③ （2013）红民初字第4031号"王某某诉天津市红桥区某养老院生命权、健康权、身体权纠纷二审民事判决书"[EB/OL]（2014-06-20）[2020-5-21]，中国裁判文书网。

④ （2016）闽0821民初2579号"廖某某等人诉长汀县某卫生院生命权、健康权、身体权纠纷一审民事判决书"[EB/OL]（2017-05-19）[2020-5-21]，中国裁判文书网。

该《知情同意书》并未就双方的权利义务进行约定，仅载明某社区卫生服务中心向王某某提供健康保健服务等内容，且王某某无需支付任何对价，尤其是《知情同意书》未就"优先"进行明确约定，故不能就此认定医生当日未立即出诊就承担违约责任。①

三、我国医养结合养老服务法律风险的防范建议

（一）重视养老服务机构"办医"的资质

虽然目前养老机构内部设置诊所、卫生所（室）、医务室、护理站，已取消行政审批，实行备案管理②，但是养老机构的"医"的资质仍应当受到高度重视。政府鼓励社会资本开办医养结合养老机构，但是由于养老服务在一定程度上属于公益非营利，进入该行业的民营资本往往规模小、资金实力弱、经营稳定性差。出于经营和成本考虑，在需要较大投入的医疗设施和人员方面往往存在无资质、人员流动性大、培训不到位的问题。因此，无论是开办者还是监管者对"办医"资质应当实行"零容忍"，即不能按照卫生部《诊所基本标准》《养老机构医务室基本标准（试行）》和《养老机构护理站基本标准（试行）》取得《医疗机构执业许可证》的，不能开展医养结合服务。此外，医养结合养老服务机构中从事医疗、护理、康复等服务的人员，应当持有关部门颁发的专业技术资格证书和执业证书，如医师执业证书、护士执业证书、康复治疗师证等。虽然国家目前已不再规定养老护理员必须持职业资格证书上岗，但由于老年人照护的特殊性，医养结合服务机构仍应当进行严格的岗前和在职培训。

（二）完善服务对象的各项预先评估工作

鉴于服务对象的脆弱性和特异性，养老和医疗都具有较高的风险，需要进行更多针对服务对象的预先评估工作，包括入院病情评估、失能等级评估、护理需求评估、心理社会评估等，特殊患者还应进行自杀倾向评估。评估不仅能为制定适宜的服务方案提供依据，而且还是纠纷风险的防控点。例如，有一定失能程度的患者具有跌倒、坠床、压疮的高风险，医护人员应当采取报告、改进硬件设施、处理预案等措施；进行护理需求评估时，根据自理程度的不同，护士与护工

---

① （2016）渝05民终75号"牛某某等人与重庆市渝中区某某卫生服务中心医疗服务合同纠纷二审民事判决书"［EB/OL］（2016-12-30）［2020-5-21］，中国裁判文书网。

② 《国家卫生计生委办公厅关于养老机构内部设置医疗机构取消行政审批实行备案管理的通知》（国卫办医发〔2017〕38号）。

配比、护理内容、陪护时间的要求也有所不同;有自杀倾向的病人,医护人员应和家属沟通协商,做好早期心理干预,采取防范措施,预防意外发生。

(三) 规范医养结合养老服务合同的权利义务

首先,医养服务合同中的单方免责条款无效。医养服务协议基本是格式合同,为了规避法律风险大多会规定"住院期间发生:走失、跌倒至骨折、猝死的意外情况,对防不胜防的意外情况及抢救无效的正常死亡不承担任何责任",属于单方免责的条款,不具有法律效力。因此,建议医养服务合同更重要的是约定明确"当突发疾病或身体伤害时,养老机构及时通知家属的义务和及时联系120等医疗急救机构和陪送到医疗机构的义务"。如果医养机构具有一定的医疗资质,在老年人生命垂危等紧急情况下应尽到合理的诊疗、转诊告知与协助义务。

其次,医养结合服务合同"医"的内容约定不明确。民政部发布的《养老机构服务合同》(示范文本)适用于传统普通养老服务机构,其"养"的内容较为详尽,但是医养结合服务合同尚无国家示范文本,实践中"医"的内容要么缺失要么不明确。例如,在诊断疾病的范围、用药的指导和药品管理、转诊标准和路径、护理内容(含陪护时间、翻身间隔、活动地点、配备护理人员数量)、拒绝转诊的处理、医和养的服务衔接路径等重要的合同内容和行为规范方面尚无详尽的规定。

第三,家庭医生签约服务中"优先就诊服务"不等同于"上门医疗"。目前,各地卫生服务中心与辖区内居民签订的是当地政府统一印发的《家庭医生签约服务协议书》,其中规定:"为预约就诊签约居民提供优先就诊服务",但是"优先就诊服务"是否包括上门诊疗或上门急救呢?许多居民签约时认为家庭医生服务就是上门诊疗或家庭病床,所以才会有前述案例的发生。因此,《家庭医生签约服务协议书》需要修订,建议明确规定"为预约就诊签约居民提供在'执业地点'的优先就诊服务,如需开展上门医疗服务,则另须签订《家庭医生签约上门服务协议》《家庭医生上门医疗知情同意书》《家庭病床服务协议书》等。如遇病情危急、危重应及时拨打120急救电话及时送医院救治"。

(四) 加强机构自律和行业监督管理

目前,山西省、青岛市民政部门已在全国率先制定了《医养结合服务基本规范》,做到医养服务机构自律有章可循,尤其是在规范医疗资质、医疗应急、医养衔接方面,突出了医疗安全和医疗及时性。在这些行业标准的基础上,还可以借鉴英国照护质量委员会(Care Quality Commission,CQC)促进医疗照护行业服务质量提升的方法。①针对感染控制、风险评估、安全保护和药品等方面加强人员培训,尤其是强化护理人员的药品知识,熟练掌握药品的副作用。确保药品使用管理记录的准确性、持续性。例如，英国某老年护理院按医嘱本应对老年人 Wootton 进行抗凝血治疗，并持续记录抗凝药物的使用剂量。由于药物记录不准确，护理院超过 30 天未安排 Wootton 服用抗凝药物，导致 Wootton 形成肺栓塞和深静脉血栓而死亡。护理院的所有者和前经理均被判处罚款超过 5 万英镑[①]。②建立客户个人健康安全风险评估系统。③提供以人为本的护理培训，包括尊严教育，旨在让护理人员通过角色转换后感受被他人照顾的感觉。CQC 定期在官网上发布评估结果，分为优秀、良好、需要改进和不合格，接受全社会的监督。CQC 的行业监管措施分为警告、罚款、整改和取消注册。勒令在限期内改进护理质量，期满未达标的，CQC 会采取取消注册的严厉措施。

【本章小结】人口老龄化已成为我国基本国情，这为居家和社区养老、医养结合服务的兴起与迅速发展带来契机。这种服务模式在为老年人生活带来便利的同时，也存在着服务提供主体的专业资质、各主体间的协议、老龄数据的保管等方面的法律风险，尚未引起政府与社会的足够重视。为了最大程度维护老年人的合法权益，促进养老服务产业的健康发展。通过实证方法研究，笔者得出如下结论：我国居家、社区、医养结合养老服务法律法规体系应完善，司法对老人特殊群体的关照，以及医养资质、遵守服务质量标准、完善服务合同等方面应履行法律赋予的"善良管理人的高度注意义务"等，从而有效防范居家、社区、医养结合养老服务的法律风险，实现居家、社区、医养结合养老服务良性发展。

[①] CQC. The State of Adult social Care Services 2014 to 2020 [EB/OL]. （2018-02-15）[2020-04-13] https：//www.cqc.org.uk/search/site/publications？f%5B0%5D=im_field_publication_type%3A49.

第十四章　特殊老人养老面临的特殊法律风险

第一节　农村留守老人养老障碍及解决

2018年，肇庆市60岁以上老年人口58.4万人，占全市总人口的15.69%。随着改革开放的深入，农村生活水平逐步提高，老龄化进程呈加速之势。被调查的端州区黄冈镇黄冈村，总人口2998人，60岁以上老人就有468人，占总人口的15.6%；70岁以上201人，80岁以上98人，90岁以上15人，其中80岁以上占60岁以上老人的20.9%。和大多数沿海农村一样，近年来，随着外出务工人员的增加和城市化进程的加快，大多数青壮年都外出打工、创业，有的干脆在城镇买房居住，在家乡盖了新房的就搬迁新居，基本上不再与父母生活在一起，许多家庭就留下老人看家种地。而这些留守老人养老现状则大多不容乐观，尤其是80岁以上失能且独身的老人，晚景更为堪忧，他们的养老问题不是简单的家庭问题，而是一个严肃的社会问题。笔者仅就肇庆市几位80岁以上高龄留守老人的养老现状进行调查，并作粗浅探索，以期引起各方高度重视，让老人们分享改革开放成果，安度晚年。

一、农村留守老人养老问题现状调查

农村高龄独身老人，多为女性，这些老大妈大多年届耄耋，早婚且多子女，年轻时受尽生活的磨难，或中年丧偶，或晚年失伴。欣逢改革开放盛世，满堂儿孙不再绕膝，一个个远走高飞务工创业，回来盖了楼房别墅各自安居。而完成人生历史使命的老大妈，或因怀旧或因与晚辈生活习惯不同而留守旧居，或是子女互相推诿不愿接纳失去劳动能力的老人而无奈独居。这些老人普遍存在着生活照料和精神慰藉、失能无靠等问题，他们大都没有固定的工资或月俸（子女分摊的每月供养费）收入，生活压力过大，基本上只能维持简单的生活，一旦出现疾病，则苦不堪言。

（一）生存环境不佳

农村留守老人大都居住在几十年前修建的老房子甚至百年老屋里，有的房屋已经破烂不堪,由于年久失修,遇到刮风下雨,安全隐患极大。莲婶年届米寿,两双儿女都有出息,早就成家立业,离开老母,也离开老屋;孙辈们也都长大成人,有的展翅高飞出国创业,只留下老祖母独居在老屋里。老屋是四扇厝,是老辈人先前下南洋回来盖的,原先住着三户人,盖了新房慢慢都搬走了,偌大的老房子,莲婶一个人住在一隅厢房里。老人尚能自理,不愿花钱请保姆照料,白天还好,晚上就孤独了。老鼠打架野猫喵,不免心惊肉跳。万一窃贼进屋,随身的一点首饰损失还是小事,只怕吓都吓坏了。而更大的安全隐患,则是突发疾病的风险。珍婶跟莲婶同龄,患有老年人常见的"三高"症。儿子盖了新房搬出去十多年了,她还只身住在老房子里,生活能自理,和莲婶一样属于老房子的留守老人。一天深夜突发心梗,幸好住在相距不远新房的儿子打不通老母电话,赶来送医,才保住老命。更有甚者,是居无定所。珠婶和老伴育有三儿二女,儿女陆续成家立业,帮助三个儿子各盖了一座新楼房后,老两口住在老二家看家带孙子。十几年过去,孙子也长大成人。此时老伴病倒,老二家不干了,提出三兄弟轮供,每家住一个月,轮流供养。可怜的老人躺在床上每个月换个住处,"打游击"一年多离开人世。老房子早给别人借住了,这时在外创业的老大老二无法在家供养老母,于是只能出月供把老母亲送到外村姐妹家才放心,轮到老三,回来一个月,年逾八旬的老母,落得老无所依。

(二)无人陪伴精神空虚

农村留守老人长期与子女分离,有相当多的子女几乎只能在春节回家与父母团聚。由于无子女陪伴在身边,无法与子女交流,思念子女也只能埋在心里,精神长期压抑无法释放,老人在家非常孤独,精神压力非常大,有子女与无子女没什么区别,多子女甚至还比不上农村的五保户幸福,从而导致老人悲观失望甚至厌世。玉宋大娘中年丧偶,含辛茹苦拉扯大6个儿子,儿子长大后一个个远走高飞,如今年届耄耋,一个人守着亲手艰苦奋斗出来的一座四扇厝,只在过年时,散居国内外的儿子才轮流回来和老妈团聚,过了年又各奔东西了。想念儿孙了,只能对着电话诉说,不免时时感叹:"做人实在没有意思,以前缺食少穿没房住,那么苦都撑过来了,现在一个个成家立业做公做妈(当爷爷奶奶)各顾各家,如今腿风湿膝盖痛、眼昏花白内障,有好东西也吃不下,孝顺仔媳妇买了一大堆补药回来,呆不上两天就走了。我每天吃药都吃饱了,什么时候睡着了也没人知道啊!"

(三)老病缠身缺乏治疗

制约这个问题的关键是老人缺乏治病的资金。由于缺少资金,老人们平时只能靠过去仅有的一点积蓄和孝顺子女平时拿的赡养费,从中拿出少量的来维持基本的简单生活，一旦生病，则无力负担治病的医疗费用，而造成病情延误。虽然现在农村实行了新型农村合作医疗保险，但是老年人一般患慢性病的居多，治疗这些疾病的费用又很高，加之子女相互推诿，导致老人只能顺其自然、听天由命。

（四）文化生活贫乏

农村留守老人，最大的文化生活就是看看电视，有的家里根本不给老人住处安装电视，就只好到祠堂老人会去看。农村老人会大多设在祠堂，近年国家给60岁以上老人发了养老补助金，因此许多老人肚兜里有了些小钱，到了祠堂看了电视，就只能围着桌子摸摸麻将打打牌，有的甚至一天就把一个月的养老补助金输光，重新沦为"贫困户"，而精神生活则更加贫乏。

二、农村留守老人养老障碍的解决

如何让农村留守老人晚年生活幸福，这是一个复杂的社会系统工程，需要家庭、社会、政府方方面面的努力，从而构建具有中国特色的农村留守老人养老体系。因此，各级党委、政府必须高度重视农村留守老人群体的养老问题，把它纳入民生问题的重要内容高度关注，创造条件认真解决发展的问题，让更多的农村留守老人晚年生活幸福、开心，使他们真正感受到老有所乐、老有所依、老有所养，实实在在分享改革开放成果，安度晚年。

（一）大力倡导尊老孝老的良好社会风气

早在 2013 年 7 月 1 日正式施行的《中华人民共和国老年人权益保障法》，修订后的内容中最引人关注的是，"与老年人分开居住的赡养人，应当经常看望或者问候老年人"，也就是人们通常所说的"常回家看看"。这一原本属于道德层面的要求正式成为了法律条款。在城市化进程日益加快的今天，子女们大多远离父母，在外工作、打工、创业，不可能还沿袭古代那种孝道，不能经常回家看看，但是把父母放在心中，经常通通电话，问寒问暖，节日或父母生日常回来看望，是必须做到的。所以，必须加大中华民族传统孝道文化的宣传力度，让所有的子女们常回家看看，尽可能多陪伴父母，大家一起来孝敬父母，让中华民族的传统美德发扬光大。乡村各姓氏修建的祠堂，两仪门都额"入孝""出悌"匾，大厅绘有《二十四孝图》，是进行孝道教育的好场所。各村两委、老人会，可充分发挥阵地的作用，利用过年祭祖、拗九节、清明节、重阳节等时机，对后辈包括中小学生进行传统孝道教育。

（二）健全社会养老服务体系

农村留守老人一般不愿意离开生活几十年的家，所以，大力发展居家养老是解决农村留守老人养老的主要形式。因此,各级政府要积极鼓励和大力支持、引导社会力量兴办农村居家养老服务业,在服务的形式上,主要提供生活照料、医疗保健、精神慰藉等基本服务,满足绝大多数农村留守老人的居家养老服务需求。可出优惠政策吸引在外创业的企业家回乡创办敬老院,安排年轻的老人照顾高龄老人,让独居老人有一个温暖的大家庭。有祠堂的村庄,可选择附近或把附属房子建成敬老院、幸福院,让老人更有归宿感,安稳感。

(三)因地制宜成立互助养老服务中心

在尊重农村留守老人意愿的前提下,组织相邻的留守老人按照地域相近、自愿组合、关系融洽、费用自担、相互照顾的原则,组建农村留守老人养老小组,适度集中、适度规模,缓解农村留守老人单独居住养老的精神空虚。上述玉宋大娘就很希望两三个独身姐妹住在她家,一起请个保姆照料日常生活。怎奈有的子女碍于面子,有的顾虑重重,至今难以实现。因此,还要村委指定干部管理,把成立互助养老服务中心上升为"政府行为",才能奏效。

(四)进一步完善农村社会保障体系

改善农村留守老人的生活状况,是一个庞大的系统工程。只有建立和完善新型的农村社会养老保险制度,才能为农村"留守老人"提供良好的生活保障。很多老人处于亚健康状态,过半的留守老人身体不好或不太好,要大力推进农村留守老人的就医保障改革。因此,必须不断完善农村新型合作医疗保险制度,使农村留守老人病有所医。在大力推进新型城镇化和社会主义新农村建设中,一定要注重加快农村基础设施和医疗条件的建设和改善,并逐步提高农村老人津贴标准,这样才能使农村留守老人看到希望。

(五)加快农村文化设施建设,提高留守老人生活质量

要鼓励民间资金和社会力量兴办老年阅览室以及开展体育锻炼、电影放映、文化娱乐等符合农村特点的服务机构,满足农村留守老人的精神需求。各镇村建托老所、敬老院时应将这些机构规划在内,还没建托老所和敬老院的,可在村委楼或祠堂设置。目前,很多农村祠堂已建成老人活动中心,但是大部分管理不到位。因此,要把留守老人全部吸收为老人会员,建立会员档案,妥善解决留守老人遇到的困难,让娱乐有人抓,病痛有人管,困难有人帮,心结有人解,让每一个农村留守老人都感受到社会主义大家庭的温暖。

第二节 失独家庭养老障碍及解决

数千年以来,"养儿防老"的观念在国民心中早已根深蒂固。早在宋元时期《事林广记》中记载"养儿防老,积谷防饥",这种"乌鸦反哺"式的养老在成为了我国主要的养老模式,并一直延续到现在。而随着独生子女的死亡,居家养老对于失独者来说已经不复存在。失独家庭养老问题成为一大难题。

一、失独家庭的养老困境

失独家庭的养老问题具有极大的社会诉求与期望。失独者失去自己的孩子,便失去家庭养老的可能,并在经济、心理、医疗卫生等方面具有较大需求,在现实生活之中面临众多养老困境。这些困境不仅来自于失独者自身,且与其所生活的社会环境息息相关。具体体现在:

(一)失独家庭养老内部困境

1. 狭窄单一的经济来源渠道

一方面,失独者的经济来源大多是工资收入的积累,且倾向于储蓄型投资,还有一部分是来自国家养老金和退休金等。我国的社保体系虽不断地完善,但仍然不能满足失独者的养老需求。除了这些方面外,失独者基本没有其他额外的收入来源。经济来源渠道窄,决定了失独者收入有限。另一方面,不管是脑力劳动还是体力劳动的失独者,在经历了丧子(女)之痛之后,心理受到极大的打击,心情极度低落、抑郁。脑力劳动者在工作中表现不佳或根本无心工作,而体力劳动失独者因失独的打击和年龄的增大,身体素质不断下降,他们面临的直接后果是辞职、下岗或收入的下降。在其步入老年时,在没有一定的养老积蓄的情况下,微薄的退休金和养老金可能只能维持基本的生活需求,而精神和文化需求则根本无暇顾及。

2. 抑郁自卑的丧子之痛阴影

经历丧子(女)之痛的失独者,心理受到极大的创伤,一时难以走出悲痛的阴影,以往的情感依赖无处寄托与宣泄,特别是在过年过节时,看到别人子女都回来看望自己的父母,几代人欢聚一堂,而自己的子女却永远回不到家,不免产生孤独、厌世感,如果得不到及时的心理辅导,易陷入抑郁、甚至是自杀;受到封建思想的影响,失独严重打击了失独者的自尊心,易于将自己与他人隔离,自我设障,不与他人甚至是亲戚朋友进行交流与交往,认为自己与他人是不同的,自己的家庭是不完整的，自己低人一等，甚至认为自己失独是上辈子作恶的报应，害怕别人用异样的眼光看待自己，易产生自卑的情绪，尤其是在农村，邻里之间产生口角之争时，他人无意的一句"断子绝孙"都可能刺激失独者，进而激化矛盾。在民主社会中，人人都是平等、受到他人尊重的，尤其是失独者，那些为了国家经济发展做出了贡献和牺牲者更应该得到他人的尊重。失独之后，夫妻之间的怨气上升，相互埋怨对方以前所犯下的错误。以往这些矛盾都是看在孩子的面子上而相互忍耐，失独之后，夫妻不再忍受这样的情感煎熬，夫妻之间的矛盾骤增，双方都认为是时候考虑为自己活了。由此，失独家庭时刻面临着分崩离析的结局，离婚率上升。

（二）失独家庭养老外部困境

1. 专业失独养老机构的匮乏

在居家养老已成为一种奢望时，部分失独者会选择在养老机构养老，而这些失独者在机构养老上也存有一定的限制。一方面，养老院的数量少，尤其是公立养老院更为稀缺，且公立养老院的床位有限。根据民政部发布的数据，我国的养老床位总数仅占全国老年人口的1.59%，这不仅低于发达国家，与一些发展中国家相比也处于一定的劣势。近年来，我国虽重视养老产业的发展，大力投资养老院建设，床位供应量与以往相比有了很大提升，但与我国巨大的床位需求量相比，二者还是存有一定的差距。到2016年为止，我国已有近2.32亿的老年人口，占总人口的16.5%；预计到2050年，这一比例将达到35%。[①]与"百名老人5张床位"的国际标准相比，截至2015年，全国各养老院、疗养机构等养老床位合计584.0万张，每千名老年人拥有养老床位数27.5张[②]。由此看来，我国的养老床位仍处于供不应求的局面；而且，公立养老院在接收老人时优先选择低保户，失独者因客观因素被拒之门外。另一方面，失独者中也不乏经济基础较好，有能力选择私立养老院养老的，但这些失独者在养老问题上，也存有一定的困境。养老院在接收失独者时也存有一定的限制条件。私立养老院接收老人时，为了规避自身运营的风险，需要其子女在入住协议上签字，然而失独者无子女可为其签字，这也成为了养老院拒不接收失独者的一大原因。

失独者作为社会的一个重要群体，与其他老人相比，具有不同的、特殊的社

---

① 我国60岁及以上老年人口数量达2.41亿占总人口17.3%，2018-02-26，来源：新华网。

② 中国养老服务业发展迅速全国养老床位数达669.8万张，2016-03-11，来源：中国新闻网。

会需求。鉴于此，其养老问题需要专门的养老机构来承担，而我国目前很少有专门的为失独者而设的养老院，一般都是与其他老人居住在统一养老院中，很少有采取针对失独老人的专门的服务措施，这样会引发一定问题。例如：当其他老人的子女来看望老人时，失独者时常会想起自己逝去的子女，回忆起与之的点点滴滴，不免产生孤独、悲伤之感。

2. 有限分散的医疗卫生资源

失独者大多四五十岁，处于身体素质下降、生理机能下降的阶段。独生子女的死亡对失独者来说是巨大打击，可能因此患上抑郁等心理疾病。在生理和心理的双重打击下，身体健康受到极大的威胁，各种疾病袭来。对于农村失独者来说，身边优质的医疗资源有限，在医疗资源的获取方面处于明显劣势地位，往往是一拖再拖，最后由于无法得到合适、及时、有效的治疗，进而会引发其他严重疾病。对于城市失独者来说，虽然有相对丰富、优质的医疗资源，但由于自身年龄偏大或无人陪同独自无法前往就医。即使能够快捷、便利的获取医疗资源，得到有效治疗，但失独者由于年龄的增长而患有的疾病往往是长期、慢性的，需要常年药物治疗，在现有的医疗体系下，即使自身负担较小比例的医疗费用，这可能占到老年失独者收入的一大半，大多数失独者也很可能因此而背负沉重的医疗负担，进而降低其生活质量甚至是基本的生活无法保障。

二、失独家庭养老问题产生的原因

失独家庭是我国特殊历史时期下的特殊产物，因此，养老之重担不能让失独者独自承担，国家和社会必须帮助失独者解决养老问题。①我国目前虽对失独家庭出台了一养老系列救助政策，但失独者在养老问题上仍然存在着重重困难，探求失独者养老问题产生的原因，利于我们及时调整和完善政策，促进失独者养老问题的解决，使失独者安享晚年。

（一）社会保障机制不健全

国家虽不断改进失独家庭保障体系，但该体系现在仍面临着许多不足。目前，我国对于失独家庭保障体系的基本构建是：2013年，在《国家卫计委等5部门关于进一步做好计划生育特殊困难家庭扶助工作的通知》中规定："自2014年起，将女方年满49周岁的独生子女伤残、死亡家庭夫妻的特别扶助金标准分别提高到：城镇每人每月270元、340元，农村每人每月150元、170元，

---

① 邓武义．"失独者"权益保障研究［D］．西南政法大学硕士论文，2017．

并建立动态增长机制①。"大多数省市也出台了针对失独家庭的补助标准，例如：北京市规定，如果独生子女意外伤残致使基本丧失劳动能力或死亡，而其父母不再生育或收养子女的，在其父母男方年满60周岁，女方年满55周岁，所在地方政府应给予每人不少于5 000元的一次性经济援助。山西省的救助标准是：从女方满49周岁起，每月领取不低于200元的补助金②。从此可以看出，补助标准是地方统一的，而非针对失独者的具体情况，缺乏针对性。

失独家庭养老保障体系不仅需要物质生活的支持，更加需要精神生活的援助，国家不仅需要根据物价水平的提高逐步提高救助金，更要加强失独者的精神关怀，积极地协调相关机构和专家对失独者进行心理辅导，舒缓失独者心中的郁闷与忧愁，为失独者营造良好的氛围。

（二）养老成本攀升，收入不及物价增速

1. 物价水平的飞速提升致使养老成本增加

改革开放以来，我国经济发展水平迅速提升，与之相对应的是物价持续上涨，而工资水平虽经过了几次上调，但给人的感觉是工资的增长赶不上物价的增长，不同商品的涨价幅度显然不尽相同。以蔬菜、鸡蛋等食品来看，上涨了20倍，猪肉价格上涨了15倍，交通上涨了20倍。而房价和医疗在1998年完全市场化之后价格上涨了50到100倍。同样是100元钱，放在以前可以买到很多生活必需品，而在现在可能只够采购几件生活必需品。国家多年前出台的失独家庭的救助标准只考虑了当时的物价水平，未考虑到物价的增长因素，缺乏弹性增长机制，经过几年的物价增长之后，原有的救助标准已经不能满足失独者的基本生活需要。

物价水平作为国民收入的重要衡量指标，对个人日常生活起着举足轻重的作用。对于经济状况不佳的失独家庭来讲，物价的高速上涨让他们感到负担日益加重，甚至致贫或再度返贫；而对贫困的失独家庭来讲，他们可能因此而丧失基本生活需求，并因长期生活在社会低水平线上而生活无望，身心煎熬。

2. 收入增速慢，不及物价增速

改革开放以来，我国城镇居民收入有很大提高，实现了逐年增长，人均可支配收入从1979年的387元提高到2019年的22 175元，提高了56.3倍。虽然改革开放之初到现今人均可支配收入相差巨大，但整体却呈平稳上升趋势，年均增

---

① 吴琼. 失独群体权益保障问题研究［D］. 南京财经大学硕士论文，2014.

② 孙晓梅，周思媛. 中国失去独生子女群体社会保障研究综述［J］. 中华女子学院学报，2014（5）.

长比为22.44%，其中最为突出的是1991年到1995年的年均增长比为26%，是改革开放以来涨幅最迅速的时期。

可以看到，这样的物价增长与收入的巨大差异，使得部分家庭尤其是失独家庭的生活无异于雪上加霜。一方面，他们的确力求能够竭力自行照料经营个人生活。另一方面，因经济成本进一步提高和日常开支缺口无法弥补而步履维艰。毫无疑问，这些不匹配的物价增长和经济收入一度影响了失独家庭晚年养老问题的解决，从而成为失独家庭养老困境的根源之一。

（三）社会化养老不完善

政府作为社会这个大家庭的家长，对养老问题的解决具有模范带头作用，但仅仅依靠政府的力量，养老领域的建设恐怕难以进行，养老问题的解决更要依靠社会资金的投入。只有社会闲散资金进入养老领域，养老产业才会越做越大。

目前，我国失独家庭至少有一百万个，并且以每年增加7.6万个的速度在增长。他们在生活和工作过程中不仅承受着心灵的创伤，而且不得不面对晚年养老的问题。失独者的养老问题政府负有一定的责任[①]。失独家庭养老服务设施的建设需要大批的资金作为保证，但是政府的力量是有限的，所以必须发挥市场的作用，积极引导社会闲散资金进入养老领域，团结社会各界人士的力量，改建、扩建、新建养老院，不断增加床位量，不断地提高其服务水平，我国的失独家庭的养老服务设施建设和服务水平才会与现实的需求相接轨。

同时，由于社区、社会组织缺乏对失独家庭的特殊关注，忽略了失独家庭相对于其他家庭来说的特殊需求，失独家庭的养老需求在社区得不到满足，使得失独庭社区养老的想法也落空了。

（四）封建、落后观念束缚

失独者一般处于四五十岁，在经历了失独之后，心情极度低落，甚至产生自卑情绪，容易将自己封闭起来，总是认为别人用异样、同情甚至是蔑视的眼光看待自己，在自己和他人之间有意识的设置安全隔离区，害怕与别人接触，害怕别人提起自己的伤心事，甚至自我欺骗，认为孩子的死亡只是自己的一种错觉。有些失独者具有再生育的能力，但受到传统思想观念的束缚，认为再生育一个孩子，意味着高额的养儿费用的支出，而等孩子长大成人时，自己已经六七十岁，自己的孩子可能因为有这样的高龄父母受到同龄人的耻笑。考虑到这些因素，打消了自己再生育的念头。正是这些封建、落后观念的束缚，失独者在养老问题上

---

① 陈锋，李玉芬．社会工作视野下失独家庭问题研究现状与前瞻［J］．北京工业大学学报（社会科学版），2016（5）．

失去了主动权，使得失独者在解决养老问题上处于被动的地位，不能享受居家养老，只能考虑其他形式的养老。

三、改善失独家庭养老策略

面对失独者所承受的以上困境，并结合失独家庭养老困境的若干原因，最大限度地改善失独家庭的养老生活、满足失独家庭养老的各种需求成为了养老任务的重中之重。不可否认，失独家庭情况不一，各有特殊性，但其本质问题却具有普遍性。因此，需要着力探索改善失独家庭的养老策略，为失独家庭养老寻找合适的发展道路。

（一）健全社会保障制度，完善失独者养老政策

1. 健全社会保障制度

建设支柱广、覆盖全面、更加公平、更加稳定的社会保障体系，建设以家庭养老为基础、社区为依托、养老机构为辅助的养老服务体系[①]。大力提高失独者的养老金标准、失独救助金，逐步提高失独者的医疗报销比例，建立失独者专项养老基金，通过市场化的运作来实现增值保值，鼓励社会爱心人士、企业将爱心资金注入失独者专项养老基金，保证专项养老金的持续与逐步提高。

2. 完善养老政策

要完善失独家庭的养老政策，构建信息通畅、公开透明的养老讯息通道，做好养老"为所知""为所用""为所普惠"的"三为"方式；对特殊年龄群体要做好关注与与有限抚慰政策，并遵循相关政策纳入关注小组，打造"绿色通道"；国家与各地方部门应密切关注失独家庭问题，发掘典例，消除障碍，达到失独家庭政策妥善落地，全面普及。

（二）大力发展社会化养老，推广社区养老模式

1. 改进养老院养老模式

独生子女的去世使得家庭养老功能缺失，对于大多数失独者来说，居家养老方式不符实际情况，而养老院养老模式成为了他们最佳选择。首先，要加大对失独家庭的养老院养老模式的宣传，改变传统的居家养老的观念，认真、耐心地向失独者介绍养老院养老的优点，使他们明白养老院养老比居家养老具有众多优势。其次，要重视养老院的硬软件建设，政府应加大对公立养老院的投资力度，提高养老院的服务水平和客户容纳量，以满足失独者和其他老人的入住和精神需

---

① 李晨. 城市居家养老服务资金筹集问题及对策研究［D］. 江西财经大学硕士论文，2016.

求;鼓励社会资本进入养老领域,采用 PPP 和私营等多元化模式建设一批养老院。再次,加大对私立养老院的补贴,简化公私立养老院入住手续,出台相关政策,对于失独者,可以免费入住公立养老院或低收费入住私立养老院。定期与相关机构进行交流或邀请专家对从业人员进行培训,不断提高知识与技能,以提高其服务水平。

2. 推广社区养老模式,重视社会组织的作用

首先,发挥社区的独特作用,在失独者生活的社区中开展工作具有众多优势,社区不仅可以提供其他单位所不具有的社区归属感作为情感支持,发挥社区关系网络核心人物的作用,通过熟人之间的帮助,可以准确、及时解决失独者在生活中遇到的一些细小的问题,从而降低失独者失落、无助情感,而且可以通过社区支持网络支持社区养老网络的建设。其次,社会组织是解决失独家庭养老问题不可忽略的重要力量,应支持社会组织发挥自身的作用,逐步放宽相关社会组织的登记管理条件,在社会组织的建立、资金支持,场地审批等方面积极发挥作用加快社会组织又好又快建设,促进社会组织积极开展相关活动,呼吁更多的社会非盈利中介机构关注"失独家庭"这个群体,使得失独者这一群体进入更多人的视野,对其提供支持与帮助。

3. 建立专门的失独家庭养老机构

失独家庭的特殊性决定了失独家庭比其他家庭具有更加特殊的养老需求。因此,要争取建设一批专门针对失独家庭的养老机构,根据失独者的养老需求提供不同的专业服务;同时,要在服务中不断地发现问题、解决问题,提高服务技能和养老机构的服务水平。

(三)支持专业社工介入,提高服务水平

社工作为专业的技术人员,在解决诸多社会问题方面发挥着不可替代的作用。积极推动地方政府购买社工服务,社工机构利用自身的专业优势,对其提供专业的服务[①];对于有经济实力的失独家庭,倡导、支持失独者主动购买社工服务。首先,积极地开展个案工作,为失独者提供一对一的个性化辅导服务,帮助服务对象实现思想、心理、行为等内在因素之间的和谐统一;社会工作者要积极地与失独者进行交流,了解失独者面临的困境与内在需求,与其建立专业关系,更有针对性地对其提供情绪支持、思想引导、行为引导等。其次,社会工作者采用团体工作介入失独团体,结合实际情况和自身所具有的经验和知识,积极地协

---

① 杨发祥,叶淑静.社工薪酬的结构性困境与可能出路——以珠三角地区为例[J]. 江苏行政学院学报,2017(2).

调、调动相关资源，组建失独家庭关爱小组。在小组中，社工要成为活动的组织者、主持者、设计者、服务者，要积极地引导帮助失独者形成互动小组，发挥自身潜质，互相帮助，共同进步，尽早摆脱失独的困境；采用社区工作方法，支持社区养老体系的建设。在此过程中，社工充当着日常照料的指导者、丰富社区工作的建设者、社区教育的宣传者等。通过这些工作方法，妥善地解决失独者的物质和精神问题。

社工提供心理支持和精神援助。首先，对基层社区工作者开展基本的心理知识、心理辅导培训，使其掌握基本的心理辅导技巧，及时对失独者进行心理干预，例如积极地开展心理疏导、失独者心理倾诉的倾听、临终关怀等多元化的服务。其次，发挥社工在失独者心理问题的解决上的作用。一些社会群体对失独家庭的心理辅导上存在着不延续性与随机性，社工要发挥自身的优势，对失独家庭建立专门的数据档案，并及时进行更新，主动与其他相关慈善或社会机构进行交流，引导社会组织更加准确、持续性的开展失独者心理辅导计划。再次，帮助失独者建立失独联系网络，通过建立失独者之家、失独者互助网络等互助体系，使失独者能够"抱团取暖"，互相鼓励，尽快走出"失独"的心理阴影，能够对新的生活充满信心，以崭新的姿态面对未来[①]。失独家庭作为我国计划生育政策的产物，其存在具有一定的历史原因；但它们秉承中华民族千年孝道文化，饱含老人们对晚年生活的美好夙愿和虔诚需求。作为年轻的研究者，我们理应给予他们关注，抚慰他们的心灵，然而更重要的则是关注他们的基本需求，并寻求解决他们养老问题的各种途径，进而引导他们走出失独阴影，对未来充满希望。只有落实失独家庭的保障政策并加大支持力度，才能为失独家庭提供一个充满希望与幸福的晚年生活。

第三节 残障老年人养老困境及解决

一、残障老年人及社会支持的概念解析

残障老年人是老年人中"老残一体"的特殊弱势群体，其养老服务问题是一个受到忽视的社会问题。残障老年人的养老服务面临着残障和年老双重障碍，而残疾人机构只关注残障而忽视年老问题，老龄机构只关注年老而忽视残障问题。

[①] 邓武义. "失独者"权益保障研究[D]. 西南政法大学硕士论文，2015.

因此,残障老年人养老服务问题就成了被边缘化的问题,既缺乏足够的相关研究,更没有形成系统的应对思路和政策构建。

我国对"残障老年人"的界定也存在误区,认为那些先天具有身体残疾或因伤造成身体残障的老人才算得上是残障老年人;而把那些因为有病特别是老年患有疾病的人排除在残障老年人的范围,认为这一部分人的生活不能自理、不能完全自理的原因在于疾病,不能界定为残障。[①]对残障老年人群体范围的不全面界定,将使得残障老年人被排除在一些制度安排之外,无法享受到切实需要的养老服务政策。残障老年人作为一个特殊群体,其包含的对象应为 60 岁以上身体有残障且生活不能自理及半自理的人,既包括由于先天性身体残疾或因伤造成身体残疾的 60 岁以上的老年人;也包括那些随着年龄的增长,由于老年人的身体、生理机能衰退,老年病的患病率就会提高,导致身体健康状况较差,以致于生活不能自理及半自理的 60 岁以上的老年人。残障老年人的养老服务是对身体有残障、生活不能自理及半自理的老年人提供生活照料、康复护理、精神慰藉等多方面的支持和服务,使其享有一定质量的晚年生活。

社会支持是一种社会关系的体现,是社会运用物质或精神的手段对社会弱者进行无偿帮助,使得社会弱者获得各种资源支持(如经济支持、情感支持、生活照料等)的一种行为,其目标旨在帮助社会弱者减轻生活、社会、心理方面的压力,提高其生活质量。根据残障老年人自身实际情况的不同,其所需要的社会支持也是多元的,而涉及残障老年人养老服务的社会支持主体就包括各级政府、社区、家庭以及社团组织和专业服务者等。残障老年人养老服务社会支持体系就是一个集各级政府、社区、家庭及社团组织和专业服务者等多元的社会支持主体,并且残障老年人能够从中获得生活照料、康复护理以及精神慰藉等方面支持的养老服务系统。残障老年人已成为老年人群体中不可忽视的组成部分,在残障老年人养老保障的推动下,其养老服务体系的完善和发展越来越需要各社会支持主体发挥积极作用,养老服务社会支持体系的构建和养老服务的社会化成为未来残障老年人养老服务发展的主要方向。多元化的社会支持力量参与到残障老年人养老服务中来,能够满足残障老年人多样化的养老服务需求和提高他们的晚年生活质量。

[①] 许琳,唐丽娜.残障老年人居家养老服务需求影响因素的实证分析——基于西部六省区的调查分析[J].甘肃社会科学,2013(01).

二、残障老年人养老服务社会支持体系存在的问题

我国的老年人养老服务在发展的同时与残障老年人这一特殊群体的养老服务需求不断增长的形势不相适应。残障老年人养老服务在对残障老年人生活照料、康复护理以及精神慰藉等方面存在有供求矛盾,其最主要的原因就是各社会支持主体在残障老年人养老服务发展的过程中还存在着各种现实的问题,各社会支持主体不能够有效地发挥积极作用,从而导致残障老年人养老服务需求也得不到满足。

(一)残障老年人养老服务的政策保障有限

政府在对老年人养老服务进行制度安排时,缺乏与之相适应的、针对性强的残障老年人养老服务政策,现有的服务政策难以全面满足残障老年人的需求,即使政府出台有政策,但是政策之间缺乏统一性,比较零散,未能针对残障老年人的养老服务形成相应的完善的政策体系。而我国的养老服务政策多是"普惠型"的制度安排,部分残障老年人在面对一些"普惠型"的制度安排时,却无法享受到相应特殊的优惠和保障,缺少一些"特惠"的制度安排。例如,有些残障老年人生活贫困、身体状况较差,其面临的问题自身不能得到有效的解决,而政府缺乏针对性的改善措施和政策支持,无法满足这些残障老年人最基本的养老服务需求;政府缺乏制定与残障老年人养老服务相关的法律规章,来保证政府政策的实施和政府职能的发挥;政府在残障老年人养老服务发展中存在资金投入有限的问题,在财政政策支持上因多方面的影响因素导致政府的主导作用未得到有效的发挥。

(二)残障老年人养老服务的社区能力不足

目前,我国的社区养老服务尚不完善,尤其是针对残障老年人这一特殊群体,存在着养老服务设施不健全、养老服务项目少的问题。而残障老年人的养老服务涉及生活照料、康复护理、精神慰藉等诸多方面,社区的养老服务水平和能力有限,难以满足残障老年人特殊的养老服务需求。社区的养老服务发展受到经济资源、技术条件等各种因素的制约。首先,社区养老服务缺乏经费支持,且多数社区筹资渠道有限。对养老服务发展的资金支持力度不够,以致于社区养老服务的设施不健全,尤其是针对残障老年人的养老服务设施不足,缺少适合残障老年人的养老服务设施。其次,社区的养老服务内容过于简单。虽然社区为老年人提供了日常简单的医疗室,但并未满足残障老年人的特殊性服务需求,包括医疗、康复、护理等服务的需求,正是因为社区缺乏多层次的养老服务内容,这就导致残障老年人的养老服务水平不高且养老服务需求无法得到满足。

(三）残障老年人养老服务的家庭功能弱化

家庭是能够为老年人提供养老服务的主要来源，老年残障提高了老年人对家庭的依赖程度，提高了家庭养老功能存在的客观必要性。①但是从当前的家庭养老状况来看，由于子女外出、家庭结构的变化和规模的缩小，导致了家庭的养老服务功能弱化。残障老年人作为一个特殊群体，由于他们身体状况差，导致生活自理能力更差，而且残障老年人对护理康复服务方面的要求较高，其养老服务的成本也相对较高。特别是生活不能自理的残障老年人对生活照料、护理康复等方面，需要家庭成员能为其提供服务。残障老年人的高成本养老服务使得家庭负担沉重，家庭成员也会在提供照顾的过程中缺乏对残障老年人精心的照顾，也有家庭选择把残障老年人送往养老院居住，让残障老年人离开熟悉的生活环境，且家庭成员少与他们沟通和交流。家庭养老在向残障老年人提供养老服务时缺少细致、人性、科学和技巧，导致部分残障老年人在家庭支持这一方面未得到有效的养老服务保障。

（四）残障老年人养老服务缺乏专业的服务者

残障老年人的养老服务在内容和形式上区别于其他的老年人。残障老年人由于他们的身体状况的原因，其养老服务多体现在对医疗服务、护理服务、康复服务的需求上，而这些服务都涉及到对技术条件的要求，就需要有专业的人员积极参与到其中并提供养老服务。在残障老年人养老服务工作的进行过程中，却缺乏相应的专业服务人才。即使有部分从事提供养老服务的人员，却大多数没有经过专业化的培训，而有的专业人员也因为工资待遇和地位低的原因，其工作的积极性也不高，所以专业化的养老服务队伍不稳定。在这样的情况下，面对残障老年人这样更具有难度的养老服务，专业化服务人才的缺乏以及服务的不到位导致残障老年人不同于一般老年人的特殊养老需求更难以得到满足。

三、构建残障老年人养老服务社会支持体系的对策

上述残障老年人养老服务社会支持体系存在的问题表明，残障老年人已获得或者能过获得的社会支持存在不足和缺陷。因此，残障老年人养老服务体系的发展仍需要强化其社会支持，积极发挥各社会支持主体的作用，建立健全积极的残障老年人养老服务社会支持体系，为残障老年人提供满足其特殊性、复杂性和多样性的养老服务需求，提高残障老年人的生活质量，最终实现我国残障老年人养老服务体系的完善与发展。

---

① 姚远.老年残障对我国家庭养老功能变化的影响[J].人口研究，2009（02）.

（一）发挥政府的主导作用，提升政策支持力度

养老服务体系的建设是政府的一项基本职责，政府在养老服务工作中的职能和作用，决定了对需要帮助的老年人尤其是残障老年人这一社会弱势群体实施支持是政府应有的责任。政府在养老服务社会支持体系中占据着主导者的地位。政府对残障老年人养老服务的主导作用主要体现在养老服务的政策制定、制度设计、资源分配等方面，并以此来缓解和解决社会不公和分配不均的社会问题。首先，政府需要对养老服务需求不同的残障老年人有差别、分层次、有针对性地制定出具体的、操作性强的政策，为残障老年人提供养老服务。其次，政府在残障老年人养老服务体系中应发挥的作用和职责，可以通过建立完善的法律体系来保障政府政策在一定时期实施时的持续性，提升残障老年人养老服务的政策支持力度，使得政策能落实实施，以正确、有效地发挥作用。最后，政府不能解决老年人的全部养老服务需求，尤其是残障老年人的各项福利事业，更需要通过调动社会资源与公众参与才能真正更好地满足残障老年人的养老服务需求。

（二）完善社区的服务职能，整合社区支持资源

社区的养老服务职能全部由社区承担，而面对不同的老年人群体有差异性的养老服务需求时，社区也就无法做到尽善尽美。社区对改善残障老年的人生活质量和满足养老服务需求也起着重要的作用。首先，社区需要拓宽筹资渠道，尽可能地把资金投入到完善和健全残障老年人养老服务设施中，如医疗服务、康复服务等具有技术条件要求的设施的改进和更新。其次，社区承担着残障老年人的生活照料、医疗康复、精神慰藉等服务内容，要提供多样化的养老服务内容。社区可以依靠现有的助残养老资源，建立健全残障老年人养老服务的社区支持网络，推进残障老年人医疗康复服务，推动社区养老服务设施及场所建设、完善残障老年人在基本生活、文化娱乐等方面的社会支持服务等。在残障老年人所生活的社区范围内，社区还可以向其提供各种上门服务，如购物、清扫、护理等日常的生活照料等。所以，残障老年人养老服务的发展也需要社区依托现有的各项资源实施更有力度的支持，从而完善社区的养老服务职能。

（三）倡导以家庭照顾为主，强化养老服务保障

我国的养保障制度在不断完善的进程中，具有传统特色的家庭支持是必不可少的。《中华人民共和国宪法》第四十九条有规定：成年子女有赡养扶助父母的义务。因此，老年人的养老服务以倡导家庭照顾为主。家庭在残障老年人养老服务工作中发挥着不可替代的作用。老年人的残障强化了家庭养老功能与社会支持之间的联系，需要构建一个以家庭养老功能为中心的社会支持体系。首先，残障老年人对家庭的依赖性很强。这既表现在对家庭经济的依赖上，也表现在对大量

照料服务和精神慰藉的需要上。可以说，残障老年人家庭成员承担了主要的照顾责任。其次，残障老年人由于身体状况和心理上的特殊性，他们从心理上会更倾向于生活在自己熟悉的环境和接受自己熟悉的家庭成员的生活照顾，家人的沟通与交流才能使得他们得到精神上的慰藉。我国残障老年人养老服务体系的健全发展需要继续加强家庭对残障老年人的养老服务供给作用，强化家庭的养老服务保障功能。

（四）加强专业人才队伍建设，提高专业服务水平

由于残障老年人养老服务需求的特殊性、复杂性、多样性，要求其养老服务内容、层次以及形式也要多元化。在这样的背景下，建立健全残障老年人养老服务体系，必须建设专业化的社会组织，努力提高管理和服务水平，使助残养老服务队伍的素质不断提高。首先，需要加强专业人才队伍建设，培养社会工作职业化、专业化人才，成为残障老年人养老服务供给体系建设的重要组成部分。社会工作者应走职业化、专业化的道路，为残障老年人获取养老服务提供更多便利。其次，倡导志愿者服务。通过倡议、发动、引导志愿活动以及建立"义工银行""劳务储蓄"等方式，动员各类人群参与助残养老服务，鼓励低龄和健康老年人为残障老年人服务，提倡邻里互助；逐步建立志愿者培训和服务评估制度，实现养老服务服务活动的制度化、规范化、常态化，为残障老年人提供多元的养老服务。最后，要建立为残障老年人提供养老服务的专业服务人员的人事制度。运用各种物质或精神上的激励措施，调动专业服务人员的工作积极性，提高服务效率，组建稳定的专业服务人才队伍，使得残障老年人能够享受优质的养老服务，实现我国残障老年人养老服务体系的完善与发展。

【本章小结】特殊老人包括残疾人、鳏寡孤独、失智、失独、失能半失能、空巢等老人，他们的养老面临特殊的法律风险，主要包括因生存环境不佳、无人陪伴精神空虚、老病缠身缺乏治疗、文化生活缺乏等引发的法律风险。全社会需通过大力倡导尊老孝老的良好社会风气、健全社会养老服务体系、因地制宜成立互助养老服务中心、进一步完善农村社会保障体系、加快农村文化设施建设、提高留守老人生活质量等方式，解决这些特殊老人面临的特殊养老法律风险问题。

第十五章 其他涉老领域法律风险

第一节 老人"安乐死"的法律风险

一、关于安乐死的经典案例

（一）合法安乐死的第一人

2003年11月10日，荷兰一院（即上院）以46票赞成、28票反对的结果通过了"安乐死"法案，这使得荷兰成为世界上第一个把安乐死合法化的国家。法案规定，身患不治之症的病人，在考虑成熟后可提出自愿结束生命的书面请求，主治医生则应向患者详细陈述实际病情和后果预测，并由另一名医生参与诊断和确诊，方可实施"安乐死"。法案还规定，实施"安乐死"的手段必须是医学方法。2003年11月30日，在阿姆斯特丹，这是一极平常的日子，但对托莱尔来说，这又不是平常的一天，因为她的母亲选择在当天与所有的亲朋好友诀别。这也是荷兰议会顺利通过安乐死合法的第二天。上午10时，托莱尔和她的二个姐妹、孩子们及其他朋友，等待牧师走进了家门，祈祷后，两名医生随后也进来了。房间布满鲜花。老母亲躺在床上，吃力地试图做出某种表情，对来人一一含笑。她这年71岁，她是一位非常开明的退休教师，几年前得了不治之症。几个月前，她就提请医生给她实施安乐死，以减轻自己的痛苦，并且已经获得了两位主治医生的同意。开始，托莱尔坚决不同意，但看到母亲一直在经受地狱般的折磨，拗不过老母亲的强求，在与姐妹们商量之后决定同意。老太太吃力地点了点头，托莱尔流着眼泪，下令关灯，同时点起蜡烛，播放了妈妈爱听的音乐。有人轻轻地、轻轻地抽泣，医生则用他颤抖的手给老太太注射了致命的药物。一会儿，老太太走了，但她是含笑走的……

（二）中国安乐死案例

1986年，陕西第三印染厂职工王明成为身患肝癌晚期绝症的母亲夏素文申请"安乐死"，主治医生蒲连升同意为他母亲注射了100毫克的复方冬眠灵。王明成和主治医生蒲连升被陕西汉中人民检察院以故意杀人罪提起公诉，并刑事拘留。两年后被法院宣布无罪释放。检察机关不同意这个判决,提出了抗诉。一年后,汉中市法院终审判决,蒲连升无罪。据后来蒲连升接受中央台采访时的回忆:当时病人垂危,打不打冬眠灵都要死,整个医院的三层楼都听见,头一晚上因剧痛喊了一夜,值班医生李大夫给她打了10毫克安定。她呻吟不止,试图用头碰床头。她儿子和女儿跪在地上求我说,叫我妈早点儿走吧。我就开了处方,复方冬眠灵100毫克。处方上的话是我写的,家属要求"安乐死",下面是家属的签字,儿子王明成、女儿王晓琳。注射的人是省卫校的实习学生,叫蔡建林。要我打进去就没有证明人了,到底注射的是什么药?注射量是多少?这个针打进去就是没有痛苦,"安乐死"就是没有痛苦地、幸福地死去。三个月之后,我就被捕了,告密的是患者的大女儿。我当时的信念非常坚定,我跟患者一无冤二无仇,没有接受她的贿赂,我何罪之有啊?我为什么要去杀她啊?一个人扪心自问的时候,我想任何一件事情,不付出点儿牺牲是不可能的,不能每件事情都被别人理解,除了死亡而外,所有的人间的痛苦,可能我都受过了。有的医生悄悄地进行"安乐死",不过是没有写在处方上,没有写在档案里面。我要奉劝和我一样的大夫,在我们国家没有立法以前,最好不要干这种事情。呼吁尽快立法,这个问题就解决了。17年后,案件另一名当事人王明成,由于得了胃癌,加上哮喘等各种病魔近两年的折磨,原来120斤的他只剩下了60多斤,西安交大第二医院确诊他已经到了胃癌晚期,并无法治愈。2003年2月4日,痛苦不堪的他正式向医院提出了安乐死的请求。但是医院的答复是国家没有立法,不能够实施。王明成无法像其母亲那样安静地走完一生。2003年8月3日凌晨,王明成在病痛的挣扎中停止了呼吸。

二、安乐死的法理分析

(一)安乐死的定义

"安乐死"一词源于希腊文,是快乐的尊严的死亡。然而,安乐死在不断的发展过程中被赋予了许多不同意义,出现了诸如"尊严死""协助死亡""受嘱咐杀人""帮助性自杀"等相关概念。被赋予现代意义的相关概念都有其各自的立足点和侧重点,如"受嘱咐杀人"和"帮助性自杀"其实谈的都是一个意思,医生在本人自愿安乐死的前提下,为其实施安乐术。在安乐死的争论中,由于侧重点不同,一个成了"他杀",一个成了"自杀"。正是因为法律没有给安乐死一个权威而明确的界定,才使人们对安乐死实施带来疑惑和一定的恐惧,也造成了现实中司法的混乱。

我国通常认为:安乐死是指患不治之症的病人在垂危状态下,由于精神和躯体的极端痛苦,在病人和其亲友的要求下,经医生认可,用人道方法使病人在无痛苦状态中结束生命过程。对重度精神病患者、重度残疾人及处于不可逆昏迷中的植物人,实施使其在无痛苦感受中死去的行为。狭义的安乐死专指对身患绝症、临近死亡、处于极度痛苦之中的患者,实施促使其迅速无痛苦死亡的一种方式,又称无痛苦死亡。

(二)安乐死的类型

现实生活中对安乐死认识的混乱与疑惑很大部分原因源于实践中出现的不同种类的安乐死的类型。具有实质性意义的类型划分主要是以下两种:

1. 按"作为"或"不作为"的不同,安乐死区分为主动安乐死与被动安乐死

主动安乐死是指采取一定的行动,蓄意将临终病人致死,让他脱离生的极端痛苦。所谓被动安乐死是指借着不作为,如中断医疗甚至中断基本照顾,让之自然死亡。一般认为,不为末期患者提供无效用的治疗视为让患者自然死亡。而非刻意延长他们的性命,因此并非采用安乐死,因此尽量避免使用"被动安乐死"一词。在主动安乐死中由于对患者采取一定的积极行为,死亡的原因与行为就产生了某种联系,行为和病因与死亡原因就发生了微妙的变化。而在被动安乐死中死亡的原因就只能是不可挽救的病痛了。

2. 按当事人对安乐死之接受与否,可以将安乐死区分为自愿安乐死与非自愿安乐死

自愿安乐死之意愿表达有两种可能性:一种是病危时为之,这必须以病人意识清楚能做出决定为前提。另一种是事前表明。非自愿安乐死包含两种情形:一是当事人没有表示或无法表示意愿的"无意愿安乐死";一是违反当事人意愿安乐死。无意愿安乐死不一定是违反病人意愿(例如昏迷,无脑儿童)。

安乐死的主动与被动之分,涉及到安乐死的权利归属问题。从法律角度上讲,这种权利只能属于要求安乐死的公民本人,而不能属于医生、亲属及其他人。医生具有的不过是病种病情的判断权利和提供病种病情判断结论以及有关资料的义务。决定是否选择安乐死的权利只能属于公民本人。任何其他人无权代理同意或擅自做出决定,否则就是对公民人身权的侵害。建立在医生、家属或其他第三人同意基础上的主动与被动是不符合我国现行法律规定和要求的。另外,关于划分主动与被动的依据,一般认为是"作为"与"不作为"。作为指的是主动采取措施,而不作为是指"中止维持,不再采取挽救措施",让其自然死亡。严格意义上来说,"作为"与"不作为"是难以截然分开的,采取措施是一种作为,中止维持实际上也是一种作为,最后必然又涉及权利问题,涉及本人意愿。比较容易出问题的是无意愿安乐死。而无意愿安乐死中也存在主动和被动之分。

这就是行为因素和意识因素在安乐死问题上的交叉混合导致的。因此,给安乐死一个明确定义,严格界定安乐死对象范围非常必要,也是解决问题的最有力措施。

(三)安乐死的法律分析

1. 我国《宪法》规定,公民人身自由与人格尊严不受侵犯

笔者认为,这是有特定含义的,公民个人有权选择生存的方式,在特定条件下也有权选择死亡的方式。"安乐死"是一种在特殊情况下,在不违背国家、社会和他人利益的情况下所采取的一种对生命的特殊处分方式,这种处分是有严格的条件与程序的。现在欧洲一些国家所实行的"安乐死"立法都是在传统道德与现代法律之间所作的选择。因此,认为"安乐死"有背宪法,缺乏基本的构成要件。

2. 从《刑法》上看,一般认为我国《刑法》将安乐死视为谋杀

根据《刑法》中关于谋杀——故意杀人的构成要件来看,安乐死并不是犯罪行为。我国《刑法》规定表明,犯罪的本质是具有一定的社会危害性,而社会危害性的内容是对法益的侵犯。社会危害性是主观恶性和客观危害的统一,犯罪不仅要有质的规定,也要有量的限制。安乐死不仅不具备犯罪所要求的社会危害性,反而对社会有利,行为人不仅没有主观恶性,反而是出于人道和善意。

(1)公民有选择死亡的权利是安乐死非犯罪化的前提。马克思主义法学认为,法律在承认人享有生命权利的同时,也应承认人享有选择死的权利,在特殊的情况下有处置自己生命的权利。允许安乐死既体现了对个人权利的尊重,也不会有损社会和国家的利益。死亡的权利是"优死"观念的强化和追求生命质量的价值目标的必然和结果。当然,这并不意味着人有无条件地结束自己生命的权利。人有了死亡的权利,就可以对安乐死做出要求或承诺,对自己的死亡方式做出选择。安乐死的目的就是消除或减轻死亡时的痛苦,其要以缩短自己的寿命为代价;而在选择继续生存的情况下是以忍受剧烈的肉体疼痛为代价。所以说,安乐死实际上对病患者来说是对安乐地死去还是痛苦地活着的一种判断和选择。既然,病患者做出了安乐死的选择,我们就应该尊重他的价值选择和意志自由。因此,在一定的条件下,法律没有理由强制人痛苦地活着。

(2)病人要求或同意安乐死是安乐死非犯罪化的根本。实施安乐死要以病人的要求或在不违背其意志自由的条件下表示同意为要件。病患者承诺安乐死是其意志自由的表现。自由权和生命权是人身权的两个基本内容。公民有生的权利,也应有死的自由。

病患者的承诺从侧面否定了行为人的主观恶性。通常情况下,行为人(医

务人员等）不忍看到病人痛苦地忍受病魔的折磨，在善良和慈悲的驱使下实施行为。在这种情况下，将行为人予以刑事处罚不仅达不到刑罚的目的，反而是对《刑法》威严的自损。

（3）安乐死不具有严重的社会危害性。社会危害性是犯罪的本质特征，是主观恶性与客观危害性的统一。我国《刑法》第十三条中指出，"情节显著轻微，危害不大的不认为是犯罪"。在不同的历史时期，社会关系总是会发生变化，行为的社会危害性也会随着发生变化。某一行为过去认为是犯罪，现在其社会危害性已经消失，甚至有利于社会。在以前，由于个人力量的有限，保护自己的生命成为社会关系的一个重要方面，就需要法律提供强有力的保护。但是，随着人们生命意识的加强及对生命的再认识，可以说死亡的方式及死亡的权利也成为在强调个人意志自由的现代社会的一个很重要方面。在这样的背景下，安乐死的危害性的程度可谓不大。安乐死是公民自己或亲属在非常情况下对自身生命的终结做出的选择，在一般情况下对国家、社会、个人都不会造成危害，因而属于公民个人权利行为，不具有社会危害性，不会对他人或集体利益产生影响。

综上所述，从法律的角度分析，安乐死是不违法的，但是是否能将其合法化的问题，一直是我国学界甚至全世界争论的焦点。

三、关于安乐死的合法化

（一）安乐死的合法化运动

1935年，在英国成立第一个自愿安乐死合法化委员会；三年后，在美国也成立了同样的委员会。1976年后，法国、丹麦、挪威、瑞典、比利时、日本，甚至在天主教信徒很多的意大利、法国和西班牙也都出现了自愿实行安乐死协会。这些民间组织的宗旨在于使安乐死合法化。英、美的安乐死协会还曾起草过能妥善防止发生谋杀、欺骗、操之过急的提案。他们的提案均被国家和地方立法机构一一否决。1987年，荷兰通过一些有严格限制的法律条文允许医生为患有绝症的病人实行安乐死。

尽管安乐死至今还没有在多数国家合法化，但人们对给予病情危重而又无法治愈的病人以死的权力和自由以摆脱残酷的病痛折磨的做法，愈来愈多地采取同情的态度，认为这是符合人道主义精神的。虽然西方许多国家都把安乐死看成犯罪行为，但支持实行安乐死的人数在不断增加。估计有十万人已立下遗嘱，告诉医生：一旦他们患了不治之症，生命行将结束时，不要再用人工延长生命的措施进行抢救。如日本的安乐死协会建立于1976年，三年后已拥有两千名会员。

从历史的趋势来看，安乐死的合法化，势在必行，只不过是时间与实施细则问题。1983年，世界医学会的威尼斯宣言提出了消极安乐死的正式意见。同年，美国医学会的伦理与法学委员会对于撤除生命支持措施的意见都已为安乐死实施创造了条件。

（二）我国"安乐死"的立法之路

第一次尝试：1988年，严仁英和胡亚美在七届全国人大一次会议上最早提出安乐死议案，两人分别是中国妇产科学和儿科专业的泰斗。严仁英在议案中写下这么短短几句话："生老病死是自然规律，但与其让一些绝症病人痛苦地受折磨，还不如让他们合法地安宁地结束他们的生命。"

第二次尝试：1994年全国两会期间，广东32名人大代表联名提出"要求结合中国国情尽快制定'安乐死'立法"议案。

第三次尝试：1995年八届全国人大三次会议上，有170位人大代表递交了4份有关安乐死立法的议案。

第四次尝试：1996年，上海市人大代表再次提出相关议案，呼吁国家在上海首先进行安乐死立法尝试。1997年首次举行的全国性"安乐死"学术讨论会上，多数代表拥护安乐死，个别代表认为就此立法迫在眉睫。

（三）我国对安乐死合法化的争议及解决途径

目前，我国有一种观点认为安乐死不能合法化，生命的价值不属于个人而属于社会，个人对生命的义务实质上是对社会的义务；医学的研究突飞猛进，今天的绝症也许明天就能攻克，轻易放弃对生命的挽救是不负责和不道德的；任何微小的法律漏洞都可以被利用，它为谋杀、逃避赡养、摆脱医疗失误提供了方便；重病患者意欲求死之人依然有求生的欲望，时常在痛苦和平静之间摇摆，如何去判断他的真实意愿呢。另一种观点认为安乐死可以合法化，但我国条件尚不满足。

笔者认为，目前我国要求安乐死立法的呼声不断，对于安乐死这一话题，法律上应该明确安乐死是指自愿安乐死。只有自愿安乐死才能体现它是权利主体积极处分自身权利的行为，才能体现它是一种优化的死亡状态，才是法治的国度给予人权的真正尊重。只有给安乐死立法，才能规范现实中的安乐死行为，才能区别于与真正意义上的安乐死相近似的相关行为，有效打击违法犯罪，切实维护社会主义法制程序。只有给安乐死立法，才符合国际社会发展的趋势，才能有效促进法制建设。

第二节 老人旅游法律风险

一、相关典型案例

案例一：70岁唐某与A旅行社签订《团队国内旅游合同》，合同约定的报名条件为：身体健康，无严重心血管疾病和突发性疾病的中老年朋友均可报名参加（若因自身身体健康原因引起的各项损失由客人自行负责）。旅行社赠送十万元旅游意外险。因成团人数未达到45人，A旅行社将该旅游团委托给B旅行社。B旅行社又将该团委托给C旅行社接待，C旅行社再将该团委托给D旅行社接待。

唐某在旅游过程中出现行走不稳，伴恶心、呕吐，导游知晓后叫救护车将唐某送往医院治疗，医院检查结果未见异常，后唐某回到酒店休息。次日凌晨，唐某出现意识不清、呼之不应、伴寒战，导游再次叫救护车将其送往急诊抢救中心治疗，后因脑梗死抢救无效死亡。

法院经审理认为，旅行社作为旅游活动的组织、接待者，对游客的人身、财产权益负有安全保障义务，宾馆、商场、银行、车站、娱乐场所等公共场所的管理人或者群众性活动的组织者，未尽到安全保障义务，造成他人损害的，应当承担侵权责任。认定A、B、C、D四家旅行社对唐某的死亡应承担30%的赔偿责任。根据相关法律规定，责任保险的被保险人给第三者造成损害，被保险人对第三者应负的赔偿责任确定的，根据被保险人的请求，保险人应当直接向该第三者赔偿保险金。鉴于A旅行社已向保险公司投保了旅行社责任保险，故保险公司应在保险责任限额内承担相应的保险责任。

案例二：老年人李某与北京某旅行社签订《北京市出境旅游合同》，行程安排为：第一天，北京至莫斯科；第二天，莫斯科至圣彼得堡；第三天、第四天，圣彼得堡；第五天，圣彼得堡至赫尔辛基；第六天，赫尔辛基至斯德哥尔摩；第七天，斯德哥尔摩至奥斯陆；第八天，奥斯陆至峡湾小镇；第九天，峡湾小镇至奥斯陆；第十天，奥斯陆至哥德堡至哥本哈根；第十一天，哥本哈根至林雪平（延雪平）；第十二天，林雪平至斯德哥尔摩至北京。李某在延雪平旅游项目结束后在酒店休息时感觉身体不适,在急救人员紧急施救后被送至吕霍夫省医院,四天后,李某被确认死亡。医疗机构确认最终死亡原因为:多器官衰竭。上述死亡原因由以下症状引起:肌阵痉挛,循环及呼吸系统功能不全;上述症状由以下原因引起:缺氧性脑损伤;上述症状由以下原因引起:不明基因引起的心脏骤停。导致死亡的其他疾病和创伤:肾衰竭、酸毒症、贫血。李某子女向法院起诉,要求旅行社赔偿。

法院经审理认为,宾馆、商场、银行、车站、娱乐场所等公共场所的管理人或者群众性活动的组织者,未尽到安全保障义务,造成他人损害的,应当承担侵权责任。李某在旅游过程中因病去世。李某子女主张,旅行社在组织旅游活动中未对李某尽到安全保障义务,造成李某死亡的后果,旅行社应承担侵权责任。李某子女主张的事实所提交的证据,不能证实其主张。因此,法院对李某子女的诉讼请求不予支持。

案例三:张某与某旅行社签署了前往泰国清迈的《团队出境旅游合同》,行程第四天,张某在自行安排活动期间参加导游推荐的自费项目"金三角岛上观光活动"时,因客船靠岸时摇晃致使张某无法正常站立手指受伤,送至医院诊断为小指末指腹缺损。张某认为,旅行社作为提供旅游服务的保障方,其安全保障义务贯穿于旅游行程的每一个环节。导游向张某推荐该项目时,并未向张某进行风险提醒或者安全事项的告知,故诉至法院,请求法院判令退还旅游费用,赔偿护理费、误工费、精神损害抚慰金。

法院经审理认为,根据相关法律规定,旅游者在自行安排活动期间遭受人身损害、财产损失,旅游经营者未尽到必要的提示义务、救助义务,旅游者请求旅游经营者承担相应责任的,人民法院应予支持。侵害他人造成人身损害的,应当赔偿医疗费、护理费、交通费等为治疗和康复支出的合理费用。旅行社作为旅游经营者在组织张某等人自行安排的旅游活动中,根据其经营过程中经验,应当对"金三角岛上观光活动"中游客所乘坐的游船以及河岸材质存在的安全隐患具有高度的注意义务和警示义务,在张某乘船之前未能尽到上述提示告知义务,旅行社对此存在一定的过错。但张某作为完全的民事行为能力人,在事发当时的境况下,应当预见到乘船过程中所存在的摇晃等风险,也有能力通过自己的积极预防行为避免人身受到伤害,而张某未能及时预见也未能避免损害后果的发生,对此自身存在一定的过错。因此，法院酌情确定旅行社承担20%的侵权赔偿责任。

二、旅行社的危机、风险形式以及旅行社风险防范

（一）旅行社在旅游行业的作用与性质

旅行社作为旅游行业的经纪人和代理商，把旅游的吃、住、行、游、购、娱六大要素串成一个完整的产品向旅游者销售。其作用是在旅游者与旅游企业之间架起沟通的桥梁。旅行社一方面向旅游者提供直接的服务，如：宣传、咨询、销售旅游产品；另一方面为旅游者代订旅游六大要素的产品服务，以及其他的中介、委托服务，如：代办签证，代办保险等。旅行社在行业中的定位就已表明其为风险行业。

（二）旅行社的危机及风险形式

1. 旅行社的危机

旅行社危机是指旅行社在经营活动和经营管理的过程中出现市场份额萎缩、客源流失、服务质量下降、财务亏损、人才散失等等。这些危机的突出与否，表现了旅行社抗风险能力的强弱，也就体现了旅行社的管理能力的强弱。

2. 旅行社的风险

（1）合同风险。旅行社与旅游者签订旅游合同为第一合同关系；旅行社与相关的服务协作单位，如旅游汽车公司、酒店、餐厅、景点等签订合作协议为第二合同关系。根据《民法典》中合同相对性原理的要求，合同双方当事人只能够向对方主张权利，承担义务。既然旅行社和旅游者签订了旅游合同，旅行社必须对签约旅游者负责，旅行社不能直接以该服务是交通部门、饭店提供，而把责任推给相关单位，要求旅游者直接向他们提出赔偿要求。所以，由于合同具有相对性，旅行社和旅游者签订旅游合同，就意味着旅行社必须为旅游合同所列出的全部旅游服务承担责任，而旅行社对相关服务单位的制约又是微乎其微。从这个意义上讲，旅行社与旅游者一经签订旅游合同，旅行社自身难以有效解决的矛盾已存在，旅行社所面临的不可避免的风险就永远存在。

（2）债务风险。拖欠团款问题是旅行社行业长期存在的一大顽症。旅行社的盈利靠服务费和代理费收入，但在这个竞争日益激烈的市场里，"零团费""负团费"让旅行社不得不押款进行资金周转。特别是以地接为主营业务的旅行社，都不同程度地被组团社以各种各样的理由拖欠团款，从而产生债务风险。

（3）安全风险。"没有安全，就没有旅游"，这是旅游从业人员再熟悉不过的忠告。旅游安全，包括旅游者人身和财产的安全。旅游过程中，不论责任在

谁，只要发生了旅游安全事故，旅游纠纷就难以避免。在所有的旅游纠纷中，旅游安全纠纷对旅行社的损害往往是最大的，高额的赔付使旅行社不堪重负而导致破产。昆明一家旅行社由于一次交通意外事故，法院要求其赔付200多万元，此旅行社因无力赔偿导致歇业。

（三）旅行社风险防范的原则

1. 全员危机教育

特别是旅行社高层管理者要增强危机意识和抗风险能力，并将危机意识传导给每一个员工。

2. 建立危机风险预警系统

定期或不定期地开展经营状况和旅行社现状的分析，增加快速反应能力，制定有效的处理措施，及时解决各种突发事件。

3. 利用法律手段，加强旅行社内部管理

依据国家法律法规，明确各种法律关系主体和责任条款，并落实到位。

（四）处理策略

1. 如何防范旅行社债务风险的拖欠款问题

旅行社在长期开展业务的过程中，有约定俗成的操作模式。比如通过双方往来传真对团队的确认。案例：2004年，广东某旅行社（甲方）给昆明某旅行社（乙方）发了几十个团，双方都是往来传真确认，每月甲方按传真约定给乙方做团人的个人储蓄卡上打钱。双方开始合作一直没问题，但从"十一黄金周"到年底，甲方以各种借口拖延付款。乙方考虑到以前一直合作不错，也就没有拒绝接团。可到年底催款时，甲方已欠乙方几十万元的团款，到法院起诉，乙方败诉，此笔欠款成为死账。原因有三：一是双方业务往来全是传真；二是往来确认的签字没有公章；三是双方往来的团款全部走私人账户。这个案例说明了仅仅有往来传真在业务合作中是不够的，特别是在没有公章的情况下。如果没有其他的证据能证明双方业务合作的事实，欠款是很难依法追偿的。组团地接的合作协议中最重要的条款不是团队如何地接、团款如何结算、违约金如何计算等问题，而是对双方合作的履约方式和履约代表人的确定和争议管辖的约定。（1）履约方式的确定：即把传真作为双方团队确认的主要依据之一。合同中应该有类似这样的表述："本协议为双方业务使用中的原则性约定，具体团队接待单团单议，双方关于团队接待的往来确认传真和结算传真与协议同样具有法律效力。"（2）履约代表人的确定：即把对方旅行社负责和地接社衔接的相关人员的姓名列明。因为旅行社有时在需要团队确认时无法盖到公章，或组团社故意不加盖公章，但又必须要确认。这时，履约代表人的签字就相当于盖公章。这样约定就可以避免有些没有盖章的传真难以认定的问题了。（3）如果和地接社合作的是个某个旅行社的分部或承包部门，一定要在这份合作协议中见到旅行社的公章或财务章，合同章同时出现，这样可以避免一旦引起非法取得的承包部门的印章进行传真确认的无效性了。（4）最好将该合作协议的争议诉讼管辖约定到地接社所在地，一旦产生债务纠纷，可以方便法院审理，抑制和克服地方保护主义。合同中如果对方坚决不同意约定由地接社所在地管辖，也可约定原告住所地法院管辖，或者约定合同签订地法院管辖。（5）付款的问题，如果合作双方的款项往来都走公司账户，那没问题。但目前的实际情况是，很多的旅行社之间由于各种原因导致往来的款项走私人的储蓄卡，这个时候，一定要在合同中明确确定地接社接受团款的一个或几个储蓄卡的卡号、开户者等相关信息。这一约定看起来对组团社更有利一些，或者说对组团社更公平一些。其实这种做法也可以为欠款诉讼中相关问题的举证带来便利。

2. 如何防范旅游安全风险

从目前的情况看，旅游安全风险防范的方式只能采取购买旅游保险。旅行社的保险有两种：旅行社责任险和旅客旅游意外保险。购买旅游保险可有效地防范和转嫁旅游者的旅游风险。但大多数旅行社的管理人员对这两类保险，认识不清，理解不透彻，认为只要购买国家旅游局强制要求的旅行社责任险就可以了。这种认识不够准确，下文就这两个险种作一阐述。

（五）旅行社责任险与旅游意外险的区别

旅行社责任保险与旅游意外保险都是旅游保险的险种，二者都是保障在发生旅游事故时，旅游者能够得到及时有效的赔偿，并且分担旅行社风险的制度。但二者在很多方面又存在着不同，主要有以下几点：①保险标的不同。②保险合同的主体不同。③保险来源、投保方式不同。④保险期限、索赔时效不同。⑤赔偿依据、赔付额度不同。据初步统计，目前实际发生的旅游安全事故，从数量上看，绝大部分的人身、财产、安全事故属于意外事故，和旅行社的责任没有任何直接的关系。但从合同关系和损害程度上看，旅行社的责任，就需要仲裁机构或法院的认定，事后赔付。旅行社先期所垫付的款项就可能无从追偿，旅行社责任保险在这个时候并不能发挥作用。而旅游意外险赔付主体是游客本人，一旦发生事故，赔付可以立即到位。旅行社根据实际情况和需要，必须购买两险，特别是组团社要购买双保险。在昆明大多数的旅行社还购买了旅游地接保险，这样不论旅游者发生了责任事故，还是意外事故，或者是第三人责任引起的人身财产损害，旅行社都可以让保险公司代为支付赔偿，较为彻底地摆脱了旅游保险的困境。

三、针对老人面临的法律风险及建议

随着全社会生活方式和消费理念的发展进步，国庆小长假等假期期间，越来越多的"银发一族"选择走出家门，走向世界、开阔视野，给桑榆暮景增添无限乐趣，也在全社会掀起了一股"银发旅游"的新浪潮。

然而，由于年龄、精力等多方面的限制，客观上老年人的旅游风险系数较高。对旅游老人来说，也存在一定的法律风险。

（一）"银发旅游"案件的特征

1.案由集中，损害后果严重

近年来，"银发旅游"纠纷案件数量并不多，案由主要集中在侵权责任纠纷（如生命权、健康权、身体权纠纷等），以及群众性活动组织者责任纠纷。而且，许多案件的损害后果通常比较严重，大多表现为大额财产损失、重大伤残甚至死亡。

2.受害主体单一，责任主体多方

老年人作为"银发旅游"的参与者，也是旅游纠纷中的受害主体。然而，在"银发旅游"相关案件中，责任主体通常不止一方，尤其在造成人身损害的情况下，旅行社、保险公司、租车公司、宾馆、景区等往往都可能成为共同责任主体承担法律责任。

3.风险因素多样，责任竞合多发

相比普通的旅游案件纠纷，"银发旅游"的风险因素更多样，再加上老年人身体素质的特殊性，更易诱发严重的旅游事故。而这类风险一旦发生，往往会出现法律责任竞合的情况，尤其在人身损害案件中，侵权责任与违约责任经常同时构成，当事人需择一请求权基础进行诉讼。

4.法律意识薄弱，维权路径曲折

一些老年人受自身年龄、身体素质、沟通渠道等多方面的限制，难以直接掌握正当的维权途径。有的老年人盲目听信侵害人的"承诺"一再延误维权时机，更有甚者害怕家人责备选择忍气吞声，使得追责之路更加艰难。部分老年人是在经历了协商不成、投诉无果之后，才最后走上诉讼之路的。

（二）"银发旅游"的法律风险提示

那么老年人出游究竟存在哪些安全隐患呢？下面我们从常见的纠纷入手，梳理了"银发旅游"中几种典型的法律风险。

1.警惕旅行社无资质、超范围经营

我国《旅行社管理条例》对旅行社的设立条件有着明确规定，申请人需在取

得《旅行社业务经营许可证》和营业执照后方可经营旅游业务。

然而，市面上却存在大批无证经营的"黑社"，他们并不具备保障老年人出行安全的能力；有些旅行社即便是取得了营业资质，也时有超范围经营的情况发生，比如国内旅行社承接境外旅游业务。旅行社无资质、超范围经营在出行安全、旅游投保等多方面都存在重大安全隐患。

2. 警惕误入"保健品营销"骗局

当前市场上有一些组织老年人免费出游的保健品营销组织，他们平时免费为老年人量血压、做理疗、提供健康咨询，获取信任后打着"回馈老客户"的旗号号召老年人"疗养"，去的都是一些免费景点，借机煽动老年人购买大量保健品或者养生养老项目。这实际上是一种典型的保健品营销手段。

这类营销公司并不具备保证安全出游的能力，老年人无从知晓活动组织者或者说销售者的信息，购买的保健品也拿不到正规的消费凭证，事后维权较为艰难。

3. 警惕免费或低价出游陷阱

一些旅行社利用老年人保守节约的消费心理，发布"低价团购"甚至是"免费出游"等广告，以超低的价格吸引老年人呼朋引伴报名。

事实上，组织老年人出游需要更高的成本开支，因为老年人出游都有身体检查、随团医生等需求，免费和低价根本无法满足老年旅游团的正常开支。

于是，老人们在游玩过程中往往面临几经转手拼凑成团、临时改变行程路线、擅自增加旅游景点、购物场所强制消费等艰难处境，遭受财产损失的同时还增加了危险系数。

4. 警惕一次性高额套餐费

老年群体中也不乏追求高品质出游的人群。有些旅行社针对这类人群推出"高端旅游定制套餐"。这类套餐不仅价格高昂，还要求老人预缴高额的"保证金"。为了降低老人的防备心理，旅行社还会与老人签订"退款协议"，约定一定期限后退还"保证金"。

许多老人认为，有协议在手，可以放心付款。殊不知，有一些缺乏诚信的旅行社甚至在出团前即"人去楼空"，给老人造成较大的经济损失。

5. 警惕合同缺位和免责条款

在出游前，旅行社一般都会签订规范正式、统一格式的旅游合同。这是老年人维权的有力依据。如果旅游活动的组织方不提供或拒绝签订旅游合同，需要考虑组织方无资质不规范的风险。但是，旅游合同中常有约定不清、责任不明的情况出现。旅行社为了规避责任也常设定免责条款，老年人往往由于自身疏忽或出于对旅行社的信任，未经仔细阅读就盲目签约，为发生纠纷后的合法维权埋下隐患。

6. 警惕"投保真空"和"盲目投保"

老年人身体素质较差，易受伤且易突发疾病，按理说应该购买较为全面的保险。然而，许多老年游客保险意识薄弱，或出于经济考量，投保旅游意外险的积极性较低。即便选择投保，也常因老年人隐瞒身体疾病情况投保，产生保险公司拒绝理赔而引发的纠纷。或因老年游客一味追求低价、忽视实际需求、不仔细阅读保险条款而盲目投保，后因对产品认知的差异而产生纠纷。

7. 警惕公共安全隐患

通常来讲，景区发展旅游业一般依赖其特殊的地势地貌或风土人情，与老年人日常生活居住的环境有很大不同，一些老年人在景区游览时可能遭受生命健康损害，比如从高处跌落、古建筑脱落致伤致残、动物园动物致伤、极端天气、刺激项目引发身体疾病、地面凹凸不平致摔伤、地面湿滑致摔伤等等。景区环境本身具有特殊性和复杂性，有的景区基础设施安全不达标，再加上管理存在疏漏，老年人更易遭受人身损害。同样地，老年人还需要注意酒店住宿安全风险和饭店食品安全风险。

8. 警惕黑店、黑车宰客风险

对于选择自由行的老年人，住宿和交通出行都需要自行安排，而老年人缺乏社会生活经验，不擅长使用手机软件等安排行程，可能易遭遇"黑车""黑店"，上当受骗。

第三节　养老地产法律风险

一、案例

（一）长沙水渡河老年公寓

长沙县水渡河镇187号，以前是水渡河粮站的所在地。2003年9月24日，姚跃刚以48万元买下，历时7个月完成了房子的改扩建。2003年3月，姚在花树掩映的大门口挂上了一个2米长的标识牌：水渡河老年公寓。然而，相比其他老年公寓和福利院，入住水渡河老年公寓的只有6个老人，与计划的70位老人的容量相差甚远。

1. 老年公寓环境幽雅

走进水渡河老年公寓，清爽宜人的空气让人不胜惬意，公寓前面的两个花坛里，栀子花正在盛开，旁边还布满着不知名的紫色小花。占地约一亩的草坪上，夏天的阳光透过蓊郁的桂花树叶，投下斑驳的光影，入水的青蛙不时在池塘掀起涟漪，5个老人坐在走廊上，不紧不慢地干着各自的事情。

94岁的老人杨萍亮不喜与人交谈，她的爱好是看报纸。所以，姚跃刚的妻子每天从发行员手中拿过报纸后，都会优先这个"老学究"。和所有同伴的房间一样，她那24平米的房间收拾得整齐洁净，被子叠得书本般端正，配套的卫生间里还能闻到肥皂的香味。

当问及她的生活情况时，这个老人像孩子般牵住记者衣角："我喜欢这里，我不会回去了。"杨萍亮是今年3月28日从益阳搬到水渡河老年公寓的，她喜欢弹电子琴，喜欢吃软软的饭，喜欢桌上摆一束野花……

姚跃刚说，自己的公寓不会输给长沙任何一所国有老年公寓。水渡河老年公寓刚刚建成，配套设施崭新而齐全，共有39套房子，能住70位老人。远离城区，菜园环绕也让水渡河老年公寓的空气更加清新。

2. 价格占优仍遭冷落

然而，到目前为止，入住水渡河老年公寓的只有6个老人。这种冷清的局面，姚跃刚在创办公寓的当初始料不及，面对亏损和冷落，他不知何故？

姚跃刚介绍，他的老年公寓目前的收费标准是每月500元吃住全包，夫妻合住一间只需每月800元。与国有的老年公寓比，所有配套设施都齐全。在服务质量上面，姚跃刚也下了狠功，他不明白自己的公寓何以落得如今的尴尬？

记者在长沙市老年公寓了解到，该公寓的收费标准略高于水渡河老年公寓。该老年公寓刘所长介绍，目前，该公寓70多个床位全部住满，现在公寓正在扩建，新增加一层楼。尽管新房还没正式交付使用，但已经有6个市民预订床位。

面对如此盛况，刘所长分析说，首先，该公寓地处城市繁华地段，交通很便利，老人子女前来探望极其方便；公寓环境较为优雅，食堂做饭用的油和米质量上乘，所以大家比较放心；内部员工周到的服务也让在住老人颇为满意。这些都是大家选择的原因。

（二）南京汤山的温泉留园老年公寓

"给我你的房子，我替你养老送终。"这是位于南京汤山的温泉留园老年公寓今年春节之后推出的一种独特养老模式。令温泉留园负责人刘小艳惊讶的是，将近一年过去了，这个崭新的楼盘概念依然"门庭冷落"。家住上海市徐汇区的张先生夫妇退休后，将市价60万元的产权房出售给某金融机构，每月能从该机构领取2000元。夫妇俩过世后，该金融机构将住房拍卖处理。这就是日前上海公积金管理中心正在研究的"以房养老"方案的雏形。

温泉留园老年公寓是一家民办养老机构，在全国率先推出了"以房换养"这一概念。

刘小艳告诉记者，"以房换养"模式是指拥有60平方米以上产权房、年满60岁以上的孤残老人，健康状况不论，自愿将其房产抵押，经公证后入住老年公寓，以后终身免交一切费用，待老人去世，房产权即归养老院所有。"很多人认为眼下南京一套60平方米的房子少说也得三四十万元，这买卖养老院赚大了。"

刘小艳坦言，事实上，找人测算后她发现，养老院面临的经营风险绝不会小：一般一个老人一年约花费一万元。老人顺当度过余生倒也罢了，怕就怕那些原来健康生活几年的老人，忽然因病瘫痪或长期住院，到时候养老院付的医疗费用可就是无底洞了。

但也有法律方面的专家指出，产权人在签订协议时要对养老机构的资信、履行合同的能力有个全面的了解，因为一旦经营单位破产，老人的生存保障就会形成一个真空地带。同时，还有人认为，由于养老院的利益是靠老人逝世后的房产来现实的，那么，老人越长寿，养老院的利益就越少。从这个意义上来讲，老人的利益和养老院的利益是对立的，当老人生病时，谁来维护老人的权益？养老院在利益驱动下能否尽心竭力救治？

另外，以目前中国老年人的收入水平，恐怕还无法承受"以房换养"的高额房价成本。中国保监会去年便有意先在全国几个重点城市试点推出一种"住房产权反向抵押贷款保险"，可惜没得到保险公司响应。

南京一家寿险公司的市场开发人员介绍，该寿险品种主要针对年龄大于62岁的户主。投保人将房屋产权抵押给保险公司，保险公司则按月向投保人支付一笔钱，用于补贴生活费或其他支出，直至投保人死亡，保险公司才能将房屋收回，进行销售、出租或者拍卖。

温泉留园在操作上，也存在着难题。刘小艳介绍，申请"以房养老"人员的资格如何界定？协议双方具体的权利义务关系和生活费的金额如何计算等等。同时由于老人每月所获得的生活费是根据所抵押房产的价值和老人的预期寿命来计算的，所以在这里就存在着问题：发放的生活费少，老人不乐意；发放生活费的周期长，温泉留园可能要亏本。①

二、养老地产开发中的法律风险防范

（一）养老地产及其发展状况

1. 养老地产的概念

养老地产是我国从发达国家引入的商业性概念，是指适应老年人日常生活、心理需求的房地产开发产品。养老地产形式多样，简单而言就是为老年人提供娱乐休闲、保健医疗与日常生活的居住场所，常见的包括老年公寓、福利院等。这是一种将房产开发与养老结合起来的全新复合型模式，将养老问题融入到房地产设计、施工与运营全过程中，可为老年人创造更好的居住环境。养老地产有别于住宅建设，需要与专业的养老服务相结合，因此很难迅速收回成本，且服务对象针对性强。

2. 我国养老地产发展状况

我国的养老地产行业最早出现于2000年，首个养老地产项目为北京东方太阳城。此后，这一概念才在全国得到广泛推广。而由于开发运营中存在诸多限制，养老地产的发展状况并不乐观。直到2013年，政府的扶持力度与市场需求逐渐增大，养老地产在二三线城市才得到迅速扩张。这一年我国新增养老地产项目超过20个。总体来看，养老地产还是一种新兴行业，目前在养老设施配置、市场供应方面相对滞后，无法满足老龄人口对养老地产的需求。据统计表明，截至2013年底我国老年人口已经突破2亿人，且年增长速度超过1000万，预计2025年将超过3亿人。如今，养老地产市场已逐渐细化，并且出现了多种配套服务行业，如老年家政、老年疗养等。我国也加大了对该行业的扶持力度，吸引了大批投资主体。此外，该行业具有广阔的前景，但目前尚未形成规模，还需要进一步开发与规划。

（二）现行与养老地产有关的法规政策

1. 我国现行养老产业相关法规政策

为探索服务老年群体的工作机制，支持老年群众开展自我管理与社会服务活动，统筹规划各种形式的养老服务模式，我国制定了一系列与养老服务相关的

---

① 上述两案例来自《养老地产失败案例》链接：https://www.docin.com/p-1085120630.html。

法律法规。例如，1999 年民政部制定了《社会福利机构暂行管理办法》；2000年，财政部、国家税务总局发布了《关于对老年服务机构有关税收政策问题的通知》；2014 年北京市人大常委会发布了《北京市居家养老服务条例（草案）》等。同时我国通过制定与养老服务业相关的土地政策、投融资政策与税费政策，旨在形成覆盖城乡的养老服务体系，不断完善养老地产市场机制，促进扩大养老服务业规模，保障养老地产行业的可持续发展。

2. 涉及养老地产相关法规政策的利弊分析

目前，国内养老地产的运营模式分为所有权与使用权两种。通过购买的方式获得养老地产开发与运营权的模式，就是所有权模式。这种模式能够更快地获得回报，但是需要做好后期运营工作，若仅仅将产品销售作为重点，忽视了后期管理，将极大影响后期的增值收入，导致养老服务质量下降。这就需要开发商对购买者进行限制，并与养老服务运营企业签订管理合同。养老地产中的租赁与协议管理模式，就是使用权运营模式。在商业用地开发中，这种模式较为常见，但是容易出现管理混乱问题。2012 年，中国保监会发布《关于保险资金投资股权和不动产有关问题的通知》，明确要求保险公司不得假借养老地产开发等名义参与房地产开发，避免保险公司通过养老地产谋取私利。政府为扶持养老地产发展，制定了相关税费优惠政策，如《关于对老年服务机构有关税收政策问题的通知》，但是这些政策总体来看只是对行政税费进行减半征收，并且将补助对象限定为养老机构，扶持力度与涉及面较小，并没有将养老地产纳入其中。在土地供应方面，我国早在《关于老龄工作的决定》中就明确规定了养老用地的范围，但是并没有具体的执行标准。随着国家对养老服务业的重视，2014 年国土资源部对外公布《养老服务设施用地指导意见》，对养老服务行业的土地开发、供应、管理等方面做出了明确规定，要求只允许投资建设养老院、老年护理机构等，但是与养老地产相关的养老住宅开发用地政策依然没有出台。国土资源部发布的《养老服务设施用地指导意见》虽然打开了养老地产中用地问题的桎梏，但地方政府如何在原本紧张的土地指标中安排养老用地、开发商如何获取融资贷款依然是未解的难题。

（三）养老地产开发中存在的法律风险分析

1. 养老地产开发阶段存在的风险

养老地产在开发阶段包括选址、确定土地性质以及市场定位等环节，也需要做好质量风险评估等工作，只有前期做好各项准备才能降低法律风险。养老地产开发阶段常见的风险包括资金不足、开发规划不合理以及市场调查不足等，也包括设计造价风险与法律风险。很多开发商在开发养老地产时，一般是依据常规住宅开发流程执行，并且由相对专业的设计机构进行设计规划。但是这种做法忽视了养老地产的特殊性，无法突出养老服务理念。此外，开发阶段若对相关法律文本缺乏解读，或者对运营设计缺乏动态考量，也会引发一系列风险。

2. 养老地产运营阶段存在的风险

养老地产运营服务大体分为三个阶段，即开业、开业巩固与正式运营阶段。开业阶段若营销方式选择不当、人员培训不力以及开业流程设置不到位等，均会导致后期入住率低、用户流失以及服务项目不合理等。开业巩固阶段为开业后正式运营的准备阶段。这个阶段存在的风险因素较多，如服务设施不完备、服务效率偏低、服务资金投入不足以及管理混乱等，这些问题将引发用户严重流失、突发事件多，最终影响到开发项目的总体收益。正式运营阶段运营成本是最为本质的问题，由于不同的开发商有不同的开发与运营模式，所制定的运营方案也存在差异，但都需要结合自身情况有效选择以规避风险。该阶段存在的风险包括投入与费用增加不协调、法律缺失、用户剧增以及后期投入不足等。

3. 养老地产协议条款不完善的风险

养老地产开发的主要目的就是为老年人群提供集中住宿与日常起居服务场所，而这些服务机构的日常工作重点，就是保障老年人的正常生活起居，保障他们的健康与人身安全。这就需要养老地产项目运营过程中承担相应的安全保障义务，运营商所承担的义务与《侵权责任法》中规定的安全保障义务不同，是在签订协议时做出规定。养老地产服务运营企业或者其他养老服务机构，在签订管理服务协议时一般会设定"免责条款"。但是若养老地产运营中出现纠纷，这些条款往往无法发挥作用。

（四）养老地产开发中防范法律风险的对策

相对而言，养老地产开发周期长、程序复杂，每个环节的失误均会引发不可预知的风险。养老地产开发中存在的法律风险与常规地产完全不同，表现为风险是环环相扣的，并且很多法律风险无法预知。因此，养老地产开发中应该明确研究风险性质、来源，并且制定相应的法律风险防范对策，进而有效降低养老地产开发中的风险发生率。

1. 完善相关政策法规

政府相关部门应尽快完善相关的政策法规，为养老地产发展提供制度保障。养老地产政策的出台需要政府部门合作，并且通过对养老市场进行深入调查，明确养老地产所涉及的内容与需求，进而制定有针对性的保障措施。从我国现行的行政法规来看，政府鼓励养老地产开发，开发商也可以拿到相对较低价格的土地，但是由于缺乏与土地使用相关的规范，很难有效保障开发商的利益，这就需要从立法上进行市场规范。此外，政府相关部门在认真审核的基础上，可以适当向养老地产开发项目进行政策倾斜，为养老地产开发提供资金与技术支持，将税收政策与土地使用政策作为重点，打消民间投资者的顾虑，进而帮助解决我国当前存在的养老问题。

2. 将养老地产纳入养老产业中

2011年，我国房地产协会、老龄产业协会等机构在北京联合发布了与绿色养老住区相关的评定体系，指出只有将养老地产纳入养老产业体系中才能得到较好发展。"绿色养老"概念的提出，就是为了适应全球范围内绿色生态生活的目标，顺应时代潮流构建绿色养老住宅区。该体系充分借鉴了发达国家在养老地产开发方面的经验，旨在吸引更多的投资者加入养老地产开发，促进养老地产行业的发展。养老地产具有一定的人文、地产与金融属性，可以与医疗、餐饮等多个行业结合起来，进而形成资源整合的养老产业链。

3. 保险资金投资运营养老地产模式

养老服务机构在签订协议时应该遵循公平公正的原则，对于其中的免责条款进行特别说明，并与商业保险与政策性保险结合起来，构建保险资金投资运营养老地产模式，以形成风险控制与分担机制，保障养老地产市场的良性运作。例如，上海市通过与保险企业合作，采用政府补助与养老服务机构自行承担相结合的方式，推出"养老服务意外责任险"，将养老服务机构、保险公司与政府结合起来，形成相互补充的养老服务风险控制机制。

4. 形成长效的产业链合作机制

在当前整个行业缺乏明确规范与法规，并且缺乏成熟商业运作模式的情况下，可以通过契约的方式与产业链上的企业、单位建立合作关系，规定产业链上参与者的权利与义务，对老年人发生意外的责任认定、保险关系等进行明确规定。养老服务产业链上的所有参与主体都应该依据合同约定行事，采用必要的措施平衡法律风险与商业利益，避免出现违法、违规行为。

第四节 以地养老法律风险

一、案例

"以房养老"是近年来我国城市养老产业市场中的一个新兴热词。然而在宁夏回族自治区石嘴山市平罗县，这里的一些农村养老院已经实现"以地养老",不少老人通过退出宅基地、承包地等置换养老服务,缓解了家庭养老压力。

农民老了、种不动地了怎么办?这是摆在广大农村社会的一个现实问题。在平罗县灵沙乡,当地在寻求解决农村养老问题的过程中,把目光投向了因农村改革而被盘活的土地资源。

"灵沙乡有40%的村成了'空心村',不少房屋空置、耕地摆荒。这几年在农村土地制度改革的作用下,这些农民不愿种、种不动的土地变成了手中的资本。而对于老年农民来说,这些资本就是置换养老服务的砝码。"平罗县灵沙乡党委书记陈东华说。

2014年,灵沙乡将胜利村村部旁边的一所废弃小村改造成养老院,由社会资本负责运营。结合平罗县农民土地承包经营权、宅基地使用权和房屋所有权自愿有偿退出的改革措施,入住的不少老人都选择把土地、农房或流转、或退出,用这些收益支付养老费用。

胜利村村民马占福今年已经68岁,子女都已成家落户县城。3年前养老院刚建成时,老两口盘算了一番,最终选择将宅基地、房屋、承包地全部退出,从农村"净身出户",搬进了养老院"以院为家"。

"宅基地连带自己建的砖房一并交还给集体,政府补贴了8万元,10亩承包地我也退出了承包权,政府按每亩9000元补贴了9万元。这些钱我拿出一部分给老伴买了养老保险,现在每月能拿1200多元的养老金,足够我们老两口在这里生活了。"马占福说。

目前,这家养老院共入住农村老人74人,少数人将农村"三权"全部退出,多数人选择退一部分,留一部分。然而,"以房养老""以地养老"目前对于绝大多数老年人来说,只是缓解家庭养老压力的途径之一,农村土地和房屋的价值难以单独支撑起机构养老。

马占福说,我当时退出"三权"时正好赶上了养老保险的好政策,只花了2.2万元就给老伴儿买了养老保险,到了年龄就能像城里工人一样每个月领养老金。很多人当时没有购买养老保险,现在都后悔错过了当年的政策。

记者采访了解到,在灵沙乡养老院"以房养老""以地养老"的农村老人中,绝大多数仍然需要用子女的补贴或者自己的积蓄填补不足。马占福说,"以房养老""以地养老"需要有配套的农村养老保险政策,这是目前不少农村老人最大的期盼。①

二、以地养老制度的法理分析

(一)农村以地养老的现实考量

随着老龄化进程,我国农业生产人口日益衰老,农村社会保障制度的缺陷又使农村养老面临困境。原来担负着农民生存保障的土地在新的历史条件下,有必要也有可能探索出一条新的"以地养老"的路径来。

1. 必要性

农村人口贫困老年人口多,"未富先老"尤为突出。截至 2018 年底,我国 60 岁以上农村老年人口已达 2.25 亿人,比重已超过 18.3%,而且农村 80 岁以上高龄老年人增加到 1 100 万人,占农村老年人总数的 13.3%。此外,还有部分失能老人 1 894 万人。预计到 2045 年,我国农村 80 岁以上老年人占农村老年人的比例将超过 22%。②基础的土地+集体保障模式因失去稳固的组织依托和经济支持而处于瓦解的边缘,五保供养制度也因失去了集体经济的支撑难以为继。农村社会的养老保障重归以家庭为核心,以土地+家庭保障为主体的新格局重新确立;同时,我国也积极探索建立农村社会养老保险。③从 1986 年至今,农村社会保障体系取得重大进展,然而农民所能得到的社会养老保障依旧非常少。网上曾经盛传"月领款额度 1 元"正是"老农保"的遗留物。④这暴露了我国农村养老保障制度的缺陷——保障力度低。尽管新农保于 2009 年开始推行,基础养老底线为每月 55 元,但国家和地方财政对于农村的养老保险经费投入不足,这样的保障力度委实难让人心安。于是很多农民认为参保的钱不如拿到自己手里放心,不愿参保;另外就是传统观念的影响,许多农民还是固守着"养儿防老"的家庭养老模式。可以说,农村养老保障制度的缺陷更加重了诸多淡漠亲情血缘关系的人间悲剧。

---

① "以地养老"的农村实践. 新华社银川 2017 年 10 月 5 日, http://country.cnr.cn/gundong/20171005/t20171005_523975897.shtml.

② 陈昱阳. 农村人口老龄化形势严峻 [DB/OL]. http://gd.people.com.cn/GB/14516607.html.

③ 朱广琴,余建辉. 农村养老保障制度变迁的逻辑分析——基于土地经营制度视角 [J]. 特区经济,2012(2).

④ 蔡若愚. "月领 3 毛"引发的新老农保之辨 [N]. 中国经济导报,2012-09-04 (B06).

2. 可能性

（1）中华人民共和国成立之初，农村土地制度设计便肩负着社会保障功能。改革开放之前，农村集体土地制度是严格按照农民生存保障价值目标进行设计的；经过40多年的改革，要求剥离土地保障功能的呼声日益强大，但土地作为重要的生产资源依然被农民视为"命根子"，"以地养老"从文化传统上仍具有较高的可行性，这似乎与现在土地制度的改革形成悖论。新时期下的"以地养老"必然与传统方式不同，这是基于土地的财产性质为农村养老开拓的新路径。党和国家的有关政策与原则表明，我国实际上已经选择了农村土地制度的效率价值目标，农民手中的三项土地使用权，不仅已经在最近一轮土地承包时固化给了现在拥有土地的农民，而且通过《物权法》形成了农民长期稳定的私权。[①]农民基于对土地的财产权利，自然可以通过市场来实现其利益，从而充实其养老金。

（2）城市化进程对农村社会结构的改变。工业化社会与市场经济对传统农耕社会的侵蚀是一种难以遏制的倾向。大量农村劳动力流出，加快了城镇地区的发展，城镇地区的快速发展，产业升级不断加快，使得对人才需求增加。为了满足经济发展的人才需要，大学招生数量不断增加，大学不断扩招给农村学生提供了更多外出读书的机会，进一步加快了农村青年劳动力流出。正是由于农民不愿意让子女继续过"面朝黄土背朝天"的生活，而子女对土地也没有十分强烈的"继承意愿"，宁可进城打工或通过接受教育转化为城市人，因而土地的回收与新的经济收入方式才得以成为现实。另一方面，农业劳动力老龄化却是一个客观事实与趋势。根据对湘西南丘陵地区、江汉平原地区和太湖平原地区农户的调查数据显示，主要农业劳动力年龄为50~60岁的农户所占比例为39.07%，60~70岁的农户所占比例为27.97%，70岁以上的农户所占比例为7.90%。[②]另外，根据对湖南五个以农业生产为主村庄的农业劳动力年龄状况的调查也显示，45岁以上农业劳动力比例较高，超过半数，而且有上升趋势；而且60岁及以上的农业劳动力则呈现出明显的上升趋势，从2015年的9.77%上升到2017年的11.36%。这说明在农业生产上，农业劳动者的老龄化比率越来越高，已表现出农业老龄化趋势。[③]

[①] 刘俊.中国农村土地法律制度创新研究[M]北京：群众出版社，2012.

[②] 杨俊，杨钢桥，胡贤辉.农业劳动力年龄对农户耕地利用效率的影响——来自不同经济发展水平地区的实证[J].资源科学，2011（9）.

[③] 范东君，朱有志.农村劳动力流出对农业劳动力老龄化影响探究[J].西部人口，2018（3）.

（3）土地集约化、规模化经营的要求。进入新世纪以来，为适应农业生产力和科技发展趋势，农业生产模式的转变已迫在眉睫。以家庭经营为主的小农经济发展模式也无法适应农业生产的机械化、组织化、产业化和市场化等现代化要求，农业适度规模经营已是必然。市场对生产要素的配置发出了信号，土地的集中就成为我国农业适度规模经营的必要前提。农业公司、种植能手对成片土地的需求，使得农民手中掌握的有关土地权利在市场中变得炙手可热，它能实实在在地为农民养老带来新的资金来源。

（4）制度上的可行性。2002 年 8 月，九届全国人大常委会第二十九次会议通过《中华人民共和国土地承包法》，第一次以国家立法的形式确立了农民对土地的承包权利，家庭土地承包经营权可以采取转包、出租、互换、转让或者其他形式流转，流转的收益归承包方所有。此后，国家在有关政策中又进一步明确强化了这一土地制度。土地流转在制度上得到确认，在实践中确实施行。总之，中国农村人口收入水平较低，在进入老年后将面临更为严峻的贫困问题，他们不仅物质上匮乏，而且仅享有低水平的教育和健康。我国目前的社会保障体系给农村老年人口提供的社会保障极其有限，但他们手中又拥有城镇人口缺少的作为生产必不可少的要素——土地，如何用活土地，为其养老提供有效补充资金，却是可行之路。

（二）农村以地养老的主要模式

目前学界积极探索以地养老模式，各地也有试点。笔者通过对几种不同模式的介绍和评价，思考以地养老的最佳模式选择。

1. 以地养老的新含义

"以地养老"，既不是传统观念中的"以土地为核心的养老保障机制"，即农民参与土地家庭联产承包经营，以劳动收入来保障养老，亦不是农民承包经营的土地被国家征用，政府给农民补偿来保障养老，而是农民以土地承包经营权进行流转，用流转收入来保障养老的做法，即将土地作为生产资料在市场上实现增值，进而作为农村养老保障体系的有效补充。

2. 以地养老的主要模式

（1）抽地。这是我国西南某省 S 村的一项大胆创新尝试。当地政府出台政策规定，女性 55 岁、男性 60 岁之后可将分配的土地还给集体（称为"抽地"），从而获得每年每人 1 万元左右的养老补助金。集体收回的部分土地被用作新生儿的土地分配。①

（2）土地信托。该制度设想借用信托制度中权利主体和利益主体相分离的特性，将财产的管理职能交由他人，最终实现自身意图。因此，当农民无力亲自耕种或不愿耕种自己所拥有的土地时，将土地的使用权通过信托的方式交由他人来管理使用，指定自己为受益人，就可以达到保障自己的基本生活支出和医疗费用支出的目的。②

（3）责任田养老保险。这是以农村老年人责任田为投保金投向农村养老基地的养老保险方式，老年人口将属于自己的责任田带入养老基地，作为养老保险的基本金；同时，子女养老、集体养老和国家扶持并用，成为一种综合性的社会化养老方式。③

（4）反向抵押。有学者在考察"反向抵押"制度之后提出，农村集体土地使用权可以借鉴反向抵押贷款（Reverse Mortgage）方式，开辟"以地养老"的新型农村养老途径。该设想由农村集体经济组织将农村集体土地使用权抵押给银行、保险公司等金融机构，通过对农村集体土地进行综合评估后，将农村集体土地使用权的残值分摊到农村集体适龄村民预期寿命年限中，按月或年支付现金给农村集体经济组织，成为其成员养老基金的有效补充。④

3. 评价

以上几种方式，既有实践获得成功的经验，又有理论尚待论证的设想。"以地养老"均建立在土地承包经营权能在市场上自由流转的基础之上。少了这个前提条件，"以地养老"只能是空中楼阁。第一种模式可以说是目前较为成功的例子，其经验在于：权威部门的介入，或政府或村委会或村集体组织。乡村政治经济格局日益变迁，农民在面对市场时由于信息不足及其知识背景，往往是望而却步。因此，权威部门的介入一方面能消除农民的疑虑，另一方面也大大减少了农民谈判的成本。但该模式也仅缓解了新生儿"无田可分"的问题，并未形成适度规模经营提高生产效率。第二、三、四种模式属理论探讨型。其中，第二种模式

---

① 李佳穗，冶联凤. 从土地养老到联合养老：文化影响与法制保障[J]. 农村经济，2012（7）.

② 白玉琴. 土地信托——农村养老方式的新探索[J]. 深圳大学学报（人文社会科学版），2012（3）.

③ 田雪原，王金营，周广庆. 老龄化——从"人口盈利"到"人口亏损"[M]. 北京：中国经济出版社，2006.

④ 王平达. 农村集体土地使用权反向抵押：我国新型农村养老保险新视角[J]. 河北法学，2011（1）.

中，信托系英美法系制度，移植到我国时间不长，不少法科学生对信托制度也是一知半解，若要在广大农民中推广，制度成本太高。第三种模式将社会保障理念引入土地制度中，值得借鉴，但其设想太过理想，可操作性不强。第四种设想仍需商榷。住房反向抵押贷款方式是老年人生前将其所有房屋抵押给银行等金融机构获得养老保险金，自己保留房屋的使用权，其死后，银行等金融机构，通过获法定方式获得老人所有的房屋用以清偿其贷款。这是有对价的。然而，在第四种模式设计中，笔者看不出银行等金融机构付出贷款后如何收回？其对价若为抵押人死后的剩余年限的土地承包经营权，但土地承包经营是以家庭为单位的，其剩余年限应由其家庭成员享有，若无继承人，则由集体组织收回。

三、"以地养老"推行存在的法律风险问题

尽管前述对"以地养老"可行性进行充分的论证，但其真正推行，仍会遭遇不少困难，主要体现在传统观念的影响和法律制度的限制。

（一）失地担忧制约农村老年人口"以地养老"

传统的农地保障观念使农民把土地视为命根子。根据成本收益规则，农民在进行以地养老时必然考虑其失地成本。"农民一旦以承包土地进行流转，他们的机会成本是：不能直接使用土地，承包地上就业的机会失去了、土地增值不能直接拿到。"[①]另一方面，规范的农村土地市场并未形成，农民土地流转的交易成本过高，流转价格普遍偏低，即其流转的收益不高。这种制约因素对农村老年人口尤为明显。农村中青年人口较容易在城市谋求生活，找到就业岗位，完成生计转型。而农村老年人口在城市就业市场中并无优势，若无其他经济来源保障，其宁可死守土地耕作以获得基本生活需要物资。

（二）立法限制阻碍"以地养老"的推行

众所周知，农业生产的投资大，周期长。因此，我国的《农村土地承包法》规定了较长的承包期限。首先，通过家庭承包取得的土地经营权虽然可以流转，但是一旦转出者死亡，没有继承人或其继承人户口已经转为非农村户口，则集体组织是要收回土地的，这种承包期限的不确定性加大了转入者的经营风险。如果不能保证承包经营权流转的长期性，则转入户积极性不高，或不会对土地进行长期的投资以提高生产效率。其次，通过家庭承包取得的承包经营权不得抵押，这使得经营者很难在金融市场中获得资金支持，仅凭一己之力很难实现农业现

---

① 高林远，黄善明，祁晓玲，等. 制度变迁中的农民土地权益问题研究［M］. 北京：科学出版社，2010.

代化。

四、以地养老制度设计

（一）以地养老制度设计基本理念

中国农村土地制度的起点是解决农民的生存问题，养老亦由土地来解决。依此逻辑起点，解决目前农村养老困境，仍应从土地着手。故在完善集体土地法律制度时，以土地为依托达成具有某种社会保障功能的制度设计还是非常必要的。

1. 还原土地资源本质，走可持续发展道路

解决养老问题的关键在于资金投入。所以，发展经济、提高生产效率才是治本。土地的资源本质属性首先体现在它是一种生产资料，为人类社会提供生活空间及生存必需的食物。因此，以地养老制度是在土地的生产性功能之上进行设计的，可持续发展必然是土地资源配置的目标。我国的土地国情可以概括为：人多地少，人地关系矛盾突出，人均耕地面积伴随人口猛增而急剧下降。粮食安全、经济发展、社会和谐稳定与耕地保护息息相关。在有限的耕地上提高生产效率，改变原来的资源消耗型经济增长模式已迫在眉睫。由于土地资源的稀缺性，导致了土地资源配置的重要性，不同的配置方式导致土地配置的效率和效果上的较大差异。目前，我们鼓励农民流转土地，从国家角度讲，可能主要是为了实现农地的适度规模经营，提高农地利用效率，从而实现土地资源的合理配置。但从农民视角看，土地流转必然要符合农民利益，增加其收入，提高其生活水平。"以地养老"模式能有效地融合这两个目标，实现农业适度规模经营，提高农民收入，保障其年老后的生活。"抽地"这种模式仍是分散型土地经营模式，未能有效融合适度规模经营与养老双重目标，不利于提高生产效率。

2. 以市场为主导，以政府为推力

要形成规模经济，势必依托市场。然而，农民是中国的弱势利益集团，市场交易中总处于不利地位，单个农民很难得到较完整的市场信息，再加上知识背景的差异，使其很难在契约谈判中维护自己利益的最大化。于是在土地流转市场中，个体老年农民心存疑虑，宁可自己守着田地劳作也不敢进行流转。把分散的个体农民组织成为一个团体，是市场化的必然要求。虽然我国法律明确规定了农村土地集体所有，但是长期以来，由于"农民集体"概念的缺位和"农民集体权利"的虚化，大多数地区集体经济组织解体或名存实亡，导致的结果是乡、村干部实际掌握了土地所有权，以"权"谋私。依靠目前的所谓"农村集体组织"并不能发挥其"创建集体经济，用集体收入再分配和提供更好的、更直接的社区福

利和社区保障"①作用。可以说,集体角色的缺失使得"以地养老"在实践中困难重重。因此,在以市场为导向推行该制度时,政府就成了不可或缺的助力了。通过政府的引导与推动,把目前的集体组织改革成为适合市场机制的农民集体,去除其政治性,根除以权谋私,实现农业主体的现代化。

（二）以地养老模式选择及法律对策

土地与劳动相结合才能产生巨大能量。在考虑"以地养老"制度时,必须解决土地与劳动力相结合的问题,而且要形成适度规模经营。因此,土地应集中连片流转。实践中,土地流转也出现不少问题,应运用法律予以规制。

1. 土地成片流转助推农村养老

目前,土地集中连片流转模式主要有几种:两田制、土地股份合作制、反租倒包和"四荒"拍卖。②笔者认为,反租倒包与土地股份合作制模式可以作为以地养老的有益尝试。所谓反租倒包,是指分散的农户把连片的土地整体出租给农村经济合作组织或村委会,农村经济合作组织或村委会又把此大片的土地出租给种植大户或农业生产公司。这样,公司等大的农业生产经营者就拥有了农产品生产的关键资产——土地。公司在拥有土地使用权的基础上实施了一体化经营方式或准一体化经营方式,农户或其他劳动者基本上就是公司的雇工。③借用该土地经营模式,可将老年人承包经营的土地整体出租,获得土地使用权流转所得资金作为养老金;而尚有劳动能力者可作为公司雇工参与农业生产并获得相应劳动报酬,作为养老辅助,有效补充农村养老资金不是问题。另外,在经济较为发达的地区,可采取股份合作制来推进"以地养老"。老年农民可以承包土地使用权入股,将土地交由股份合作企业经营,农民作为股份企业的股东定期分取红利。这样,农地可以有效集中,实现规模化和产业化,老年农民可以凭股份收取红利,实现养老。

2. "以地养老"法律对策

（1）坚持土地用途管制,严控农地改建设用地。我国实行土地用途管制和最严格的耕地保护制度。在当前的城市化进程中,土地由于其稀缺性成为众人眼中的香饽饽。有些地方为了吸引投资,允许农地改为建设用地,这是非常错误的做法。加上工商资本的逐利性会导致其短期行为或擅自变更土地用途。因此,

---

① 高飞. 集体土地所有权主体制度研究 [M]. 北京:法律出版社,2015.
② 陈小君等. 农村土地法律制度研究——田野调查解读 [M]. 北京:中国政法大学出版社,2004.
③ 刘俊. 中国农村土地法律制度创新研究 [M]. 北京:群众出版社,2012.

在推进反租倒包或股份合作制时，必须防止改变土地用途。在制定相应法律政策时，首先严格遵守土地用途管制，对于确实需要转换用途的，应设置专门的标准和细则。

（2）变革农村集体组织，推动农业主体现代化。改革农村集体组织，使其成为农民的联合经营的自治组织，在降低农产品的销售成本或农用投入品及服务的购买成本等市场谈判中提高农民地位，实现规模经营。

（3）建立完善农村土地市场，确定农地使用权的抵押。完善农村土地市场、规范农地价格评估机制，是实现农地健康有序流转的前提。目前，我国立法规定家庭承包经营权不能设立抵押，究其原因，这是考虑到土地对农民的社会保障性。但是当土地承包经营权流转后，作为经营者，其追求的是土地作为生产资料所能带来的效益，土地的社会保障意义已经丧失，一旦失去土地也仅是其投资经营失败。故此时土地正像工业社会中厂房机器等生产资料一样，可以进行抵押融资，以获取生产所需资金。因此，法律应明确：通过二级市场取得的农地使用权可以设立抵押。

（4）明确土地法律责任，严惩土地违法行为。相关法律政策应细化土地责任，不管是政府、集体还是农民个人，若出现以租代卖、擅自改变土地用途的违法行为，都要追究负责人的法律责任，并及时恢复土地原貌及用途，确保我国农地尤其是耕地的数量和质量。

【本章小结】本章主要对老人"安乐死"、老人旅游、养老地产、以地养老等方面涉及的法律风险问题进行了分析并提出了建议。如第一节针对安乐死合法化问题，从安乐死界定入手，以我国安乐死合法化及其障碍展开讨论，通过对域外安乐死制度考察，提出了我国安乐死合法化的实现途径。第二节主要分析了旅行社的危机、风险形式以及风险防范原则，最后针对老年人面临的旅游法律风险问题，提出一些合理化建议。第三节主要研究了养老地产法律风险问题，涉及养老地产开发阶段存在的风险、养老地产运营阶段存在的风险、养老地产协议条款不完善的风险，防范之，需采取完善相关政策法规、将养老地产纳入养老产业中、保险资金投资运营养老地产模式、形成长效的产业链合作机制等措施。第四节主要研究了以地养老法律风险问题，以地养老作为一种新型养老形式，具有必要性和可行性，"以地养老"推行存在诸如失地担忧制约和立法限制两种法律风险，但通过完善法律法规和改变人的观念，这一养老模式些许有良好发展前景。

参考文献

[1] 曹健，王云斌. 老年人权益保障法律制度比较研究 [M]. 北京：中国政法大学出版社，2012.

[2] 刘利君. 老年人权益的法律保障 [M]. 北京：北京大学出版社，2013.

[3] 倪娜. 老年人监护制度研究 [M]. 厦门：厦门大学出版社，2012.

[4] 曾庆敏. 老年立法研究 [M]. 北京：社会科学文献出版社，2011.

[5] 杨海坤. 宪法平等权与弱者权利的立法保障——以老年人权益保护立法为例 [J]. 法学杂志，2013，34（10）.

[6] 肖金明. 构建完善的中国特色老年法制体系 [J]. 法学论坛，2013，28（3）.

[7] 杨立新. 我国老年监护制度的立法突破及相关问题 [J]. 法学研究，2013（2）.

[8] 肖辉. 老年人权益保障的路径对策及模式 [J]. 河北学刊，2012，32（2）.

[9] 孔繁华. 我国《老年人权益保障法》基本原则解析 [J]. 暨南学报（哲学社会科学版），2011，33（3）.

[10] 李春斌. 人口老龄化的法律应对——以老年法学的立法模式和体系构建为中心 [J]. 甘肃社会科学，2011（2）.

[11] 崔卓兰，赵静波. 我国老龄社会的法律制度及其法律对策 [J]. 吉林大学社会科学学报，2011（3）.

[12] 彭玉伟. 论老年诈骗犯罪被害人的被害性 [J]. 安徽警官职业学院学报，2013，12（1）.

[13] 彭玉伟. 人口老龄化背景下的老年诈骗犯罪被害现象初探——基于89起老年诈骗犯罪被害案件的分析 [J]. 广西警官高等专科学校学报，2013（2）.

[14] 彭玉伟. 老年诈骗犯罪被害的社会对策研究 [J]. 云南警官学院学报，2012（6）.

[15] 任翔. 简论老年人犯罪及其法律援助 [J]. 中国司法，2012（12）.

[16] 程为敏，高媛. 老年人法律援助初探 [J]. 西部学刊，2013（9）.

[17] 巫昌祯. 婚姻家庭法新论——比较研究与展望 [M]. 北京：中国政法

大学出版社，2002.

[18] 孟令志. 老年人同居现象透视及法律对策研究 [M]. 北京：中国人民公安大学出版社，2007.

[19] 何丽新. 我国非婚同居立法规制研究 [M]. 北京：法律出版社，2010.

[20] 陈成文. 社会弱者论——体制转换时期社会弱者的生活状况与社会支持 [M]. 北京：时事出版社，1999.

[21] 王薇. 非婚同居法律制度比较研究 [M]. 北京：人民出版社，2009.

[22] 张伟，郭海洲. 同居理论问题初探——以非婚同居为指引 [J]. 法学杂志. 2010（6）.

[23] 杜改琴，李娜. 走出老年人再婚的法律困境 [J]. 今日南国，2010，（163）.

[24] 孟令志. 老年人同居的法律问题研究 [J]. 法商研究，2008（4）.

[25] 魏庆爽. 老年人非婚同居法律规制研究 [J]. 长春理工大学学报（社会科学版），2010（5）.

[26] 王芳. 对老年人非婚同居现象的法律思考 [J]. 科教文汇. 2014（10）.

[27] 付翠英，王晓宇. 遗产酌给制度的性质、确立基础及其使用 [J]. 中国政法大学学报，2014（6）.

[28] 翁林颖. 从物权法角度看婚姻法司法解释（三）的夫妻财产制度 [J]. 辽宁工程技术大学学报（社会科学版），2012（5）.

[29] 李洪祥. 我国夫妻财产制度的缺陷分析 [J]. 长白学刊，2008（6）.

[30] 滑美燕. 对丧偶老人同居现象的法律思考 [J]. 晋阳学刊，2006（1）.

[31] 孙国强. 老年人再婚的法律透视 [J]. 跨世纪·学术版，2008（9）.

[32] 陈文文. 老年人离婚现象的思考——基于社会学的视角 [J]. 长江大学学报（社科版），2015（6）.

[33] 姜向群. "搭伴养老"现象与老年人再婚难问题 [J]. 人口研究，2004（3）.

[34] 周苗. 我国老年人口婚姻分化现象及其对养老问题的意涵——基于2010年中国综合社会调查数据的实证分析 [J]. 西北人口，2015（4）.

[35] 唐烈英. 房地产法学 [M]. 北京：法律出版社，2008.

[36] 韩再. 住房反向抵押贷款运作机制 [M]. 北京：中国金融出版社，2014.

[37] 柴效武. 住房抵押贷款与反抵押贷款的异同评析 [J]. 海南金融，

2010（7）．

　　［38］闫海，矫燕娜．我国倒按揭业务立法问题探讨——应对老龄化的法律创新［J］．金融与法，2011（10）．

　　［39］陈慕．我国养老金融创新与住房反向抵押贷款定价模式研究［J］．老龄科学研究，2014（3）．

　　［40］柳婷停．我国台湾地区"以房养老"法律制度对于大陆之借鉴［J］．长沙铁道学院学报，2011（8）．

　　［41］唐烈英．商品住房担保贷款制度的法律构建——对按揭和抵押的重新审视［J］．现代法学，2007（2）．

　　［42］李笑．住房反向抵押贷款制度法律问题研究［D］．北京：中国政法大学，2007．

　　［43］卢瑞苗．我国开发倒按揭金融创新产品的法律初探［D］．北京：中国政法大学硕士论文，2010．

　　［44］贾晓海，侯妹．中国养老机构经营两险管理［M］．上海：上海社会科学院出版社，2014．

　　［45］周龙．民办养老机构扶持政策研究——以浙江省为例［D］．福州：福建农林大学硕士论文，2014．

　　［46］李青．济南市机构养老问题与对策研究——基于社会福利社会化的视角［D］．济南：山东财经大学硕士论文，2014．

　　［47］宋亚辉．食品安全标准的私法效力及其矫正［J］．清华法学，2017（2）．

　　［48］张映芹，许易．日本护理保险制度对我国社会保障发展的启示［J］．社会保障研究，2015（3）．

　　［49］周悦，崔炜．养老机构风险管理的路径探析——国内外比较的视角［J］．中共福建省委党校学报，2017（12）．

　　［50］常凯．劳动法［M］．北京：高等教育出版社，2011

　　［51］蒋月．劳动法：案例评析与问题研究［M］．北京：中国法制出版社，2009．

　　［52］郑尚元．劳动合同法的制度与理念［M］．北京：中国政法大学出版社，2008．

　　［53］杨宜勇．中国老龄社会背景下的退休安排［M］．北京：中国劳动社会保障出版社，2008．

　　［54］田思路，贾秀芬．契约劳动的研究——日本的理论与实践［M］．北

京：法律出版社，2007.

[55] 张新民. 养老金法律制度研究［M］. 北京：人民出版社，2007.

[56] 郑尚元. 工伤保险法律制度研究［M］. 北京：北京大学出版社，2004.

[57] 陈世平，韦诗，王晓庄. 影响城市退休人员再就业意向的相关因素研究［J］. 心理与行为研究，2014（12）.

[58] 谢增毅. 退休年龄与劳动法的适用——兼论"退休"的法律意义［J］. 比较法研究，2013（3）.

[59] 李娜. 新时期劳动者同工同酬问题探究——以退休再就业人员为例［J］. 延边大学学报（社会科学版），2013（4）.

[60] 冯彦君. 同工同酬原则的困惑与反思［J］. 法商研究，2011（2）.

[61] 郑尚元. 企业职工退休金请求权及权利塑造［J］. 清华法学，2009（6）.

[62] 姚岚秋. 论超龄劳动关系——超龄劳动者再就业法律关系辨析［J］. 中国劳动关系学院学报，2009（4）.

[63] 夏正林. 论退休权的宪法保障［J］. 法学，2006（12）.

[64] 冯彦君. 劳动权的多重意蕴［J］. 当代法学，2004（3）.

[65] 郭晓红. 当代老年犯罪研究［M］. 北京：中国政法大学出版社，2011.

[66] 郑瞻培. 老年和犯罪［J］. 国外医学：精神病学分册，1986（3）.

[67] 蒋月，冯祥武. 论我国法律援助的特殊对象［J］. 法治研究，2010（10）.

[68] 岳颂东. 日本老年护理保险制度及对我国的启示［J］. 中国社会保险研究，2008（1）.

[69] 韩建平. 老龄化背景下养老保障制度分析［J］. 西北农林科技大学学报，2013.

[70] 李欣. 私法自治视域下的老年人监护制度研究［M］. 北京：群众出版社，2013.

[71] 倪娜. 老年人监护制度研究［M］. 厦门：厦门大学出版社，2012.

[72] 夏吟兰，龙翼飞. 家事法研究［M］. 北京：社会科学文献出版社，2011.

[73] 王青，杨科. 监护制度比较研究［M］. 北京：知识产权出版社，2010.

[74] 王丽萍. 我国老龄化社会中监护与照护制度的重构 [J]. 山东大学学报, 2014 (5).

[75] 陈苇, 姜大伟. 现代成年人监护制度的立法变革及启示——以法律价值分析为视角 [J]. 中华女子学院学报, 2014 (2).

[76] 焦佳凌. 日本成年监护制度及其启示 [J]. 社会福利, 2014 (5).

[77] 黄瑞敏. 我国老年监护制度研究 [D]. 郑州: 郑州大学硕士学位论文, 2013.

[78] 申政武. 中国现行成年监护制度的缺陷及其改革的总体构想 [J]. 学习论坛, 2013 (5).

[79] 李欣. 私法自治视域下的老年人监护制度研究, 2012 (8).

[80] 胡苷用. 养老保障法研究 [M]. 北京: 中国政法大学出版社, 2011.

[81] 郑尚元. 劳动法与社会保障法前沿问题 [M]. 北京: 清华大学出版社, 2011.

[82] 洛克. 政府论: 下篇 [M]. 叶启芳, 瞿菊农, 译. 北京: 北京商务印书馆, 1982.

[83] 约翰·罗尔斯. 正义论 [M]. 何怀宏, 译. 北京: 中国社会科学出版社, 2009.

[84] 郑尚元, 李海明. 基本养老保险立法之疑难问题研析 [J]. 法治论坛, 2009 (4).

[85] 徐智华. 完善我国养老保险立法的在思考 [J]. 河南财经政法大学学报, 2005 (5).

[86] 陈培勇, 林琳, 林静. 养老保险法律内因性理论辨析 [J]. 社会保障研究, 2013 (3).

[87] 王秀芹. 社会保险基金法律监管问题与对策的立法研究 [J]. 成都: 西南交通大学学报, 2012.

[88] 戴卫东. 德国社会保险纠纷的司法审理体制及其启示 [J]. 现代经济探讨, 2011 (1).

[89] 郑尚元. 德国社会保险法制之形成与发展——历史沉思与现实启示 [J]. 社会科学战线, 2012 (7).

[90] 郑尚元, 李海明. 基本养老保险立法之疑难问题研析 [J]. 法治论坛, 2009 (4).

[91] 唐志明. 关于处理社会保险争议的法律思考 [J]. 重庆工学院学报, 2000 (2).

[92] 李龙主.法理学[M].武汉：武汉大学出版社，1996.

[93] 张文显.二十世纪西方法哲学思潮研究[M].北京：法律出版社，1996.

[94] 夏勇.公法：第1卷[M].北京：法律出版社，1999.

[95] 王启富.法律之治与道德之治[M].北京：中国政法大学出版社，2008.

[96] 崔永东.道德与中西法治[M].北京：人民出版社，2012.

[97] 陈凤芝.法治的道德之维[M].北京：中央民族大学出版社，2008.

[98] 博登海默.法理学：法律哲学与法律方法[M].邓正来，译.北京：中国政法大学出版社，2012.

[99] 沈宗灵.现代西方法理学[M].北京：北京大学出版社，2012.

[100] 朱汉.从"彭宇案"看舆论监督与司法公正之间的关系[J].法制与经济（下旬刊），2013（04）.

[101] 徐良梅，韩国文.法律与道德的关系在法治社会中的体现[J].武汉水利电力大学学报（社会科学版），2013（03）.

[102] 熊德中.事实推定的实务探讨——从彭宇案到许云鹤案[J].上海政法学院学报（法治论丛），2014（04）.

[103] 朱翠银."彭宇案件"破窗效应及其对大学生利他行为的影响[J].社会心理科学，2012（11）.

[104] 陈令华，田成有.法信仰：中国法律的困境与出路[J].思想战线，2014（1）.

[105] 周量.解读"彭宇案"判决理由——以证据规则和民事诉讼理论为视角[J].东方法学，2013（05）.

[106] 方向东.见义勇为的立法评价与思考[J].黑龙江省政法管干部学院学报，2002（04）.

[107] 罗福周，韩言虎.我国养老地产发展研究[J].商业研究，2012（10）.

[108] 朱广琴，余建辉.农村养老保障制度变迁的逻辑分析——基于土地经营制度视角[J].特区经济，2012（2）.

[109] 蔡若愚."月领3毛"引发的新老农保之辨[N].中国经济导报，2012-09-04（B06）.

[110] 刘俊.中国农村土地法律制度创新研究[M].北京：群众出版社，2012.

[111] 杨俊，杨钢桥，胡贤辉.农业劳动力年龄对农户耕地利用效率的影响——来自不同经济发展水平地区的实证［J］.资源科学，2011（9）.

[112] 范东君，朱有志.农村劳动力流出对农业劳动力老龄化影响探究［J］.西部人口，2012（3）.

[113] 李佳穗，冶联凤.从土地养老到联合养老：文化影响与法制保障［J］.农村经济，2012（7）.

[114] 白玉琴.土地信托——农村养老方式的新探索［J］.深圳大学学报（人文社会科学版），2012（3）.

[115] 田雪原，王金营，周广庆.老龄化——从"人口盈利"到"人口亏损"［M］.北京：中国经济出版社，2006.

[116] 王平达.农村集体土地使用权反向抵押：我国新型农村养老保险新视角［J］.河北法学，2011（1）.

[117] 高林远，黄善明，祁晓玲，等.制度变迁中的农民土地权益问题研究［M］.北京：科学出版社，2010.

[118] 高飞.集体土地所有权主体制度研究［M］.北京：法律出版社，2012.

[119] 陈小君，等.农村土地法律制度研究——田野调查解读［M］.北京：中国政法大学出版社，2004.

后 记

"银发浪潮"提前来袭,"未富先老"成为中国一大社会难题,"老有所依,老有所养"的传统养老文化在现代经济高速发展但国民尚未十分富裕的今天正经受着前所未有的考验。特别是涉老领域诸如保健品消费欺诈、旅游消费欺诈、遗嘱、家事法律风险等老人法律风险问题以及养老机构、养老地产等养老产业法律风险问题日益凸显。

本书将法律风险管理系统地引入涉老领域,包括老龄人婚姻、继承、赡养,养老保险、养老产业、养老金融以及社区养老、搭伴养老等诸多领域。这一尝试与现阶段法律风险管理基本运用于商业领域(大中型国企或民企)的现状相比较,在法律风险意识上是有所进步的。这也是我作为一个法律风险管理者所极力追求的。

本书的写作素材及资料有部分是来自于与同事们一起合作,形成的论文与课题成果。在此,向有过真诚合作的诸位同事、朋友致以诚挚的谢意!

在本书的写作过程中还参阅了大量的网络信息资源。这些信息对本书的观点的完善与内容的充实提供了不可或缺的支撑,这里向借鉴、引用其观点的众多专家学者表示深深的谢意!

深深感谢多年来关心和帮助我的其他所有领导、老师、同事、同学、朋友。本书的完成,是我人生的又一个起点,在未来的岁月里,我要感恩和回报所有关心、支持我的人。同时,在本书的写作和出版过程中得到了云南大学出版社孙吟峰主任及其他编辑老师的鼎力支持,在此一并致谢!

涉老领域法律风险问题研究是一个全新的交叉领域,书中诸多欠缺在所难免,作为引玉之砖,请诸位专家批评指正!

文川
2021 年 8 月于肇庆北岭山麓